国家社会科学基金项目
"'世遗'视野下的唐崖土司历史与社会文化研究"
（项目批准号：16XMZ048）
湖北民族大学中华民族共同体研究基地开放基金项目
"中华民族共同体建设视域下土司文化遗产价值研究"
（项目批准号：PT062102）

湖北民族大学学术著作出版基金资助

唐崖土司
历史与社会文化研究

冉红芳 著

中国社会科学出版社

图书在版编目（CIP）数据

唐崖土司历史与社会文化研究/冉红芳著 . —北京：中国社会科学出版社，2024.4

ISBN 978 – 7 – 5227 – 3272 – 5

Ⅰ.①唐… Ⅱ.①冉… Ⅲ.①土司制度—研究—咸丰县 Ⅳ.①D691.4

中国国家版本馆 CIP 数据核字（2024）第 055079 号

出 版 人	赵剑英
责任编辑	孔继萍
责任校对	李　莉
责任印制	郝美娜

出　　版	中国社会科学出版社
社　　址	北京鼓楼西大街甲 158 号
邮　　编	100720
网　　址	http://www.csspw.cn
发 行 部	010 – 84083685
门 市 部	010 – 84029450
经　　销	新华书店及其他书店

印刷装订	北京市十月印刷有限公司
版　　次	2024 年 4 月第 1 版
印　　次	2024 年 4 月第 1 次印刷

开　　本	710×1000　1/16
印　　张	20.75
字　　数	330 千字
定　　价	118.00 元

凡购买中国社会科学出版社图书，如有质量问题请与本社营销中心联系调换
电话：010 – 84083683
版权所有　侵权必究

摘　　要

　　本书运用历史学、民族学、考古学、民俗学等学科的理论和方法，以"世界文化遗产"唐崖土司为研究对象，在文献梳理和田野调查的基础上，对唐崖土司近四百年的历史沿革、经济生产、政治组织、文化教育和社会生活进行系统分析，运用文化变迁和社会记忆理论，剖析土司文化内涵，凝练乡民集体记忆中土司文化的遗产价值，总结土司制度的核心理念并进一步思考"唐崖速度"①的启示和反思遗产保护面临的新发展和新挑战。

　　土司制度是封建王朝在少数民族地区实施的一种民族政策的产物，当下在我国少数民族地区仍有着深刻的影响。土司制度时期，中央政权对少数民族地区秉承"齐政修教、因俗而治"的传统理念与政治智慧，具有世界范围的突出的普遍价值。鄂西南唐崖土司历史的存在，是一个具体的历史段，从元至正六年（1346）到清雍正十三年（1735），整整389年。在这段历史的鼎盛时期，天启年间唐崖土司创造了土司皇城的繁华，为我们留下一笔宝贵的物质财富。2015年，湖南永顺老司城遗址、贵州播州海龙屯遗址和湖北咸丰唐崖土司城遗址三处遗址成功列入"世界遗产"名录，唐崖土司代表着一个不可或缺的长官司级别的小土司，其遗留下来的土司城址弥补了基层土司在世界遗产中的价值所在。

　　土司是元明清时期的一种制度下的产物，是历史层面存在的一个事

---

① "唐崖速度"是指唐崖土司城址申报世界文化遗产时，从2013年3月决定列入申报名录，到2015年7月4日第39届世界遗产大会上宣布中国"土司遗址"成为我国第50项"世界遗产"，包括前期的考古工作，前后只用了三年多的时间，创造了我国申遗工作的奇迹，被称为"唐崖速度"。

物。唐崖土司的兴起、发展与衰亡是与土司制度相伴而生的。唐崖土司的兴亡史，国家在官方正史中的阐释所透露的治理方略，表达的是一种理解官方的结构性文化图式。弥补史籍记载阙如，从民间"自下而上"的视角结合宏大叙事的书写范式，置放于地方传统和民间生活当中真实反映元明清时期的唐崖土司历史流变。走进历史的田野，在考古遗址中，找寻蛛丝马迹，弄清唐崖土司在宋末元初身份的模糊。唐崖土司的发展是土司制度全盛期至衰落期的一个缩影，散落民间的族谱和乡民的口述史证实了从明隆庆年间到明亡近百年的时间里，是唐崖土司的鼎盛时期，皇城治区与辖区边界也拓展到最大，界域的拓展与司治所在地构成了一个中心与边缘的二元结构。正史、地方志和族谱记录的各代土司职级的升降信息揭示了唐崖土司在历史发展中如何崭露头角、势力扩大直至鼎盛时期的动态演变，终为"咸丰三大土司之首"。在国家"大一统"的政治运动中，最后以和平方式呈请"改土归流"。对唐崖土司兴与亡的考证，我们看到元明清三朝在少数民族地区施行的土司制度"齐政修教、因俗而治"的智慧对于少数民族地区的发展起到积极的推动作用。

土司社会是溪峒社会的延续，本质上是按血缘联系组成的社会。在军政合一的制度下，唐崖土司内部组织延续了溪洞社会的本质，武备建置体系除了"五营"，还有内部的上下二寨和左右二寨。通过"营"与"寨"的设置围成一个坚固的堡垒，将唐崖土司的司治核心区层层保护。土司与中央王朝的关系，最基本的特征是定期给封建王朝承担一定的义务。朝贡是土司与中央王朝保持双向互惠的最优制衡，朝贡带来丰厚的回赐及升官加爵的机会都在互惠活动中发生。将唐崖土司朝贡时间串成一条线索来看，很清晰地表明，小土司为了表示忠诚，不仅满足"三岁一贡"，在实力强盛时"一年一贡"，通过积极朝贡保持与中央朝廷的持久交流。这种义务还体现在接受征调参与中央朝廷的军事活动，主动纳赋接受中央朝廷的政治统治来完成。唐崖土司承担义务的特点是，明初期侧重于纳赋，明中前期侧重于朝贡，明中晚期积极参与征调。唐崖土司与周边卫所之间的博弈体现在剽掠与流劫；与土司之间主要通过联姻来维持和平边界；与内部土民通过森严的等级和严刑酷法来树立权威，实施不许土民受教育的愚民政策，要求百姓不许盖瓦来落实等级制度。唐崖土司与土民关系不全是剥削和压迫，也有能让人生存下去的温暖，田氏夫人"乐善行施"的形象在乡民的记忆中长存。土司社会发展过程中，通过推行王朝中心的主要政策，积极推广先进农耕技术，修建驿道，开办书院，发展手工业，极大地促进农耕经济的发展，推动唐崖社区的社会进步。

唐崖土司治理时期所产生的文化及其"改土归流"后基层所发展和吸收汉文化而形成的唐崖村社文化，明显有着自己独特的印痕。内涵丰富的土司文化传承着中华经典文化和地方贵族文化，是一个集政治制度、宗族组织、民族发展、地域特色等汇聚而成的多元文化的综合体，交织在一起的村社文化呈现渐变式的文化变迁。从唐崖土机构体系和族谱中隐含的制度文化，到城址建造、分布格局和道路连接，展示的遗址文化，呈现唐崖土司文化与中原文化的互动轨迹，最终土司文化与中原文化在交流和碰撞中进一步强化了国家认同。在动态演变中，当下村社文化遗传了土司时期强大的文化基因。

唐崖土司城遗址正是秉承土司制度智慧管理的实物见证，是现存弥足珍贵的文物遗存，其遗产价值除了纳入世界体系中的最高和核心价值凝练为"因地制宜""因俗而治"的管理模式，其具体的价值还隐含在唐崖村社的社会生活实践和乡民的集体记忆之中。有地方文献肯定土司制度和金石铭文揭晓人物身份的历史认识价值，有地方传说隐喻宏大叙事和地方精英接受中原文化的社会重构价值，有唐崖土司彰显尚武精神和女性美德深受乡民尊重的民族认同价值，有咂酒油茶宣传土司文化和地方南剧打造《土司夫人》的文化传承价值。这些价值正是世界文化遗产有效保护的关键，在政府的长远规划与学者、社会、居民等多方力量的整合中实现新的突破，保证乡村中的世界文化遗产能够永续开发利用。在遵循联合国教科文组织所规定的大遗址保护的基础上，利用其丰厚的文化内涵为地方旅游经济发展做出适当的贡献。

关键词：唐崖土司；兴亡史；社会文化；世界文化遗产

目 录

绪 论 ……………………………………………………………… (1)

第一章 唐崖土司的自然与人文 ……………………………… (42)
第一节 地理与生态 …………………………………………… (42)
一 五溪与物产 ……………………………………………… (42)
二 县域与唐崖 ……………………………………………… (50)
第二节 民族与人口 …………………………………………… (56)
一 民族构成 ………………………………………………… (56)
二 人口变化 ………………………………………………… (58)
第三节 鄂西南、川东南地区土司设置流变 ………………… (65)
一 元代鄂西南、川东南土司的设置 ……………………… (65)
二 明代鄂西南、川东南土司的设置 ……………………… (68)
三 清代鄂西南、川东南土司的设置 ……………………… (71)
四 鄂西南、川东南土司的"改土归流" …………………… (74)
本章小结 ………………………………………………………… (76)

第二章 唐崖土司的兴亡史 …………………………………… (77)
第一节 唐崖土司的兴起 ……………………………………… (77)
一 唐崖土司的肇始 ………………………………………… (78)
二 唐崖土司的复设 ………………………………………… (86)
第二节 唐崖土司的发展 ……………………………………… (91)
一 皇城治区与辖区边界 …………………………………… (93)
二 职级升降与动态演变 …………………………………… (101)

第三节 唐崖土司的"改土归流" ……………………………… (109)
　　一 "改土归流"的原因与时间 ………………………… (109)
　　二 "改土归流"的过程 ………………………………… (114)
　　三 "改土归流"后的走向 ……………………………… (121)
本章小结 ……………………………………………………… (122)

第三章 唐崖土司的社会及其发展 …………………………… (124)
第一节 唐崖土司的社会组织 ………………………………… (124)
　　一 溪洞社会 …………………………………………… (124)
　　二 "营"与"寨" ………………………………………… (126)
第二节 唐崖土司的社会关系 ………………………………… (132)
　　一 唐崖土司与中央王朝的关系 ……………………… (132)
　　二 唐崖土司与周边土司、卫所的关系 ……………… (154)
　　三 唐崖土司与土民的关系 …………………………… (171)
第三节 唐崖土司的社会发展 ………………………………… (179)
　　一 交通运输,驿铺古盐道 …………………………… (179)
　　二 开办书院,学习汉文化 …………………………… (186)
　　三 关注民生,发展手工业 …………………………… (187)
本章小结 ……………………………………………………… (192)

第四章 唐崖土司的文化与遗产 ……………………………… (194)
第一节 唐崖土司的制度文化 ………………………………… (194)
　　一 国家机构体系化 …………………………………… (196)
　　二 族源与职级争辩 …………………………………… (198)
第二节 唐崖土司的村社文化 ………………………………… (207)
　　一 生产习俗与土司文化 ……………………………… (207)
　　二 民间信仰与土司文化 ……………………………… (215)
　　三 土家文化与土司文化 ……………………………… (223)
第三节 唐崖土司的文化遗址 ………………………………… (247)
　　一 军功兴城:城址的建造 …………………………… (248)
　　二 六区规划:城址的格局 …………………………… (251)

三　道路连接：三街十八巷三十六院 …………………………(267)
　本章小结 ……………………………………………………………(270)

第五章　世界遗产视野下的唐崖土司城遗址 …………………(272)
　第一节　唐崖土司遗产的文化内涵 ………………………………(272)
　　一　"物化"制度：唐崖土司城址 ………………………………(273)
　　二　文化互动：唐崖村社文化 …………………………………(274)
　第二节　唐崖土司文化的遗产价值 ………………………………(276)
　　一　历史认识价值 ………………………………………………(276)
　　二　社会重构价值 ………………………………………………(283)
　　三　民族认同价值 ………………………………………………(287)
　　四　文化传承价值 ………………………………………………(290)
　本章小结 ……………………………………………………………(294)

结　语 ………………………………………………………………(296)
　第一节　核心理念："齐政修教、因俗而治" ……………………(296)
　第二节　唐崖土司文化遗产的保护 ………………………………(299)
　　一　申遗启示："唐崖速度" ……………………………………(299)
　　二　保护反思：文化对话与可持续发展 ………………………(301)

参考文献 ……………………………………………………………(305)

后　记 ………………………………………………………………(320)

绪 论

元明清王朝时期推行的土司制度，是在蒙古创立的"蒙、夷参治"基础上的国家统治者对少数民族酋领的驾驭和强行控制，在西南和部分西北少数民族地区设立的一种地方政权组织形式。研究唐崖土司，离不开元明清王朝实施的土司制度。学术界对于土司制度的研究不仅在中国民族史、地方文化史研究中占有重要一席，就是在当下的少数民族文化遗产研究中，也是重要的组成部分。更重要的是，土司制度的不同阶段又由许许多多文化元素聚合成一个主题，以此相互关联，构成土司制度近六百余年的这一历史时段。在土家族土司中，无论长官司级别的唐崖土司，还是宣抚司级别的施南土司，还是宣慰司级别的容美、永顺等土司，都是土司制度的产物，但每一个土司的内部管理和发展各有差异，这些差异构成了土家族土司的特点和文化表达，具体延续于后世的各类文化之中，蕴含在"齐政修教、因俗而治"的智慧体系里。

一 研究缘起与研究意义

（一）研究缘起

本书以"世界文化遗产"唐崖土司的历史与社会文化进行研究，对其研究的主要区域的地域范围是需要进行界定的，同时，需要说明，作为"世界文化遗产"在当今发展的影响也是研究议题的缘起。

2015年7月4日，中国"土司遗址"列入第39届世界文化遗产，湖南永顺老司城遗址、贵州播州海龙屯遗址、湖北咸丰唐崖土司城遗址三处遗址成功列入名录，成为我国拥有的第48处世界遗产。这个重磅喜讯使生活在中国西南山区的土家族、苗族和仡佬族第一次拥有了自己的世界文化遗产。作为"湘鄂渝川黔少数民族地区最典型、规模最大、保存较完整的一处土司城遗址",深藏在鄂西南咸丰县的唐崖土司,一夜之间走出了大山,走向了世界,成为地方政府发展经济、专家学者系统研究的契机,地方乡民文化自豪的关注点。

唐崖土司进入中国"土司遗址"成为世界文化遗产,代表着一个不可或缺的长官司级别的小土司,弥补了基层土司的价值所在。申遗文本评价唐崖土司城遗址是"西南地区格局最清晰,保存最完整的土司城址之一",作为早期山地城市的城址规划体系,突出反映了土家文化与汉文化共存、碰撞到相融的过程,其"原真性、完整性、唯一性"具有全球范围的突出价值。这座隐藏在中国西南地区云贵高原东侧、武陵山区乌江支流唐崖河上游的,废弃了近三百年的土司遗址重新焕发光彩之时,人们在追问:"精美的荆南雄镇牌坊""壮观的土司皇坟""破败的张王庙""消失的衙署""宽长的石板路"在几百年前发生了什么?这些残存的物态又是怎样融入当地民众的记忆中?它们又是如何进行表述的?这些遗产到底给我们留下了什么?保存了什么?我们能传承发展的是什么?当今启示又是什么?这一系列的问题,需要我们从学理层面系统研究。

通过唐崖土司个案,研究当下土家族生存与发展的一个特殊的空间范围内的"世界文化遗产"地,这个空间范围主要是指鄂西南的三江流域源头[①]和支流遍布的分布地。唐崖社区与今天设立唐崖镇政府的范围和意义是有所区别的。今天的唐崖社区的成立是因为配合2013年11月唐崖土司城遗址申遗的需要,加强唐崖集镇规划,原尖山乡人民政府[②]在2014

[①] 鄂西南是三江流域(清江、乌江、酉水)的源头聚集地,过去自然环境恶劣、信息封闭、交通闭塞,与外界基本上是处于一种隔绝的状态。

[②] 2014年,因唐崖土司城址申报世界文化遗产,12月拆尖山乡建镇,改为唐崖镇。中华人民共和国成立前属于湖北省第十五行政督查区;中华人民共和国成立后咸丰县划分五个区属于第三区燕朝区,1958年为尖山人民公社,80年代称尖山区公所,90年代叫尖山乡,辖37个村,即双河口、大石沟、谢家坝、彭家沟、唐崖司、桂花、杨家营、三角桩、南河、大椿树、龙潭坝、横路、邓家坪、钟塘、卷洞门、沙包溪、袁家界、荆竹界、空山岭、两河口、邀联溪、蛇湾溪、大水坪、邓家沟、乱石窖、何家沟、燕子嵌、铜厂坡、黄洋坪、升天界、官家堡、小水坪、苏麻溪、龙田湾、礁窝台、破水坪、四方石。2005年9月,乡对村直接管理,设双河口村、唐崖司村、大椿树村、钟塘村、大水坪村、燕了嵌村、小水坪村共7个村,是"历史文化名乡"。

年12月成立了隶属于唐崖镇的唐崖社区居民委员会，管辖唐崖集镇规划区，管辖范围含13个村民小组，即唐崖司一、二、三、四村民小组，桂花村的六、七、九村民小组，南河村的四、六村民小组，大石沟村的一、二、三、四村民小组和唐崖集镇的非农业人口。其四方界限，靠东是大石沟村一组的胡家山、三组的青龙嘴、四组的麻球场；临西是桂花树村九组的唐崖民小、七组苍湾、六组水红树；面北到南河村的四组马家坡、六组龙田坝；朝南至唐崖司村的贾家沟。此范围总户数795户，总人口4361人。其中，常住人口4283人，暂住人口78人；农业人口1826人，非农业人口2457人。[①]

本书中的社区是以唐崖土司当年管辖的领域作为基点，延伸了唐崖河流域关联的文化为载体所呈现出来的一个地域范围，不仅仅是史料记载得较为清晰的司治边界，东北方向的咸丰县龙潭司乡，东部的高乐山镇，南面的甲马池镇，西南方向重庆黔江区的南海乡，西北方向的中塘乡，这些乡镇边界围合而成的一个区域，具体范围涵盖了今天的唐崖镇和活龙坪乡的全部村落，以及清坪镇小村、龙潭司乡的部分村寨，朝阳寺镇、丁寨乡、甲马池镇等部分乡村。还包括社会治理方面，由施州卫直接管辖的受清江流域社会制度文化的影响，又受紧邻黔江、石柱，与酉阳土司有来有往的乌江流域文化的熏陶，同时，与大田军民千户所的交集，和内部覃氏土司血缘关系的交融，在这种潜移默化的影响下体现出来的一种无形的社区文化。因此，此社区非今社区所辖的13个村民小组，后面的论述中也不会局限于成为"世界文化遗产"地的唐崖土司城遗址区的范围，而是置放于唐崖土司曾管辖约600平方千米的范围来定位的唐崖社区。可以说，唐崖社区属于多元文化汇集区，由多民族交融在一起形成的和谐、兼容、开放的民族文化特点而构成的一个"多元文化场"[②]。

---

① 资料来源：《咸丰县唐崖镇第二次全国地名普查资料汇编》（第一本），地名普查办公室内部资料，2017年2月。2018年8月22日做田野时在唐崖镇镇政府民政科查阅，经归纳整理而成。

② 游俊：《创建武陵山片区民族团结示范区的优势条件探析》，《中南民族大学学报》2013年第3期。

(二) 研究意义

1. 学术意义

第一，通过研究现状的梳理，唐崖土司包括鄂西南土司的历史地位与其文化价值是不相匹配的，加强研究的重要性不言而喻。当下，"世遗"语境下的唐崖土司是一个庞大的研究领域，涉及范围空前广泛，土司文化资源亟待更多的学者加入研究。2015年年末，笔者以"唐崖土司"为关键词搜索知网论文，共72篇，主要分布在申遗期间，2015年14篇，2014年31篇，2013年16篇。这之前有零星的几篇学术论文从雕刻艺术方面对唐崖土司进行了研究。近五年，笔者再次以"唐崖"为关键词搜索知网论文，共244篇，其中硕士论文9篇，包括涉及唐崖村的研究也计算其中。笔者以"唐崖土司"为关键词搜索知网论文，共197篇，其中硕士论文4篇。期刊论文，2020年1篇，2019年10篇，2018年10篇，2017年21篇，2016年28篇，2015年29篇，2014年42篇，2013年19篇，2012年下半年至2004年每年各1篇，2011年6篇。2013年后，论文大幅增多，研究成果成倍增长，而且相应的研究项目级别也在提高。与打包申遗直至2015年7月4日成功成为世界遗产的事件引起学界的关注紧密相关。2012年11月17日，唐崖土司城遗址成功入围《中国世界文化遗产预备名单》之后，政府层面和学术界对唐崖土司的报道和研究日益关注。三峡大学参与了申遗文本资料搜集整理工作，通过团队进行研究，成果较多。

第二，体现了统一的多民族国家的中央政权秉承的"齐政修教、因俗而治"的传统理念和政治智慧，具有世界范围的突出的普遍价值。土司遗址价值是中华民族"齐政修教、因俗而治"的管理理念付诸实践而保存下来的物质遗存。对这一地域土司与王朝国家关系进行研究，揭示其内在规律和经验教训，可为我国制定和完善民族政策提供一些重要的历史启示。

第三，进一步丰富和发展历史人类学中的方法论和民族学的历史文化变迁理论。唐崖土司作为"内地边缘"的一个代表性土司，其社会发展、文化互动具有典型性，目前还缺少有深度的民族志式书写。本书将以民间文献为主要基础史料，结合申遗考古材料，以及笔者访谈当地多位乡民的口述史和收集的多则民间传说故事为依据，从人类学意义上的本地人视角研究今天的唐崖土司城遗址和对土司社区的民俗做出真实、详细的"裸呈"①，从理论上分析文化谱系，整体观照它与周边土司及其在鄂西南土司乃至整个西南土司中的地位和关联，体现历史人类学的方法论"在于把过去与现在相联结"②，探讨唐崖土司社区置身于世界文化遗产地之中的当下社会的可持续发展。

2. 现实意义

第一，唐崖土司城址列入"世界文化遗产"，既是区域发展的良好契机，也是土司研究深入推进的体现。世界文化遗产是遗产中的最高级别，是地方文化的品牌，也是当下国家文化厚重底蕴的重要见证。在世界文化遗产的契机下，系统梳理土司文化资源，解读收藏在博物馆里的文物和陈列在唐崖河上方的74万平方米的遗产，结合古籍里的文字，让它活起来，古为今用，将唐崖土司文化优势转化成经济优势，促进文化品牌与旅游经济融合、共赢发展营造文化气场。

第二，弘扬地方祖辈的智慧结晶对于增强县域经济软实力、提高地方经济社会发展具有重要意义。当地县委县政府高度重视文化工作，坚持从整体性传承、"活态"传承这两个文化遗产的重要特性出发，一手抓有形的文化遗产保护挖掘，一手抓无形的非物质文化遗产保护传承。遗产保护工作的具体实施，地方政府急需学术的介入，比如与三峡大学、中南民族大学、湖北民族大学等高校联合立项从学术层面加强整体性的开发与保护。其终极目标就是如何更好发挥家园遗产发展，作为"世界文化遗产"遗址将按照国际标准得到永久保护，唐崖土司的知名度将推进恩施区域经济的可持续发展。

二 文献回顾与述评

学术界对于土司制度的研究不仅在少数民族史领域，还在地方文化史的

---

① "裸呈"是主体民族志的一种书写方法。首先由朱炳祥教授从民族志方法出发提出这一概念，"裸呈"强调"存在"的直接呈现，基本要义是真正从"内部视角"去让他们自己说，做到叙事意义的"内聚焦"。参见朱炳祥《他者的表述》，中国社会科学出版社2018年版，第10、34—35页。

② [美]卡罗林·布莱特尔：《资料堆中的田野工作——历史人类学的方法与资料来源》，徐鲁亚译，《广西民族研究》2001年第3期。

研究中也占有一席之地，而在当下少数民族文化遗产旅游研究中也是重要的组成部分。中国"土司遗址"入选世界文化遗产，成为学术研究的一个新起点。为了使后续研究我国土司制度，特别是深入研究鄂西南土司和唐崖土司，有必要对相关学术成果进行梳理和简要述评，以此为学界提供参考与借鉴。

（一）土司制度研究现状

历史时期的土司制度研究现状，其界定为学界研究成果内涵主要指向元明清时期，利用记载土司制度的著述，如《元史》《明史》《清史稿》《明实录》《清实录》及各地通志等史料，结合特定时期来研究中央王朝的某种特殊制度，或从某个区域、某个民族、某个地点的土司问题进行的研究成果。土司制度研究之始，如果从1908年云生发表《云南之土司》作为学术研究之发轫，至今已走过百年。

笔者通过超星阅读器"文献搜索"对近百年来涉及土司研究的各类文章进行详细统计，截至去年年底，输入"土司"一词，其丰硕成果如下：期刊类共有学术论文4821篇，其中：2019年187篇，2018年177篇，2017年281篇，2016年327篇，2015年335篇，2014年362篇，2013年267篇，2012年237篇，2011年195篇，2010年161篇；2000—2009年共937篇，1990—1999年共651篇，1949—1989年共644篇，1949年以前共57篇。其学科主要分布于历史地理（2112篇）、政治法律（361篇）、文化教育（347篇）、社会科学总论（588篇）、文学（328篇）、经济（241篇）、艺术（111篇）、哲学宗教（102篇）等。对于土司研究，除了4821篇论文外，还有图书书目共510本[1]，主要作者[2]有龚荫、吴永章、田敏、李世愉、李良品、彭福荣、陈鼎、游俊、毛奇龄、余嘉华、成臻铭、罗维庆等，有2本以上的作者共有27人。同时也看出，长江师范学院民族学院的研究队伍

---

[1] 图书书目共510本。其中，2019年24本，2018年16本，2017年25本，2016年18本，2015年32本，2014年66本，2013年43本，2012年20本，2011年23本，2010年20本。2000—2009年共141本，1990—1999年共28本，1949—1989年共24本，1949年以前共30本。其学科主要分布于历史地理（221本）、文学（113本）、政治法律（72本）、工业技术（16本）、经济（7本）、艺术（14本）、语言文字（4本）、哲学宗教（4本）、其他（59本）。

[2] 学者著书按数量多少排序：李良品11本，龚荫10本，彭福荣8本，陈鼎7本，游俊6本，毛奇龄6本，杨士宏6本，黄光耀5本，高阳4本，余嘉华4本，成臻铭4本，莫代山4本，叶梅3本，张学龙3本，李世愉3本，谈ьд3本，王兴骥3本，罗维庆3本，田玉隆3本，杨ศ泉2本，吴永章2本，田敏2本，王承尧2本，江应梁2本，王希辉2本，蓝武2本，廖佳玲2本。

的强大和成果颇多,由李良品教授带队的成员也逐渐成为土司研究的中坚力量。如彭福荣、莫代山、王希辉、廖佳玲等。学科分布为:历史地理占54.8%,政治法律占18.2%,文学占12.9%,艺术占2.15%。此外,有关土司报道的报纸文章共2716篇[1],有关土司的博士学位论文共136篇,硕士学位论文471篇。可以看出,2015年的报道是其前三年的3倍,硕博士学位论文的剧增缘于2015年"土司遗址"成为世界文化遗产后的成果、报道和学人们纷纷作为看点和研究的热点。

此外,有关土司的会议论文近300篇,主要源于近年来举办9届全国的土司会议和土司遗产地召开的会议而产生的成果,还有土司专利160项,土司外文期刊7篇。分析这些研究成果,主要是其中的一些学者在国家社科基金项目和教育部基金项目上做了大量的阶段性成果,如长江师范学院的李良品教授和吉首大学的成臻铭教授、瞿州莲教授。同时,剖析这些成果可以看出,2000—2003年有一个小发展,2012—2015年有一个兴起阶段,2015—2019年进入高潮研究阶段,因"土司遗址"列入世界文化遗产而推动了学术界的土司研究热潮。可以说近20年来,随着土司文化研究的不断深入和政府对文化遗产保护政策的推行,土司文化研究从"边缘"走向"中心",成为历史学与民族学、人类学研究的一门"显学"[2]。

从笔者上面梳理的文献数据可以看出,如此的丰硕成果、繁多文献,让研究者如鱼得水,于是学人们从不同领域、不同时段对浩繁的土司研究成果进行了分类述评。最早出现有关土司综述论文的是,由文朝湘、杨尔坡[3]两位学者发表的《雷波土司综述》。随后,一些学者纷纷对整个土司研究近百年来学术史进行了"长时段""中时段""短时段"[4]的述评。有长

---

[1] 2019年182篇,2018年166篇,2017年202篇,2016年255篇,2015年694篇,2014年257篇,2013年180篇,2012年170篇,2011年184篇,2010年82篇,2000—2009年共401篇,1990—1999年共1篇,1949—1989年共1篇,1949年以前共1篇。
[2] 张旭、田敏:《土司文化遗产研究述评》,《中南民族大学学报》2016年第3期。
[3] 文朝湘、杨尔坡:《雷波土司综述》,《雷波县史志通讯》1988年第4期。
[4] "长时段""中时段""短时段"是由著名法国历史学家费弗尔·布罗代尔提出的"时段理论"出现的概念,"长时段"即地理时间,通常以50年、100年、200年的时段为基本量度单位。"中时段"即社会时间,以区域发展为量度单位。"短时段"即个体时间,是个案历史为量度单位。此处也借用"时段"界定,"长时段"整个综述时间跨度在半世纪以上,"中时段"是区域为空间单位,"短时段"是具体土司个案。

时段研究综述的，如李良品在《中国土司研究百年学术史回顾》① 中认为，这百年研究经历了启蒙期、低迷期、快速发展期和鼎盛期四个时期，在著作、史料、族谱和论文诸方面取得了非凡的成就；《近百年来中国土司制度的史料整理及研究综述》② 指出了百年来研究中的不足，缺少全面、系统的土司制度史料汇编辑本。因发行量和未公开出版等原因导致已整理出版的史料专著或专辑得不到广泛交流，滞后了资料充分利用的价值。《土司文化遗产研究述评》③ 从类型学界定，放在土司问题研究的大背景下，从历时性与共时性两个维度对土司文化遗产研究进行了述评。还有《近六十年来嘉绒十八土司研究综述》④《1950 年以前之康区土司制度综述》⑤《近半个世纪以来的土司制度研究综述》⑥《近百年来甘肃卓尼调查记述及土司研究综述》⑦《五十四年来明代土司研究存在的问题及对策》⑧《二十世纪以来甘南藏区土司制度研究综述》⑨ 等论文。有中时段研究的，以区域土司进行综述，如西南地区土司⑩、云南土司⑪、康区土司⑫等。还有短时段研究的，以土司个案进行综述的，如丽江木氏土司⑬⑭、播州杨氏⑮、唐崖土司⑯、容

---

① 李良品：《中国土司研究百年学术史回顾》，《贵州民族研究》2011 年第 4 期。
② 贾霄锋、王力：《近百年来中国土司制度的史料整理及研究综述》，《青海民族研究》2003 年第 3 期。
③ 张旭、田敏：《土司文化遗产研究述评》，《中南民族大学学报》2016 年第 3 期。
④ 叶小琴：《近六十年来嘉绒十八土司研究综述》，《西藏民族学院学报》2012 年第 4 期。
⑤ 达巴姆：《1950 年以前之康区土司制度综述》，《兰台世界》2012 年第 12 期。
⑥ 刘鸿燕：《近半个世纪以来的土司制度研究综述》，《昆明学院学报》2013 年第 5 期。
⑦ 魏长青：《近百年来甘肃卓尼调查记述及土司研究综述》，《西南民族大学学报》2014 年第 11 期。
⑧ 成臻铭：《五十四年来明代土司研究存在的问题及对策》，《广西民族师范学院学报》2011 年第 4 期。
⑨ 吴洋洋：《二十世纪以来甘南藏区土司制度研究综述》，《山海经（故事）》2016 年。
⑩ 李良品：《建国以来西南地区土司问题区域研究综述》，《中南民族大学学报》2007 年第 6 期。
⑪ 顾霞：《云南土司研究综述》，《昭通师范高等专科学校学报》2012 年第 4 期。
⑫ 陈潘：《康区土司制度研究综述》，《四川民族学院学报》2012 年第 5 期。
⑬ 木仕华：《明代丽江木氏土司有关汉文史料综述（一）》，《云南文史丛刊》1995 年第 2 期。
⑭ 刘瑜：《丽江木氏土司与藏传佛教噶玛噶举派关系研究综述》，《四川民族学院学报》2015 年第 4 期。
⑮ 陈红优：《播州杨氏研究综述》，《元史及民族与边疆研究集刊》2011 年第 23 辑。
⑯ 黄天一、黄柏权、刘晓青：《唐崖土司研究综述》，《三峡论坛》（三峡文学·理论版）2014 年第 4 期。

美土司①，石砫土司秦良玉②、傣族土司刀安仁③等。此外，还有以 5 年、10 年、20 年为时间界限的研究综述，如《近十年我国土司文化遗产保护与开发研究综述》④认为土司文化遗产研究成果丰硕，逐步走向多学科理论融入。《近十年武陵地区土司文化遗产研究综述》⑤从土司文化遗产内涵和保护两个方面对相关研究成果进行概述。还有《近五年我国土司历史文化研究述评》⑥《二十多年来土司制度研究综述》⑦《2001—2013 年播州土司研究文献综述》⑧等文章。此外，还有对学术研讨会的综述和地域土司研究综述⑨，学术研讨会的综述如海峡两岸"土司制度与边疆社会"⑩，以及九届全国土司制度研究研讨会会议综述⑪。

以上是土司研究成果的概貌，学术成果除土司研究的 4821 篇论文外，

---

① 陈文元、杨洪林：《容美土司研究综述》，《三峡论坛》2015 年第 6 期。
② 马率帅：《石砫土司秦良玉研究综述》，《重庆三峡学院学报》2014 年第 2 期。
③ 李茂琳：《近代杰出傣族土司刀安仁人文研究综述》，《德宏师范高等专科学校学报》2014 年第 2 期。
④ 余仙桥：《近十年我国土司文化遗产保护与开发研究综述》，《成都大学学报》（社会科学版）2014 年第 3 期。
⑤ 李亚：《近十年武陵地区土司文化遗产研究综述》，《铜仁学院学报》2014 年第 6 期。
⑥ 成臻铭、秦红：《近五年我国土司历史文化研究述评》，《吉首大学学报》（社会科学版）2007 年第 6 期。
⑦ 贾霄锋：《二十多年来土司制度研究综述》，《中国边疆史地研究》2004 年第 4 期。
⑧ 李跃平：《2001—2013 年播州土司研究文献综述》，《民族学刊》2014 年第 5 期。
⑨ 地域土司研究综述，如唐崖土司（黄天一 2014）、云南土司（顾霞 2012）、康区土司（陈潘 2012）、嘉绒土司（叶小琴 2012）、容美土司（陈文元等 2015）、卓尼土司（魏长青 2014）、石柱秦良玉土司（马率帅 2014）、广西壮族土司（蓝韶昱 2009）。
⑩ 熊昌锟：《海峡两岸"土司制度与边疆社会"学术研讨会综述》，《广西民族研究》2011 年第 1 期。
⑪ 李跃平（《民族学刊》2011 年 9 月）、瞿州莲（《中国边疆史地研究》2012 年 6 月）第一届"中国土司制度与民族文化学术研讨会"综述；邹建达、张永帅（《中国史研究动态》2013 年 2 月）第二届"中国土司制度与边疆社会国际学术研讨会"综述；李良品（《中国边疆史地研究》2014 年 3 月、《民族学刊》2014 年 3 月）第三届"中国土司制度与土司文化暨秦良玉国际学术研讨会"综述，还有余仙桥（《铜仁学院学报》2014 年 6 月）第三届"中国土司制度与土司文化暨秦良玉国际学术研讨会"综述；党会先，陈季君（《中国史研究动态》2015 年 2 月）第四届"中国土司制度与土司文化国际学术研讨会"综述；唐燕飞、魏登云（《遵义师范学院学报》2015 年 10 月）第五届"中国土司制度与土司文化国际学术研讨会"综述；付广华（《广西民族研究》2016 年 12 月）、瞿州莲（《中国史研究动态》2017 年 6 月）第六届"中国土司制度与土司文化研讨会"综述；郗玉松（《中国史研究动态》2019 年 2 月）第八届"中国土司制度与土司文化国际学术研讨会"综述。目前第七届和第九届"中国土司制度与土司文化国际学术研讨会"未见综述论文发表。

百年来还有众多学者、大家著书立说。其中具有代表性的成果如下：

一是关于土司制度的研究。"土司制度"一词自1930年葛赤峰[①]提出，至今仍作为特定政治制度名词一直在学界使用。最早涉及土司问题的专著是1919年周希武[②]的《玉树调查记》。1944年佘贻泽[③]著的《中国土司制度》一书，是中国土司制度研究的奠基之作。吴永章[④]发展了佘贻泽的"史述"传统，更系统地提出了土司制度的理论。龚荫[⑤]从总体上提出了土司制度的理论及一些具体的概念。李世愉[⑥]创新了我国土司制度研究的理论与方法，并将研究层面推进到土司与家族村社之间。成臻铭[⑦]则从一个观点、两个目标、三个层面、四个视角、五个领域研究了清代土司制度，推进了土司志与土司制度史的整合研究，使土司学的创建成为可能。

此外，土司研究著作还有两类：一类是综合研究某个地区或某个民族的土司。如高士荣[⑧]的《西北土司制度研究》、田敏[⑨]的《土家族土司兴亡史》。另一类是研究某省区或某个地点的土司。如蓝武[⑩]的《从设土到改流：元明时期广西土司制度研究》、彭福荣和李良品[⑪]的《石柱土司文化研究》以及吉首大学出版的土司文化研究丛书——以湘西永顺老司城遗址为研究对象展开的系列研究成果，共11册[⑫]。

---

① 葛赤峰：《土司制度之成立及其流弊》，《边事研究》1930年第5期。
② 周希武：《玉树调查记》，商务印书馆1919年版。
③ 佘贻泽：《中国土司制度》，正中书局1944年版。
④ 吴永章：《中国土司制度渊源与发展史》，四川民族出版社1988年版。
⑤ 龚荫：《中国土司制度》，云南民族出版社1992年版。
⑥ 李世愉：《清代土司制度论考》，中国社会科学出版社1998年版。
⑦ 成臻铭：《清代土司制度研究——一种政治文化的历史人类学观察》，中国社会科学出版社2008年版。
⑧ 高士荣：《西北土司制度研究》，民族出版社1999年版。
⑨ 田敏：《土家族土司兴亡史》，民族出版社2000年版。
⑩ 蓝武：《从设土到改流：元明时期广西土司制度研究》，广西师范大学出版社2011年版。
⑪ 彭福荣、李良品：《石柱土司文化研究》，重庆出版社2009年版。
⑫ 2013年吉首大学出版的一套土司文化研究丛书共11册。游俊等著《土家文化的圣殿——永顺老司城历史文化研究》，龙先琼著《土司城的文化透视——永顺老司城遗址核心价值研究》，成臻铭著《土司城的建筑典范——永顺老司城遗址建筑布局及功能研究》，田红、石群勇、罗康隆著《土司城的文化景观——永顺老司城遗址核心区域景观生态学研究》，成臻铭著《土司家族的世代传承——永顺彭氏土司谱系研究》，田清旺著《从溪州铜柱到德政碑——永顺土司历史地位研究》，瞿州莲、瞿宏州著《金石铭文中的历史记忆——永顺土司金石铭文整理研究（一）》，胡炳章著《尘封的曲线——溪州地区社会经济研究》，游俊主编《土司研究新论——多重视野下的土司制度与民族文化》，罗维庆、罗中编《土司制度与彭氏土司历史文献资料辑录（上、下）》。

二是中国土司史料非常丰富。既有综合性的土司制度史籍，也有整理中国少数民族区域史料，包括正史、别史史料，区域民族史料，金石碑刻和口述史调查。如在土司制度相关史籍整理方面成就最高的是龚荫，在《中国土司制度》①一书中不仅弄清了全国设置土司情况，并且对每一家土司进行了初步研究。这是基于龚先生在11省的民族地区进行实地调查，在史料阅读上也是下足了功夫，曾翻阅正史、方志、类书和丛书等古籍万余种，整理出全国土司数量2569家，该书是目前一部关于研究土司制度的史料佳作。②还有收录整理各少数民族的土司制度史料，如《彝族史料集》③等。

土司区域的土司材料汇编史料，比如：《明史云南土司传笺注》④是研究云南土司的重要史料；《中国西北稀见方志》⑤收录了几乎所有西北土司内容的地方文献。

土司个案材料和土司档案汇编。《元代大理段氏总管世次年历考略》⑥一文考证了元代大理九位总管，从系属、在位年限、主要事迹，厘清了学术界对元代大理总管段氏考证。《土家族主要古籍及其文化研究》⑦一书从土家族文化历史变迁角度研究土家族主要古籍如《摆手歌》《梯玛歌》和《土家族土司史录》，综合分析了三部古籍的思想内容、语言特征、文化内涵和哲学意蕴，运用文化层次理论解析三部古籍蕴含的摆手文化、梯玛文化和土司文化内涵，并尝试构建摆手文化、梯玛文化和土司文化多元文化层次体系。

三是与土司紧密关联的族谱研究。如谷口房男、白耀天⑧的《壮族土官族谱集成》，集中选录了17份壮族土官族谱或世系。此外，《西夏李氏

---

① 龚荫：《中国土司制度》，云南民族出版社1992年版。
② 贾霄锋、王力：《近百年来中国土司制度的史料整理及研究综述》，《青海民族研究》2003年第3期。
③ 魏治臻编：《彝族史料集》，四川民族出版社1989年版。
④ 龚荫：《明史云南土司传笺注》，云南民族出版社1988年版。
⑤ 中国西北文献丛书编委会编纂：《中国西北稀见方志》，兰州古籍书店影印本1990年版。
⑥ 方慧：《元代大理段氏总管世次年历考略》，《广西民族研究》1996年第4期。
⑦ 杨快：《土家族主要古籍及其文化研究》，武汉大学出版社2018年版，第234页。
⑧ ［日］谷口房男：《壮族土官族谱集成》，白耀天译，广西民族出版社1998年版。

世谱》① 共 8 卷 78 万字,分序跋谱、碑志谱、敕诰谱、典册谱、艺文谱、编年谱、列传谱和世系谱,是研究西夏后裔、李氏土司的珍贵文献。《莫姓系谱》② 共十二编,98 万字。还有《播州杨氏家谱》③,等等。

综述之,以上整体归纳学界有关论文类、专著类、史料类和族谱类的土司研究成果。此外,学界还有丰硕的成果涉及土司研究的具体领域。一是从土司社会关系研究,主要体现在三个层面:土司与中央王朝的关系④、土司之间的关系⑤、土司与辖地民众的关系⑥。二是土司经济研究⑦。三是土司军事研究,集中于一个重要学者⑧的系列著书立说。四是土司文化和土司文化遗产研究。最早对土司文化进行界定的是李良玉,后续学者如李世愉、李良品、罗维庆、刘强、成臻铭、彭福荣等相继对土司文化进行细致而微的界定与阐释。五是土司事件研究,如播州战争⑨、奢安事件⑩、沙普之乱⑪等。

(二) 鄂西南土司研究现状

自 20 世纪 80 年代以来,伴随着土司制度史研究的逐渐兴起,土家族土司研究逐渐铺开为综合研究,点、线、面的研究格局逐渐形成。伴随

---

① 李鸿仪编纂:《西夏李氏世谱》(1937),辽宁民族出版社 1998 年版。

② 莫秀珠编:《莫姓系谱》(内部资料),河南省济源市北海资料印刷厂印刷,1998 年 10 月。

③ 《播州杨氏家谱》,望山堂刻本,2003 年。

④ 温春来:《明初贵州水西君长国与中央的关系——奢香故事之考证与解读》,《中山大学学报》2007 年第 6 期。

⑤ 郝彧:《论明代水西土司与周边土司之关系》,《西南民族大学学报》2014 年第 10 期。

⑥ 蒋俊:《帝国边陲桂西土司社会的历史人类学研究》,博士学位论文,厦门大学,2008 年。

⑦ 代表性论文,段超:《土司时期土家族地区的农业经济》,《中国农史》2001 年第 2 期;田敏:《从〈容美记游〉看容美土司的社会经济结构》,《民族论坛》1997 年第 3 期。

⑧ 李良品:《土司时期西南地区土兵制度与军事战争研究》,重庆出版社 2013 年版;李良品、蒲丽君:《土司时期西南地区土兵的军事领导体制研究》,《贵州民族研究》2014 年第 3 期;李良品、李思睿:《土司时期西南地区土司兵的军事训练》,《云南民族大学学报》2013 年第 6 期;李良品、卢星月:《明清时期西南地区土司兵参加军事战争的影响》,《成都大学学报》(社会科学版)2014 年第 3 期。

⑨ 张文:《火器应用与明清时期西南地区的改土归流》,《民族研究》2008 年第 1 期。

⑩ 付春、于晓燕:《"奢安之乱"与"沙普之乱"比较研究》,《贵州民族研究》2008 年第 1 期。

⑪ 普永贵:《明末云南的"沙普之乱"》,《学术探索》2001 年第 1 期。

着中国"土司遗址"成为世界文化遗产之后,其成果逐倍增长,已有上千篇论文进行深入研究。在这些丰硕成果中,鄂西南三十一土司中的四大宣抚司研究,基本倾向于容美宣抚司,而其他安抚司、长官司的研究基本上是空白,因为申遗才有近十年来鄂西南土司研究的另一聚焦点,对唐崖土司的研究迅速增多。

1. 鄂西南土司的整体研究

针对鄂西南土司的设置和"改土归流",研究主要集中于吴永章和田敏的三篇重要论作和两部著作。发表于1986年的《明代鄂西土司制度》一文,清晰地梳理了鄂西土司建置背景、所处军事战略的重要性和特殊性。[①] 吴先生在另一篇论作《论清代鄂西的改土归流》[②] 中,开篇导出明代鄂西土司与清代鄂西土司数量不同及变化之处。然后铺陈土司地区等级森严、刑法残酷、剥削土民、制度腐朽,雍正朝顺势推行废土改流运动。改土归流后,社会经济得到快速发展,同时土民习俗也发生改变,对这种"风气变而华"的现象,吴先生评价"是一种值得欢迎的历史进步"[③]。

吴先生的弟子田敏教授的力作《土家族土司兴亡史》,对于鄂西南土司的兴、盛至亡的历史脉络做出了清晰的梳理与论证。《元代鄂西南土家族诸蛮洞及土司史迹考》[④] 一文突破史料稀少,通过对元代史迹爬梳与整理,厘清了鄂西土家族土司在元代的历史面相。在《鄂西民族地区发展史》[⑤] 一书中,对元、明、清三朝在鄂西的社会治理进行深入分析。此外,还有岳小国、赵国威对鄂西南土司社会进行了研究。

2. 容美土司研究

"自汉历唐,世首容阳。"容美土司统治容美900多年,是较早进入张正明先生笔下的这一条"文化沉积带"中的一个大土司。在中国最后一个帝国,容美土司在楚蜀众土司中,当属最为强大。学界对鄂西南三十一土司的研究,当属容美土司最为厚重。从知网上可收集期刊论文103

---

① 吴永章:《明代鄂西土司制度》,《江汉论坛》1986年第1期。
② 吴永章:《论清代鄂西的改土归流》,《中央民族学院学报》1987年第5期。
③ 吴永章:《论清代鄂西的改土归流》,《中央民族学院学报》1987年第5期。
④ 田敏:《元代鄂西南土家族诸蛮洞及土司史迹考》,《中南民族学院学报》2017年第5期。
⑤ 吴永章、田敏:《鄂西民族地区发展史》,民族出版社2007年版。

篇，学术论文48篇，硕博士学位论文9篇，报刊2篇；在超星读秀中检索"容美土司"的字段著书有83种。学界对容美土司研究从多层面展开。

其一，容美研究之多，在于士人顾彩通过"他者"视角表述了土司的观念之作《容美纪游》而被传世。于是在容美研究中占有一席的，专门研究《容美纪游》的论著。首先是鹤峰县委统战部和县史志办与五峰县联合进行对本地民族史料整理与收集，在20世纪80年代，由鹤峰印刷厂出版《容美土司史料汇编》，鹤峰县史志办与五峰县民宗委将这份整理收集工作持续进行，于1993年出版《容美土司史料续编》，为研究容美纪游和容美土司提供了宝贵的史料基础。同时期由鄂西土家族苗族自治州民族事务委员会出版的《鄂西少数民族史料辑录》中收录了《容美纪游》。

其次，对《容美纪游》文本进行校注的论著纷纷出版。最早是高润身主笔完成的《容美纪游注释》，1991年由天津古籍出版社出版。被学界引用最多的校注本，是由吴柏森校注、湖北人民出版社出版的《容美纪游校注》[1]。之后，2006年，作为恩施州民族研究丛书之一，高润身与高敬菊合作由湖北人民出版社出版的《容美纪游评注》。

再次，近十年来硕博士学位论文从不同学科不同视角对清代文本《容美纪游》的解读。李金花[2]从人类学的"他者观"切入，研究一位江南士大夫对一位"蛮夷"土司的描述，持怎样的帝国内部汉族文人的他者心态去理解土司社会内在的文化逻辑。葛政委[3]从"边缘族群—国家认同"的族群理论范式，观照容美土司与中央王朝之间的双向影响，既有王朝国家对边缘土司的引导和整合，也有边缘土司的选择和策略。

最后，对土司研究有一批重要学者高屋建瓴的研究。有从《容美纪

---

[1] （清）顾彩，吴柏森校注：《容美纪游校注》，湖北人民出版社1999年版。
[2] 李金花：《士人与土司——从清代游记〈容美纪游〉看人类学的他者观》，博士学位论文，中央民族大学，2011年。
[3] 葛政委：《向心的边缘：容美土司国家认同研究》，博士学位论文，中南民族大学，2013年。

游》来探讨容美土司的社会经济结构的田敏①。有从土司政治视角对《容美纪游》来研究容美土司的对外政治策略的瞿州莲教授②。还有从《容美纪游》探讨清初鹤峰土家文化的内容与特点的青年学者陈楠、杨薇③，等等。

其二，体现土司文化与汉文化交流的杰出成果《田氏一家言》的研究。容美历代土司留下来的田氏作家群所创作的文学是土司文学史上的奇葩，研究关注较之于其他土司文学也是理所当然。一些学者从评注入手解读《田氏一家言》，比如，陈湘峰、赵平略对《田氏一家言》系统评注，吴柏森也进行了补充校注。还有一些学者从文学作品中品读历代土司与汉文化的交流与借取，对土司内部社会的改变与发展进行深入研究，是一种跳出作品解读社会的写作范式。黄萍、杨齐④认为，田氏作家群隐性继承了巴文化。萧洪恩教授⑤从哲学层面来解读《田氏一家言》所蕴含的土家族哲学思想。王峰⑥则认为，作为土家族与汉族文化交流史上的奇迹，《田氏一家言》的文化内涵背后有着深刻的历史文化背景和特定的地理环境。

其三，对于容美土司社会形态的研究。包括政治、社会文化乃至建筑等，其中土司政治是容美土司研究的重要内容。成臻铭⑦则考察清代容美土司在土司政治舞台上发挥的重要作用。邓湘云等⑧从多方面分析容美土司时期的社会形态。容美土司戏曲氛围兴盛，南剧、柳子戏、傩愿戏和南曲等多种剧种经常在爵府上演。

其四，容美土司的综合研究。集中于研究容美土司最完整的专著

---

① 田敏：《从〈容美纪游〉看容美土司的社会经济结构》，《民族论坛》1997年第3期。
② 瞿州莲：《从〈容美纪游〉看容美土司的对外策略》，《中南民族大学学报》2011年第1期。
③ 陈楠、杨薇：《从〈容美纪游〉看清初鹤峰土家文化》，《湖北大学学报》（哲学社会科学版）2006年第1期。
④ 黄萍、杨齐：《从〈田氏一家言〉看容美土司田氏作家群对巴文化的隐性继承》，《成都大学学报》2008年第8期。
⑤ 萧洪恩：《土家族哲学通史》，人民出版社2009年版。
⑥ 王峰：《评说〈田氏一家言〉背景分析象》，《江汉论坛》2002年第11期。
⑦ 成臻铭：《清代湖广土司自署职官系统运行状态初探——主要以容美土司康熙四十二年事为基础》，《湖北民族学院学报》2002年第6期。
⑧ 邓湘云、鲜文新：《容美土司社会形态刍议》，《中南民族大学学报》1988年第5期。

《容美土司概观》①。此外，中国台湾学者李荣村②的《元明清容美土司兴衰史》和王承尧、罗维庆③的《土家族土司简史》，从传统史学对容美土司进行深入研究。

3. 鄂西南其他土司研究

涉及四大宣抚司的研究主要集中于容美宣抚司，而施南宣抚司、忠建宣抚司、散毛宣抚司的研究未有学者深入研究，从知网搜索只有一两篇论文涉及施南土司、忠建土司等作为史料案例进行论证某一观点，并未有专门的论文进行研究。目前，在恩施州民委对民族工作的重视下，各县市分别出版了各县市的《民族志》中有章节涉及，还出版了各县市的《土司概览》土司研究。有关施南土司的论述散见于：2001 年由中国文联出版社出版，高恨飞等主编的《宣恩县民族志》；2006 年湖北人民出版社出版，陈绍义编著《宣恩土司概观》；2011 年湖北人民出版社出版，覃太智、覃发扬编著的《利川土司概观》。相比较来看，鄂西南四大宣抚司研究重于容美土司，也因其史料整理和留存丰富有关。其他级别的安抚司和长官司的土司研究成果聚焦于唐崖土司研究，其研究学术史将在下一部分展开。

（三）唐崖土司研究现状

回顾 20 世纪 80 年代以来唐崖土司的研究成果，主要涉及唐崖土司的族属和世系、政治经济、司城遗址及其价值、文化艺术、遗址保护与利用等方面。综合学术界对唐崖土司的研究，笔者将其分为三个阶段：第一阶段是 20 世纪 80 年代初至 90 年代初，这一阶段主要是对唐崖土司历史、世系等基本情况的说明和对唐崖土司城址的简单介绍。第二阶段是 20 世纪 90 年代末至 21 世纪初，这一阶段由于唐崖土司入选全国重点文物保护单位，大部分研究都是针对于唐崖土司城址内建筑的文化解读，重点在唐崖土司世系的探究和族源的争论。第三阶段是 21 世纪初至今，这一阶段随着唐崖土司入选为世界文化遗产，学界开始从多学科、多角度对唐崖土司政治、经济、文化、族源、城址等方面进行详细解读。从共时性角度来看，可将学界对唐崖土司的研究分为以下四个方面。

---

① 祝光强、向国平：《容美土司概观》，湖北人民出版社 2006 年版。
② 李荣村：《元明清容美土司兴衰史》，《蒙藏学术会议文集》，1988 年。
③ 王承尧、罗午：《土家族土司简史》，中央民族学院出版社 1991 年版。

1. 对唐崖土司的整体研究

最早全面论述唐崖土司是《咸丰土家族简介》[①]，其中在"咸丰土司概略"章节重点介绍了唐崖土司历史和遗址文物。随后，《土家族土司简史》[②]《唐崖土司概略》[③] 等书的出版，逐渐对唐崖土司的展开全面研究。而2001年由恩施州民族委员会组织编写、国际文化出版公司出版的《唐崖土司概观》[④] 一书，是首部真正从学术层面进行系统研究的著作。如果说《概观》是唐崖土司研究的开山之作，那么邓辉、黄永昌写于20世纪80年代，在2013年才发表的《唐崖土司城址调查报告》[⑤] 就是唐崖土司研究的奠基之作。两者都深入剖析了唐崖土司的地理环境、土司的世系、城址的修建和土司社会形态。2014年5月31日至6月1日，在湖北咸丰召开了唐崖土司学术研讨会，同年，《唐崖土司学术研讨会论文集》[⑥] 由科学出版社公开出版，在深度与广度上都是对唐崖土司研究的突破和引领。

2. 唐崖土司族属探讨与遗址格局研究

国内学术界对唐崖土司研究关注较多的是覃氏族属的探讨和遗址建筑格局的分析，研究的重心在于，唐崖土司是蒙古人的后裔还是土家族"覃"姓的融合，两者产生的学术分歧。

（1）族源"土著覃氏说"与"蒙古裔说"探讨

在唐崖土司族源世系方面，最早关注这一问题的学者是王平[⑦]，其在2001年发表的《唐崖覃氏源流考》中，通过对鄂西南覃氏土著民族源流的追溯和对唐崖《覃氏族谱》考证后认为：唐崖覃氏是在族源上分为远源和近流，与鄂西南其他覃氏是同源异流的关系，其远源与鄂西南其他

---

① 《咸丰土家族简介》编写组：《咸丰土家族简介》，内部资料，1980年。
② 王承尧、罗午：《土家族土司简史》，中央民族学院出版社1991年版。
③ 中共咸丰县委统战部，咸丰县民族事务委员会、咸丰县党史县志办公室合编：《唐崖土司概略》，内部资料，1987年。
④ 刘文政、吴畏：《唐崖土司概观》，国际文化出版公司2001年版。
⑤ 邓辉、黄永昌：《唐崖土司城址调查报告》，《三峡论坛》（三峡文学·理论版）2013年第5期。
⑥ 湖北省文物局、三峡大学、唐崖土司城遗址管理处编：《唐崖土司学术研讨会论文集》，科学出版社2014年版。
⑦ 王平：《唐崖覃氏源流考》，《贵州民族研究》2001年第3期。

覃氏一样，是由古代廪君蛮"五姓"中一支"瞫"姓演变而来。其近流是元朝中期铁木乃耳后裔率领的一支蒙古族与当地覃氏结合发展而来。在《唐崖土司源流考》发布的同年，由恩施土家族苗族自治州民族事务委员会主编的《唐崖土司概观》，也提出类似于"同源异流"的观点，该书中根据唐崖《覃氏族谱》和口碑材料，提出"唐崖覃氏系铁木乃耳后裔率领的一支蒙古族和当地土著强宗大姓融合演变而来，是鄂西历史上民族融合的典型例证"[①]。王希辉[②]以唐崖《覃氏族谱》记载的始祖铁木易儿和现如今唐崖覃姓家中供奉的用蒙古语书写的祖先牌位为论据，证明唐崖覃氏应该是族出于蒙古。关于唐崖覃氏始祖为蒙古族，现如今却申报为土家族这一问题，王希辉在文章中明确表示支持王平"同源异流"的观点。

持覃氏后裔说的覃发扬[③]对"同源异流"说进行了驳斥。首先通过对《世本》《后汉书·西南夷列传》中记载的廪君五姓进行考证，并结合社会形态的发展规律，证明了鄂西土著覃氏与巴人"廪君蛮"五姓中的"瞫"氏没有相对应的关系，即鄂西土著覃氏不是五姓中"瞫"氏的发展产物。其次，从元代四等人制的民族政策和唐崖《覃氏族谱》中记载的"捺印为顺命"和"捺印归顺"两点入手，否定了唐崖覃氏是蒙古族后裔的说法。随后，其通过方志、覃氏族谱、民间传说以及唐崖土司与周边土司亲密的关系等，来说明唐崖覃氏与鄂西地区其他土著覃氏一样，是鄂西地区的土著大姓宗族，没有外来的民族血缘。最后，对"蒙古裔说"中的"木雕神像说""语言说""碑文材料说""能征善战说"和与其他覃氏的"对比说"等进行了一系列的驳斥，彻底否定了"同源异流说"和"蒙古裔说"。

对"蒙古裔说"和"反蒙古裔说"提出怀疑的是岳小国和曾超。岳小国[④]认为，两派虽然在逻辑和推理思维方面都有其合理的地方，但是其

---

① 刘文政、吴畏：《唐崖土司概观》，国际文化出版公司2001年版，第9—10页。
② 王希辉、杨杰：《唐崖土司覃氏世系及其征调述略》，《三峡大学学报》（人文版）2009年第6期。
③ 覃发扬、覃柏洲：《关于唐崖土司属覃氏渊源的考证》，中华覃氏网（www.zhqsw.cn）。
④ 岳小国：《对唐崖土司族源研究的一点看法》，《三峡论坛》（三峡文学·理论版）2013年第6期。

观点也都有明显矛盾和含混之处。"蒙古裔说"没有给出一个唐崖土司先祖从蒙古族转变为唐崖覃氏宗族的合理解释,"反蒙古裔说"没有对覃氏家谱中出现蒙古族祖先做出一个有效的论证,提出自己对唐崖《覃氏族谱》新的质疑,"覃氏族谱具有隐晦性"。然后从自己的实地调研出发,指出唐崖覃氏土司祖先确实为元朝宗籍,因为冒犯了朝廷,才隐居于鄂西地区,融入当地的族群之中。曾超[①]从元朝的国家治理和当时的民族政策分析,得出唐崖土司覃氏只能是土家族,绝非蒙古族,更非蒙古族王室宗籍,对唐崖覃氏具有"蒙古文化特质"是因为唐崖土司经历了从唐崖千户所演变为唐崖土司的过程,其长官有从蒙古族转变为土家族,自然一些蒙古文化留存于当地唐崖覃氏中。此外,青年学者覃茌坤[②]则开辟新的视角,从精神分析学角度入手,以《咸丰县志》、民国版唐崖镇石院子《覃氏族谱》、清版唐崖镇老鹰岩《覃氏族谱》等文献为基础,对唐崖覃氏各个版本的族谱中记载其族源事件来探讨唐崖覃氏在历史上的深层次精神创伤和族群信仰。对于唐崖土司是否为蒙古裔,该文已隐晦地明确"历史的真实"仍是本地的强宗大姓覃氏。

(2)唐崖土司城遗址格局研究

唐崖土司虽然文献记载较少,但由于遗址是目前保存最为完好的土司遗址之一,对于研究者来说,这无疑是一件幸事。研究者主要是邓辉、黄永昌、王玉、王炎松、李梅田、陈飞等。

其一,对城址的整体研究。《唐崖土司概观》和《唐崖土司城址》两本书和论文《湖北咸丰唐崖土司城址调查简报》是目前较全面的成果。《唐崖土司概观》[③]一书对土司城修建的时间进行了概述。《唐崖土司城址》[④]的第三章、第四章、第六章和第七章分别对唐崖土司城的建造背景、建设选址、建筑布局详细介绍,城址的防御体系、路网体系、建筑

---

① 曾超:《唐崖土司覃氏"蒙古人"疑议》,《三峡论坛》(三峡文学·理论版)2014年第4期。

② 覃茌坤:《唐崖土司"蒙古族后裔"探究——弗洛伊德精神分析视域下的蜕变》,《中国民族博览》2017年第12期。

③ 刘文政、吴畏:《唐崖土司概观》,国际文化出版公司2001年版。

④ 咸丰县政协文史资料委员会、唐崖土司城遗址管理处编:《唐崖土司城址》,湖北人民出版社2015年版。

遗存、墓葬、重要遗物等通过图文结合分类展示，归纳城址具体历史价值、艺术价值、科学价值和社会价值等，最后罗列了城址的系列保护管理措施。这是对唐崖土司城遗址在三年多"申遗"路上的全方位总结和研究。《湖北咸丰唐崖土司城址调查简报》① 一文详细叙述了唐崖土司城址的位置、城址所处的地形地貌和城墙、道路、院落、石桥、水井、采石场、码头、墓葬、建筑基址等城内遗迹。

其二，土司城遗址的建筑结构研究。学界对唐崖土司城遗址建筑结构研究方面成果颇少，主要有3篇文献为代表：刘辉所著的《唐崖土司皇城遗址的空间布局与结构分析》、李梅田所著的《观念认同与文化同化——唐崖土司城结构与性质分析》和陈飞所著的《唐崖土司荆南雄镇坊价值探析》。刘辉②从唐崖土司城遗址和考古资料入手，单纯分析了土司遗址的选址特征和遗址结构与布局特征，指出遗址四周地势极为险要，具有山脉和天然河沟两重防御系统，司城出现入侵或内乱时能够迅速顺利逃生。李梅田③则从唐崖土司城遗址的结构出发，将唐崖土司城遗址与中原地区城市遗址相对比，指出唐崖土司城内部街道和功能分区继承了汉族地区早期城市的街道规划传统和晚期城市的街巷制传统，城市的选址继承了古代城市的风水观传统，城址结构所反映的礼仪制度的转变也反映了土司文化的逐渐汉化。

其三，土司城址的牌坊研究。聚焦于唐崖土司城遗址中的"荆南雄镇"牌坊，成为当下学术界研究唐崖土司的着力点。一些学者如曾超、陈飞、冉红芳等以遗址核心土司牌坊作为重要的研究对象来阐释国家认同、文化认同等问题。曾超④从历史性的角度出发，指出土司牌坊是中央政府"赏功"的产物，正是在中央推行国家认同观念强化的土司制度中，土家族土司充分迎合了国家"大一统"的表现是积极参与国家征调、建

---

① 湖北省文物考古所、中国人民大学历史学系考古教研室、咸丰县文物局：《湖北咸丰唐崖土司城址调查简报》，《江汉论坛》2014年第1期。
② 刘辉：《唐崖土司皇城遗址的空间布局与结构分析》，《三峡论坛》（三峡文学·理论版）2013年第5期。
③ 李梅田：《观念认同与文化同化——唐崖土司城结构与性质分析》，《三峡论坛》（三峡文学·理论版）2014年第4期。
④ 曾超：《唐崖土司牌坊的"历史性价值"述说》，《三峡论坛》2016年第3期。

功立业之中，体现出中央政府与地方土司的良性互动。陈飞[①]以"荆南雄镇"牌坊为着眼点，认为不仅是重大历史事件的产物，是唐崖土司城的规划中心，更是唐崖土司精神世界的物化。作为代表之一申报世界文化遗产的最突出普遍价值，反映其重要地位，也映照了一部土司制度史。冉红芳、谭俊[②]通过对物化的"荆南雄镇"牌坊的建立原因、民间传说叙事和牌坊遗址的分析，探讨唐崖土司文化与中原文化之间的互动与交流。指出土司牌坊凝固的历史与传说是以民间叙事呈现历史事件，运用皇权的产物来表达地方文化形式阐释土司制度。

其四，土司城遗址的价值研究。曾超指出："不同的历史时代、不同的学科领域、不同的研究人群中会有不同的'价值'述说。"[③] 那么，遗址牌坊上的精美图案和官言堂衙署考古发掘出来大量的石器，体现出的艺术价值是极高的。雷宇[④]从遗址选址和遗址雕刻的建筑特征入手，认为唐崖土司城址丰富多彩的艺术物象，与儒家文化、汉地艺术有着千丝万缕的联系。而这种联系是通过人口迁移、朝贡与回赐、儒学教育、经贸交流、奉调出征等途径带来的积极影响。在雷宇[⑤]的另一篇文章中，也提出了类似的观点，认为唐崖土司城的生境受到土家族原生文化因子、儒家文化传布、民族民间艺术等文化生境的影响，并且这些生境也影响了土司的审美情趣，塑造了唐崖土司城的仿象特征。此外，多位学者呼吁城址的研究价值也是非常重要的部分。傅晶等[⑥]从价值认知方法探讨土司"系列遗产"的独特性和具有人类社会普遍意义的人类价值观，认为唐崖土司的"长官司"职级是土司行政级别体系的重要构成部分。岳小国[⑦]呼

[①] 陈飞:《唐崖土司荆南雄镇坊价值探析》,《三峡论坛》（三峡文学·理论版）2013 年第 6 期。

[②] 冉红芳、谭俊:《唐崖土司与中央王朝的文化互动——以"荆南雄镇"牌坊为中心的考察》,《湖北民族学院学报》（哲学社会科学版）2017 年第 5 期。

[③] 曾超:《唐崖土司牌坊的"历史性价值"述说》,《三峡论坛》2016 年第 3 期。

[④] 雷宇:《交流与仿象：唐崖土司城址艺术探源》,《中南民族大学学报》2017 年第 6 期。

[⑤] 雷宇:《世界文化遗产"唐崖土司城址"艺术生境探析》,《西南民族大学学报》（人文社会科学版）2018 年第 7 期。

[⑥] 傅晶等:《"土司系列遗产"视角下唐崖土司城址价值研究》,《三峡论坛》2014 年第 4 期。

[⑦] 岳小国:《唐崖土司研究的价值》,《三峡论坛》2017 年第 1 期。

吁，作为中小土司的唐崖土司，其研究价值对地方史、民族史研究的作用，值得土司学界的重视。

总之，学者们除了对土司城遗址有着较为丰富的成果外，对文物的研究也比较重视。如土司城修建的时间、选址、布局与结构和复原研究，以及文物的布局结构和文物价值研究。这些成果介绍在黄天一[1]的论文中进行详细归纳，此处不赘述。但是，从这些成果可以看出，比如对遗址修建的时间的准确度，目前学界未成定论，而复原研究也鲜有人问津。

3. 唐崖土司社会文化研究

从唐崖土司研究成果来看，研究者的目的多是从史料解读重构唐崖土司过去的生活状态。毛茜[2]以唐崖土司为个案，运用罗伯特·雷德菲尔德提出的大传统与小传统理论研究土司的社会、政治、经济和文化生活，分析了唐崖土司时期地方性知识系统中能剥离的大传统与小传统，并试图探讨两者的存在与发展。但是，论文对唐崖土司的发展历史未进行延伸，未从史学的角度考证二世祖到十四世祖的不同职级，正是后续研究从这个思考努力奋斗的一个指向。

在面的研究之上，将研究逐步深入到点的研究。刘健灵[3]对唐崖土司民间传说进行较为系统的研究。选取《咸丰民间故事集》收录的80余个有关唐崖土司民间传说，结合唐崖村的访谈记录集聚了近百个传说，然后运用民间文学传说学理论的两个基本概念"传说核"和"传说圈"，剖析传说故事的内涵与外延，认为唐崖土司民间传说的"传说核"是与土司制度有关的历史史实和与唐崖有关的地方风物这两类最具代表性的中心点相互制约而形成的，其"传说圈"主要是围绕唐崖土司民间传说的地理空间分布和创造性流播，厘清了唐崖土司民间传说的本质与发展脉络和演变规律。此外，有少数对唐崖土司民俗文化现象的研究成果。

4. 唐崖土司城遗址保护利用研究

最早提出对唐崖土司城遗址保护的文献是《唐崖土司概观》，该书

---

[1] 黄天一、黄柏权、刘晓青：《唐崖土司研究综述》，《三峡论坛》2014年第4期。
[2] 毛茜：《唐崖土司时期土司社会生活研究》，硕士学位论文，湖北民族学院，2015年。
[3] 刘健灵：《唐崖土司民间传说研究》，硕士学位论文，湖北民族学院，2017年。

第四章唐崖土司皇城的开发利用中，提出建立唐崖土司皇城民俗村的构想，并提出可行性方案，同时也说明建立皇城民俗村的必要性。石庆秘[①]的两篇文章中提出，借助数字化技术实现对文化遗产的保护和开发，减少对文化遗产原生态的随意改造，有效缓解旅游开发与保护中文化资源传承与利用的矛盾，扩大文化资源的群众性与受众范围，为文化旅游事业发展提供高科技支撑，提高文化旅游资源的科技含量。黄天一在《唐崖土司成功申报世界文化遗产的影响及保护对策》中分析了唐崖土司申遗之后的正面影响和负面影响，提出了保护发展策略。在他的硕士学位论文里，梳理了唐崖土司城遗址成为世界文化遗产后的保护工作，申报成功后的保护体现在成立遗址管理处、开展文物保护工程、修建步行道、设立标识系统、宣传遗产价值、改善交通等方面。吴虹憓、邓宇轩[②]则从网络品牌打造入手，提出借助意见领袖、建立专题网站、提升服务意识和利用社交平台四个方面的建议，扩大唐崖土司的文化品牌。

另外，唐崖土司的职级升降、历史征战、分期与领域及"改土归流"等研究，具体综述见黄天一、黄柏权、刘晓青的《唐崖土司研究综述》。以上学术前史的梳理旨在对《唐崖土司研究综述》进行补充，重点放在近五年来研究成果的一个综合归纳。

（四）土司研究现状述评

1. 历史时期土司制度研究现状述评

纵观百年来国内外丰硕的土司研究，体现了四个特点。首先，成果颇丰。尤其突出的是史料的整理，诸如从正史古籍中订正土司制度文献、考证族谱、汇报资料、拓片契约碑刻、出版专著。其次，注重区域研究，特别是关注西南土司研究。再次，研究视角上转入土司社会史、生活史的研究。最后，研究方法上基本实现了土司研究将民族学、社会学、经济学、政治学、建筑学、考古学与历史学传统史料论证相结合，同时拓展了纵向与横向比较研究。

---

① 石庆秘：《武陵地区文化遗产数字化保护的方法探析——以唐崖土司王城遗迹为个案》，《前沿》2010年第18期；石庆秘：《文化遗产保护与传承中的数字虚拟技术运用——以唐崖土司王墓室的数字虚拟为例》，《前沿》2013年第16期。

② 吴虹憓、邓宇轩：《唐崖土司文化网络品牌传播策略探析》，《当代经济》2017年第15期。

诚然，土司制度研究成果丰硕，但也存在缺乏动态视角不足等问题。首先，研究重点不仅局限于土司制度和土司文化的研究，还应关注土司经济及其与社会、政治、文化之间关联的研究。其次，加强对土司文化内涵的研究。深入解读土司时期的物态文化、制度文化、土司的行为文化和心态文化等。最后，聚焦于土司遗产的研究。列入"世界文化遗产"的"土司遗址"，最具代表性的唐崖土司城址、永顺老司城、播州海龙屯遗址的相关研究，在整个土司研究中算是沧海一粟，这与其"世遗"的知名度是不相匹配的。不足之处体现在以下三个方面：

一是湖广土司研究中，大土司研究多于小土司的研究。在知网搜索，研究湖广五大土司，永顺土司、保靖土司、容美土司、石柱土司、酉阳土司的研究成果，既有系列著作也有上百篇的论文。比如永顺土司研究丛书，一套共11本，研究论文200多篇。又如容美土司研究，史料整理起步早，研究成果丰硕，还有论文上百篇。而湖广土司中小土司研究，如龙潭、唐崖、金峒等安抚司和长官司的研究，有的甚至还是一片空白。可以看出，土司个案研究还有许多盲点，值得传统史学、人类学、政治学、艺术学等学科介入进行深入探讨。

二是对于土司研究领域中，从国家视角对国家政治、精英层面关注的土司制度研究与从地方视角，从"底层的历史"关注土司研究比较，前者研究力量雄厚、主流学者云集、成果积淀深厚、资料整理丰硕、学术对话频繁，而后者门可罗雀、稀疏冷清、学界关注不够。因此，这种现象直接影响到土司研究的区域性对话以及整体性研究目标的实现。

三是土司研究多侧重于传统史学的研究方法，需引入多学科交叉与渗透。史料的缺乏并不代表就无可研究，需强调多学科交叉与渗透和引入相关学科的理论与方法。

2. 鄂西南土司研究现状述评

综述之，纵观近年来鄂西南土司研究，体现如下三个特点：第一，史料整理成果丰硕。诸如从正史古籍中订正土司文献（《鄂西少数民族史料辑录》《〈明实录〉鄂西史料辑注》）[①]、汇编资料（《容美土司史料汇

[①] 鄂西土家族苗族自治州民族事务委员会：《鄂西少数民族史料辑录》，鹤峰国营民族印刷厂1986年印刷；杨小华：《〈明实录〉鄂西史料辑注》，鹤峰县民族事务委员会编印1993年。

编》《容美土司史料续编》《唐崖土司资料汇编》)①、拓片契约碑刻（《恩施自治州碑刻大观》）②、出版专著（《土家族土司兴亡史》《鄂西民族地区发展史》《鄂西土司社会概略》《唐崖土司概观》《唐崖土司城址》）等。第二，注重跨学科多方位研究。如从考古学、民族学、政治经济学、法学、数字化技术等对容美土司、唐崖土司的研究。第三，研究视角上从重点研究土司制度史涉猎土司社会史、生活史的研究。如《向心的边缘：容美土司国家认同研究》和《唐崖土司时期土司社会生活研究》③。

当然，鄂西南土司研究尚存不足之处。首先，研究重点不仅局限于土司制度和土司文化的研究，还应关注土司经济及其与社会、政治、文化之间联系的研究。其次，加强对土司遗产的现状调查研究，对恩施各级土司当下的文物保护利用的现状深入调查，全方位弄清楚目前恩施土司区域非物质文化遗产的状况。最后，聚焦于列入"世界文化遗产"的唐崖土司研究，置放于恩施四大宣抚司（容美宣抚司、施南宣抚司、散毛宣抚司、忠建宣抚司）的发展背景下，深入研究这个恩施唯一的世界级文化遗产。

3. 唐崖土司研究现状述评

唐崖土司研究经过30余年的发展，研究角度逐渐拓宽，研究深度不断拓深，成果逐渐变多。但是，在其研究发展过程中也出现了一些问题。其一，史料挖掘较少，限制研究角度。现在关于唐崖土司的史料主要零星记载于各个史料中，搜寻难度大，史料系统性不强。这严重限制了学界对于唐崖土司的进一步研究。比如对于土司"改土归流"的研究应该是土司研究中的重点，但是，唐崖土司由于史料的限制，这一方面的研

---

① 中共鹤峰县委统战部、县史志编纂办公室、中共五峰县委统战部、县民族工作办公室编印：《容美土司史料汇编》，鹤峰印刷厂1984年印刷；鹤峰县史志办、五峰县民宗委：《容美土司史料续编》，鹤峰印刷厂1993年印刷；唐崖土司史料搜集整理课题组汇编：《唐崖土司资料汇编》，三峡大学民族学院，内部资料，2013年。

② 王晓宁：《恩施自治州碑刻大观》，新华出版社2004年版。本书有十二编，涉及内容为姓氏源流、宗教信仰、制度公约、"表彰、称颂、生平""农民起义、军事、战争"、洞府寨卡及其他建筑、学校教育、农业、道路交通、风景名胜、楹联题额和其他。每块碑刻选编由两部分组成，一是碑刻原文，二是说明碑刻所处位置。书的后记罗列了系列丛书，有民间艺术、古籍整理、遗迹研究、史志编修，包揽在《恩施州民族研究丛书》和《湖北民族文化系列丛书》之中。《恩施州民族研究丛书》已出版三批，此本在此首列。

③ 葛政委：《向心的边缘：容美土司国家认同研究》，博士学位论文，中南民族大学，2013年；毛茜：《唐崖土司时期土司社会生活研究》，硕士学位论文，湖北民族学院，2015年。

究停滞不前。其二，材料局限性大。现在对于唐崖土司族源、世系、疆域等问题的研究材料，大多取材于《覃氏族谱》，没有实现材料上的突破。其三，学界研究没有形成系统性、连接性的研究结构。现在大多对于唐崖土司的研究都是各成一派，系统性研究远远不够。其四，缺乏自下而上的研究视角。研究多局限在土司视角层面，很少涉及从民间叙事的视角出发，对唐崖土司进行自下而上的研究探讨。此外，唐崖土司研究需要置放于中国"土司遗址"的世界文化遗产的视野中进行深入研究，改变研究中相对薄弱的现状。

三 研究思路和内容

（一）研究思路

本书的基本研究思路是以 2015 年唐崖土司城址与湖南永顺老司城遗址、贵州播州海龙屯遗址联合打包列入"世界文化遗产"名录为引子，在广泛查阅历史学、民族学、民族史、地方府县志、家谱族谱等资料的基础上，借鉴多学科的研究方法，遵循"提出问题—基本理论—土司制度—唐崖土司—遗产价值—保护启示"的研究思路，对唐崖土司的历史与社会文化展开深入系统的研究。

唐崖土司的研究应从具体历史中看其空间发展，遗址留下的这段历史是土司覃鼎时期的辉煌见证，然后这段历史影响了今后的发展，制度没有了土司也没有了，但是，当时的智慧和社会文化的影响仍在流传。所以，结合今天的"世界文化遗产"的发展观来看这段历史，探寻民间有关这段历史带来的各方面的影响。传承下来的口述史中也跟随时代发生了变化，有发展吸收，有改变，有留下的痕迹，从某种意义上说，是历史的沉淀，是经过选择的精华，也是土司的精神文化应该挖掘的素材，是地方发展的文化之根。

唐崖社区的深入研究就是对地方空间的拓展，空间本身就是一个横截面，这个横截面是唐崖土司在被中央王朝认定成为元明清历史时期土司中的一员，其历史段就是 389 年。所以，地方空间这个词界定了唐崖土司的历史时间段，于聚居在唐崖社区的民众来说这段历史只是短时段的。而集体记忆是一个纵向的历时性的长时段，唐崖土司城址带给民众不仅仅是一个可以看见的遗产，而不可见的遗产已经融入唐崖社区土家老百姓的心中。有的是今天仍在传承的，可见也有不可见的"活态"文化；有的是需要去细心体量、用心发现还留在本地族群记忆之中"逝去"的文化。因此，从历史人类学的视角切入进行研究，也表明了社会文化的研究不是停留在唐崖土司存在的短时段的时间里，而是延续到了当今土家族内部与外界的动态发展的一个过程。

（二）研究内容

本书研究对象从表层看只是一个官职、一个贵族群体，深层次研究包括生活在唐崖社区底层民众群体经历的历史变迁。研究的目标是唐崖社区的土家族群体，其过去如何"创造"了这个群体的现在，过去又是如何创造了我们能看到的这个遗址群，以及这个遗址群的背后所建构的文化意义。其中，述说了怎样的一个曾经住在这些建筑中的群体以及他们与中央王朝关系和统治土民关系的历史故事，继而在这个社会制度之上，又创造了哪些文化，还有哪些是我们今天无法看到的，但是可以通过集体记忆来建构的，以及已经久远地融入居住在唐崖社区民众各个生活生产层面的。进而，这些文化是否还深远地影响着唐崖乡民。研究旨在深入挖掘当地民众的集体记忆，通过民间叙事力图呈现这段历史的产生及其社会文化，以及对这段承载着承上启下的历史及其社会文化与今天唐崖土司城遗址群的对话，探讨唐崖社区的社会与文化变迁及其多元的呈现，为今天文化遗址真正地能在"大地上活起来"提供讲述的素材支撑。

绪论介绍研究的背景与意义、现状述评、理论与方法以及相关概念的界定。

第一章为唐崖土司的动态发展提供一个地理人文背景。回溯先秦至今在鄂西南特别是研究对象的区域，咸丰县的历史分期其沿革和人口变化，厘清元明清时期鄂西南、川东南地区的土司设置，旨在以史论今，为分析唐崖土司的历史和社会文化提供佐证。

第二章从文献史料中爬梳唐崖土司的材料，厘清历史流变过程，分析唐崖土司的兴起、发展及其覆亡和"改土归流"后唐崖土司的走向。

第三章分析唐崖土司与中央王朝、与其他土司乃至周边卫所、与内部土民的互动关系，解读唐崖土司的社会组织、社会关系和社会发展。

第四章从制度文化、村社文化和文化遗址三个层面探讨唐崖土司文化。以机构体系和族源、族谱分析制度文化，从城址建造、分布格局和道路连接探讨文化遗址,呈现唐崖土司与中原文化的互动轨迹,最终土司文化与中原文化的交流和碰撞中进一步强化了国家认同。在动态演变中当下村社文化遗传了土司时期强大的文化基因。

第五章探讨世界遗产唐崖土司的文化内涵和遗产价值,从物化的制度和文化的互动分析土司文化内涵,从历史认识、社会重构、民族认同、文化传承四个方面解读遗产价值所在。

结语回应选题的缘起,"世界遗产"是研究的切入点,最终上升到世界文化遗产保护进行反思。有剖析唐崖土司申遗过程的启示"唐崖速度",也有反思保护中应该形成文化对话和可持续发展。

四 研究理论与方法

"土司制度不是孤立的、僵死的条条,它是在不断发展变化的。研究清代的土司制度不能就清代论清代,就制度论制度。"[1] 同理,我们也不能孤立、僵死地研究唐崖土司,应放在不断发展变化的动态中去深入研究。

(一) 理论观照

1. 历史人类学理论阐释

视角的选择会直接影响研究成果的质量,就同一研究对象用不同的视角对其研究,其结果存在差异也是合理的。结合笔者所学专业,硕士期间曾受过人类学、民族学专业训练,采用"田野"作业是本书的主要研究方法,加之博士所学专业又是一级学科民族学下的中国少数民族史,而选题为唐崖土司的历史与社会文化研究,体现了人类学与地方区域史的双重性质。因此,历史人类学是本书的研究视角。我国学术界就"历史人类学"仍存在很大的争议,有学者认为,它是一种研究方法,也有学者认为是一种研究视角,还有学者认为是一种新兴的学科。这些争论的断定不属于本书关注内容,仅仅是将其作为本书引入的一种视角而利用。希望用历史人类学的视角从时间和空间的维度对唐崖土司的历史社会和唐崖村社的文化变迁进行整体性、综合性研究,为世界文化遗产内涵发展提供参考。

历史人类学作为一门学科始于西方,将历史学的视角和人类学的研

---

[1] 李世愉:《清代土司制度论考》,中国社会科学出版社1998年版,绪论。

究方法结合在一起。两门学科如何能结合在一起,美国人类学家萧凤霞认为,"一是研究他者(the Study of other)。历史学是研究不同时间中的他者(the Study of other in time),而人类学多半是从不同的地点来研究;二是语境研究(the Study of context)。无论是一次事件,抑或是一个区域的点,莫不是由一层层的社会、经济、文化等因素形成的;三是和文学理论有关的,我们整个的努力,不论阅读历史档案(reading of historical archives),还是阅读历史对象(reading of historical subjects),都要经过一个阐释(interpretation)的工夫"。① 历史学和人类学之所以能结合是因为两者存在着这些共同基础。结构主义大师列维—施特劳斯在其经典著作《结构人类学》中指出,"他们是在同一条道路上、沿同一个方向走着同一个旅程,惟一不同的是他们的朝向"②,肯定了历史学和人类学建立了亲密的合作关系。有学者提出,"两者关系并不是大师所主张的表里关系",而是"前沿与后方基地"的前后关系③。这句话指明了人类学家尊重历史,但不赋予它优于一切的价值。

20世纪80年代,历史人类学被引入我国,恰逢我国历史学界的"瓶颈期",产生了一场对史学的结构性调整。引入的历史人类学恰好是史学反思中找到的一个结合点,即将研究史料选取改变成"眼光向下"④,研究视角注重"走向历史现场"⑤,研究对象关注"微社会"并与"田野工作"结合,将民间百姓纳入研究范式之中,"书写"相关的地方史、社会史和文化史,逐步走出了"死胡同"。石峰教授认为,历史人类学的研究是围绕着两个关键词展开,一个是"历史",另一个是"文化",也就形成了两种历史人类学的研究思路:其一是"从历史中发现文化",其二是

---

① [美]萧凤霞等:《区域·结构·秩序——历史学与人类学的对话》,《文史哲》2007年第5期。

② [法]列维—斯特劳斯:《结构人类学》,张组建译,中国人民大学出版社2010年版,第29页。

③ 末成道男总主编,刘志伟、麻国庆主编:《人类学与"历史":第一届东亚人类学论坛报告集》,社会科学文献出版社2014年版。

④ 陈春声:《走向历史现场》,见赵世瑜《小历史与大历史:区域社会史的理念、方法与实践》,生活·读书·新知三联书店2006年版,总序第1页。

⑤ 赵世瑜:《小历史与大历史:区域社会史的理念、方法与实践》,生活·读书·新知三联书店2006年版,第20页。

"从文化中发现历史"。前者以历史为框架,将文化作为立足点,后者以文化为框架,将历史作为立足点。本书对唐崖土司的研究正是立足于文化的"从历史中发现文化"进行研究的,采用历史人类学的考察,对这段本身已经消失的历史,凭借相关的文本资料、考古资料或口述材料,寻找历史过程中可以建构这一历史阶段的文化共时态,并以此共时态的各种资料为出发点,去复原唐崖土司当时的历史文化面貌。以历史的维度作为链接,成为唐崖土司这个个案研究中小到个体、大到整个社会体系的思考方式。研究的主题将李杰教授提出的"记忆、心态、诠释、历史想象、历史审美"① 几个关键概念,并运用地方传说、文化解读、追求价值的合理性、讲故事和扩大史料取材范围的几个具体原则来作为历史人类学的理论解释。

2. 文化变迁理论

唐崖土司的历史及其历史时期的社会与文化,对于唐崖社区的影响隐含在文化变迁的过程之中,因此,文化变迁理论成为本书主要的指导性理论。

变迁是一种过程,也是一种结果,而与变迁不能分割的是互动与适应。民族历史发展过程中,首先是互动,然后产生适应,最后发生变迁。文化变迁又称文化变异或文化转化,是因文化进化发展而得来的,是社会学和民族学(人类学)普遍使用的一种社会和文化变化的解释理论,因此在不同的学科里有社会变迁、文化变迁和统称社会文化变迁的术语词。文化变迁与社会变迁的区别在于,社会变迁是社会环境的变化而导致的,其内涵与外延比文化变迁更广更丰富,而文化变迁是"由于民族内部的发展,或由于不同民族间的接触而引起的一个民族文化系统,从内容到结构、模式、风格的变化"②。或者"指文化在因素或结构方面的所有的变化,是由于内部的发展,或由于不同生活方式的人们间的接触,所引发的人们生活方式的改变,个人指导行为习惯上的改变"③。显然,

---

① 李杰:《续论社会科学化史学研究范式——人类学运用于历史研究的方法论》,《云南大学学报》(社会科学版) 2020 年第 1 期。
② 林耀华:《民族学通论》,中央民族大学出版社 2012 年版,第 396 页。
③ [美] 克莱德·M. 伍兹:《文化变迁》,何瑞福译,河北人民出版社 1989 年版,第 120 页。

文化变迁是由于文化内容的增减所引起的文化结构性的变化，通过文化交流、传播、借用、适应、涵化、分化、整合、重构或称再生产等途径来完成变迁的过程。文化互动包括文化传播和文化接受，传播的方式和接受的态度影响着互动结果，两种文化在交流和碰撞中加强了文化融合的进程，进一步强化了文化认同。互动过程中对外来文化会面临着文化适应与不适应的问题，在文化出现相互深入、全面接触的情况下，就会发生文化适应和文化移入这种深刻影响着文化变迁的重要因素，即"涵化"（aculturation）[①]。这是文化变迁中的普遍现象。

文化发生变迁与文化发展紧密相关，受特定环境因素的影响而导致原有文化内容的改变，这种改变有因内部因素促成的，也有因内部需要带来的，因此，变迁与发展是一个渐进的变化过程，并非突然的改变。[②] 文化变迁还涉及文化交流、文化融合、文化冲突、文化传统的继承与创新等有关的文化发展问题，各自在民族的发展中息息相关，是文化自身走向的必然结果。

3. 社会记忆理论

记忆（memory）作为一种理论，并被广泛使用，缘于法国社会学家莫里斯·哈布瓦赫和美国学者保罗·康纳顿分别提出的"集体记忆"（collective memory）和"社会记忆"。事实上，记忆本身兼具建构性与延续性两种特征，将两者结合起来，才能对社会记忆的过程进行整体性分析。[③] 随后，记忆理论影响到各类人文社会科学研究，并逐渐形成四大记忆理论，即"历史记忆""集体记忆""社会记忆""文化记忆"。结合本选题研究而言，在实践中正是这四种记忆累积而成的一个总和。

集体记忆与社会记忆都是基于群体上的记忆范畴，两者的区别在于，前者强调记忆如何建立，后者强调社会建构。"文化记忆"是由扬·阿斯曼提出的，"文化记忆是关于一个社会的全部知识的总概念，在特定的互

[①] 张文勋、施惟达等：《民族文化学》，中国社会科学出版社1998年版，第175页。
[②] 张文勋、施惟达等：《民族文化学》，中国社会科学出版社1998年版，第143页。
[③] 谢红萍：《族群记忆与现实表述——以西双版纳基诺族族源叙事为例》，《民族文学研究》2017年第2期。

动框架之内,这些知识驾驭着人们的行为和体验,并需要人们一代一代反复了解和熟练掌握它们"①。也就是说,文化记忆需要"文本"在"场景"中反复磨炼,而"文化文本决定其视野的大小"②。可见,这三种记忆都是基于个人记忆上的一种群体记忆。

历史记忆是对"过去"的一种有意识或无意识的回忆,或者"再现",所以它们与历史又密不可分。③清史研究专家杨念群指出,"历史记忆具有传承性和延续性,不仅包括记忆的对象是历史事件,同时记忆本身也是一个历史,是一个不断传承、延续的过程。那些具有所谓负面影响的历史事件……人们强迫自己去遗忘,或者是不去思考"④。这点充分体现在唐崖土司的族谱记忆中,对于自己祖先的丰功伟绩有夸大其词,而对于土司的寇掠行为只字不提。对于"本土历史"的记忆中,没有文字书写传统的社会人群的本土记忆,"我们对历史应有更宽广的定义"⑤。唐崖土司城遗址成为世界文化遗产,在历史记忆理论运用中有其特殊性。遗产是历史上存在而留下来的,唐崖土司城址是历史上留下来为当下人享用的遗产,而这段历史今天再来追溯不可避免地参与了当代人的建构,口述与记忆结成历史记忆的重要内容。

唐崖土司留给当下更多的是有关遗产的记忆,遗产记忆具有历时性和地方性的特点,是因为遗产的知名度而再次激发地方民众的回忆,有对其历史溯源,有对过去社会的批判,有那段历史承继下来的文化对今天的影响,因此,这种记忆中所含内容有特指的那段历史,也有社会层面和文化层面所沉淀下来的"以史为鉴""古为今用"的智慧和精神层面的传承。

---

① [德]哈拉尔德·韦策尔:《社会记忆:历史、回忆、传承》,季斌等译,北京大学出版社 2007 年版,第 4—5 页。

② [德]阿斯特莉特:《文化记忆理论读本》,冯亚琳、余传玲等译,北京大学出版社 2012 年版,第 12 页。

③ 沙彦奋:《空间生产与民族记忆——关于新疆伊犁河流域回族的历史人类学研究》,博士学位论文,兰州大学,2015 年,第 20 页。

④ 杨念群:《新史学》,中国人民大学出版社 2003 年版,第 653 页。

⑤ 王明珂:《羌在汉藏之间——川西羌族的历史人类学研究》,中华书局 2008 年版,第 179 页。

(二) 研究方法

研究唐崖土司的历史和唐崖社区的发展，采用的是一种历时和共时相结合的研究方式，解释唐崖土司背后的文化意义和历史价值。

1. 文献研究法

土司是元明清时期的一种制度下的产物，是历史层面存在的一个事物。讨论唐崖土司的兴亡史，考古材料是研究中首要运用的资料，主要参考湖北省文物考古所发表的《湖北咸丰唐崖土司城址调查简报》[①] 和邓辉、黄永昌在80年代撰写的《唐崖土司城址调查报告》[②]，对城址不可动文物进行记录，为唐崖社区的社会文化变迁提供历史根基。

官方典籍文献的查阅，历朝官方的信史中对于土司记载较多。土司制度是元明清三朝中央行政系统用以治理边疆族群的一种特殊手段，在诸如《元史》《明史》等大型文献中都有专门记载。官方典籍文献为本书提供了一个了解国家"中心"与土司"边缘"社会的互动视角，"中心"的国家在官方正史中的阐释，所透露的治理方略所表达是一种理解官方"文化图式"的结构性要素。地方志史料与文人笔记提供了一个从地方视角结合宏大叙事的一种书写范式。

地方志史料与文人笔记。我国的地方志史料数量巨大，基本上每个县市都有史志办，专门从事本地方志史的整理与完善工作，所以地方史志一直是传统史学研究必须借鉴的，是理解中国地方社会不可或缺的资料。虽然鄂西南、川东的方志多撰写于清中后期甚至民国，但是对本地的土司活动都有详略不等的追溯性记载，在一定程度上表现出地方视角结合国家正史文本的一种书写。文人笔记从唐宋开始，关于归州、施州（唐时所属）、四川省夔州路（宋时改属）从外面文人笔记与著述逐渐丰富起来，如李白、杜甫的诗歌，刘禹锡的竹枝词等，于是有关鄂西南、川东这些"蛮荒之地"的土家族文化的历史书写已大抵形成一种刻板印象。明清两代，随着国家王朝势力渗透力度逐步向地方加大，更多的士人通过做官、流放、游历等渠道直接进入土司统辖地区，亦相应出现更多的直观描写，如顾彩的《容美纪游》、毛峻德的《司蛮合志》对土司社会的

---

① 说明：完整的考古报告还未发布，文中考古材料多引用本简报。
② 邓辉、黄永昌：《唐崖土司城址调查报告》，《三峡论坛》2013年第5期。

历史与文化进行详细记录,给我们今天研究土司留下了一笔宝贵的财富。

田野中收集的 9 本《覃氏族谱》是唐崖土司研究的重要资料,而咸丰土司地留存下来的碑刻与墓志铭也是不可多得的历史记录,一些政治、经济与文化的现象就隐于其中,如《张王庙记》所搜集的碑刻资料就与唐崖土司、鄂西南土司密切相关。

2. 田野调查法

田野调查讲究"慢工出细活"。费孝通先生指出,"实地调查是个比较可以得到科学性较强的资料的方法"[①],这是对社会学学科中使用这种研究方法的一种肯定。在民族学中,田野调查是同样的重要,也是获取资料的最基本途径。本书的田野除了故纸堆里的"大浪淘沙式"的田野之外,还有现场(世界文化遗产地)的广阔田野。唐崖土司研究因受文献记载相当缺乏、资料不足的限制,为弥补此种不足,必须进行长期深入的田野调查,取得翔实第一手材料来突破史料不足的缺陷。因而对唐崖土司和直接相关的土司地进行实地调查,广泛了解、充分掌握获取丰富的田野第一手材料研究其历史、社会与文化和今天的世界文化遗产,需要对这些材料进行全面研究,才能得出符合客观实际的正确结论。调研中综合运用深度访谈、座谈会、参与观察、收集实物、随机采访等方法,对唐崖社区尚存历史经历者及其后人以及相关文化精英进行深度访谈,争取获得更多口述史资料。口述资料"有助于我们更深刻地理解乡村历史的'事实'和内在脉络"[②],置放于地方传统和民间生活当中研究,以一种"自下而上"的视角真实反映元明清时期的土司历史与社会文化的状貌。

3. 整体观研究法

本书不是只对唐崖土司历史、社会文化发展史的研究,研究地域不局限于今天所看到的遗址范围,而是当时土司管辖的一个大的区域范围。也不局限于一个土司个案的研究,而是置放在土家族土司的整体研

---

① 费孝通:《从马林诺斯基老师学习文化论的体会》。费孝通《师承·补课·治学》,生活·读书·新知三联书店 2002 年版,第 135 页。

② 陈春声、陈树良:《乡村故事与社区历史的建构——以东凤村陈氏为例兼论传统乡村社会的"历史记忆"》,《历史研究》2003 年第 5 期。

究，充分体现人类学的"整体观研究"的基本视野。力图通过整体研究方法，完成对唐崖土司的动态建构，最大限度地恢复唐崖土司社会生活的真实面貌，从而更加真实地理解唐崖土司留给当代咸丰唐崖人的生活意义。

（三）资料来源

1. 典籍文献资料

典籍文献的查阅重点是中央王朝历代治理武陵和鄂西南的官方记载，以及清朝年间的地方志资料中整理爬梳有关唐崖土司直接或间接的记载。一部分正史材料零星分布在《元史》《明史》《明实录》《明会典》《明会要》《清史稿》《清实录》《钦定续修文献通考》《皇清职贡图》《湖广图经志》《湖北通志》等正史之中。还有大部分是分布在地方志里，同治版、民国版《咸丰县志》，同治版《宣恩县志》，乾隆版、同治版《来凤县志》，光绪版《利川县志》，道光版、同治版《施南府志》，同治版《增修施南府志》、光绪版《施南府志续编》，嘉庆版、同治版《恩施县志》，道光版、同治版、光绪版《鹤峰州志》，道光版、同治版《建始县志》，嘉靖版、同治版《巴东县志》，同治版、光绪版《长乐县志》，同治版《宜昌府志》，咸丰版、光绪版《黔江县志》，嘉庆版、光绪版《龙山县志》，康熙版、光绪版《彭水县志》，光绪版《秀山县志》，乾隆版、同治版《永顺府志》，雍正版、同治版《保靖县志》，还有毛奇龄《蛮司合志》，顾彩《容美纪游》，向子奇《卯洞司志》等。

2. 田野调查资料

笔者在鄂西南唐崖土司及相关联的土司地进行了为期三个多月的田野调查，实地走访了唐崖、朝阳、清坪、活龙等乡镇——历史上这些地方曾是唐崖土司的辖区或者有族裔分居，也包括龙潭土司、金峒土司建立的联宗关系和联姻关系。土司的遗址，也即当今的"世界文化遗产"地是深入调研的重点，到唐崖土司城遗址管理处、县文史办、档案馆、图书馆等县直机构和唐崖、朝阳镇政府查阅官方有关唐崖土司资料。此外，重点走访唐崖社区的民众，采访熟知地方性知识的人员和当地文化人士，还收集了多本族谱文本。所以，族谱、祭文、碑文拓片、传说故事等民间文献和访谈材料，是本书最为重要的资料来源。

一是收集地方传说百余则。唐崖司村的访谈记录结合《咸丰民间故事集》文本集聚了近百个传说，人物传说有覃鼎、田氏夫人、女儿寨、唐崖土司招驸马等，遗址传说有立牌坊、土家神马、花坟，地名传说有采石场、金银塘、两口锅、落马滩、圆胡子洞、杀人凹等，民俗传说有露水裙、腊月打"扬尘"、过年吃八宝合菜、杀年猪猪头盖簑衣、土喇叭接媳妇儿，姓氏传说有覃向二姓不通婚，教育传说有"笑狗要落雨""姓刘的不能吃狗肉"等。

二是收集土司宗族谱牒。调研期间寻访到民间收藏的 9 部唐崖覃氏土司谱牒。分别是覃方如藏《唐崖石院子覃谱》民国年间抄本、覃秀书藏《重庆黔江水田坝覃谱》民国年间抄本、覃小阳藏《唐崖覃氏族谱》民国六年抄本、覃仲学藏《唐崖老鹰岩覃谱》民国年间抄本、覃志安藏《唐崖镇南河覃氏枝谱》20 世纪 80 年代抄本和覃宪章藏《唐崖镇南河覃氏谱牒》20 世纪 70 年代抄本、覃文朝藏《唐崖镇杨家营村茅草坪覃氏谱牒》20 世纪 80 年代抄本、覃海梅藏《唐崖镇芭蕉溪覃氏谱牒》20 世纪 60 年代抄本、覃太安藏《咸丰朝阳鸡鸣坝覃氏谱牒》清朝年间抄本。此外，在档案馆查阅了其他地方的有关族谱，有恩施《童氏族谱》、宣恩《覃氏族谱》、施南土司《覃氏族谱》、忠路土司《覃氏族谱》、利川《覃氏族谱》以及忠孝土司《田氏族谱》等。

三是土司宗族碑刻和墓志铭及其拓片。现存于 1983 年修葺的覃马亭右侧石马旁的保护石墙上的 7 块石碑，分别是"公颂重新"碑、"名垂万古（重修张王庙碑记）"碑、"丁卯年立"碑、"万古不朽"碑和 3 块记录"捐款名单"碑，还有遗址内多处土司墓碑文和遗址外的覃杰墓碑等。这些都是可资利用的，也是难得的珍贵资料。

五 研究的主要创新点

（一）研究内容呈现的创新点

本书一个很重要的创新点，是第一次系统、全面地挖掘和论述了唐崖土司的历史与社会文化，这是在前人研究基础上的一个突破。全书围绕唐崖土司的地理生态、历史沿革、设置流变，到唐崖土司的社会、文化和遗产价值，形成了系统全面地研究唐崖土司历史及社会文化发展史，一定程度上具有填补学界空白的意义。其次，在具体的论证上譬如有关唐崖地名的考证、唐崖族源的考证等具有较高的学术意义。文中对于唐崖土司是蒙古族血缘还是本地土著争论问题进行了辨析,通过多本族谱研读比较,并结合多位学者的观点和地方上不同层面访谈对象的访谈,然后找到问题发生分歧的关键在于是族源与族属的探讨,综合族谱、学界研究和访谈材料,得出唐崖覃氏土司的族属是本地覃氏,是土家族。最后,针对世界文化遗产唐崖土司的遗产价值分析,文中从历史认识价值、社会重构价值、民族认同价值、文化传承价值四个方面,分解成地方文献肯定土司制度、金石铭文揭晓人物身份、地方传说隐喻宏大叙事、地方精英接受中原文化、唐崖土司彰显尚武精神、女性美德深受乡民尊重、咂酒油茶宣传土司文化、地方南剧打造《土司夫人》八个部分进行了比较深入、全面的阐释遗产价值所在。这是研究的落脚点也是亮点。

(二)研究方法应用的创新点

本书运用历史人类学视角和文化变迁的理论范式将唐崖土司置放于土司制度形成的"大历史"脉络中考察,跳出中原王朝的视角,转而重视"边缘视角""自下而上"的研究视角来研究唐崖土司的历史与社会文化的发展。采用文化人类学中文化变迁理论对土司史料和土司文化进行"历史人类学"的解读,从有限的资料中读出历史的精彩,并以"文化持有者的内部眼界"(from the native point of view)回到"历史的现场",在社会结构的内在脉络中来解读现存的资料文本。除了在资料中做"田野",还走进了历史的田野,通过唐崖土司个案(点)的解剖,还原历史的真实。在材料的使用上不仅仅局限于文献资料,而是较多地结合了地方族谱、民间传说、多位访谈对象的口述史作为第一手资料,做到了多种材料的综合佐证。文中是用历史人类学的视角从时间和空间维度对唐崖土司的历史社会和唐崖村社的文化变迁进行整体性、综合性研究,为世界文化遗产内涵发展提供素材支撑。

六 有关问题的说明

(一)土司制度的界定

"土司制度"一词是由葛赤峰在1930年提出,作为一个特定政治制度名词使用至今。近百年来,众多前辈先贤对"土司制度"做了代表性的解释,有龚荫、吴永章、李世愉、方铁、谷口房男、白钢、胡少华、蓝武、成臻铭、李良品等。这些解释是为了说清楚三个指向,"谁在哪里怎么做"。"谁"指抑或我国封建王朝①,抑或元明清三朝②,抑或朝廷③。"哪里"指的是在西南少数民族地区④,或在当地⑤,或少数民族聚居区和杂居区⑥,或边疆地区⑦,或蛮夷地区⑧。"怎么做"即是进行的特殊统治形式⑨,或特殊的政治统治制度⑩。归纳各家定义,土司制度是我国封建中央集权在特定时间段,特殊的地理区域里施行的一种"齐政修教、因俗而治"的行政制度。

（二）土司文化的界定

土司文化不能狭义地理解为土司时期的文化。因为土司时期存在的文化自身是一个动态的过程,在这个动态中具有承上启下的作用,不会因为土司在特定的历史背景被"改土归流"后就跟随这个小群体的离开而带走了所有,毕竟在这个曾经是土司管辖的地域内还有众多的土司旁支亲属及地方子民后裔仍继续生活在这里,而这里因为土司制度下形成的土司文化具有存续性,并且会和大量进入的汉民、苗民、侗民文化

---

① "土司制度是我国封建王朝在统一的领土内的某些地区（即主要是南方少数民族聚居和杂居处）采取一些有别于汉族地区的措施进行统治的一种制度。"吴永章:《中国土司制度渊源与发展史》,四川民族出版社1988年版,第1页。

② "土司制度是元明清三朝统治者对西南少数民族地区实行的一种特殊的统治方式,即由中央政府任命少数民族贵族为世袭地方官,并通过他们对各族人民的管理,达到加强对边疆地区统治的目的。"李世愉:《清代土司制度论考》,中国社会科学出版社1998年版,绪言。

③ "土司制度是羁縻制度向流官制度过渡的地方行政制度,既是指朝廷管理土司政府的制度,又是指土司处理周边关系与管理土司区的制度。"成臻铭:《清代土司研究——一种政治文化的历史人类学观察》,中国社会科学出版社2008年版,第23页。

④ 李世愉:《清代土司制度论考》,中国社会科学出版社1998年版,绪言。

⑤ "土司制度就是利用当地各族头领或权威人士,授以大小不等的官号,并列入朝廷行政序列的一种特殊统治形式。"白钢:《中国政治制度通史》（第十卷）,社会科学文献出版社2011年版,第253页。

⑥ "土司制度是一种封建的政治制度,它是元明清封建王朝在少数民族聚居区和杂居区实行的一种特殊的统治制度。"胡少华:《羁縻郡县制度与土司制度的对比研究》,《民族史研究》2001年第2辑。

⑦ "土司制度就是封建王朝中央政府对边疆地区少数民族大小首领授予世袭官职的制度。"龚荫:《中国土司制度史》（上册）,四川人民出版社2012年版,第1页。

⑧ 胡少华:《羁縻郡县制度与土司制度的对比研究》,《民族史研究》2001年第2辑。

⑨ 白钢:《中国政治制度通史》（第十卷）,社会科学文献出版社2011年版,第253页。

⑩ "土司制度是元明清封建中央王朝乃至民国时期中央政府在少数民族地区实施的一种特殊的政治制度和统治制度。"蓝武:《从设土到改流——元明时期广西土司制度研究》,广西师范大学出版社2011年版,第1页。

交融在一起，形成了一种既有土司文化内核又有外来文化叠加的一种有所变化的区域文化。因此，对于土司文化的界定我认为应该综合李良玉、成臻铭、李世愉所下的定义。李良玉认为，"土司文化"概念是因为土司是一个内容十分丰富的文化符号①。成臻铭将土司文化定位在其属性上，解释为"是一种具有多元性、原生性、本土性特点的民族文化"。②李世愉认为，"土司文化应该称之为土司制度文化"。学界还有余嘉华、罗维庆、彭福荣、李良品、龙春燕等学者对土司文化进行了界定。土司文化作为一种文化，其属性和分类与文化的属性有着共性。笔者认为，土司文化的内涵，历时性看是一种特殊的历史现象，共时性看有其特殊的地理空间。因此，土司文化必须具备的条件：第一，特定的地域，确立了地理边界；第二，特定的空间，确立了时间边界；第三，特定的文化，确立了文化边界。

（三）村社文化的界定

村社文化，村是界定了唐崖土司城址就在唐崖司村，这是有着千年历史的一个小村落，但是这个村落却经历过一段宏大的历史叙事，而这段历史不仅关乎这个村落，而是以这个村落为核心的治略延展开到一个"社区"③，即唐崖土司曾经管理范围构成的一个唐崖社区，甚至是区域史里常说的一个流域，抑或唐崖河流域。所以，研究是从一个遗址地所处的唐崖司村拓展到社区、流域乃至武陵地区的乌江流域、清江流域和酉水流域对其都有着蛛丝网式的牵连。与清江流域的影响，唐崖土司的特殊性就体现在这里，它与鄂西南甚至湘西的覃氏土司比较，是唯一受施州卫直接管理的小官司，从制度上与经制区的关联就较之密切，不像金峒覃氏土司，是施南土司中的一个安抚司，不是直接受施州卫所属，是一种间接关系，唐崖土司与施州卫是直接关系。这是村与社从地理和行政划分来解释。

从文化的角度来看村社文化，是以遗址区为核心。一是挖掘保留在

---

① 李良玉：《土司与土司文化研究刍议》，《广西师范大学学报》2009年第3期。
② 成臻铭：《论土司与土司学——兼及土司文化及其研究价值》，《青海民族研究》2010年第1期。
③ 是社会学中的一个术语。当下用于曾经唐崖土司管辖的区域是适合的。

遗址上"物化"文化,二是调研梳理遗留在社区民众生产生活习俗中的与土司这段历史沉淀下来的传统文化,进行唐崖村社文化动态发展的解读。因此,文中的社区文化是以张文勋所定义的社区文化为方向进行的梳理,并以文化变迁理论渗透在行文之中。

(四)其他问题说明

其一,本书研究的是土司个案,是在土司制度实施的元、明、清初600多年的历史分段。那么,唐崖土司的历史划段正是在这个区值之内,从元至正六年(1346)到清雍正十三年(1735),彻底地"改土归流"被废止,历经了389年的历史段。这段短时段是厘清唐崖土司历史的划段,但是,唐崖土司作为申遗史中的一个特殊案例,其身份已是"世界文化遗产",所以,从社会、文化方面进行研究,时间段选取使用的是一个长时段,也是历史人类学视角下考察个案进行长时段研究所用的"无时间感"(timeless)。

其二,为何使用"皇城"一词?"皇城"在老百姓的口中代代流传至今,推演文献记载和碑刻铭文也是有据可证的。张王庙中保存最完整的"名垂万古"碑刻中两次出现唐崖城,碑题"……唐崖司城所有"和落款"清光绪六年七月上浣之二日,唐崖本城绅士同众首士公议立",这样多次出现"城",说明唐崖土司城池在明清是得到了官方认可的一种叫法。当地民众为何一直叫"皇城"?据2015年笔者暑假调研时,唐崖司村2组LBZ老人[①]介绍,我们这里"皇城"虽然没有北京的那个故宫大,但是我们这个面积1平方千米的"皇城",它是唐崖覃鼎土司个人享受的地盘,而明代皇帝享用的紫禁城只有0.73平方千米,这样来比是不是比故宫还要大呀。再说"山高皇帝远",土司就是当地的"土皇帝",住的地方就叫"土司皇城"。在遗址内,有关"皇"的叫法还有,唐崖民众将第二代土司覃值什用的墓叫"皇坟"。过去土司在土民心中就是地方上的一个皇帝,叫"土皇帝"或"土司王",自然土民社会中皇权更接近的并不是中央帝国的大皇帝,而是统领他们的地方上的这个"土皇帝"。

---

① 访谈对象:LBZ,男,苗族,80岁,唐崖司村2组村民,当地教师。访谈地点:唐崖司村2组罗家。访谈时间:2015年7月19日。

其三，写作行文中，"访谈对象"一律用其姓名汉字拼音的第一个字母大写来代替。另外，本书中插入图片没有备注说明的，主要源于唐崖土司城遗址管理处何继明主任提供和笔者的田野拍照。

其四，涉及地理专称，"川东南""尖山乡""唐岩司""甲马池"这几个用语为了与地方史志相吻合，在行文上仍沿用传统上的称法。"川东南"是唐崖土司与石柱、酉阳土司地区以及黔江县有交集之地，考虑行文上的准确仍使用"川东南"，而不用当下重庆市管辖的行政名称。"尖山乡"在2014年因唐崖土司城址申报世界文化遗产，12月份拆乡建镇，改为唐崖镇。如是2014年前的行政乡镇名称，仍以尖山乡为准。"唐岩司"在本地老百姓的口头表达，不是唐崖镇，涉及村社书写时仍沿用当地叫法。"甲马池"因坪坝营森林成为4A景区，甲马池镇于2012年9月11日更名为坪坝营镇。

第一章

唐崖土司的自然与人文

要理解一个机构的形成，就要了解它所依赖的背景，首先是它所形成依赖的自然、历史文化之生境。所谓生境，是指一个区域里族群生存下去所居住的环境，包含自然地理空间和社会生存空间。杨廷硕在研究一个民族及其文化时把一个民族的生境看成一个民族特征之一。[①] 湖北鄂西南咸丰县唐崖镇的"唐岩司村"，是咸丰母亲河——唐崖河边的一个小乡村，作为我国世界文化遗产"土司遗址"地之一，2015年，因中国"土司遗址"在德国波恩的轰动，一夜之间走出了武陵大山。

第一节 地理与生态

鄂西南是一个现代意义上的地理概念，虽然没有官方或学术机构权威的精确区域界定，但在约定俗成的观念里，是指湖北西部的少数民族地区，包括现在的恩施土家族苗族自治州和宜昌下辖的长阳土家族自治县和五峰土家族自治县。历史上湖广土司之下鄂西土司的设置基本上与鄂西南的区域相吻合，从整体上看，形似一昂首虎形，拱卫荆南边陲。这一地缘格局体现了鄂西南的地理位置有着不同寻常的重要性。

一 五溪与物产

鄂西南在祖国腹地的万山丛中，位于湖北省西南边陲，地跨东经108°23″—110°38″，北纬29°07″—31°24″，北抵神农架林区，东连宜昌市，

---

① 杨廷硕、罗康隆、潘盛之：《民族、文化、生境》，贵州人民出版社1992年版，第1页。

南倚湘西土家族苗族自治州，西邻重庆市黔江和酉阳，所占国土面积29569平方千米。武陵山、巫山、大娄山和大巴山，祖国中部的这四条山脉横穿境内，鄂西南北部是大巴山山脉的南源分支巫山山脉，西部是大娄山山脉的北延部分齐岳山山脉，东南部和中部是苗岭分支武陵山山脉。其中，武陵山脉约在恩施州内占总面积的60%，它从湖南北部伸入恩施，分成数支展开。在咸丰、来凤两县交界处为天山坪，是唐崖河和酉水的分水岭；在宣恩县的东北角和恩施东南角一带形成椿木营高原，延伸到鹤峰县下坪一带，成为清江与溇水的分水岭；在宣恩县中部为万岭山，是清江支流贡水与酉水的分水岭。[1] 四条山脉将鄂西南构成典型的山区，地形大致由西南向东北倾斜，呈现北部、西北部和东南部高，逐渐向中、南倾斜而相对低下的阶梯状。[2] 该区域正如张正明在"土家族研究丛书"的总序中所说："土家族聚居的地区处于长江上游与长江中游的交接地带，位于我国第二级阶梯中段的东缘和第三级阶梯中段的西缘。这里是连山叠岭和险峡急流，地僻民贫，易守难攻，历史的节拍比外围地区舒缓。北起大巴山，中经巫山，南过武陵山，止于南岭，是一条文化沉积带。"[3] 同时，武陵又是"历史冰箱"[4]，而身处武陵腹地的鄂西南，正是居于入口的重要战略位置。

（一）夜郎·五溪·百病

"鄂西南"是一个地理概念，也是一个区域界定，唐、宋、元、明至清初，在鄂西南设置施州，古之夜郎地。

夜郎自古流迁客，圣世初投第一人。

---

[1] 国家民委民族问题五种丛书之一中国少数民族自治地方概况丛书，《鄂西土家族民族自治州概况》编写组：《鄂西土家族民族自治州概况》，湖北人民出版社1990年版，第1—2页。

[2] 杨洪林：《明清移民与鄂西南少数民族地区乡村社会变迁研究》，中国社会科学出版社2013年版，第1页。

[3] 苏晓云、张洪伦等主编：《土家族研究丛书》，中央民族大学出版社1999年版，"总序"，第2页。

[4] 张良皋著，李玉祥摄影：《武陵土家》，生活·读书·新知三联书店2001年版，第88页。张良皋先生认为：武陵地区是一个不为人们注意的历史冰箱，在这个尘封已久的历史记载库中，几乎原封不动地冷藏了难以数计的历史奥秘，让我们容易通过"时间隧道"去审视我们民族的童年。

> 不是施州肯回首，五溪三峡更谁亲。
> 五溪三峡漫经春，百病千愁逢故人。
> 何故看君岁寒后，欲将儿女更论亲。①

诗中记载了宋代的"鄂西南"，其中"施州""五溪""百病"这几个关键词，隐含了什么样的特殊地理环境呢？

施州是古之夜郎地，在鄂西南地方志中的疆域志和艺文志里多处出现夜郎。又如宋奇耀的《蛮王石碑》②中描述的蛮王碑在夜郎西。蛮王牌在石牙关，正是唐崖土司管辖境内。其诗曰：

> 蛮王牌上草萋萋，远近人家一望迷。
> 秋老梧桐山欲瘦，春深杨柳鸟争啼。
> 图开楚北方千里，洞绕湖南第九溪。
> 兵燹屡经余旧迹，高悬砥柱夜郎西。

商周时分布在大西南的有八个族类③，春秋战国时期其分布格局已然明了，以巴人为中心的四周格局，北秦东楚西蜀西南夜郎。乾隆版、同治版的《来凤县志·疆域志》都记载，来凤在晋代所属夜郎郡。"春秋为巴国，秦属黔中郡，汉属南郡，晋属夜郎，南北朝周隶亭、施二州及清江郡，隋改隶施州，唐改隶清化郡，后隶施州。"④查阅嘉靖版《湖广图经志》、咸丰版《黔江县志》、同治版《宣恩县志》中的记载，这些县或施州古时所属夜郎郡。施州邻近县的县志中也有证明施州曾是古夜郎地。

"鄂西南"还是五溪之地，准确地说是武陵五溪中三溪上游的聚集地。"五溪"究竟是什么？是哪五条水？在哪里？这些话题在潘光旦先生

---

① （清）王协梦：《施南府志》卷二十七《艺文志·诗》，道光十四年（1834）刻本。本志中录入宋代诗人黄叔达的9首诗作，为《和张仲谋送别诗二首》。

② （清）张梓修，张光杰纂：《咸丰县志》卷十八《艺文志》，同治四年（1865）刻本。

③ 潘光旦：《湘西北的"土家"与古代的巴人》，彭继宽编：《湖南土家族社会历史调查资料精选》，岳麓书社2002年版，第77页。

④ （清）林翼池：《来凤县志》卷三《疆域·沿革》，乾隆二十一年（1756）刻本。

的《湘西北的"土家"与古代的巴人》①一文做了详细考证，此处不赘述。可知的信息有两方面：一方面，是这一区域够广，含及永绥、凤凰、乾州、晃州四厅，贵州的思州、恩南、镇远、铜仁、黎平五府和松桃厅，加上黔州彭水。另一方面，对于古人命名的"溪"字，不仅仅是放在"河流"这个字眼上，而是其更早的语义，"溪"即西南人所称的坝子。"五溪就是五个较大的坝子，水边比较平衍的整片土地都是坝子。"②潘老明确指出"溪"就是当地语境中的适合生存的"坝子"，而不是实实在在的溪流。大的河流才能形成冲积平原，也就是西南人眼中的"坝子"。

五溪的说明，是为后面叙述唐宋时期生活在"五溪十八洞"的"蛮夷"溪洞生活和土司时期设立的"营"与"寨"做一个地理背景介绍。《来凤县志·土司志》总考有详细记载，"汉之西南夷，介居杂处于五溪六诏之间……"③"五溪"即今人之"武陵五溪"分布的清江流域、酉水流域、乌江流域、沅江流域和澧水流域。武陵五溪中的三溪，指的是清江、酉水和乌江。鄂西南正是三江流域（清江流域、酉水流域、乌江流域）上游的交集地。清江即"夷水"，北魏郦道元在《水经注》中对"夷水"的地质地貌进行了描述，"夷水，即佷山清江也，水色清照千丈，分沙石。蜀人见其澄清，因名清江也。"④武陵山区水系大者，有流入乌江的唐崖河、流入沅江的酉水、流入澧水的溇水，这些河流上源，都与清江壑谷犬牙交错。⑤

酉水流域的记载，在《汉书》中明确记有其源流所出："佷山、零阳、充、酉原山，酉水所出，南至沅陵入沅，行千二百里。"⑥源头酉原山⑦，

---

① 潘光旦：《湘西北的"土家"与古代的巴人》，彭继宽编：《湖南土家族社会历史调查资料精选》，岳麓书社2002年版，第113页。

② 潘光旦：《湘西北的"土家"与古代的巴人》，彭继宽编：《湖南土家族社会历史调查资料精选》，岳麓书社2002年版，第208页。

③ （清）李勖：《来凤县志》卷二十七《土司志·土司总考》，同治五年（1866）刻本，第452—460页。

④ （北魏）郦道元撰，陈桥驿注释：《水经注》卷三十七，浙江古籍出版社2001年版，第572页。

⑤ 张良皋著，李玉祥摄影：《武陵土家》，生活·读书·新知三联书店2001年版，第12页。

⑥ （东汉）班固撰：《汉书》卷二十八上《地理志》第八上，中华书局2007年版，第1145页。

⑦ 今鄂西南宣恩县境内的七姊妹山。

终汇沅江，流入洞庭湖。乌江源流出自乌蒙山，古称巴江、夜郎江、黔江等，是长江上游最大的一条支流，其干流众多，形成了庞大的流域。从贵州境内流出，进入湖北西部流经咸丰、利川、恩施3个州县和重庆东南部的8个区县，流到涪陵注入长江。古时在统治者的眼中，乌江流域也是"蛮夷之地"。

元明清时期，施州管辖的土司地域全境分布有清江、酉水、溇水、唐岩河、郁江这五条较大的河流，河流流向呈发散型。有向东流的清江，发源于利川齐岳山，向东经恩施、宣恩、建始、巴东、长阳、宜都注入长江；有向东南流的溇水，发源于鹤峰北部，流经湖南的慈利、桑植，流入澧水注入洞庭湖；有向西流的唐岩河和郁江，唐崖河①发源于利川南部，流经咸丰，重庆的黔江、彭水流入乌江注入长江；郁江发源于利川的西部，流经重庆的黔江、彭水流入乌江注入长江。②

三溪上游聚集地构成一个特殊的地理单元，在崇山峻岭之间，溪涧河流之畔，显得相对神秘。"武陵腹地""北纬30°"，说明这里有着复杂的地理环境。正如是宣恩知县张金澜所作《万山吟》，"宣恩地居万山里，万山环绕同迤逦。一峰未平一峰起，峰峰应接八百里"③。"万山环绕""山深林密"④的鄂西南属喀斯特地貌，山间谷地星罗棋布，溶洞到处遍布，气候炎热潮湿，生态植被茂盛，动植物种类多样等特殊的地域特征。这种谷溪众壑、层林密布的自然生态，易于产生"瘴毒"。瘴气是受特殊的地理、气候和生态环境等影响而生成一种气体。古籍中记载的瘴包括瘴气、瘴毒、烟瘴、瘴病等。"夏秋多病疟痢"⑤，"就中南瘴欺北客"，外来人因"岚气"，水土不服"多病虐"，"疟痢"是瘴病的一种表现。因瘴产生的病情比一般瘟疾严重，"重于伤暑之瘾"⑥，临床症状，以高

---

① 部分史料记载与地方民众叫法一致，是为唐岩河，为了写作更清楚，本书全用唐崖河。
② 《鄂西土家族简史》编写组：《鄂西土家族简史》，内部资料，1983年，第1页。
③ （清）张金澜：《宣恩县志》卷十九《艺文志·诗》，同治二年（1863）刻本。
④ （清）张梓修，张光杰纂：《咸丰县志》卷七《典礼志·风俗》，同治四年（1865）刻本。
⑤ （清）张天如等：《永顺府志》卷十《风俗》，乾隆二十八年刻本。
⑥ （隋）巢元方：《重刊巢氏病源候论总论》。丁光迪主编：《诸病源候论校注》卷十一，人民卫生出版社2000年版，第355页。

热、昏沉不语，或狂言谵语为特点。因气候的不适应，外地官员"百病千愁""百病缠身"也成为史料书写中的一笔。

"蛮云瘴雨"之地是统治者对大西南最普遍的认识，像"蛮荒之地"或"化外之地"一样，"烟瘴区"成为一个贬官、发配之地的通用名词。这种贬义词性直至今天在我们的生活语境中仍常说"乌烟瘴气"。"烟瘴区"是一个危险之区，多少外地军官、士兵、汉民因为"瘴气"致命或疾病缠身。"虚牝风声怒，晴空雾气稠。客身忧瘴疠，九月已重裘。"① 这是乾隆时期浙江名儒郑虎文到永顺时对本地刻板印象的一种恐惧心理。"罕婴瘴毒"导致流官、士人对"烟瘴"区的心存余悸，甚至谈瘴色变。特殊的地形地貌造成的特殊区域，构成了帝国观念中的"烟瘴蛮荒"，使得鄂西南土家族地区远离中央统治中心。

（二）物产资源

"施州延衺颇广，物产最饶。"② 嘉靖《湖广图经志》卷20施州卫"土产"条目记载，"椒有点椒为上，桥椒次之，冬椒为下。茶品有探春、先春、次春，又有入香、研膏二品。蜜、蜡有黄白二种，有□子蜡。潦有大木小木之别。降香，土人克贡。蕨粉、山莲，叶大如瓢。石蒜，叶如鹿，葱根如独蒜。聚山仙，即宋人取以接瑀花者。白竹、龙爪草，生悬崖五峣，如龙爪。香莲草，文名茴青草。蒟蒻，土人名鬼头。蒟医、熊貊、羚羊、猕猴、竹鼦、吐绶、鲵、土锦、班丝绸。施南出。"③ 又见《咸丰县志》云，"物产最饶，禽之孳育亦数百种"。④ "兽属马、牛、羊、犬、豕、骆最多。"⑤

土产是土司时期向中央王朝进贡贡品的主要来源，"降香，土人克贡"，还有马、蜜、蜡、楠木、土锦等。从施州各县地方志和紧邻咸丰的《黔江县志》中的物产比较来看，地貌相同，物产近似。

通过表1-1来看，稻、粟、麦、药材以及动植物的种类多达百种，

---

① （清）郑虎文：《永顺府述闲》。（清）《永顺府志》卷十二《杂记》，乾隆二十八年刻本。
② 陈侃修，徐大煜纂：《咸丰县志》卷四《财赋志·物产》，1914年版。
③ 日本藏中国罕见地方志丛刊（下册），（嘉靖）《湖广图经志》卷二十《施州卫·土产》，台北：书目文献出版社1991年版，第1608页。
④ 陈侃修，徐大煜纂：《咸丰县志》卷四《财赋志·物产》，1914年版。
⑤ 陈侃修，徐大煜纂：《咸丰县志》卷四《财赋志·物产》，1914年版。

非常丰富。"蛮地多楠,有极大者刳以为舟。"① 特别是王朝帝国急需的大型乔木在鄂西南三江流域上游都有生长,以及发展土司经济贸易的土货,如桐油、桠子、漆、棉花、菸、紫草、花椒,还有金石属类的铁矿、煤炭、硝石、红土、石燕、汉晶石。

表1-1　明清时期的鄂西南清江、酉水、乌江流域上游物产对比表②

地域	物产	史料来源
嘉靖年间巴东县	稻类:白连稻、冷水谷、金黔红稻、白稻、柳条糯和猪油糯。 粟类:早粟、白粟、黄粟、黑粟、白糯粟、白毛粟、红糯粟。 麦类:大麦、小麦和冬麦、荞麦、燕麦数种,山中地寒,种燕麦者较多。 黍类:糯黍、陕西黍。 药类:黄连、黄药、厚朴、枸杞、杜仲、人参、独活、紫草、牛膝、黄柏、大黄、天麻、肉桂、半夏、紫苏、南星、苍术、茯苓、牵牛、荆芥、巴豆、何首乌、贯仲、车前、杏仁、菖蒲、草龙、地牯牛、茱萸、百合、葛根、益母草、金盆草、红三七、白皮、牛蒡子、罂粟、麝香、青皮、陈皮、五倍子等。 木类:松树、楠木、柏树、樟树、椿树、柳树、桑树、槐树、桂花树、梧桐、黄杨木、杉木、黄连、银杏、桑树、刺楸、皂角、冬青、漆树等。 毛类:家畜八,牛、马、驴、骡、猪、羊、犬、猫;野畜十九:鹿、麂、獐、虎、豹、熊、貂、猿、猴、斑鼠、野猫、狐狸、獭、兔、山羊、獾、黄鼠狼、毛狗、独猿。	嘉靖版《巴东县志》卷一舆地志和同治版《巴东县志》卷十一物产志

---

① (宋)朱辅:《溪蛮丛笑》,中华书局1991年版,第3页。
② 根据7本地方志中的物产综合整理而成。1.(明)杨培之纂修:《巴东县志》卷一,舆地志·物产,明嘉靖三十年(1551)年刻本;2.(清)廖恩树修,萧佩生纂:《巴东县志》卷十一,物产志,同治五年(1866)修,光绪六年重刊本影印;3.张兴文等注释,《卯峒土司志校注》,民族出版社2001年版;4.(清)林翼池修,蒲又洪纂:《来凤县志》卷四,食货志·物产,乾隆二十一年(1756)刻本;5.(清)李勖,《来凤县志》卷二十九,物产志,同治五年(1866)刻本;6.(清)张梓修,张光杰纂:《咸丰志》卷八,食货志·物产,同治四年(1865)版;7.陈侃,徐大煜纂:《咸丰县志》卷四,财赋志·物产,1914年版。

续表

地域	物产	史料来源
乾隆年间来凤县	谷类：稻谷、玉米、小米、荞麦、燕麦、大小麦、蚕豆、黄豆、鹅掌、芝麻、苏麻、高粱。木类：木棉、楠木、樟木、黄杨木、黑杨木、黄梅、杉、柏、桧、稠、桐棕、棕、桑、柳、竹。 药材类：莲蓬、黄柏、山药、黄连、厚朴、牛膝常山、倍子、大枫子、车前子、冻绿、花椒、钩藤、何首乌、熊胆、麝香、鹿茸、猴结、山羊血、蝉蜕、蛇、蜕、蜂蜜、黄蜡、石膏、望月沙、露蜂房	乾隆版《来凤县志》卷四食货志和同治版《来凤县志》卷二十九物产志和张兴文《卯峒土司志校注》
同治年间咸丰县	谷类：粳稻、粘谷有白脚粘、大贵阳粘、小贵阳粘、麻粘、马尾粘、托粘、青粘、沙粘等，糯谷有寸谷糯、矮子糯、哆口糯、半边糯、苞谷。 麦类：红麦、三月黄。薯类：红薯、脚板薯、盖山药、红洋芋、白洋芋。 木类：楠木（花楠和香楠）、梓木、松、杉、椿、柏、桧、樟、橡、桐、梓、榆、杨、柳、阴沉木。 作物类：花椒、桐油、茶油、黄花、蜂蜜、蚕丝、苎麻、蓝淀、胡麻、洋合、茶、洋芋、水芋、旱芋、蕨、棉、桑、草烟、楮子、棬子、吴茱子、冻绿皮、黄蜡、白蜡、草纸、硝、炭、漆。 兽类：豹、豺、猕猴、狐、狸、獾、麂、獐、山羊、獭、马、骡、白面狸、野猪、兔、貂鼠、豕、骆、马彪、虎。 药类：大黄、参三七、党参、苦参、黄连、五加皮、何首乌、厚朴、黄精、半夏、金银藤、麝香、薏苡米、吴萸、荆芥、杜仲、土茯苓、露蜂房、薄荷、天麻、白芨、朱砂、青蒿、天花粉、地骨皮、皂角、射干、益母草、土龙骨、枸杞、川乌、土藿香、白藓皮、水银、茜草、蜂蜜。 土货：白碱、草纸、皮纸、木炭、牛毛毯等。 矿产：石灰、煤炭、硝、铁、铜、水银、朱砂、大理文石、盐	同治版《咸丰县志》卷之八食货志和民国版《咸丰县志》卷四财赋志

从表1-1还可以看出，无论是嘉靖年间，还是200年后的乾隆年间，300年后的同治年间，鄂西南的物产具有同样的特点，种类丰富，变化不大。说明这里的气候带来的地理环境相对稳定，而存储的物质资源是可

以保证一定数量的土民的基本需求。相应地，鄂西南丰富的动植物和矿产资源，为这里生活的人们提供了物质必需品的同时，也提供了创造各种民族文化的前提条件。因此，土司时期，鄂西南的自然生态并无大的差异，同样的生活环境下产生的生活方式是有许多共同之处的，如油茶汤、咂酒、跳摆手、跳丧、编织西兰卡普等文化事象。

当然，共性中也有个别差异，如"阴沉木，须掘土得之"①。《咸丰县志》记载的"阴沉木"是巴东、来凤几个版本县志中都不曾记录的一种乔木，对于咸丰的物产来说，这种树木的存在是有其特殊性的。还有矿产类硝、盐、铁的记载，也只见于同治和民国版的《咸丰县志》。

二 县域与唐崖

（一）咸丰县域

"咸，间于荆梁，僻处深山……宋元以前，了无传记。"② 咸丰县的疆域自古至今变化不大，张梓③监纂县志中的疆域志"画野分疆，肇自黄帝，自古迄今，未之或易"④。历史上咸丰是中原进入大西南的重要通道之一，从鄂进入渝、川、黔的主要通道，古有"荆南雄镇""楚蜀屏翰"之誉。春秋为巴子国地，五代为羁縻感化州，宋为羁縻怀远州。元时土司分治，先后设散毛、金峒、龙潭、唐崖诸土司。明洪武二十三年（1390）割散毛司地之半设置大田军民千户所，在湖广土司地区实行土流兼治。清雍正十三年（1735）"改土归流"，并大田、金峒、龙潭、唐崖诸地置咸丰县，盖取"咸庆丰年"之意，是中国为数不多的与皇帝年号同名的县。⑤

"万山深处一山城，邑小如拳……"⑥ 咸丰县域形如燃烧的火炬，总面积2550平方千米，东接宣恩，西界重庆黔江、酉阳，南邻来凤，北连恩施、利川。地理坐标为东经108°37′8″—109°20′8″，北纬29°19′28″—

---

① 陈侃修，徐大煜纂：《咸丰县志》卷四《财赋志·物产》，1914年版。
② 张光杰：《叙》，（清）张梓修，张光杰纂：《咸丰县志》，同治四年（1865）刻本。
③ 张梓：陕西宜城附贡，同治二年任咸丰知县。
④ （清）张梓修，张光杰纂：《咸丰县志》卷之一《疆域志》，同治四年（1865）刻本。
⑤ 咸丰县志编纂委员会：《咸丰县志》，武汉大学出版社1990年版，第1页。
⑥ （清）张梓修，张光杰纂：《咸丰县志》卷十七《艺文志》，同治四年（1865）刻本。

30°2′54″。按"交通很方便"① 来测算，今天的咸丰县城至省会城市武汉距离625千米，距恩施州首府恩施市88千米。十多年前，咸丰因交通极其不便被划为湖北省的边远山区县。古代，因交通闭塞，被视为"烟瘴蛮荒"区。《咸丰县志》记载，"咸丰位于湖北省城西南二千零二十里，距旧制施南府城二百四十里。东西距一百八十里，南北距二百四十五里"②。面对《咸丰县志》中的阖邑图（见图1-1），按顺时针来看，咸丰县域与恩施、宣恩、来凤、黔江、利川有交界，东北方与恩施的星斗山有很小的部分接壤，东北距县治一百零五里与宣恩的太平坝交界，东方距县治七十五里与宣恩的宋家沟交界，东南距县治四十五里的老鸦关与来凤的三堡岭交界，南方距县治一百五十里完全与来凤县交界，西南至西北距县治一百里到二百里不等与四川酉阳州黔江县的长岭冈、林水乡交界，西北距县治二百四十里的龙嘴河以北与利川县的石门坎交界，北方距县治二百里的大村、喂龙岭与利川的雷音山交界，东北距县治一百五十五里的黑峒、洗松坡与利川的南境之毛坝交界。

从各地方志中记载，几个县邑与咸丰呈犬牙交错，其中与黔江、来凤、宣恩之交集最为紧密。"来凤山川盘蟠，道路分歧，逼近苗疆，间处三省……诚川湖之咽喉而荆施之扼要也，其西及西北界接咸丰，咸丰毗连黔江，为入川门户。"③ "黔为楚蜀接壤之区，犬牙交错，四面环苗。……宋元因之寻为龚、胡、秦、向四土豪所据。"④ 黔江县与咸丰接壤多距离近，"东四十里抵湖北之咸丰县沙刀湾，东北三十里抵咸丰县之马家坝"⑤。宣恩的疆域与咸丰的交接处，"西至土鱼塘，与咸丰县马蟥坨交界。距县治九十里。""东西距二百五十里，南北距一百九十里，周围九百余里。分七里二十五甲。"⑥

---

① 今之咸丰，被称为湖北省的"西大门"，是湘、鄂、渝、黔四省（市）的接合部。由于高速、铁路的开通，"两条铁路（黔张常铁路和恩黔铁路）、三条高速（恩黔高速、咸来高速和咸利高速）、两条国道、四条省道"的大交通网络格局贯穿全县，交通十分方便。
② 陈侃修，徐大煜纂：《咸丰县志》卷一《舆地志·疆域》，1914年版。
③ （清）李勋：《来凤县志》卷四《地舆志·形势》，同治五年（1866）刻本。
④ （清）张绍龄：《黔江县志》卷一《建置志·沿革》，咸丰元年（1851）刻本。
⑤ （清）张绍龄：《黔江县志》卷一《疆域志》，咸丰元年（1851）刻本。
⑥ （清）张金澜：《宣恩县志》卷一《疆域志·疆界》，同治二年（1863）刻本。

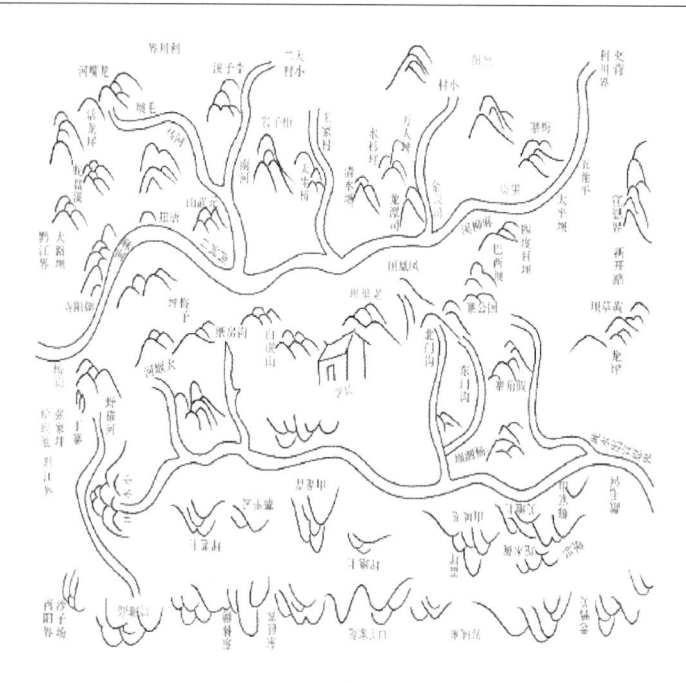

图 1-1 咸丰县城阛邑图

从"关境总图"①来看，宣恩与咸丰交界处主要是西南部的木册塘、梅家山、忠堡屯。此外，酉阳与咸丰的接界在《酉阳直隶厅总志》记载，"酉阳州，疆域，西与彭水县界三百里，东北至湖广大田千户所界四百里，其地广六百里，袤七百里"②。"北至湖北施南府利川县界三百八十里，东北至湖北施南府来凤县界两百三十里，北至黔江县界一百一十里，西北至彭水县界两百里。"③北部的利川和西北部的石柱对历史上的咸丰也有较多的影响。利川县，"东南至金东坡与咸丰县小水坪交界，距县治一百三十里。南至天望坡与咸丰县东乡交界，距县治一百三十里"④。石柱与咸丰在流域上构成乌江流域的一部分。"东至湖北施南府恩施县界一百二十里，南至酉阳

---

① 宣恩史志办公室：《宣恩县志》同治二年（1863）版，湖北省武汉市天一印务有限公司印刷，内部资料，2010年8月，第5页。
② （清）王麟飞等修，冯世瀛、冉崇文纂：同治增修《酉阳直隶厅总志》卷首，序。同治二年（1863）影印本，第152页。
③ （清）《嘉庆重修一统志》卷四百十七《酉阳直隶州》，嘉庆年刻本，第797页。
④ （清）王协梦：《施南府志》卷一《疆域志·方舆》，道光十四年（1834）刻本。

州黔江县界一百六十里，东南至黔江县界二百四十里。"①

"咸丰一莘确不平之地也。山之高耸而丛杂者，以智信、仁孝、礼忠、义悌及信孚里为最。"② 咸丰乡里共编户八里，以南河为界，分为内四里永丰、乐乡、太和、上下平阳，外四里有智信、仁孝、礼忠、义悌。智信里指石人坪、黑峒；仁孝里指尖山寺、清水塘、二台坪；礼忠里指大村、小村、李子溪、燕子岸；义悌里指水坝、活龙坪、茅坝、忠塘；信孚里也称帮里，即大路坝、蛇盘溪、朝阳寺。外四里从地势上来看，在南河以北，也是明清时土司管辖之地。高耸的山有积玉山、十三盘山、二仙崖、云雾山，"此数里之山，皆发脉于利川县之齐曜山"③。咸丰在与其他五县分界之处多为高山。今，咸丰县有11个乡镇，高乐山镇、清坪镇、唐崖镇、忠堡镇、丁寨乡、黄金洞乡、坪坝营镇、朝阳寺镇、活龙坪乡、大路坝区、小村乡。

（二）唐崖河水系

悠悠西去的唐崖河，孕育了咸丰史上值得书写的土司文化④。咸丰水资源丰沛，全县大小溪流800余条，流域面积在100平方千米以上的大河有蛇盘溪、青狮河、南河⑤、曲江、白家河、龙潭河、中建河、龙洞河等，这些河流是乌江、清江、酉水的主要支流。⑥ 南河，从北至西将咸丰县域划分成两块，北部是过去土司之地，南部是大田所之地，形成的汉文化地和土家文化地被其隔开。

唐崖河被称为"咸丰的母亲河"，是恩施州境内的第三大河，也是咸丰境内最大的一条河流，发源于利川东南境，斜穿咸丰县境，将咸丰县平分为二，然后进入重庆黔江汇入乌江，最后在涪陵注入长江。⑦ 历史上，唐崖河孕育了金峒、龙潭、唐崖三大土司，今之南河、龙潭河就

---

① （清）《嘉庆重修一统志》卷四百二十《石柱直隶厅·建置沿革》，第894页。
② 陈侃修，徐大煜纂：《咸丰县志》卷一《舆地志·山川》，1914年版。
③ 陈侃修，徐大煜纂：《咸丰县志》卷一《舆地志·山川》，1914年版。
④ 咸丰县第二次全国地名普查领导小组办公室编：《咸丰地名故事》，团结出版社2017年版，第95页。
⑤ 即唐崖河的一段。
⑥ 咸丰县志编纂委员会：《咸丰县志》，武汉大学出版社1990年版，第78页。
⑦ 国家民委民族问题五种丛书之一中国少数民族自治地方概况丛书，《鄂西土家族民族自治州概况》编写组：《鄂西土家族民族自治州概况》，湖北人民出版社1990年版，第8页。

是土司时期的"唐岩河"①。有竹枝词赞美唐崖河，"万缕青丝细数难，南河壮阔富波澜，柔情化作唐崖水，半是青丝（青狮河）半是兰（南河）。"②"水之大者曰龙潭河，源出利川县东南境，至金峒司东行过宣恩县之太平坝，折而西流入县境，过龙潭司至唐崖司，汇南河、马河二水，约五里许入大河，再过大屋涧、朝阳寺等处，而出四川黔江县之线坝，又约千里而达涪州，入大江。"③可见，龙潭河（唐岩河）源自利川，并与利川四大水系中的施南水有着直接关系。"施南水下游为唐崖河，至四川酉阳县龚滩直入乌江。"④施南水，即《明史·地理志》所称前江、后江。⑤前江源出青岩⑥，南流在两河口与后江水合。前江吸收了夹壁水⑦，东南流入施南水。中游吸收了张家坝水，经过龙孔⑧，最后入咸丰县境，南流三十五里至黑峒，过龙潭司，是为龙潭河。⑨

今人认为，从乌江流域的支流来看唐崖河，又名唐岩河、阿蓬江、濯河、濯水，是乌江右岸一条较大的支流。地跨湖北省利川市、咸丰县、恩施市和重庆市黔江区、酉阳县，流域面积5585平方千米。发源于湖北省利川市南部毛坝的钟家沟及恩施市西南部大集的桐麻园，因流经咸丰县尖山唐崖土司城而得名。流入相邻的重庆市黔江区后，称为阿蓬江⑩，至酉阳县龚滩镇后，流经彭水进入武隆，最后到涪陵，注入乌江，全长249千米。有流域面积大于100平方千米的左岸支流3条，右岸支流6条。其上游主要在湖北省咸丰县境内，中、下游主要在重庆市黔江区、

---

① 土司时期的唐岩河在元、明、清三朝的"鄂西区域图"中有标注。参见鄂西土家族苗族自治州民族事务委员会《鄂西少数民族史料辑录》，鹤峰国营民族印刷厂1986年。卷首，第22—24页。

② 中共咸丰县委统战部、咸丰县民族事务委员会、咸丰县党史县志办公室合编：《唐崖土司概略》，内部资料，1987年。收录杨道雅撰写的《唐崖竹枝词》之一《唐崖河》，括号内的内容为笔者注，作者引用了唐崖河水的支流河名。青丝即青狮，兰即南，咸丰方言中既无平舌与翘舌之分，也无鼻音与边音之分。

③ 陈侃修，徐大煜纂：《咸丰县志》卷一《舆地志·山川》，1914年版。

④ （清）黄世崇修纂：《利川县志》卷十二《山水志二》，光绪二十年（1894）刻本。

⑤ （清）黄世崇修纂：《利川县志》卷十二《山水志二》，光绪二十年（1894）刻本。

⑥ 明施南土司旧治。

⑦ 明施南土司徙治处。

⑧ 明施南土司自夹壁徙治此。

⑨ （清）王协梦：《施南府志》卷三《疆域志·山川》，道光十四年（1834）刻本。

⑩ 阿蓬，土家语，意为雄奇、秀美。

酉阳县境内。

从县境内的水系看，除了土司时期的"唐岩河"，至今在当地不同地段又被称为龙潭河[①]、南河[②]。唐崖河北部区域与利川、黔江和西阳的关联大，结合今天的咸丰区位图可以看出，其流域覆盖咸丰的黄金洞、清坪、小村、活龙坪、朝阳寺、甲马池、丁寨7个行政乡镇。由青狮河[③]、南河、曲江[④]这三条支流汇入唐崖河后，从东向西流经今重庆市的黔江、彭水后注入乌江。其流势被形容为顺流三千，倒流八百，有"岸转涪江，倒流三千八百里"[⑤]的说法。

唐崖河在利川境内有三条支流，青岩河、小溪和三湾河，这些支流正是唐崖土司与利川施南土司之间往来的主要通道。青岩河即青岩遗址[⑥]，"青岩是古施南土司治地，原土司城在其东侧1公里的覃家湾"[⑦]。三湾河即县志记载的张家坝水。"张家坝水，源出马鬃岭。……至两河口，入施南水。其北十里，曰龙孔，明施南土司自夹壁徙治此。"[⑧] 龙孔即明洪武二十三年（1390）覃大胜偕忠建、忠路、忠孝诸土司结寨抗明的据点。同治版《利川县志》又载《明史·地理志》，"施南土司

---

① 咸丰县志编纂委员会：《咸丰县志》，武汉大学出版社1990年版，第60—61页。龙潭河，从利川毛坝入境，经黄金洞区的金峒司、清坪区的太平坝、龙潭司、中寨坝、田寨河、大河边、尖山区的两河口、马家坝，入四川黔江县。境内全长85.9千米，流域面积741.4平方千米，海拔高度大部分在800米以下，最低点在泉水乡马家坝440米，是全县地势最低的地区——中部低山地区。该区包括清坪、大田坝、丁寨、尖山、杨峒等区的部分乡、村，土壤总面积为363017亩，占全县总面积的9.49%，耕地56662亩。占全县耕地总面积的14.14%。

② 咸丰县志编纂委员会：《咸丰县志》，武汉大学出版社1990年版，第60—61页。南河发源于大村土槽溪，经小村、四大坝、唐崖司、至两河口入龙潭河，长65千米。流域面积363.2平方千米。沿岸有田坝、四大坝、香树坝、屯浦坝、谢家坝等河谷平地。

③ 咸丰县志编纂委员会：《咸丰县志》，武汉大学出版社1990年版，第60—61页。青狮河发源于拱桥乡蛮盖、经茅坝、钟塘、龙潭坝、唐崖司入南河，长35.5千米，流域296.7平方千米。沿岸有茅坝、龙潭坝等河谷平地。

④ 曲江发源于咸丰南部甲马池镇的大洞、龙洞湾等地的溪流，在筒车坝汇入曲江，向北流往丁寨集镇，又向东流至岩坎脚流入地下河，再从丁寨乡20多米高处的悬崖上垂直落下进入断明峡电站汇入唐崖河。

⑤ 杨懋之：《唐崖河神韵》，武汉出版社2014年版，前言。

⑥ 覃章义：《施南覃氏族谱》校注，内部资料，2016年，第74页。

⑦ 利川县地名办公室编：《湖北省利川县地名志》内部资料，利川县印刷厂1984年，第370页。

⑧ （清）黄世崇修纂：《利川县志》卷十二《山水志二》，光绪二十年（1894）刊本。

后徙夹壁、龙孔是也"。覃大胜龙孔结寨抗暴，失败后在京城受酷刑惨死事件在《明史·土司列传》有记载。利川民俗专家谭宗派曾感叹："一个乡①竟有三座土司城。"

从咸丰县的整个水系来看，既有乌江流域的上源，又有酉水流域、清江流域的上源。从鄂西南地理位置来看，咸丰县紧邻利川、恩施、宣恩、来凤，同时西部又紧挨酉阳、黔江、石柱。丰富的水系和历史上四周紧邻的大土司，延伸了唐崖河流域文化的多样性和差异性。

第二节　民族与人口

一　民族构成

鄂西南自古以来就是土家族聚居的地区之一。巴人最初时间在战国末期，三国巴人分布逐步拓宽，东汉至南北朝时期巴人分布最广。在五代前"巴族"的称呼，归为苗蛮、蛮夷、溪蛮。秦汉以前的湘鄂西，"自相君长"主要是廪君蛮、板楯蛮、八蛮和乌蛮部落。蛮一直影响到今天，鄂西在汉区仍有"蛮荒之地"的说法，当地语境有"野蛮""蛮头蛮脑"，汉人称土家人为"土蛮子"。从分布来看，廪君蛮主要生活在鄂西，后来向川东迁移，发展至湘西北。

至隋统一全国时，湘鄂西、川东、黔北已形成了"冉氏、向氏、田氏者，陬落尤盛。余则大者万家，小者千户，更相崇树，僭称王侯"②的局面。在地方内部视为宗族中的"强宗大姓"。"施卫所属田、覃二姓，当宋元未分之前，其势甚盛，故屡为边患。"③覃氏，在民国版《咸丰县志》里记载，"唐崖、黄金峒覃氏，为本地土人之最古"。④

直至宋代，国家和地方书写中均有出现"土"与"客"的区分。

从宋代起，出过不少的"土"兵，从元代起，又出过不少的

---

① 利川毛坝，作者按。三座土司城指的青岩遗址、夹壁和龙孔。
② （唐）李延寿撰：《北史》卷九十五《蛮传》，中华书局校点本1974年版，第3149页。
③ （清）张梓修，张光杰纂：《咸丰县志》卷十九《艺文志》，童昶的拟奏制夷四款，同治四年（1865）刻本。
④ 陈侃修，徐大煜纂：《咸丰县志》卷十一《氏族志·列传》，1914年版。

"土"司，那是有记载的，并且我们可以确实地推断，出土兵与土司最多的是今日"土家"的祖先，但"土家"之称，除了这一带个别的地方志而外，我们却从未见到。不过名称的失于记载并不妨碍一群人的实际的存在。"土家"的祖先无疑的是上文所称各种"蛮"的一种。①

自称为"土家"说明他们是定居已久的当地人，证明自己是"先入为主"的。这里人群的变动并不大，族群间的数量是盈虚消长的形势。在他们的语言系统中来得早才是"土"，来得晚的才是"客"。潭、覃、谭、相、向、庹、龚、田、罗等姓是一直贯串着古代的巴人与今日的"土家"的姓氏。巴人与"土家"的各姓中，尤以向、田、覃三姓为最大。②"土家"在绝大部分史料所载归为瑶或苗，甚至还缠混在"獠"的群体中。③可见，巴人经历一种历史性的变化才成为"土家"。

咸丰的族属，土家族为"咸丰之最古"④。一部分世居本土，自称"土著""古老古户""本地人"；一部分系由川东、湘西和黔东北等处迁入。⑤众所周知，咸丰大小土司最后都是外迁他地，留下的多是"旁系支庶之家"。县志记载的本县的氏族，主要就是土家和客家，即汉人和本地人。土家群体主要是土司的后裔，嫡派后裔在"改土归流"时已迁徙为武汉籍，留下来的旁系支庶。而汉人发展"自明以来，或宦、或商，寄籍斯土，而子孙蕃衍，为邑望族者也"⑥，繁衍生息，终成为当地的望族。

据2010年全国第六次人口普查统计，全县土家族人口276394人，占全县少数民族的75.99%，⑦主要姓氏有覃、田、黄、向、冉、秦、冯。

---

① 潘光旦：《湘西北的"土家"与古代的巴人》，彭继宽编：《湖南土家族社会历史调查资料精选》，岳麓书社2002年版，第51页。

② 潘光旦：《湘西北的"土家"与古代的巴人》，彭继宽编：《湖南土家族社会历史调查资料精选》，岳麓书社2002年版，第171页。

③ 潘光旦：《湘西北的"土家"与古代的巴人》，彭继宽编：《湖南土家族社会历史调查资料精选》，岳麓书社2002年版，第47页。

④ 周伟民、安治国主编：《咸丰县民族志》，湖北人民出版社2006年版。序一，第1页。

⑤ 咸丰县民族事务委员会、咸丰县政协文史资料委员会合编：《咸丰文史资料》第5辑，《民族史料专辑》。内部资料，1996年，第23页。

⑥ 陈侃修，徐大煜纂：《咸丰县志》卷十一《氏族志·列传》，1914年版。

⑦ 咸丰县志编纂委员会主编：《咸丰县志》，方志出版社2011年版，第63页。

覃氏是土家族强宗大姓之一。原唐崖土司辖境内今尖山乡双河、钟塘，活龙坪乡茅坝均属唐崖覃氏支系，世守斯土，繁衍子孙，其支庶散居于尖山乡的燕朝、钟塘、活龙坪乡以及丁寨乡的万家坝等地，人口较多。田氏也是县境土家旺族，散居于清坪镇田寨河、狗耳石、二台坪、牯牛塘和活龙坪、黄金洞乡等地。黄氏人口众多，散居于活龙坪、小村、尖山、清坪等地。向氏在咸丰分布较广，主要有黄金洞乡、丁寨乡、忠堡镇向氏等。从外地迁入咸邑的土家族，历史较为悠久的强宗大姓还有冉氏、秦氏和冯氏。甲马池镇新场的大铧尖、筒车坝、大河寨、大茶树、冉家院子，丁寨乡湾田阴家沟，尖山乡双河的彭家沟、官渡河以及高乐山镇老里坝的田寨河，梅坪的柑子树，黄金洞乡的三层岩、柑子溪等地冉氏多是同姓同族聚居。

二　人口变化

（一）先秦时期的人口变化

鄂西南早在石器时代就有古人类繁衍生息。清江流域发现多处重要的考古遗址，"建始直立人"[①] "长阳人"[②] 等，说明鄂西南早在 200 万年前就已经生活着一支过着群居生活的原始人类，是史料最早记载的一个族群，也是巴人先祖生息繁衍的一个重要区域。李绍明考证过巴人进入渝东南的路线有两条，一条是自鄂西沿长江上溯到达涪陵，还有一条是自恩施经咸丰、黔江、酉阳顺乌江而至涪陵。[③] 整体上看鄂西南土司的祖先追溯至巴人之后，而巴人经过湖北的西大门再到川东南。

---

① "建始直立人"是距今215万年至195万年以前的直立猿人，原名为巨猿化石洞，2006年5月被国务院核定为第六批全国重点文物保护单位，发现于湖北建始高坪镇麻扎坪村七组与金塘村交界的山坡上。中国科学院古人类研究所的野外科考队的考古工作者从1968年开始，在高坪镇巨猿洞进行10次考古发掘，出土哺乳动物化石20多个种属及5颗早期直立人的下臼齿化石，还有多个用骨头和石头制作的用器。被我国考古界认定为首次发现的直立人与巨猿共生的化石点，巨猿与人类发展的谱系关系及人类发展史上的趋同变异研究提供了样本。参见朱世学《巴文化考古发现与探索》，湖北人民出版社2011年版，第195页。

② "长阳人"是生活在距今20万年左右的早期智人，被贾兰坡教授所命名，进一步否定了"中华文明西来"之说。其遗址发掘于湖北长阳大堰乡钟家关老山南坡，出土1枚人牙化石和共生动物群，象、猪、犀牛、鹿、虎等化石种属近20种。

③ 李绍明：《川东南为古巴国南境说》，湘西土家族苗族自治州图书馆资料室编：《土家族研究论文选集》，内部资料，1985年，第69页。

先秦时期，鄂西南的移民群体有被楚灭的巴人后退到的渝东南、湘西北和黔西北，同时巴与楚、蜀交战中，楚与蜀人也有迁入，还有数乱于江淮、荆州的三苗也有一支迁入鄂西南。族群流动、交错杂处，在这一时期已经形成，这种流动为鄂西南多元文化的包容并兼奠定了基础。

（二）羁縻时期的人口变化

西汉初，"武陵郡，高帝置。莽曰建平，属荆州。户三万四千一百七十七，口十八万五千七百五十八"①。秦汉时期，中央朝廷为了解决蛮患，先征蛮后徙蛮，这是导致人口减少的主要原因。特别是在动荡时期，鄂西南是流民入山就近的选择。由于史料记载稀缺和当时鄂西南在这一时期分属不同的郡县，很难统计到具体的人口数据。从逃亡脱籍的流民和统计的赋役官税来看，这一时期入山流民成为后来的蛮民，人数并不少。

隋至唐宋，鄂西南地区的人口有了较大增长。《隋书·地理下》载，"户二千六百五十八"②。唐天宝年间，"户三千七百二，口一万六千四百四十四"③。宋元丰年间，"施州户数，主，九千三百二十三。客，九千七百八十一"④。人口近十万，可能还有大量因不交纳赋税的土民未计入其中。宋代大量流民进入施州，导致人口迅速增加。

（三）土司时期的人口变化

土司时期，对于人口、赋税、征战等形成了制度，人口统计具体到各个土司所管辖的范围。记载鄂西南人口统计较早的史料，从目前保存下来的地方史志来看，嘉靖年间（1522—1566年）的《湖广图经志·施州卫》户口条目记载较为翔实，如下：

> 施州，成化八年（1472年）户二千九百三十一，口一万五千五百三十。正德七年（1512年）户三千三百三十三，口二万七千二百九十一。

---

① （东汉）班固撰：《汉书》卷二十八上《地理志》第八上，中华书局2007年版。
② （唐）魏徵等：《隋书》卷三十一·志第二十六《地理下》，中华书局1982年版，第890页。
③ （后晋）刘昫等：《旧唐书》卷四十·志第二十《地理三》，中华书局1975年版，第1623页。
④ （宋）王存：《元丰九域志》卷八《夔州路》，中华书局1984年版，第367页。

大田，户一千三十九，汉土官军九百八十五，剌惹洞五十四；口一千六百五十三，汉土官军合余一千二百一十，剌惹洞四百四十三。

施南，户三百三十，口二千九百五十七。

东乡，户一百一十，口五百一十七。

忠路，户三百五十，口一千五百三十。

忠孝，户一百五十三，口九百七十五。

金峒，户二百七十三，口一千五百三十一。

散毛，户一百五十三，口一千二百三十一。

大旺，户一百一十一，口八百四十三。

龙潭，户一百一十，口五百一十六。

忠建，户二百九十三，口一千二百一十三。

忠峒，户二百二十，口一千三百七十五。

高罗，户二百二十，口九百一十六。

木册，户一百八十七，口八百九十二。

镇南，户二百五十，口一千一百二十。

唐崖，户一百九十，口六百四十五。①

这是一条重要的史料，可以看出嘉靖年间施州卫管辖下的各土司所统管的人口大致的多与少。以下对"户口条"史料的横向比较与分析，我们也要看到数据本身的不真实性。根据历史学家何炳棣院士的研究结论，明清时期，人口统计，所谓丁、口可能是纳税单位，不是实际人口数量。② 但

---

① 日本藏中国罕见地方志丛刊（下册），（嘉靖）《湖广图经志》卷二十《施州卫·户口》，台北：书目文献出版社1991年版，第1608—1609页。

② 明代后期和清代前期的人口统计数只能看成是纳税的单位，所以真正的人口数量要结合地方志的记载来理解实际人口的多少。"统计数"不是现代人头脑中的概念，墨守成规的书吏记载的数字充其量是满足记载资料形式的需要。明初的"黄册"，还有编制的"鱼鳞图册"记载土地清丈地图和地税手册，在当时的状况下是不可能精确地丈量土地，统计人口的，即使有数据也只是因赋税而用。比如洪武二十六年（1393）中国人口表中列出湖广有775851户，4702660口，每户人口6.06。因此，明中期赋税与劳役总额的相当，保证对原来定额的减少成为统计的重要衡量标准，因而户和口的数字其实际意义，变得可有可无了。参见何炳棣著《明处以降及其相关问题（1368—1953）》，葛剑雄译，生活·读书·新知三联书店2000年版，第11—19页。

是，我们从以上统计数据可知，同一地域的施州卫隶属下的各个土司，在同一时间段的赋税情况做横向比较，其结论可看出唐崖土司在这些土司中的地位和发展的意义。

"户口条"列举了鄂西南明代 31 个土司中的 14 个土司的户与口数，容美土司及其下辖的诸安抚司、长官司不在此列。户口数 300 以上的有施南土司和忠路土司，户口数 200 以上的有金峒、忠建、高罗和镇南。成化年间，施州每户 5 人，户均 5.3 人；正德年间，施州每户 8 人，户均 8.2 人。大田所每户平均 1.5 人。汉土官军家人口约 1.2 人，隶属大田所的剌惹洞每户 8.2 人。可以看出，汉土官军家就是以兵为主，并不是以家庭为主，特别是多数汉人军人，家在外地，只是一人在此戍边。而剌惹洞虽是汉区、卫官家族区，但是，其主要是家庭的形式构成峒的组织。

施南每户近 9 人，户均 8.9 人；东乡每户近 5 人，户均 4.7 人；忠路每户 4 人余，户均 4.4 人；忠孝每户 6 人余，户均 6.4 人；金峒每户近 6 人，户均 5.6 人；散毛每户 8 人，户均 8.0 人；大旺每户 7 人余，户均 7.6 人；龙潭每户近 5 人，户均 4.7 人；忠建每户 4 人余，户均 4.1 人；忠峒每户 6 人余，户均 6.3 人；高罗每户 4 人余，户均 4.2 人；木册每户 4 人余，户均 4.8 人；镇南每户近 5 人，户均 4.5 人；唐崖每户 3 人余，户均 3.4 人。

对以上数据分析，施南宣抚司的户数不及大田所的四分之一，但是，人口数量近乎多出大田所的两倍。人口数量的多少是与地域的丰裕有关，才能在一定的土地上养活这么多人，在游耕生产方式的制度下这是一条检验的标准。虽然，忠路土司户数比施南土司户数多 20 户，但是人口却少了一半。施南土司与同样是宣抚司的忠建土司比较，施南户均 9 人，而忠建却只有 4 人，不及施南人丁均数的一半。同时长官司职级的木册、镇南、唐崖与施南土司相较，差不多是其三分之一，3 个长官司比较，唐崖户均人口最低，只有 3.4 人，也是整个施州隶属土司中最少的。

另一条有关鄂西南经制区的户口记载，明嘉靖版的《巴东县志·舆地志》民数条目云，巴东县在成化八年（1472），"以户计一千二百有七，以口计九千四百九十三"。正德七年（1512），"以户计一千二百一十三，以口计八千六百一十二"。嘉靖元年（1522），"以户计一千二百六十三，以口计八千六百四十三"。嘉靖十年（1531），"以户计一千二百五十三，以口计八千八百六十三"。嘉靖二十年（1541），"以户计一千二百五十三，以口计八千八百三十三"①。这些统计仅指有户籍的巴地编民，远在深山大泽的居民，因山地开垦，"流徙日聚，其去留无常"②。并未列入民数统计。户口难于统计，但是，一定会在大的历史时期有所增加，是鄂西南各县追溯历史背景中的一个普遍事实。"咸丰自未设县以来，户口之多寡，颇难详悉，然考《隋书》以下，自唐迄元，其属在本郡者，莫不代有增加。"③

经制区巴东在成化八年的户与口（人）的分别统计，可算出当时每户人均数是 5.3 人，每户约 5 人。正德七年每户人均数是 8.2 人，每户约 8 人。之后嘉靖年间的每户人均数在 6—8 人，总人口稳定在 8800 口左右。从成化八年到正德七年仅仅 40 年的时间，户均增长 3 人，而总户数增长 6 户，人口却减少了 881 人，说明这一时期巴东受到了成化初，荆、襄寇乱的影响④，流民首先流向进入施州的巴东县。每户人均数与同一时期的卫所区和土司区的人均户数比较，经制区和卫所区所处地理位置较好，接近平原，户均人口均超于土司区的每户均数。可见，在明中期施州的人口兴旺，大户人家较多。这也是土司制度实施后地方与王朝帝国和谐共处的时期。

杨洪林博士考证施州卫所移民分布，认为移民路线主要沿清江流域逆流而上构成"V"形地带⑤，分布于鄂西南较少的几个大"坝子"，山间开阔适合种植水稻的地方。流民的迁入，在土司区地方志中对于人口的统计有了明显的标注，土民与客民之分。"三乡十二里共烟民一万七百五十八户，内，土民二千三百一十二户，客民八千四百四十六户，共四万七千四百四十五名口。"⑥

---

① （明）杨培之纂修：《巴东县志》卷一《舆地志·民数》，明嘉靖三十年（1551）刻本。
② （明）杨培之纂修：《巴东县志》卷一《舆地志·民数》，明嘉靖三十年（1551）刻本。
③ 陈侃修，徐大煜撰：《咸丰县志》卷四《财赋志·人口》，1914 年版。
④ "成化初，荆、襄寇乱，流民百万。"（清）张廷玉等：《明史》卷七十七·志第五十三《食货》，中华书局 1974 年版，第 1879 页。
⑤ 一条线路是从恩施城区西北经恩施屯堡到利川团堡、元堡，再到南坪；另一线路从恩施城区西南经芭蕉、盛家坝到咸丰大田坝、忠堡、丁寨、甲马池至杨洞。参见杨洪林《明清移民与鄂西南少数民族地区乡村社会变迁研究》，中国社会科学出版社 2013 年版，第 40、75 页。
⑥ （清）林翼池：《来凤县志》卷四《食货志》，乾隆二十一年刻本。

明末，社会动乱，流寇①取道施州，大肆劫掠，人口剧减。咸丰未逃过一劫，流寇所过之处，人口不到十分之一。"明，诸蛮未劫之先，烟户五千有零。既劫之后，各官率败残军民，聚守洞寨，尚有烟户四百有零。"②人口的减少除了外来流寇的劫掠还有坐大的土司掠地夺民，导致人口大量流失。"明季烟民户口五万余，原额人丁三千二百五十九丁。崇祯十六年后，叠遭兵火，犹有万户。连年土司抄掳，而辗转于沟壑者，十去三四。"③明末崇祯十一年（1638），到1735年，差不多有百年的历史，"土家"人口已剧减。

（四）改土归流后人口变化

"改土归流"后鄂西南的人口状况，因为外来流民的进入，带来了先进的技术也提高了本地生产作物的产量，促进了人口的增长。同治版《来凤县志》户口条记载："雍正十三年改土归流，土民二千三百一十二户，客民八千四百四十六户，共烟户一万七百五十八户，共烟民四万七千四百四十五丁口。乾隆三年勘出人丁九百二十三丁于钦奉。谕事案内题准部覆照康熙五十二年，滋生人丁之例免派丁银。乾隆六年编审，增益滋生人丁二百八丁。十一年编审，增益滋生人丁一百二丁。十六年编审，增益滋生人丁一百二十一丁。二十一年编审，增益滋生人丁一百一十七丁。二十六年编审，增益滋生人丁三十七丁。三十一年编审，增益滋生人丁二十四丁。以上六届尊奉部议。五年编审，一次共增益滋生人丁六百九丁。钦奉，永不加赋。"④《施南府志》记载，乾隆元年（1736），"国朝施南府属六县，原数户口共二万七千七百一十八户，原额随粮及改土案内，勘出人丁并历届编审滋生人丁、土著不成丁，男女大小共十一万七千四百三十丁口。道光二二年，奉文编查保甲，清理户口共十一万八千七百九十五户，九十万二千一百二十三丁口"⑤。分别比道光十二年（1832）减少72.76%和87.12%。由此推之，咸丰县建县时的户口为

---

① 指的是明末农民起义军。
② （清）张梓修，张光杰纂：《咸丰县志》卷八《食货志》，同治四年（1865）刻本。
③ （清）田恩远修，石高崇纂：《长阳县志》卷四《户口》，康熙十二年（1673）刻本。
④ （清）李勖：《来凤县志》卷十三《食货志·户口》，同治五年（1866）刻本，第374页。
⑤ （清）罗德昆：《施南府志》卷十一《食货·户口》，道光十七年（1837）刻本。

4900余户、11700余人。96年户数增长3倍多，人口增长6倍多。① 咸丰县的世居少数民族中人数最多的是土家族，接近总人口的57.77%。史料记载，清道光前，全县人口无确切记载。直到道光十二年（1832）编查保甲，清理户口，咸丰共18074户，男女大小91345人，人数不及施南府所属其他6县的十分之一。② 清同治四年（1865），全县编查户口18384户，101761人。③ 清光绪六年（1880），全县户口与同治四年（1865）无增减。清宣统三年（1911）户口见于《湖北通志》中记载的全县28817户，172275人。民国版《咸丰县志》未记载宣统三年统计户口，编者徐大煜认为："咸邑自同、光以来，四川彭黔移住之民源源不绝，且土地垦辟亦有加无已，试就以往增加之率为比例，全县实在丁口约在十六七万左右也。"这个估算与《湖北通志》中记载一致。这些数据比同治四年（1865）增长56.75%和25.07%。

人口数量的增长与减少与当时历史背景紧密相关。受到白莲教、石达开余部及流寇④的掠扰，"焚毁民居集场"⑤，导致人口损失很大。从道光十二年到光绪三十三年，道光到同治初人口增长20%，同治到咸丰再到光绪，特别是咸丰到光绪这几十年间的人口剧减。后经战事频繁的民国时期，人口大幅下降，1936年比清宣统三年减少了31.15%和38.66%。中华人民共和国成立后，人口迅猛上升，出生率超过30%。据2020年第七次人口普查，咸丰县总人口已达318827人。

以上分析人口的变化是历史环境和条件的产物与积淀，带来一个区域民族关系构成，这是由漫长历史进程发展演变而来的。要想深入理解和认识土司社会文化对当下发展所用，就必须把历史发展长河看成是一条脉络，将历史上鄂西南的历史背景放置于这条脉络之中。回溯先秦至今在鄂西南特别是研究对象的区域历史沿革及其分期人口变

---

① 周伟民、安治国：《咸丰县民族志》，湖北人民出版社2006年版，第7页。
② 周伟民、安治国：《咸丰县民族志》，湖北人民出版社2006年版，第7页。
③ （清）张梓修，张光杰纂：《咸丰县志》卷八《食货志·户口》，同治四年（1865）刻本。
④ 夔东十三家，因其地处巫山、兴山两县之西山中，清史称之为"西山寇"。是已进入四川的张献忠被清军杀害于西充凤凰山，其余部在李过、高必正、李来亨、袁宗第、刘体纯、郝摇旗等人领导下，继续活跃在川东、鄂西之间。
⑤ （清）张梓修，张光杰纂：《咸丰县志》卷十一《武备志·历代兵事》，同治四年（1865）刻本。

化，旨在以史论今，为分析唐崖土司社会发展和土司文化传承提供佐证。

第三节 鄂西南、川东南地区土司设置流变

多民族聚居杂处的西南地区早在先秦时期已成为祖国不可分割的一部分。历史上的西南因经济、文化长期处于落后状态，在各代王朝统治者的眼中一直视为"化外"之地。[1] 在国家"大一统"的观念中这些"化外"之地如何进入内属之地，在唐、宋、元、明、清五代王朝先后实施的羁縻政策和土司制度中得以完成。"滥觞于秦汉，萌芽于三国蜀国，肇始于东晋南朝，雏形于唐宋，形成于元代，鼎盛于明代，衰落于清代，残存于民国。"[2] 这一观点概括了土司制度的形成与发展，为鄂西南土司、川东南土司的设置提供了一个"大历史"背景。

一 元代鄂西南、川东南土司的设置

鄂西南施行"土官"管理的制度，至早可溯至唐初。《来凤县志·土司志》总志载：

> 盘古以来，虞之有苗，商之鬼方，汉之西南夷，介居杂处于五溪六诏之间，保有疆土，自相君长。视王朝德政之盛衰，兵力之强弱，以为叛附，由来久矣。自庄蹻王滇，而秦开五尺道，为置吏之始；及汉设都尉县属，令自保就，为置郡县之始；唐初，溪洞蛮酋归顺者，世授刺史，置羁縻州县，隶于都督府，为授世职之始。宋参唐制，析其种落大者为州，小者为县，又小者为洞，其酋皆世袭。宋室既微，诸司擅治其土，遍设官吏，尽布籍属，咸福自恣矣。元置军民府土州，土县，设官如府、州、县，其法略备，前明踵元，

---

[1] 李世愉：《清代土司制度论考》，中国社会科学出版社1998年版，第1页。
[2] 龚荫：《中国土司制度简史》，四川人民出版社2014年版，第358—366页。

故事更与约束。①

文献内容说明两点。一是这项制度施行的西南夷这个土著部落在早期的生活环境是"介居杂处于五溪六诏之间",有自己的疆土并由部落推选"君长"。史料记载唐宋时期"五溪十八洞"的溪洞生活,主要是由"君长"统领各洞。二是这项政治制度从政策的实施来看,自先秦时期出现的羁縻政策贯穿其始终。从行政建制设置来看,历经了初郡制、羁縻州制、土官制、土司制的演化过程。从本质上说,这个过程就是勾勒出土司制是如何形成的,说明鄂西南少数民族地区的土司统治,在唐代即已萌芽,后历经宋、元不断发展,到明代已臻完备。

湖北土司主要分布在鄂西南地区。鄂西南古称施州②,崇山峻岭,山多土少,地广人稀,为历代封建王朝所重视征服之地。蒙元一代是湖广荆州之域,属四川行中书省管辖,在其西边与四川、贵州接界。元太祖甲辰年置湖广等处行中书省,分置荆湖北道宣慰司治中兴路并属焉,鄂西南隶属夔州路。元初以散毛为首的大小盘诸洞"叛服不常"③,发生较大规模的讨平"五溪蛮洞"④战争,以散毛酋长谭顺"力屈始降"⑤结束,元在鄂西土家族地区的统治才得以稳定。

据田敏考证,元至正元年(1341)开始到明玉珍据蜀以前,元末在鄂西南地区广置土司若干。设置宣慰司三:施南宣慰司、湖南镇边毛岭洞宣慰司、怀德军民宣慰司;宣抚司七:散毛军民宣抚司、容美洞宣抚司、高罗宣抚司、隆奉宣抚司、龙潭宣抚司及隆中路宣抚司、龙渠洞宣抚司。安抚司六:忠孝军民安抚司、盘顺军民安抚司、忠义军民安抚

---

① (清)李勖:《来凤县志》卷二十七《土司志》,同治五年(1866)刻本,第452—460页。
② 施州,北周武帝置。清末时,分置施南府及鹤峰直隶厅。今称鄂西南地区。
③ 宋濂:《元史》卷一百六十二,列传第四十九,《李忽兰吉传》,上海古籍出版社1991年版。
④ 说明元初的鄂西南民族地区"是一个多个蛮洞各自为政,同时又相应地结为小地区集团的土著群"。
⑤ 宋濂:《元史》卷一百六十二,列传第四十九,《李忽兰吉传》,上海古籍出版社1991年版。

司、金峒安抚司、大旺安抚司、木册安抚司。长官司若干。① 还有两个级别比较高的，相当于宣慰司级别的忠建军民都元帅府和东乡五路军民府。《鄂西土家族苗族自治州民族志》提出另一说，元末对鄂西南民族地区的土司设置是十四个土司②，姑且立为"十四土司说"。与田敏的"十八土司说"比较，宣抚司少两个，安抚司少两个，且其中的土司名称说法也不一样。如安定宣抚司、怀德宣抚司，龙潭是安抚司等。《唐崖土司城址》一书借用了《民族志》中的"十四土司说"③，但是，《民族志》中十四土司并未逐一清楚呈现，且数量实则十二个土司。《唐崖土司城址》将唐崖土司以"长官司"的身份列入十四土司中，有可能书写者主要参考的是唐崖《覃氏族谱》，如果是以元最初将其置为长官司作为其中的土司之一的话，就还存在若干未统计的长官司，而这个是对正史中"长官司若干"的一个补充，现已无法知道具体长官司级的土司到底有哪些。但是，唐崖土司在元末很明确是"千户所"，见《读史方舆纪要》《明史·地理志》中已清楚地认定唐崖是为军民千户所，"元置长官司，寻更为军民千户所"④。因此，元代鄂西南土司设置个数"十四土司说"，对唐崖土司身份表述是值得慎重对待的。所以，笔者认为，元末在鄂西南设置的土司具体数量与名称，应以田敏的"十八土司说"更为准确。

川东南纳入元朝治理体系早在至元十二年（1275），《元史·世祖本纪》载，"绍庆府、施州、南平及诸蛮……有向化之心"⑤。元朝势力正式进入时遇到当地土著蛮洞的抵抗，发生了较大规模的"九溪十八洞"⑥平蛮战争，以曲里吉思一师出征持续近半年的时间，最终元朝

---

① 田敏：《元代鄂西南土家族诸蛮洞及土司史迹考》，《中南民族学院学报》2017年第5期。
② 鄂西土家族苗族自治州民族事务委员会编：《鄂西土家族苗族自治州民族志》，四川民族出版社1993年版，第2页。
③ 咸丰县政协文史资料委员会、唐崖土司城遗址管理处编：《唐崖土司城址》，湖北人民出版社2015年版，第11页。
④ （清）顾祖禹：《读史方舆纪要》卷八十二《施州卫军民指挥使司》，上海书店出版社1988年版。
⑤ （明）宋濂等撰：《元史·世祖本纪五》，上海古籍出版社1986年版，第26页。
⑥ 《元史》载"九溪十八洞"，指的是"思播以南，施、黔、澧、辰、沅之界"。参见（清）王麟飞等修，冯世瀛、冉崇文纂：同治增修《酉阳直隶厅总志》卷二十二《武功志》，同治二年（1863）影印本，第855页。

在川东南平稳设官建制。至元二十年置绍庆府于彭水，后立沿边溪洞宣慰使司。元初置酉阳州，属怀德府，在三洞设置邑梅、平茶、石耶土司，在川东南北部设立石柱土司。

明玉珍时期（1358—1371年）对鄂西南、川东南统治达十四年之久，土司设置是其争取和利用当地势力的主要手段。明玉珍据蜀为了笼络鄂西南土司，新增散毛沿边军民宣慰司；九个宣抚司，唐崖土司是其中之一；三个安抚司和两个长官司。另设忠建军民都元帅府和镇边五路总管府。其他土司仍循元制，未作改动。①

二　明代鄂西南、川东南土司的设置

元末明初，在掀起弃旧迎新历史潮流的大势中，鄂西南、川东南诸土司见时移事迁的正确判断，与其地处中原与大西南结合部的重要地理位置分不开，相对于大西南滇、黔、桂地区的交通便利得多，有利于鄂西南、川东南土司与中原接触，与中央朝廷建立新秩序上能够较多、较快地做出行动，相应得到明太祖予以很高的待遇，授予几个大土司为宣慰司职。洪武三年（1370）置武昌都卫，八年改都卫为湖广都指挥使司，九年改行中书省为承宣布政使司，领府十五，直隶州二，属州十七，县一百有八，宣慰司二，宣抚司四，安抚司五，长官司二十一，蛮夷长官司五。②洪武四年（1371），明朝正式统治鄂西南诸土司，参用流官之制，制约了元末各土司的膨胀势力。洪武八年（1375），明朝对川东南土司进行全面的重新调整，改酉阳宣慰司为宣抚司，置平茶、邑梅、麻兔、石耶四长官司，升石柱安抚司为宣抚司。明初对川东南土司的这次设置，使川东南土司设置格局基本形成。

伴随明王朝对土司制度的完善，土家族土司政权在"永乐定制"③后

---

①　田敏：《土家族土司兴亡史》，民族出版社2000年版，第59—60页。
②　（清）张廷玉编撰：《明史》卷四十四，志第二十《地理五》，中华书局1974年版。
③　所谓"永乐定制"，是指洪武末年明朝大量废除土司后，由于大土司地区的特殊性，明朝难以进行直接管理，故自明成祖永乐元年（1403）起，不得不重新调整政策，大规模恢复原来的土司政权，并将洪武以来形成的以及新制定的管理土司的有关策略，在永乐年间逐渐以制度的形式固定下来，轻易不再作变更的举措。参见田敏《土家族土司兴亡史》，民族出版社2000年版，第99页。

发展成熟。明朝正式的文武土司职衔中，由兵部管辖的整个土家族土司有 59 家，2 家宣慰司、6 家宣抚司、10 家安抚司、3 家土州、33 家长官司和 5 家蛮夷长官司。[1]

表 1-2　　　　"永乐定制"下土家族土司分布情况[2]

土司\分布数目	鄂西	湘西	川东南	黔东北	品级
宣慰司		2			从三品
宣抚司	4		2		从四品
安抚司	9	1			从五品
土州		3			从五品
长官司	13	12	4	4	正六品
蛮夷长官司	5				正六品
总计	31	18	6	4	

永乐初因争丹之战而被"改土归流"的思南、思州二宣慰司不计入其中。从表 1-2 可以得知，洪武末年被废土司中鄂西南土司是最多的，到宣德年间的土司的恢复与重设，在土家族地区也主要是在鄂西南进行。从成祖时的 19 个土司衙门[3]，到宣德时 29 个土司衙门[4]至《明史·地理志》记载的 31 个土司衙门，从表中比较可知，数量远远多于湘西、川东南和黔东北所设置的土司衙门。同一时期的土家族土司与紧邻

---

[1] 田敏：《土家族土司兴亡史》，北京民族出版社 2000 年版，第 105 页。
[2] 资料来源：《明史·地理志》和《土家族土司兴亡史》第 105 页。
[3] 永乐初年（1404—1407），在鄂西地区先后恢复设立大小 19 个土司衙门，具体包括：宣抚司五：散毛、施南、原有容美、忠建、大旺；安抚司七：龙潭、高罗、忠峒；复设东乡五路、忠路、忠孝、金峒；长官司七：木册、唐崖；复设镇南、五峰石宝、石梁下峒、椒山玛瑙、水浕源通塔坪。参见田敏《土家族土司兴亡史》，民族出版社 2000 年版，第 97 页。
[4] 宣德初年（1427—1428），增设立了 10 个土司衙门，5 个长官司和 5 个蛮夷长官司，共 29 个土司衙门：宣抚司五：散毛、施南、原有容美、忠建、大旺；安抚司七：龙潭、高罗、忠峒；复设东乡五路、忠路、忠孝、金峒；长官司十二：木册、唐崖；复设镇南、五峰石宝、石梁下峒、椒山玛瑙、水浕源通塔坪；石关峒、剑南、摇把峒、上爱茶峒、下爱茶峒。蛮夷长官司五：镇远、隆奉、东流、腊壁、西坪。参见田敏《土家族土司兴亡史》，民族出版社 2000 年版，第 98 页。

的贵州土司相比较，贵州土司数量①甚多，但是，在土司职级上面远低于土家族土司，这说明土家族土司的兴盛和占有重要的地位。②

鄂西南土司具体设置见《明史·湖广土司》载，"洪武十四年（1381）改置施州卫军民指挥使司，属湖广都司。领军民千户所一：曰大田。领宣抚司三：曰施南、曰散毛、曰忠建。领安抚司八：曰东乡五路、曰忠路、曰忠孝、曰金峒、曰龙潭、曰大旺、曰忠峒、曰高罗。领长官司七：曰摇把峒、曰上爱茶峒、曰下爱茶峒、曰剑南、曰木册、曰镇南、曰唐崖。领蛮夷长官司五：曰镇远、曰西坪、曰东流、曰腊壁峒。又有容美宣抚司者，亦在境内，领长官司四：曰椒山玛瑙、曰五峰石宝、曰石梁下峒、曰水尽源通塔平"③。没有《明史·地理志》中所列的盘顺安抚司、思南长官司和隆奉蛮夷长官司。

此外，这段时间曾出现一些"自立土司"，地方上又称为"黑土司"。湘西龙山的"马罗洞长官司"，保靖的"两江口长官"，桑植的"中峒长官司"，以及自置的安定、龙潭、化被等六个长官司，川东南酉阳的"独立长官司"，黔江金洞乡的"京洞土司"，鄂西南来凤的卯峒、漫水、百户三土司，利川的"沙溪土司"，宣恩的"石虎土司"，咸丰的活龙、苍蒲土司以及黄金洞乡的"石关峒土司"，长阳清江北岸向氏和覃氏族谱记载的施都、麻栗、玉江长官司等，约有数十个未被正史承认过的自立土司。这些多以长官司身份出现的"自立土司"，有的在地方志中有简略记载，有的见于当地大姓族谱和散见少量的碑刻材料之中。莫代山首次依据地方族谱、地方志和碑刻等资料对鄂西南、渝东南、湘西等土家族地区的"自立土司"进行了梳理，认为产生途径主要通过强宗大族、土司侵占和土司分化三种情况下自立的，而这些"自立土司"在自身发展的历史中对当地的社会发展也产生了深远的影响。④

---

① 宣慰司1，长官司55，蛮夷长官司21。
② 田敏：《土家族土司兴亡史》，民族出版社2000年版，第106页。
③ 张廷玉编撰：《明史》卷三百一十《湖广土司传》第二十六册，中华书局1974年版，第7984页。
④ 莫代山：《明清时期土家族地区"自立土司"研究》，《西南民族大学学报》（人文社会科学版）2015年第11期。

鄂西南在"永乐定制"后，以卫所、土司、经制三类不同交界地形成的一个具有重要战略地位的区域，具体分块由古施州改置的施州卫军民指挥使司，领大田军民千户所，在恩施所属区域、咸丰和利川的东边形成羁縻卫所区域（施州卫卫所汉官管理区域）；由恩施南四县的鹤峰、宣恩、来凤和咸丰（除大田所），以及利川的西部构成一个完整的羁縻土司地区；由巴东和建始大部分区域构成连接荆楚之地的经制区。可见，明王朝对边疆少数民族的管理是空前的深入和加强，明确了土司制度的根本所在，即边疆少数民族首领官职"世袭其官、世长其民，世领其地"①。

三 清代鄂西南、川东南土司的设置

明末政局风起云涌，各地起义不断，时局动荡不宁，鄂西南土司借机频繁扩张、出劫邻县、寇掠卫所，不断壮大自己的势力范围，致使土司周围的卫所几乎名存实亡，至清初，施州卫和大田所已无土官。② 清初鄂西南土司在"夔东十三家"③农民军控制之下，南明政权④是其精神支撑，与云南吴三桂政权的交集和清军进入湘鄂西地区的过程中，左右为难，举棋不定，处于迷茫和被迫的状态，直至康熙三年（1664）政局稳定，相继归顺清廷，处于清王朝的统治之下。

在政局风云变幻的格局中，鄂西南、川东南土司如谢华语，"历若干朝

---

① 龚荫：《中国土司制度简史》，四川人民出版社2014年版，第240页。
② 田敏：《土家族土司兴亡史》，民族出版社2000年版，第186页。
③ 夔东十三家，因其地处巫山、兴山两县之西山中，清史称为"西山寇"。是已进入四川的张献忠被清军杀害于西充凤凰山，其余部在李过、高必正、李来亨、袁宗第、刘体纯、郝摇旗等人领导下，继续活跃在川东、鄂西之间。十三家之名，各史说法不一，其实未必就是十三家起义军，不过言其多而已，常用作明末农民军的总称。参见田敏《土家族土司兴亡史》，民族出版社2000年版，第186页。
④ 南明政权是崇祯十七年（1644），李自成攻进北京紫禁城，崇祯吊死煤山宣告明朝结束。一些明朝旧臣先后拥戴明宗室福王朱由崧建立弘光政权、唐王朱聿键在福州建立隆武政权、桂王朱由榔在广东肇庆建立永历政权，又有在绍兴的鲁王政权等，史称南明。南明诸政权中，弘光、隆武、鲁王等均短命而亡，唯有桂王永历政权，因瞿式耜、何腾蛟等人的拥戴以及大顺军和大西军的支持，坚持的时间最长，直到清顺治十八年（1661）才最后灭亡。参见田敏《土家族土司兴亡史》，民族出版社2000年版，第154页。

代巨变，均以自存为主，自难再激其勤王之念，固未可深责也"①。其"安身立命"仍是各土司首要考虑的大计。"求自存"是各土司在历经元明清三朝变革过程中的立足资本，朝代巨变毕竟离鄂西南土司的王化之地甚远，所以总能审时度势地做出最优选择。明末动乱中，无论是夔东十三家对鄂西南土司的威胁，还是在清立国前后近二十年内，各土司也并未真正地附和反清复明；相反，"奉明为正朔"是各土司坚定的信念，因而面对农民军的进入，各自做出一致的抵抗。当清军迫进土家族土司地区时，奉明立场跟随时局变化做出快速的应对，哪怕只是一种无奈的选择，但是，"求自存"才是鄂西南、川东南土司在所有选择中的立足点。《清史稿·湖广土司传》载："清康熙三年，施州始归顺。"②至此鄂西南各土司彻底归顺清王朝，在历经了几百年承继的土司制度中，看明白了朝廷的更替与自身发展的生存之道，这一点也为随后顺利归顺清朝和接受"改土归流"埋下伏笔。

因袭明制，清廷仍"以原官授之""无改旧职"，土司设置总格局没有太大变化。只因无法直接管理，清王朝在鄂西南地区仍是维持明制，较之于川东南和湘西北等地的土司设置，鄂西南土司中的小土司进行了较多的调整。清廷彻底统治西南少数民族地区后，康熙三年（1664）湖广土司分置湖北省与湖南省，鄂西南地区属湖北省管辖，恩施所属地区仍为施州卫军民指挥使司，其下设置大小土司21家。据《清史稿·湖广土司传》所载，鄂西南二十一土司包括：宣慰司一：容美。宣抚司四：施南、忠建、散毛、漫水。安抚司十：东乡、金峒、忠峒、忠路、忠孝、高罗、大旺、东流、龙潭、沙溪。长官司六：木册、唐崖、临壁（应即腊壁）、卯峒、西萍、建南（康熙四年，改明剑南长官司为建南长官司）。③与《明史·地理志》三十一土司比，没有了摇把、上下二爱茶、镇远、隆奉、镇南、中峒、思南八司，却多了沙溪安抚司、卯洞长官司、漫水宣抚司。据田敏考证，忠峒土司在《清史稿》中载为安抚司，但是《施南府志》中多处载为宣抚司，考证应

---

① （清）段汝霖撰，谢华：《楚南苗志》，岳麓书社出版社2008年版，第338页。
② 张家林主编：《二十五史精编·清史稿》，中国戏剧出版社2007年版，第514页。
③ 田敏：《土家族土司兴亡史》，民族出版社2000年版，第177页。

为宣抚司。对于增设三个土司职级考证，沙溪土司为明末新授，没有疑义。但是漫水、卯洞的授职是源于族谱记载，所以其宣抚、安抚之职，有族人的夸大其词，还待考证。百户司是因向氏在当地是强宗大族，在明末乱世中自立为下属土司，是没有得到清廷认定的。此外，《清史稿》记载的漫水宣抚司，其职级应以《施南府志》记载的长官司更准确。

清初，鄂西南土司设置除了"二十一土司说"，还有清道光丁酉版《施南府志》卷2云"十八土司说"，"国初制，卫治仍旧，凡十八土司。东乡安抚司、忠建宣抚司、施南宣抚司，上三司后各以罪废。忠峒宣抚司、散毛宣抚司、忠路宣抚司、忠孝安抚司、高罗安抚司、木册安抚司、大旺安抚司、金峒安抚司、蜡壁安抚司、东流安抚司、唐崖安抚司、龙潭安抚司、沙溪安抚司、卯峒长官司、漫水长官司。右十五土司归流后，各予世袭。"① 紧接着又载有"十六土司说"，其名目"今按雍正年间所修《会典》载，湖北承宣布政使分辖。该布政使司所辖土司十六。宣慰司一：容美宣慰司（隶荆州府，今改为鹤峰州），宣抚司四：施南宣抚司、散毛宣抚司、忠峒宣抚司、忠建宣抚司（以上俱隶荆州府）。安抚司七：东乡安抚司、忠孝安抚司、金峒安抚司、忠路安抚司、高罗安抚司、大旺安抚司、龙潭安抚司（以上俱隶荆州府）。长官司四：唐崖长官、木册长官、蜡壁长官、东流长官司（以上俱隶荆州府）。以上凡十六土司，惟容美改为鹤峰州，今隶宜昌府。余十五司皆改为县，属施南府。与旧志所载又不同，当从《会典》"②。十六土司名目，容美土司及其所属除外，职衔上其所列的四宣抚、七安抚和四长官基本与明制相同。

清初鄂西南"十八土司说"，唐崖土司与腊壁、东流、木册三个长官司列名安抚司。"十六土司说"，唐崖为长官司四之首，隶荆州府。值得说明的一点，唯独变化仅是将忠峒土司列为宣抚司，与明代所列安抚司有所不同。田敏指出，"十六土司之说比较符合清初'因明制'的实际，

---

① （清）王协梦：《施南府志》卷之二《疆域志·沿革》，道光十四年（1834）刻本。
② （清）王协梦：《施南府志》卷之二《疆域志·沿革》，道光十四年（1834）刻本。

当更为合理"①。此外，在《唐崖土司城址》一书中提出了清代鄂西南土司"二十三说"和"三十三土司说"，当然，这些土司需要考证为实。

综述之，"元、明、清三朝在鄂西南地区先后设置土司总共三十九家。计：土宣慰使四，土宣抚使四，土安抚使一十五，土长官九，土蛮夷长官五，土把总一，流官转土官一"②。清初完成了认定和授职，且对鄂西南土司的级别有了明显的提高，容美宣慰司由原来的宣抚司提升为宣慰司。清为了加强对土司地区的控制，采取"众建支庶"的办法，委任许多土弁、土舍、土目。③ 清康熙雍正朝在"改土归流"做准备的近80年的发展中，对边远山地民族地区的统治力还是有限的，所以出现了"土司地方势力很大，本是设置监视土司的流官，后来却转换成土官的案例发生"④。"土司中兴"促进了中央王朝直接管理土司之地的改革。改土设流、猛烈反抗、众建诸蛮、势力削弱，这些都是清"改土归流"前，中央帝国与地方土司之间较量的手段。王朝最终是要政治一体化，"改土归流"是清帝国不断创造条件和寻找机会的结果。雍正四年（1726），清王朝在边疆少数民族地区掀起了大规模的"改土归流"大潮。

四 鄂西南、川东南土司的"改土归流"

清初在西南少数民族地区"推行大规模改土归流，其主要目的是清除边疆的开发和稳定以及在边疆地区征收赋税的障碍"⑤，但是早期的推行经历了反反复复的"改土"与"复土"。雍正时期，鄂尔泰对西南进行大规模的"改土归流"，采取招抚与镇压结合，在雍正朝用了五六年的时间，基本上完成了云南、贵州、广西三省的"改土归流"。紧接着对湖广土司的"改土归流"，仅用三四年时间，并未动用大规模的军事推进，这次社会大变革平稳完成。

---

① 田敏：《土家族土司兴亡史》，民族出版社2000年版，第176页。
② 龚荫：《中国土司制度简史》，四川人民出版社2014年版，第427页。
③ 胡进：《土司述略》，贵州人民出版社2012年版，第16页。
④ 龚荫：《中国土司制度简史》，四川人民出版社2014年版，第426页。
⑤ 方铁：《方略与施治：历朝对西南边疆的经营》，社会科学文献出版社2015年版，第84页。

表1-3　　　　　　　鄂西南土司"改土归流"汇总表①

时间	土司	"改土归流"原因	结果
雍正十年	东乡司覃寿春	长子得罪正法	呈请改流
雍正十一年	忠建土司田兴爵	横暴不法	拟罪改流
雍正十三年	施南司覃禹鼎	淫恶抗提	拟罪改流
雍正十一年	容美土司田旻如	穷凶极恶、怙恶不悛	畏罪自尽
雍正十三年	忠峒司田光祖	纠十五土司	呈请归流

鄂西土司在"改土归流"的浪潮中，整体上对"改土归流"做出了积极响应，见表1-3。雍正十年（1732），东乡司以子不才，呈请"改土归流"。十一年，忠建土司横暴不法，拟罪"改土归流"。施南司覃禹鼎以淫恶抗提，拟罪"改土归流"。容美司田旻如，穷凶极恶，怙恶不悛，终畏罪自尽。而施南司覃禹鼎和东乡司覃寿春长子楚昭，"皆田旻如之婿而兼甥舅也"②。在此种形势下，由忠峒土司田光祖纠集十五土司，呈请归流。湖广总督迈柱题，以十五土司各境，并原设恩施县，增为一府五县。特设施南府，辖六县，多出的地割还隶夔州府之建始县。改容美及所领五司为鹤峰州，隶宜昌府。乾隆元年（1736），定各属疆域及文武官制，一切经费，悉如他郡。③

清代川东南主要是酉阳、石柱二宣慰土司，在整个土家族土司的衰亡是最后被"改土归流"的。《清史稿》云："酉阳，旧为宣慰司，乾隆元年改流。"④ 地方志乘认为，以黄廷桂委派耿寿平入酉阳"署酉阳司事"为时间节点来看是雍正十二年。故对其"改土归流"时间，说法不一。其"改土归流"原因归于内部争袭，结果是土民请愿，呈请"改土归流"。石柱宣慰司的"改土归流"是土家族六大宣慰司中最晚的土司。乾隆二十五年（1760），设石柱直隶厅，改土宣慰使为土通判，完成"改土归流"。因马俊明死，马孔昭无子承袭，顺势"改土归流"。两大宣慰

---

① 陈侃修，徐大煜纂：《咸丰县志》卷十《土司志·元明以来土司纪略》，1914年版。
② 胤禛批，允禄、鄂尔泰等编《朱批谕旨》，湖广总督迈柱奏，雍正十一年五月二十二日，北京古籍出版社1988年版。
③ （清）张金澜：《宣恩县志》卷十四《武备志·兵事》，同治二年（1863）刻本。
④ （民国）赵尔巽等：《清史稿》卷一百十七志九十二，职官四，中华书局1998年版。

司"改土归流"后安置原地，世系通判。

本章小结

　　本章书写的是唐崖土司相关联的自然与人文的一个宏背景。鄂西南正是居于大西南入口的重要战略位置，形如燃烧火炬的咸丰县，古之因交通闭塞，被视为"烟瘴蛮荒"区。"五溪十八洞"的自然地貌彰显其复杂的地理环境，物产最饶，蛮地多楠，数百种禽类，这些土产是土司向中央王朝进贡贡品的主要来源，同时受羁縻州制时期的"蛮夷"溪洞生活的影响，"营"与"寨"成为土司基本的下属机构。唐崖河流经土司地与卫所地南河段，自然形成一个汉文化地和土家文化地的区隔，唐崖河丰富的水系和历史上四周紧邻的大土司，延伸了唐崖河流域文化的多样性和差异性。为了深入理解和认识唐崖土司社会文化为当下发展所用，就必须把历史发展长河看成一条脉络，将历史上鄂西南、川东南的历史背景放置于土司制度的形成与发展的"大历史"脉络中。

第 二 章

唐崖土司的兴亡史

烟树苍茫望显分，当年歌鼓寂无闻。
惟留废苑埋荒草，但见空山走白云。
古木寒鸦元武寺，斜阳衰柳土司坟。
千秋凭吊情何极，况听哀猿又叫群。①

这是清宣宗道光年间冯永旭②作诗《唐崖司》，曾显赫一时的唐崖土司城不到百年，司城建筑逐渐毁圮成为废墟，早已满目凄凉。余秋雨曾说："废墟是昨天派往今天的使者，废墟让我们把地理读成了历史。"③ 诗歌的背后彰显了曾经走过的繁华，又可见唐崖土司的历史不仅是一段悠久的历史，也是一段地方族群发展的历史。

第一节　唐崖土司的兴起

唐崖土司地，古为廪君地，周属巴子国，秦属黔中郡，汉属武陵郡，三国至晋为建平郡，唐属黔中都督府，宋为施州南寨地，④ 元属散毛府，明清隶施州卫，"改土归流"后属咸丰县。这是唐崖土司所辖地域曾经在

---

① （清）张梓修、张光杰纂：《咸丰县志》卷十八《艺文志·其他》，同治四年（1865）刻本。
② 冯永旭"道光乙酉科"，是道光年间的拔贡。诗中的元武寺是唐崖土司城址玄武山旁的玉皇庙。转引自（清）张梓修、张光杰纂：《咸丰县志》卷十八《艺文志·其他》，同治四年（1865）刻本。
③ 余秋雨：《文化苦旅》，上海东方出版中心2001年版，第252页。
④ 中共咸丰县委统战部、咸丰县民族事务委员会、咸丰县党史县志办公室合编：《唐崖土司概略》，内部资料，1987年，第1页。

历史上的归属演变。作为土司制度中的一员，尽管名不见经传，但是其兴起与土司制度的兴起是相伴而生的。

一 唐崖土司的肇始

土司制度肇始于两晋及南朝。作为土司制度中一个多次级别属于长官司的地方机构，在史料中未有其记载时，这个区域即唐崖河流域又是归附于什么机构呢？从第一章追溯民族人口，可知鄂西南地域在东晋及南朝时是作为中南疆土诸蛮，隶属荆州雍州蛮，是"五溪蛮"的一个组成部分，南朝在少数民族地区设置郡、县进行控制。南朝设九州，今日唐崖河流域应是所处于雍州管辖的清江郡之境。

在少数民族地区设置"郡"，上承秦汉设置的"道"，下启唐宋设置的"羁縻州、县、洞"，进而演变为明清时期的"土府、州、县"等机构。唐崖河流域也在这种设置所属机构中跟随着不断地变更。"清江郡"在隋初下辖开夷，咸丰、来凤所属地域都在开夷之内。唐改清江郡为施州，开夷所属的咸丰、来凤仍在其管辖之内。宋仍设施州，在咸丰境内设置的羁縻州为懿州。宋代对于懿州的管理是怎样的呢？置身其中的唐崖河流域又是怎样的规制呢？下面通过最近考古遗址的新发现可以提供一个源流追溯的方向。

史籍中对于唐崖土司的源流追溯上至元代的长官司，明确地说元末是"唐崖军民千户所"，这是《明史》志第二十《地理五》"湖广土司"条的记载。之后《读史方舆纪要》云，"元置长官司，寻更为军民千户所"[1]。这就是史料中用简短几个字记载的唐崖土司，再无其他文献史料可以佐证元初期，甚至元之前的唐崖土司又是怎样的。这也是梳理唐崖土司早期历史研究的盲点。虽然唐崖土司的历史仿佛只能开头在元末，但是这块地域上的族群历史并不是在元末才生活在这里，因为这里经历了一段未揭开的历史。

（一）"唐崖"地名的本土意义

唐崖作为地名由来已久，唐崖土司城遗址前的唐崖河已流淌上万年，

---

[1] （清）顾祖禹：《读史方舆纪要》卷八十二《施州卫军民指挥使司》，上海书店出版社1988年版。

其名在历史地图上是唐岩河[①]。唐岩与唐崖有什么不同，本地的发音中又有哪些与历史遗存相关联呢？曾访谈唐崖（ái[②]）司周围村落的一些老人，他们一直将崖字读成 ái 字。居住在唐崖司旁大石沟村的 QYL 老人[③]告诉笔者，"从我懂事起，我爷爷就对我们说，河对面的村叫唐岩司"。笔者在唐崖司做调研时，与唐崖司民众的交谈中，问他是哪里人，回答的都是这个发音，"我是唐岩司的"。发音中很明显，书面语中用到的唐崖，在民众特别是上了年纪，四五十岁以上的访谈对象都会说唐岩司。并且，仔细聆听，唐的发音与"潭"也是一个音。唐崖司村的老老少少，说"青水塘"都会说成"清水潭"，塘与潭发音一样。那么，岩又是如何变成了崖的呢？唐又怎会与"潭"字发音一样呢？唐与堂的同音，官方层面存在过手误书写。"置四川散毛沿边宣慰使司，堂（疑为'唐'）崖长官司。"[④] 这里所记载的就是"堂"为"唐"的直接证据。

首先，史料记载有唐崖土司时就是两字混乱的一个状态。主要是元末从史料记载来看当时应是唐岩，故在地方志上多为"唐岩"，在明清正史中出现多为"唐崖"。例证，《施南府志》记载的唐崖是"唐崖长官司。元，唐岩军民千户所，明玉珍改安抚司。"[⑤] 又石柱《马氏家乘》载："马克用于元末袭石柱安抚职后……邻近之鄂西诸土司忠路、唐岩等皆推石柱为司长。"而《明史·地理志》《清史稿·湖广土司传》《读史方舆纪要》中使用的都是"唐崖军民千户所"。

其次，从语言学来分析，《康熙字典》载，崖，"音睚，说文：高边也"[⑥]。《古汉语常用字字典》载，"崖"的意思：一是山或高地陡立的

[①] 土司时期的唐岩河在元、明、清三朝的"鄂西区域图"中有标注。参见鄂西土家族苗族自治州民族事务委员会《鄂西少数民族史料辑录》，鹤峰国营民族印刷厂 1986 年。卷首，第 22—24 页。

[②] 地方方言中的岩音发 ái，即汉语中悬崖的意思，因此本地书写中常用唐岩司。故后面内容出现唐 ái 司的发音，一律用唐岩司来表示。

[③] 访谈对象：QYL，78 岁，男，土家族，大石沟村 2 组村民，读过私塾。访谈地点：唐崖镇大石沟村村委会。访谈时间：2015 年 8 月 19 日。

[④] 《明太祖实录》卷八十九，"洪武七年五月壬午"条，台北"中央研究院历史语言研究所"校印本 1962 年，第 1576—1577 页。

[⑤] （清）王协梦：《施南府志》卷之二《疆域志·沿革》，道光十四年（1834）刻本。

[⑥] 中华书局编辑部编：《康熙字典》（检索本），中华书局 2010 年版，第 314 页。

侧面。如曹植《善哉行》"高山有崖"。二是边际，尽头。① 可见，古文中"崖"之意为悬。而"岩"的意思有三，一是高峻的山崖，如"千岩竞秀，万壑争流"（刘义庆《世说新语·言语》）；二是险峻、险要。如"制，岩邑也"（左传·隐公元年）；三是山中洞穴。② 唯独没有今人所说"岩石"的意义。可见，古文中"岩"的特点为"高""险""深"。故见，"崖"与"岩"意思相通。查阅《辞海》和《现代汉语词典》，两部辞书的"崖"字条都明确注明，此字"又读'ái'"，其义与上两部字典相同。

最后，结合辞书与地方语言来分析，国家与地方记载有所不同的一个主要原因在于，两字可以有同一读音，而地方史官的书写更注重立足于本土化。崖读成"ái"，与本地人，不仅局限在唐崖司，在咸丰乃至鄂西南地区，历来都把"山石或高地陡立的侧面"叫"岩（ái）"。如"柜子岩""二仙岩""滴水岩"等，此外还有常用的地方成语，如"万丈老岩""悬岩陡坎""跳岩自杀"等。清朝咸丰留下来有关崖的诗句也比较多，施南郡守王协梦在《甲午首夏按行咸丰途中有作四首》云："重崖历石磴，宛转如旋螺。"③ 黄家璲的《宿二仙崖》"力挽蓝舆上海螺，悬崖鸟道接天河"。唐方耀的《饮唐崖黄香府通守署中》"唐崖高百尺，官舍寄崇冈"。吴观乐的《风雪山行用东坡尖义韵》（时初至四日）中"拗竹压翻鸾尾寻，怪崖蹲作虎行盐"。蒋仕槐的《象鼻吸流》"有崖名象鼻，汲饮傍溪东"。熊飞的《过唐崖谒张桓侯庙》"崖疆已改新周索，石马如腾古阆州"。从这些诗句中崖有多种造型，其形象如老鹰，似象鼻的，还有描绘其高度的，如"唐崖高百尺"。

我们可以推断，唐崖司在元末设置土司之前的地名就有"唐崖"（ái）④ 的叫法，后来设置土司后仍以地名命司名，叫作"唐崖（ái）土司"，以这种方式命名的土司地名的例子不胜枚举。周边的龙潭土司、金峒土司、忠峒土司、容美土司、永顺土司、酉阳土司等都是地名命土司

---

① 王力等编，蒋绍愚等订：《古汉语常用字字典》（第4版），商务印书馆2005年版，第438页。
② 王力等编，蒋绍愚等订：《古汉语常用字字典》（第4版），商务印书馆2005年版，第440页。
③ （清）张梓修，张光杰纂：《咸丰县志》卷之十七《艺文志》，同治四年（1865）刻本。
④ 这与谭其骧主编的《中国历史地图集》中第66页标注的唐岩河与唐崖土司前流淌而过的河流为唐岩河是相吻合的。

司名。"地名命官职名""地名命族名",这是从古到今几乎成了一条定律的普遍规律。这样看来,元朝在这里敕封土司为"唐崖(ái)土司",世世代代也跟着这样叫就是顺理成章的事了。总之,无论是本地人叫"唐岩(ái)司"还是外来人叫"唐崖司"都是正确的,只是"唐岩(ái)司"已成为咸丰人的一个世世代代约定俗成的叫法而已。

无独有偶,岩读ái,应该是一个南方方言中的普遍现象。笔者曾在2015年1月到云南西双版纳勐海县西定乡的章朗村,做"人口较少数民族传统文化传承研究"的调研时,发现布朗族人口男性多数是姓岩,这个姓氏在他们口中发音就是ái。"岩"并不是汉族人姓氏的意思,是傣语的音译。与唐崖土司曾在官方正史中出现的"唐岩长官司"用字一样,发音也一样,今之唐岩司村人也仍是这一叫法。

从这三方面分析,我们也可看到,岩如何变成了崖,在后来的地方史志和家谱书写中都一律用了官方的"崖"字作为一个统一标准,而这也是从语言书写的角度体现出咸丰唐崖社区民众接受正统过程中被汉化的一个小细节。

(二) 唐崖高百尺

"唐崖高百尺",百尺高的崖又在哪里?嘉庆年间任咸丰知县的唐方耀,题咏《饮唐崖黄香府通守署中》,"唐崖高百尺,官舍寄崇冈。远树千峰拥,清风两袖凉"[1]。诗中的唐崖很高,至少有百尺,官人的住舍建在崇冈之上。海拔较高,可以远眺四周,视野开阔,天气气温比较寒凉。知县题咏的唐崖,今天在唐崖土司曾经管辖的地域就有一处"高百尺、寄崇冈、千峰拥、两袖凉"的宋代寨堡。

根据湖北省文化和旅游厅提交的湖北省第八批全国重点文物保护单位申报文本《大寨坪遗址》的初步判断,大寨坪遗址是我国西南鄂渝湘黔地区迄今所发现的规模宏大、自然毁损和人为干扰因素极少,具有非常高的真实性与完整性的宋代军事防御遗址,是西南少数民族与汉族共同建立并长期驻守、维护的军事聚落遗址,该遗址的发现不仅丰富了南

---

[1] 唐方耀的《饮唐崖黄香府通守署中》,"唐崖高百尺,官舍寄崇冈。远树千峰拥,清风两袖凉。簿书论吏治,樽酒话同乡。自笑风尘客,松醪醉满觞"。(清)张梓修,张光杰纂:《咸丰县志》卷之十七《艺文志》,同治四年(1865)刻本。

宋时期巴蜀山城寨堡体系的遗存构成，也扩大了宋蒙战争这一重大事件的空间呈现，同时还蕴含了珍贵的民族融合的文化信息。① 从申报书中的信息，可以断定大寨坪遗址是宋代的寨堡。宋代的寨堡在历经元代后都变成了土司。施州土司主要源自宋代羁縻州和寨堡，特别是寨堡的职守和组织结构，成为土司的制度传统。

现在，对于大寨坪遗址到底是唐崖土司的前身呢？还是龙潭土司的前身？有两种看法。认为是唐崖土司的前身，其观点推出是由唐崖土司城遗址管理处与湖北师范学院签订了《咸丰县"大寨坪遗址"及宋代寨址历史环境及其价值》项目合作书，在《宋代施州宁边寨地望考》中提出，"大寨坪即宁边寨，与'唐崖军民千户所'的治所相符。"根据《武经总要》记载："施州清江郡，古巴郡之境。唐置施州，地杂夷落，土俗轻悍。今管羁縻五州，时通朝贡。置十二寨守之。"大寨坪曾是施州所置十二寨之一，与其方位与宁边寨（旧名暗利）的记载高度吻合。（嘉庆）《大清一统志》卷三五一《关隘》载："……暗利寨，在恩施县南一百里。"②《宋史·地理志》载："施州，下，清江郡，军事。……县二：清江，中下。有歌罗、永宁、细沙、宁边、尖木、夷平六砦（寨）。熙宁六年五月，省施州永兴砦，置夷平砦。"③ 这条信息与《湖北舆地记·施南府》中记载，元至正年间，该地周边设有"唐崖长官司，寻改为唐崖军民千户所，又置毛岭峒"④。的位置相吻合。此外，在《读史方舆纪要》中也有六寨记载信息，"暗利寨，在卫南二百余里"⑤。目前来看，大寨坪

---

① 资料来源：湖北省第八批全国重点文物保护单位申报文本《关于推荐大寨坪遗址申报为全国重点文物保护单位的评估意见》，唐崖土司城遗址管理处内部资料，2019年4月10日收集。

② （清）穆彰阿撰：《（嘉庆）大清一统志》卷三百五十一《关隘》，四部丛刊续编景旧抄本。

③ （元）脱脱：《宋史》志第四十二，《地理五》，中华书局1977年版。

④ （清）湖北舆图局：《光绪湖北舆地记》卷十七《施南府》，光绪二十年（1894）湖北舆图局纂刊。

⑤ "歌罗寨，卫西南百九十里，宋置，又尝置驿于此。又尖木寨，在卫西雕塑，宋咸平六年（1003），丁谓帅夔州招抚叛蛮，置尖木寨于施州界，以控扼之。《宋志》清江县有歌罗、永宁、细沙、宋边、尖木、夷平等六寨，熙宁六年（1073）省施州永兴寨，置夷平寨。元丰三年（1080）又废永宋寨，置信廊、安确二寨是也。暗利寨，在卫南二百余里。又南七十里有七女寨。《宋史》祥符初，夔州路言：五团蛮啸聚谋劫高州，请令施州暗利寨援之。乾德初，顺州蛮田彦晏寇施州暗利寨，知夔州史方发兵击之，追至七女寨降其众是也。志云：忠建司，西二十里有七女寨。"（清）顾祖禹：《读史方舆纪要》卷八十二《施州卫军民指挥使司》，上海书店出版社1988年版。

遗址规模与尚未发现的"唐崖军民千户所"相符。

《唐崖土司概略》一书认为，唐崖土司地在元时属于施州南寨地，而施州南寨当时统管的地域包括了龙潭土司等周边的地域。故也有认为大寨坪是龙潭土司的前身一说。大寨坪，如果是一个寨堡的话就是施州南寨。因为施州南寨转换过来就是龙潭安抚司。龙潭土司的级别在明清都要高于唐崖土司和金峒土司，级别高的土司其所管辖的范围，覆盖面要大。大寨坪遗址在唐崖之前，它的范围在龙潭司的范围。《施南府志》载："龙潭安抚司《明一统志》隶散毛宣抚司。古蛮夷国，秦属黔中郡，汉属武陵郡，唐属黔中都督府，宋为施州南寨地，元置安抚司，明玉珍改宣抚。"① 从大寨坪的地理位置来看，遗址位于咸丰县清坪镇的马家坪村，距离咸丰县城 30 千米，离龙潭土司和唐崖土司的距离都不到 20 千米，其地理位置刚好处在唐崖土司遗址与龙潭土司遗址的中轴线上。施州南寨当时的管辖范围包括了后来的唐崖土司和龙潭土司，也就是说唐崖土司也是由施州南寨改过来的。

不敢妄言，作为宋代军事寨堡的大寨坪一定是唐崖土司的前身，但是，如果说它与唐崖土司、龙潭土司一点关联也没有，这也是断然不可信的。所以，唐崖土司和龙潭土司一定与其有着直接的渊源关系是可以肯定的。

史籍记载阙如，考古还未进行，只好暂存疑窦。大寨坪到底是个什么样的状貌呢？大寨坪遗址的出现与唐崖前身有何关联？元为唐崖军民千户所之前的唐崖身份又是什么？唐崖军民千户所与大田军民所有何不同？明置大田的军队数量的核定，元代军民千户所的军队数量的核定是一样的吗？唐崖为何叫唐崖？崖在哪里？这一系列问题也是笔者在撰写过程中的思考，想弄清楚唐崖土司的前世今生的一个渊源发展。

2019 年 1 月，军事寨（砦）堡的大寨坪遗址正式列入湖北省人民政府公布的第七批省文物保护单位，并已作为湖北省文化遗址公园建设项目，纳入申报第八批全国重点文物保护单位。之前，2018 年 3 月咸丰县文物部门负责人首次考察大寨坪的寨门寨墙之后，随后几月对遗址做了调查登记和初步清理，7 月国家和省文物局的领导到咸丰进行调研，认为"大寨坪遗

---

① （清）王协梦：《施南府志》卷二《疆域志·沿革》，道光十四年（1834）刻本。

址价值可期"。2018 年 7 月 4 日，笔者有幸参加恩施州文物管理保护单位到咸丰检查工作时，一起到大寨坪进行了考察。现在车可开到大寨坪山顶，上面有十几户居民，这里曾是县茶科所的种植繁育基地，随处可见成垄的矮茶树。在遗址四周全是悬崖峭壁，垂直高度百米以上，有一些缓坡地段也依山势垒砌石墙围合，构成了一个约 600 亩的不规则平台。整个平台只有两个门进入，入口是东边的大寨门，是正门，出口是西边的小寨门。东边的大寨门因辛亥革命时期神兵与白军打仗时被破坏，1949 年后修公路又造成部分损毁。据唐崖遗址管理处文物科 YXM 科长介绍，

> 目前，整个城墙都已清理，长 1000 多米，被毁墙段有 500 多米。寨堡的选址特别好，四周持续有 4000 米全是悬崖，站在大寨坪上四处远眺，可见宣恩地域，龙潭河（唐崖河支流）尽收眼底。

沿大寨门的右方城墙延伸约 200 米处，有一块 10 平方米的平坦巨石悬于崖上，当地老百姓称为"天灯堡"。传说这里有棵古杉，树上挂上天灯，可以映照到酉州城内。天灯能映入酉州城内的说法实为夸张，但是站在这块平台上视野很开阔，远眺几十千米无障碍倒是事实，作为军事寨堡真是一处绝佳之地，宣恩县境、龙潭司管辖之域、唐崖土司城址都可收罗眼中。随同的唐崖遗址管理处 HJM 副主任根据考古经验，初步测定，遗址围合长度达 5552.32 米，明显城墙遗存达 1144.29 米，均高 3 米，最高达 10 米，残损寨墙 153.96 米，天然绝壁陡崖长 4254.08 米，均高百余米，宽度在 1.2 米—2 米，设马面。城墙靠山崖边沿以巨石砌筑而成，墙体均高 3 米（最高处 10 米有余），宽度在 1.2 米—2 米，设马面。站在老鹰嘴上俯视，绝壁很陡，90 度垂直的。城内有宋、元、明、清多个时期遗存，目前发现的遗存点有：东城门、西城门、庙宇基址、墓葬、城墙等，东西城门外另有防御围墙，城内有"练兵场""瞭望台""铁匠湾""官银口""天灯堡""长街""静乐寺"等遗迹。

（三）唐崖曾融入交通要道与战略要地

唐崖与镇南土司在永乐年间设置，属于施州卫直管三个长官司之一，而这也可看出唐崖之重要，或者与其他土司的不同之处。为什么有如此不同呢？与其前身有何关系？这些设想正是揭开史料未载的这段历史面纱的思考。

宋代在南方少数民族地区除了设严密控制的羁縻州制外，通过险要之处置"寨"（军事性）来控制州、县等，对少数民族首领授予羁縻州、县、峒官职与衔爵，职爵世袭。大寨坪遗址南宋时地属夔州路，其首府夔州作为维系四川与京湖之纽带，无疑是南宋抗蒙的要地。大寨坪遗址是始建于宋代施州防御南部"蛮界"侵扰，为南宋时期抗蒙山城防御体系中的重要一环。宋蒙战争时期，大寨坪遗址处于施州南下通往黔州的交通要道，位于此通道范围的包括恩施施州柳州城、重庆合川钓鱼城等在内的众多山城防御体系，均有重要战事记载，大寨坪遗址是此条战线重要节点。[1]

施州为了控制羁縻州，就在周边建立了一系列的寨堡，也是当时朝廷直属的经制州。建立的这些寨堡构成一道防线，多由当地的土兵组建，朝廷不收税，主要作用就是防守一方。这些寨堡在元朝时成了元朝的各种各样的组织，元朝有了土司，包括千户所、百户所等。元朝建立了土司制度，到了明朝将元朝的散毛府等都一律变成了宣抚司、安抚司等级别的土司。永乐时期整齐化，这些寨堡，还有羁縻州统统按照朝廷的要求变成了土司，唐崖土司也是这一时期由寨堡转化成为土司的。

但是，元代的土司有各种各样的叫法，府、县、宣慰司、宣抚司、长官司、千户所、百户所，当时的名称很乱。宋代的大寨坪无论是记载中的宁边寨，还是记载中的施州南寨，最后都进入土司制度的历史潮流中，成为有名有地的土司。这也是《读史方舆纪要》卷八十二载："元置长官司，寻更为军民千户所。"简短几字的迷乱之处。"大寨坪遗址既是目前湖北省发现的规模宏大、选址精妙、保存现状最好的宋代军事防御遗址，也是长江以南西南民族地区现存非常罕见的宋代军事遗址。该遗址展现了人类利用自然资源筑造防御性军事建筑的伟大智慧，对研究我国西南民族地区历史具有重要价值。"[2]

以上追溯唐崖土司的肇始，从传统史学的研究来看，这种研究是不具备说服力的。本书从历史人类学的角度来看唐崖土司的历史流变，却

---

[1] 资料来源：湖北省第八批全国重点文物保护单位申报文本《关于推荐大寨坪遗址申报为全国重点文物保护单位的评估意见》，唐崖土司城遗址管理处内部资料。2019年4月10日收集。

[2] 资料来源：湖北省第八批全国重点文物保护单位申报文本《关于推荐大寨坪遗址申报为全国重点文物保护单位的评估意见》，唐崖土司城遗址管理处内部资料。2019年4月10日收集。

是践行着习近平总书记曾说的"把论文写在大地上"① 的这个号召。虽然这种追忆是比较模糊的，但是，可以弥补史料中的一片空白。赵世瑜曾说："历史是复杂多样的、生动鲜活的。历史学家也不是只发现死的历史和教条化的历史。"② 习近平总书记还说，要让文物在大地上"活"起来③，其思想高度概括了历史研究的指向。当下，历史从未走远，历史就在身边。因此，走进历史的田野，善于发现身边的历史，就一定会有一些推测与判断。大寨坪尽管缺乏史料的记载和考古还未进行，但是仍然可以作为一个问题提出来，留待进一步探究唐崖土司在元末前到底是个什么样的基层组织。

二 唐崖土司的复设

蒙元一代，在少数民族地区设置的羁縻州郡制改为土司制。初始授职，鄂西南土司普遍受到中央王朝的正式认可。根据《明史·地理志》的记载，可以析出鄂西南在元时设置的土司土官的具体情况。"设有施州、施南道宣慰司、东乡五路军民府、又把峒④安抚司、容美峒地'十七洞'、隆奉宣抚司、忠路宣抚司、忠孝安抚司、金峒安抚司、散毛寨等处军民宣慰司、龙潭宣抚司、忠建军民都元帅府、湖南镇边宣慰司、高罗宣抚司、木册安抚司和唐崖军民千户所。"⑤ 除散毛在至元三十年（1293）四月置散毛峒蛮夷官司，其余多在至正年间（1341—1368）置。与田敏在《元代鄂西南土家族诸蛮洞及土司史迹考》一文中的考述略有出入，未见怀德军民宣慰司、龙渠洞宣抚司、盘顺军民安抚司、忠义军民安抚司、大旺安抚司，唐崖列入到若干长官司中。虽然民国版《覃氏族谱》记载，"恩赐宣慰史（使）司之职"⑥，民国《咸丰县志》引之"唐崖安

---

① 习近平：《在全国脱贫攻坚总结表彰大会上的讲话》，《人民日报》2021年2月26日。
② 赵世瑜：《小历史与大历史：区域社会史的理念、方法与实践》，生活·读书·新知三联书店2006年版，《叙说》，第11页。
③ 让"死"文物"活"起来，不仅是完全可能的，更是完全必要的。转引自《让文物"活"起来》，载《光明日报》1994年7月5日。
④ 又巴峒，是为"摇把峒"。
⑤ （清）张廷玉等撰：《明史》卷四十四，志第二十《地理五·湖北》，中华书局2000年版，第2322页。
⑥ 覃国安印：《唐崖覃氏族谱》，1916年版，2008年复印，第19页。

抚司。覃启元时有功，以宣慰世袭"①。《明史·地理志》《读史方舆纪要》《清史稿·湖广土司传》已明确记载，元末为唐崖军民千户所，这是不争的事实。

那么元中后期是鄂西南土司形成和壮大的时期，属散毛司地的唐崖长官司，抑或唐崖军民千户所，在这段时间里又经历哪些事件呢？《元史》中有几位对鄂西南进行大规模征伐的人物，他们是阿里海牙、塔海帖木儿、曲立吉思、蔡邦光、李忽兰吉、石抹狗狗。唐崖长官司在《元史》和同期其他史料中未留任何墨迹，但是置身于散毛诸峒蛮之中，在历史大潮流中也难免摆脱地域性的征战剿伐。至元十三年（1276）始，元朝开始对鄂西南土酋的征服，此时散毛是实力最强的土酋，致使平定散毛之战的元帅蔡邦光"身死蛮边"，这也引起了元世祖高度重视鄂西南诸洞，至元十七年各诸峒蛮归附元朝。随后，"大小盘诸洞蛮叛"，至元二十一年（1284），散毛诸洞再次举行大规模的反抗。

《元史》此次讨蛮做了详细的记载，"（至元）二十一年，奉旨与参政曲里吉思、金省巴八、左丞汪惟正分兵进取五溪洞蛮。时思、播以南，施、黔、鼎、澧、辰、沅之界，蛮獠叛服不常，往往劫掠边民，乃诏四川行省讨之。曲里吉思、惟正一军出黔中，巴八一军出思、播，都元帅脱察一军出澧州，忽兰吉一军自夔门会合。十一月，诸将凿山开道，绵亘千里，诸蛮设伏险隘，木弩竹矢，伺间窃发，亡命迎敌者，皆尽杀之。遣谕诸蛮酋长率众来降，独散毛洞潭顺走避岩谷，力屈始降"②。此条文献被收录同治版《来凤县志》，此次李忽兰吉征讨五溪洞蛮，最后降诸蛮酋长，唯独散毛洞潭顺"力屈始降"。

塔海帖木儿在此处征讨中也有记载："塔海帖木儿袭父职……进围重庆，守将张珏出师迎敌，塔海帖木儿力战陷阵，功最多。十五年，又以都鲁军二百人破宋军于白水江，夺战船一，俘其众十三人。生宣武将军、管军总管。从也速答儿征亦奚不薛，又从征都掌蛮，皆以为前锋，杀获甚众。九溪蛮、散猫、大盘蛮尚木的世用（什用）等叛，从行省曲立吉

---

① 陈侃修，徐大煜纂：《咸丰县志》卷一舆地志·沿革，1914年刻本。
② 宋濂：《元史》卷一百六十二，列传第四十九，《李忽兰吉传》，上海古籍出版社1991年版。

思帅师往讨，皆擒之，及杀其酋长头狗等。"① "至元二十一年，（石抹狗狗）以蒙古军八百人从征散猫（即散毛）蛮，战于菜园坪、渗水溪，皆败之，壁守石寨一月余，散猫降，大盘诸蛮亦降。"② 之前，有阿里海牙占领湘鄂西的记载，"元世祖时期至元十二年（1275）阿里海牙占领湘鄂西地区，世居土著蛮酋审时度势投附元朝。"③ 两次大的征伐之后，元王朝对鄂西土家族地区的统治才最终确立并稳定下来。至元三十年（1293）以后，在今咸丰县境内置多个土司，实行土司分治，今唐崖、活龙坪隶属唐崖土司。

直到元末明玉珍据蜀为了笼络鄂西南各土司，此时唐崖军民千户所升为宣抚司。元末土司的设置与分布奠定了地方话语流传甚广的"鄂西南十八土司"的定论。在咸丰，后人将分布于宣（恩）来（凤）咸（丰）利（川）四县的十八个土司的名称、方位编成了一首歌。歌词：

> 忠建争雄金峒寒，
> 东乡忠路望山盘，
> 沙溪大旺唐崖郡，
> 木册高乐腊壁间，
> 漫水东流归卯洞，
> 散毛西去有龙潭，
> 只因忠峒当忠孝，
> 开府施南百福安。④

元末明初，明玉珍政权在鄂西南结束后，洪武四年（1371），明朝正式统治鄂西南诸土司，各土司纷纷归附。洪武年间，鄂西南各土司在设立、废除与重置的过程中叛服反复。《明史·地理志》卷四十四，志第二十，《地理

---

① 宋濂：《元史》卷一百三十五，列传第二十二，《塔海帖木儿传》，上海古籍出版社1991年版。
② 宋濂：《元史》卷一百三十五，列传第二十二，《石抹狗狗传》，上海古籍出版社1991年版。
③ 田敏：《土家族土司兴亡史》，民族出版社2000年版，第2页。
④ 中共咸丰县委统战部、咸丰县民族事务委员会、咸丰党史县志办公室合编：《唐崖土司概略》，内部资料，1987年，前言，第1页。

五·湖北》对鄂西南各土司的因之、复置、复废、改置有着详细记录。

施州卫军民指挥使司（元施州属四川行省夔州路）。洪武初省，十四年（1381）五月复置，属夔州府，六月兼置施州卫军民指挥使司，属四川都司。十二月属湖广都司，后州废存卫（北有都亭山，东有连珠山，五峰关在山下，又东南有东门山，东北有清江，自四川黔江县流入，一名夷水，亦曰黔江，卫境诸水皆入焉，下流至宜都县，入于大江）。领所一、宣抚司四、安抚司九、长官司十三、蛮夷官司五。东北距布政司千七百里。

大田军民千户所，洪武二十三年（1390）闰四月以散毛宣抚司之大水田置（东有小关山，西南有万顷湖与酉阳界，又南有深溪关，北有硝场，产硝）。东北距卫二百二十里。施南宣抚司（元施南道宣慰司）洪武四年（1371）十二月因之，后废。十六年（1383）十一月复置，属施州卫。二十七年（1394）后复废。永乐二年（1404）五月改置长官司，属大田军民千户所。四年（1406）三月升宣抚司，仍属卫（东有旧治，后迁夹壁龙孔，即今治也。西有前江，发源七药山，西南流与后江合，入四川彭水县界）。北距卫一百里，领安抚司五。东乡五路安抚司（元东乡五路军民府，洪武四年十二月改置长官司，后升安抚司，领长官司三，蛮夷官司二）。摇把峒长官司（元摇把峒安抚司，后废，宣德三年五月改置）。上爱茶峒长官司，下爱茶峒长官司（二长官司俱元容美峒地，至大二年置怀德府，属四川南道宣慰司，至顺二年正月升宣抚司，至正中升军民宣慰司。太祖甲辰年六月改军民宣抚司，后废。宣德三年五月改置）。镇远蛮夷官司（宣德三年五月置）。隆奉蛮夷官司（元隆奉宣抚司。洪武四年十二月改长官司，后废。宣德三年五月改置官司）。忠路安抚司（明玉珍忠路宣抚司，洪武四年改安抚司，二十三年废，永乐五年复置，领长官司一）。剑南长官司（宣德三年五月置）。忠孝安抚司（元置，洪武四年十二月改置长官司，寻复故，二十三年废，永乐五年复置）。金峒安抚司（元置，洪武四年十二月改长官司，永乐五年复故，宣德三年五月领蛮夷官司一。隆庆五年正月降为峒长）。西平蛮夷官司（宣德三年五月置）。中峒安抚司（嘉靖初置）。散毛宣抚司（元至元三十年四月置散毛峒蛮夷官司，三十一年五月升为府，属四川行省，至正六年七月改散毛誓崖等处军民宣慰司。明玉珍改散毛宣慰使司都元帅）。洪武七年（1374）五月改散毛沿边宣慰司，属四川重庆卫，二十三年废。永乐二年五月置散毛长官司，属大田军民千户所。四年三月升宣抚司，属施州卫（南有白水河，一名西溪，自忠建宣抚司流入，又东南入永顺司界）。东北距卫二百五十里。领安抚司二。龙潭安抚司（元龙潭宣抚司，明玉珍改长官司，洪武八年十二月改龙潭安抚司，属四川重庆卫。二十三年废。永乐四年三月复置，来属。南有清江）。大旺安抚司（明玉珍大旺宣抚司，洪武八年十二月因之，属四川。永乐五年改置，领蛮夷官司二）。东流蛮夷官司（洪武八年十二月置东流安抚司，属四川，后废。宣德三年五月改置，来属）。腊壁洞蛮夷官司（宣德三年五月置）。忠建宣抚司（元忠建军民都元帅府。明玉珍因之）。洪武五年正月改长官司。六年升宣抚司。二十七年四月改安抚司，寻废。永乐四年（1406）复置宣抚司，属施州卫（南有白水河，源出将军山，西南流，车东河自容美司来合焉）。北距卫二百五十里。领安抚司二。忠峒安抚司（元湖南镇边宣慰司。明玉珍改沿边溪峒宣抚司。洪武五年正月改沿边溪峒长官司，后废。永乐四年改置，西南有酉溪）。高罗安抚司（元高罗宣抚司。明玉珍改安抚司，洪武六年废。永乐四年三月复置。领长官司一）。思南长官司（成化后置）。容美宣抚司（元容美等处宣抚司，属四川行省。）太祖丙午年二月因之。吴元年正月改黄沙靖安麻寮等处军民宣慰司。洪武五年二月改置长官司。七年十一月升宣慰司，后废。永乐四年复置宣抚司，属施州卫（西南有山河，即溇水之上源，东入九溪卫界）。西北距卫二百十里。领长官司五。盘顺长官司（元元统二年正月置盘顺府。至正十五年四月升军民安抚司。洪武五年三月改为长官司）。椒山玛瑙长官司。五峰石宝长官司。石梁下峒长官司。水浕源通塔坪长官司。四长官，俱洪武七年十一月置，十四年废。永乐五年复置。木册长官司（元木册安抚司，明玉珍改长官司）。洪武四年废，永乐四年三月复置，属高罗安抚司。宣德九年六月直隶施州卫。镇南长官司（元宣化镇南五路军民府，寻改湖南镇边毛岭峒宣慰司。明玉珍改镇南宣抚司）。太祖丙午年二月因之，寻废。洪武八年二月复置，属施州卫。二十三年复废。永乐五年改置，直隶施州卫。有西溪。

唐崖长官司（元唐岩军民千户所。明玉珍改安抚司）。洪武七年四月改长官司，后废。永乐四年三月复置，直隶施州卫（南有黔水，即清江之上源）。①

可见，唐崖土司在明玉珍据蜀时期已升为宣抚司。明初归附后，洪武四年，因征蜀降职，后来又升为安抚、宣慰职。"明洪武四年，子直（第二代司主覃值什用）随廖永忠征蜀，降职，未几复安抚、宣慰世职，并领苍蒲、活龙二副司。前清康熙时，降长官司。"② 这是否真实，在正史中无法得到考证，至少《明史》中未有这样的记载。此外，《湖广图经志》有着与《明史》同样信息的记录，唐崖土司的设置在洪武六年，为长官司，不久又被废止，直至"永乐四年复置，编户三里，直隶施州卫"③。

第二节　唐崖土司的发展

唐崖土司的发展是土司时期全盛期至衰落期的一个缩影④。有学者将

---

① （清）张廷玉等撰：《明史》卷四十四，志第二十《地理五·湖北》，中华书局 2000 年版，第 2322 页。
② 陈侃修，徐大煜纂：《咸丰县志》卷一《舆地志·沿革》，1914 年刻本。
③ 日本藏中国罕见地方志丛刊（下册），（嘉靖）《湖广图经志》卷二十·施州卫，台北：书目文献出版社 1991 年版，第 1605 页。
④ 可以说，唐崖土司的发展历程是在明清土司制度之下的一段生命史，其步伐紧跟土家族土司的生命历程。田敏在《土家族土司兴亡史》一书中较为详尽、充分地审视了土家族土司自元兴至清亡的历史全过程。元初肇兴阶段，初始授职；元末时局动荡，加之明玉珍据蜀，土家族各土司势力就地坐大；明初，朱元璋"以原官授之"的总原则下，湘鄂西土司的大规模反叛，明廷对土家族土司予以废止，土司发展受到重挫；永乐初，土家族土司设置得以全面恢复，形成"永乐定制"框定土司势力格局约 200 年，迎来土家族土司发展的全盛期。明末爆发农民大起义，土家族土司与"夔东十三家"的对峙中惶恐应对，部分土司势力扩张，势力增大；清初换篆，沿袭明制，既是众土司在"三藩之乱中"虚与委蛇的立场也是清廷对其的宽容；清代土司制度进一步严密土司仍持续稳定发展；雍正年间全国性的改土归流，土家族土司尽行废止，走向覆亡。以上是书中从元、明、清三代就整个土家族土司发展史的阶段性、规律性和特点结合各时代特定背景划分成以上八个阶段。可见，土家族土司既是土司制度的组成部分。上面划分土家族土司兴亡史的八个层次，也是土司兴亡史的主线条、主脉络。参见本书第 236—237 页。

其发展分为四阶段或者三阶段。王希辉①根据1915年的《覃氏族谱》唐崖土司分为四个阶段。初始授职与初步发展期是唐崖土司实力得到迅速发展，鼎盛发展期其势力得到进一步巩固，逐步衰落期是势力遭到极大削弱阶段，最终覆亡时期在大潮流的背景下延续了400多年的唐崖土司遂告结束。毛茜②依据同版本《唐崖族谱》将唐崖土司的时期分为三个阶段。第一阶段为初期发展时期，历经前十代世祖的沉淀，奠定了唐崖土司在整个鄂西南土司的较量中，影响不断加大，势力范围逐步扩张的基础。第二阶段为鼎盛时期，集中在明天启年间到清崇祯和康熙年间，书写了唐崖土司王朝的繁华。第三阶段为衰落时期，历经三代土司，最后伴随着土司制度走向覆亡而沉寂。

值得说明的是，鄂西南土司的发展鼎盛时期还是有些细微区别。从史料和现存遗址来看，唐崖土司的鼎盛时期在天启年间至明末清初。田敏指出，"永乐定制使明代土司制度臻于完善，也使土司制度进入到它的全盛时期，随即迎来土家族土司进入发展历程中的全盛时代"③。整个鄂西南土司的繁盛期在景泰元年（1450）至万历四十八年（1620）的170年的时段里，吻合于土司制度高度完备的明代中期。

笔者赞同两位学者的四阶段和三阶段的划分，唐崖土司的兴亡史仅仅是从族谱上所表述的土司的功绩和任职情况，这是由于正史的记载非

---

① 王希辉、杨杰：《唐崖土司覃氏世系及其征调述略》，《三峡大学学报》2009年第6期。四个阶段为，初始授职与初步发展期，历经元末、明玉珍时期、附明至永乐初期，因参与鄂西土司叛乱，造废置，永乐初复置，余后200年走上稳定发展，日臻成熟。此阶段从一世祖覃启处送至九世祖覃万金任职（嘉靖八年，1529）的百余年间，此阶段因遇上了土司制度发展的完善时期也是鄂西土司发展的全盛时期，唐崖土司多次被朝廷征调作战，使得自己的实力得到迅速发展。鼎盛发展期为明末至明亡，从十世祖覃柱，隆庆四年（1570）袭职，历经覃文瑞、覃鼎、田氏夫人、覃宗尧至十三世祖覃宗禹任职期间的明末清初，因受朝廷的封赏，势力得到进一步巩固。逐步衰落期，十四代土司覆鋐在清廷和叛乱势力之间摇摆求存，导致势力遭到极大削弱，至康熙后期覃薄泽袭职期间，逐步走向衰落。最终覆亡时期为十六代土司覃梓椿位列十五土司，自请改流，至此延续了400多年的唐崖土司遂告结束。

② 毛茜：《唐崖土司时期土司社会生活研究》，硕士学位论文，湖北民族学院，2015年，第13—17页。论文对唐崖土司的兴起、鼎盛、衰落三个阶段的划分做了简要陈述，未将其发展的历史脉络结合王朝国家的土司制度"大历史"背景和朝代更迭临时政权对其利诱以及周边土司对其影响进行延伸展开。然而，今天的"世界文化遗产"唐崖土司需要大发展，从现实意义来看，是亟待深入研究来弄清这些历史发展故事中的来龙去脉。

③ 田敏：《土家族土司兴亡史》，民族出版社2001年版，第96页。

常少的原因。下面笔者结合正史、地方志书、散落民间的族谱和口述史从十六代土司职级升降和所辖地域伸缩进行阐释，也为后面分析中心——边缘的二元概念作为基础进行铺成。

一 皇城治区与辖区边界

"永乐定制"下，鄂西南民族地区的土司政权得到了一个稳定发展的空间，才有了诸土司较为固定的辖区范围，至"改土归流"各自边界更为明确。咸邑的范围，唐崖土司的辖区基本上是这一时期逐渐明晰起来的。明代以前，咸邑的边界只是大略地归为"居楚黔"，而且"诸司强梁，侵占屯堡，殊难剖析"[①]。唐崖土司明前没有史料记载，甚至咸丰在早期的地属也都是笼统的记载，"惟县境与旁邻郡县，千余年尚未分治"[②]。而这些笼统的记载中就包含了这一地域所发生的事件具有共性，故而"所遇兵事，皆详施南府志及其他郡县志中"[③]。唐崖土司的前身，在蒙元一朝隶属散毛司，抑或散毛诸峒蛮之一，抑或是元末有着明确记载的"唐岩军民千户所"，其辖区非常模糊。永乐定制后，周围除了有龙潭土司、金峒土司、沙溪土司、忠孝土司、石柱土司、酉阳土司以外，与大田军民千户所紧密相连，同时深受散毛、施南、石柱、酉阳土司的影响。

首先，从大田千户所古舆图（见图2-1）分析，可粗略看出唐崖土司辖地范围。大田千户所四周，我们从北按顺时针看各土司和关隘的分布，正北为金峒司、石虎关，东北是施南司、施州卫、忠峒、高罗司，东方有木册司、忠建司和老牙关，东南面有散毛司、东流司、老鸭关、滴水关、忠堡屯，南面是镇南司、大旺司、腊壁司、漫水司和土老坪，西南方有卯洞司和大田屯、高山堡、独乐关、水车坪、张家坪、梅子坪，西方有安抚司、蛮王屯、西北屯、桐车屯、万家屯、深溪关，西北方有唐崖司、龙潭司、忠孝司、酉阳司、石板堡、杨峒、活龙坪、二仙岩、石牙关。从古舆图展示可看出，唐崖土司与大田军民千户所、龙潭土司、

---

① （清）张梓修，张光杰纂：《咸丰县志》，同治四年（1865）刻本，《凡例》。
② 陈侃修，徐大煜纂：《咸丰县志》卷五《武备志·历代兵事》，1914年版。
③ 陈侃修，徐大煜纂：《咸丰县志》卷五《武备志·历代兵事》，1914年版。

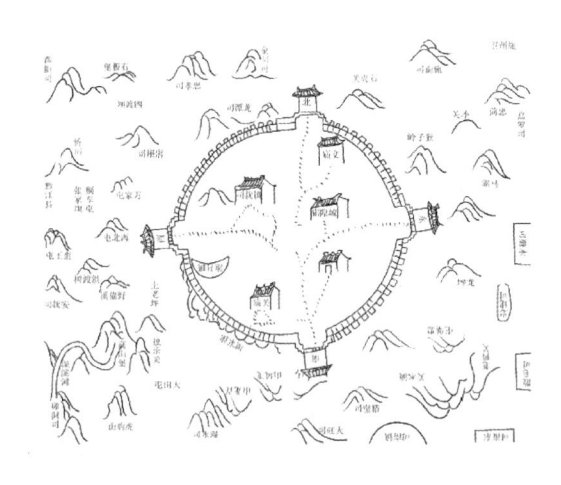

图 2-1　大田千户所古舆图①

忠孝土司、酉阳土司、黔江守御千户所的边界接壤。

其次，结合地方志乘和咸丰、利川、来凤的《覃氏族谱》信息，可以看出唐崖土司在鼎盛时期，其辖区拓展很宽。领地范围的拓展与司治所在地构成了一个中心与边缘的二元结构。从地域上来说，中心结构是指治所核心区域，也是当地老百姓口中的"皇城"范围；边缘结构是指唐崖土司历史时期，所辖范围的扩大与收缩地域。

先讨论治所核心区域，即"皇城"大小。一方面通过散落在民间多版本《覃氏族谱》记载的信息，能弥补"正史无载，资料匮乏"的司治边界的模糊性。笔者通过解读1917年手抄本老谱，朝阳五龙坪石院子民国版的《覃氏族谱》和1917年版覃国安复印唐崖司村的《覃氏族谱》信息，分析王城治区与管辖地域的边界来看唐崖土司历史时期在这一阶段的发展状貌。

三本族谱对土司王城治所中心的四至边界和唐崖土司在明清两朝所辖地域范围有所记载。石院子版族谱是这样记载当时的土司中心治区的：

---

① 咸丰县史志办公室编校：《咸丰县志校注——清同治四年（1865）》，1914年版，内部资料，2012年，第22—23页。

元明两朝，旨设立衙署、牌坊，竖立庙宇等项，并自治玄武发派。宣抚山更名玄武山后，又曰永丰寺①。前齐大河青龙嘴，后齐茶园堡桥坝沟，左齐南河吨哺坝，右齐寨坪桅杆堡为界，内除各房头目基园，外除尽属祖遗官业。②

据学者覃芷坤（家住唐崖司1组）考察，"青龙嘴为唐崖镇谢家坝村青龙咀；吨哺坝为唐崖镇南河村屯蒲坝；茶园堡为唐崖镇杨家营村银虎司丫口处的茶园堡；寨坪为杨家营村寨坪，桅杆堡为朝阳镇五龙坪村冉朝石院子对面桅杆堡"③。"青龙嘴"紧挨唐崖镇的箩大田和清坪镇的坨家田，位于今天唐崖镇谢家坝村，仍用原名。据当地人介绍，因地形似一条巨龙蜿蜒盘旋，山脉凸显处形似龙头，凹陷处似龙嘴，取名青龙嘴。东接唐崖河，西邻大田沟，南连铁壁寺，北靠大石沟村，主要姓氏为谢和覃两大姓。"茶园堡桥坝沟"在唐崖镇杨家营村银虎司丫口处。杨家营正是唐崖土司十大营头之一。当地百姓的记忆中，因为这里"古时有土司军队安营扎寨，曾有杨姓人家居住"。"南河吨哺坝"是今唐崖集镇边大石沟村的屯浦坝。过去，这里的田地均为冉氏所有，能产粮十万担之多，故名冉十万。后由严氏购买这坝田庄，严氏家族也发达了。因地势三面环水地处平地，田土肥沃，是唐崖镇难得的屯田产粮的宝地，所以当地人叫"屯浦坝"。东接坟山，西面与南面都靠唐崖河边，北连南河村，主要姓氏为张、严、唐、王、李等姓。"寨坪桅杆堡"，寨坪也在杨家营村，桅杆堡在离唐崖土司城不到5千米处的朝阳镇五龙坪村冉朝石院子对面。五龙坪村原本属于尖山乡（今唐崖镇），冉朝、石院子是五龙坪村的两个小地名。冉朝是当地口误留下来的一个地名，1949年前，有一户王姓人家从唐崖搬迁过来开染坊，冉成为"染"的谐音，"染坊"误传成了"冉朝"。冉朝东接谢家坝村，西邻宋家沟，南连柿子湾，北靠唐

---

① 永丰寺，在同治版县志中未记录，民国版乡里条有云，编户八里中有个永丰里，按当时尖山寺属于仁孝里。
② 覃方加藏：朝阳五龙坪石院子《覃氏族谱》，民国年间抄本，第4页。2018年6月30日在唐崖镇唐崖司村1组覃芷坤家收录。
③ 覃芷坤：《唐崖土司王城治境与武备建置考述》，《哈尔滨师范大学社会科学学报》2018年第1期。

崖土司城，主要姓氏王姓。冉朝石院子的对面就是族谱中记载的"桅杆堡"。石院子在当地人眼中是一个用石头围合的院子，东接冉朝，西邻杨家营，南连宋家沟，北靠沙田沟，主要姓氏覃姓。

但是，石院子版族谱仅记载了四至边界的地名，区域有多大并无说明。司治的核心区域在另一《覃谱》载："自玄武山发派，前至大河边左右二寨，石厂二沟设立街署、街基、庙宇、寺观。"① 核心区域曾被前故宫博物院院长张忠培考察土司城时赞为"小故宫"，其核心区面积到底有多大？族谱并未提及，这需要用现代科技手段的测量来回答这个问题。

另外，根据现有遗存确认，历史上的唐崖土司城由城市本体、墓葬及外围附属设施三部分组成，分布范围明确，大致以唐崖河和周边的天然壕沟构成一个相对封闭的空间，东西长约 1200 米，南北宽约 700 米，总占地面积约 74 万平方米。② 城内部分与覃国安复印版的《覃氏族谱》描述相吻合。通过考古材料得出的唐崖土司鼎盛时期的城址面积来定位当时所管辖的范围，考察唐崖土司王城治区面积的大小就能明确所谓"京畿之地"的管辖范围。据考古发掘，"城址平面近椭圆形，东西长约 2.5 千米，南北宽约 1.5 千米，面积约 3.75 平方千米。建有三街十八巷，三十六院，内有帅府、官言堂、书院、钱库、左右营房、跑马场花园、万兽园等建筑及建筑设施"③。这是唐崖土司鼎盛时期的"京畿"中心的面积④，由于城址发掘工作尚未完全结束，考古资料还在整理之中，严格来说，准确数据应以考古报告正式发布为准。

再讨论边缘辖区范围。唐崖土司在明初设置时的地界基本廓清，"永

---

① 覃国安印：《唐崖覃氏族谱》，1917 年版，2008 年复印，第 17 页。
② 陈飞、邓春艳、谢辉：《"土司遗址"突出普遍价值体系下的容美土司遗址与唐崖土司城址研究》，《中国文化遗产》2016 年第 3 期。
③ 李德喜、康予虎：《咸丰唐崖土司城衙署区建筑遗址复原初探》，《三峡论坛》2014 年第 4 期。
④ 治所的面积大小可与周边或者同期土司城址进行对比，单就占地面积看，在土家族土司中，保靖宣慰司在龙溪坪的旧司城占地面积为 33 公顷，永顺宣慰司老司城中心城址占地面积约 19 公顷，而在天启年间作为从四品的唐崖宣抚司治所却达 35 公顷，亦远远大于紧邻的大田所城。同治《咸丰县志》载大田所城"周五百丈有奇"，换算为现代长度，约 1667 米，根据《大田所古城图》所绘的圆形平面计算，面积约 21.7 公顷。由此可见，在明末通过参与朝廷征调和不断的对外扩张，唐崖土司势力急剧膨胀，达到顶峰。参见咸丰县政协文史资料委员会、唐崖土司城遗址管理处编《唐崖土司城址》，湖北人民出版社 2015 年版，第 65 页。

乐四年复置，编户三里，直隶施州卫"①。利川《覃氏族谱》收录的雷思霈《施州卫方舆书》中记载也涉及同样的地界范围，并以"里"为单位对四至距离进行粗略测量，"春秋庸人率群蛮叛，即其地。……编户三里，东至大田一百里，西至石柱两百里，南至黔江二十里，北自龙潭三十里"②。"编户三里"的地域相当于施州卫驻地的占地面积，明末朱光祚《施州卫争复额饷永思碑》记，"编户三里，领五所，辖十四土司，专节制于楚"。当然，碑记中"领五所"与《明史·地理志》所载"领所一"不同，这不是本书研究的重点，只作说明。

石院子版《覃氏族谱》云，"元明，旨分茅设土，……接壤其界，东至大田所麻地坝为界，南至重庆（四川）黔江两分垭（凉风丫）为界，西至（本司）龙嘴河为界，北至施南司青苔坡为界，内中田土，除上寨、马河四房分授，除余尽属。本司祖遗官业，治拾司至"。③ 这是描述整个领地的四至边界，这也是多个版本《覃氏族谱》中信息最完整的记载。东界麻地坝应为今咸丰县坪坝营镇的麻地坝。从咸丰县《第二次地名普查成果表》汇总材料和1984年版的《湖北省咸丰地名志》进行查阅，咸丰只有一处地名为麻地坝，位置在甲马池（近几年改为坪坝营镇）的梨树垭村。覃莊坤考证，"此处两个地名为杂糅误记。大田所在其东，麻地坝在其南"④。大田所即今高乐山镇所辖地名，并无麻地坝，当时大田所管辖的范围有杨洞、坪坝营等地，故此处记载的应是今属坪坝营镇梨树垭村的麻地坝，只是一个小地名，在唐崖土司辖区的南面，离酉阳土司的边界较近。东接柜子岩，西邻大岩洞，南连恶水坨，北靠翁家山。主要姓氏为郑、冉、张、王、万等。南界黔江凉风丫在城北乡龙坪村，紧邻朝阳寺镇。龙嘴河其西北面的活龙坪乡龙井村，离咸丰县北部的利川市文斗乡和重庆黎水坝的距离，各距15千米，是咸丰县西北界的边缘。

---

① 日本藏中国罕见地方志丛刊（下册），（嘉靖）《湖广图经志》卷二十《施州卫》，台北：书目文献出版社1991年版，第1605页。
② 民国版忠路老大房《覃氏族谱》，覃发杨等编：《中华覃氏志·利川卷》，内部刊印，利川市金凤印刷厂2005年，第37页。
③ 覃方如藏：朝阳五龙坪石院子《覃氏族谱》，民国年间抄本，第3—4页。
④ 覃莊坤：《唐崖土司王城治境与武备建置考述》，《哈尔滨师范大学社会科学学报》2018年第1期。

龙潭司乡龙潭司村青苔坡是司治的东方。据估算，所辖范围方圆两百华里。

到隆庆年间，因十世祖覃柱于隆庆四年（1570）奉调征剿金峒主土叛，覃壁有功，封赏大小二村及田土二地，其地界有所拓展，"……又计开大小二村，于乾隆五年［应为隆庆四年（1570）］为征秦（覃）壁有功，以为公（功）赏给首人，田四十八乡（有所夸张），各有安抚官业……肖家盖，大、小作诺，大、小马洗，龙家盖，青水塘（潭），椿木坪，传至十六世，弟兄六人官业分授。计开……上下二寨，地名杨柳池、破石头、蛮庄子，安棟上寨胡向之业；土溪河、红鱼泉、铁厂、那巴嶍，棟下任胡姓之业，寨以捕猎之人……"①族谱信息中的这些地名，至今在咸丰仍被沿用。大小二村、水坝、肖家盖，大小作落、大小马洗、龙家盖、青水塘（潭）、椿木坪、杨柳池、破石头、蛮庄子、土溪河、红鱼泉、铁厂、那巴嶍等。大村小村，大村属于小村乡，咸丰有句歌罗句，"大村不大，小村不小"，大村是一个村，而小村是一个乡。大村在咸丰年间，就形成一个场，名叫永兴场，人口集中，人流量较大，人们在这里相互交易各种土特产品和其他商品，因比永太场大而命名为大村。铁厂属于活龙坪乡的二仙岩村，现今交通不便，无人居住。那巴嶍现属于唐崖燕朝镇。大作诺、小作诺现为活龙坪乡毛坝的大着落村和小着落村，东接唐崖镇，西与北都靠毛坝村，南连二仙岩，主要姓氏为张姓。大、小马洗在唐崖钟塘镇卷洞门，现地名为大马歇、小马歇，这是四至边界的地名于今天犹可明指。

通过奉旨征调，借机扩展领土也是唐崖土司发展壮大的一条路径。永乐年间"施南、唐崖，又侵黔江之夹口"②。隆庆年间，借征剿覃壁有功，封赏"功赏给首人，田四十八乡"。③"计开大小二村"④"处诸土司环绕之中，焉有不被侵掠者乎？所以，边境田地，为木册、散毛、腊壁、唐崖、施南侵占，不下数百处。"⑤唐崖土司在天启年间覃鼎时期达到鼎

---

① 覃方如藏：朝阳五龙坪石院子《覃氏族谱》，民国年间抄本，第4页。
② （清）张梓修，张光杰纂：《咸丰县志》卷十九《艺文志》，同治四年（1865）刻本。
③ 覃方如藏：朝阳五龙坪石院子《覃氏族谱》，民国年间抄本，第4页。
④ 覃方如藏：朝阳五龙坪石院子《覃氏族谱》，民国年间抄本，第4页。
⑤ （清）张梓修，张光杰纂：《咸丰县志》卷十九《艺文志·退赎民屯案略》，同治四年1865年刻本。

盛，其管辖范围也拓展到最大。

这一所辖范围在稳定的发展空间里基本得到各代土司传袭，一直传至康熙晚年间，十六世祖覃溥泽所生六子继承。黔江县水田坝《覃氏族谱》有记载，"水坝田土系属官业，活龙坪系后营之业，肖家盖、大、小作诺、龙家盖、大、小马洗、青水塘、椿木坪系梓椿弟兄官业"①。五龙坪石院子族谱对于唐崖土司在发展过程中拓荒山，置官业有着详细记述，清初其辖内四界为，"顺治三年，……大路坝，张家坝，伍家坝，上齐老鸦盖，下齐孙家坝，左齐茶园溪，右齐二仙岩，地内四界……"大路坝、张家坝、蛇盘溪、伍家坝等，今属咸丰县大路坝区，与重庆黔江南海乡交界。此外，在同治版《咸丰县志》载，康熙五十四年（1715），施州卫大田军民千户所掌印千户钮正赎回唐崖司此前所侵占民屯十七处，可见在康熙晚年，唐崖土司所辖范围收缩，也表明随着大势，其自身发展已渐趋衰弱，难以与清廷抗衡。客观上也为雍正年间唐崖土司附列于鄂西南十五土司自呈"改土归流"作下了铺垫。

老鸦盖位于活龙坪乡的水坝村，也是水坝集镇所在地，水坝经老鸦盖至大坝30千米。水坝与老娃界溪流的后段是后坝溪，主要姓氏为秦、刘、安姓等。当地村民 LJ②介绍，"水坝与老娃界③溪流在涨水时，因河道狭窄，两岸河道常被淹没，似一片汪洋，所以叫水坝"。

孙家坝在咸丰有几处同名地名，一处是唐崖镇钟塘村的孙家坝，一处是高乐山镇杨泗坝村的孙家坝，一处是朝阳寺镇孙家坝，还有一处是咸丰县大路坝区与重庆黔江南海乡交界之处的孙家坝。从顺治三年的时间段来看，唐崖土司发展已达到鼎盛时期，在明末清初还多次因征调借机扩大领地，西至应为黔江南海乡的孙家坝。从方位来看，唐崖钟塘孙家坝和高乐山镇杨泗坝村孙家坝都不太可能，一个离中心不远，一个在边界之外，因为唐崖土司的边界在东边只到大田所管辖的梅子坪，而杨泗坝在大田所的东边，与唐崖土司东面接界距离较远。而朝阳寺镇的孙

---

① 覃秀书藏：重庆黔江水田坝《覃氏族谱》，民国年间抄本，第12页。
② 访谈对象：LJ，男，土家族，57岁，水坝村2组村民。访谈地点：活龙坪乡水坝村LJ家。访谈时间：2018年8月26日。
③ 老鸦盖。当地人叫老娃界，也就是老鸦盖。

家坝,属谭家坪村,东接大底沟溪流,西与南都接黔江大路村,北邻大坪上。主要姓氏为周姓、汪姓。大路坝与南海交界的孙家坝正是当时扩略时掠地的主要去处。

茶园溪即唐崖镇的西边茶园村。

二仙岩也位于活龙坪乡,顾名思义,是一处司治边界的天然屏障,孤峰突兀,四面绝壁,山顶宽平。"大田千户所古舆图"中为大田所西北方的一处关隘,此地被今人誉为"雄居两省,俯瞰三县"[1],名崖有城墙崖、白衣袖、观音岩等,当地流行诗句:"白衣晒袖不见衫,永挂二仙明崖边,万古千秋常鲜艳,两袖清风露不干。不知晒了多少年,未见仙人把衣穿,云开日出浓雾散,群鸟绕袖闹声喧。""二仙崖下观音岩,岩石观音坐莲台,金童石佛站台外,玉女随同靠右排,石佛无人来朝拜,观音不贪富民财,口不念经头不摆,喜看阳光把嘴开。"其地紧靠重庆黔江小南海地震遗址,距咸丰县城50余千米。

咸丰三大土司中,唐崖土司有"明季唐崖最倔强"[2]的说法,当时整个辖域范围包括曾是金峒土司所属的西坪蛮夷长官司的地界和自立土司——位于活龙坪乡的菖蒲蛮夷长官司。我们看到的整个辖域范围延伸至小村乡、高乐山镇、坪坝营镇和紧邻重庆和利川的龙嘴河,占去咸丰县域近一半。"咸丰县(土流各半)。大田所及唐崖、龙潭、金峒三司地,共设一县,周围八百余里,县治即大田所。"[3]而此时期的龙潭土司和金峒土司的地域确在东北角逐步缩小,这也是地方志乘所写唐崖土司为"咸丰三大土司之首"的事实。

综上所述,根据以上"大田千户所古舆图"所描绘,可以判断石院子版族谱、利川《覃氏族谱》记载的明清两朝,唐崖土司管辖范围应是可信的。当然,在其崭露头角,扩张势力直至鼎盛时期的不同阶段,其四至边界有扩大或缩小的变化,这是随着侵占卫所民屯土地和其势力消

---

[1] 二仙岩,雄居湖北省、重庆市两省(市),俯瞰咸丰、利川、黔江三县(市、区),南北长约7千米,东西宽约5千米,总面积36.169平方千米。距(以板栗园为起点)咸丰县城84千米、活龙坪集镇57千米、黔江县城40千米。摘录于《活龙坪乡志》,内部资料。由咸丰县史志办CJL股长提供资料,访谈地点:咸丰县史志办办公室。访谈时间:2018年8月16日。

[2] 陈侃修,徐大煜纂:《咸丰县志》卷十《土司志,列传·唐崖长官司》,1914年版。

[3] (清)王协梦:《施南府志》卷二《疆域志·沿革》,道光十四年(1834)刻本。

长而相应地发生变动。

最后，结合当下学术界对于唐崖土司下辖范围的考证来看，形成了一个数据准确的管辖面积及四至距离。一些学者在近几年因申遗的需要，做了进一步的研究。刘兴亮、刘冰清较早提出四至比较清晰的管辖范围，"东北至清坪、小村，西北至活龙坪，西南已至黔江县县坝、舟白等地，而东南则到高乐山镇的梅坪"①。早在20世纪80年代，邓辉、黄永昌在对唐崖土司城遗址进行文物调查时，就提出唐崖土司管辖面积并不小，"包括今天咸丰尖山、活龙两乡全部和邻近的部分地区，自明代以后还管辖菖蒲蛮夷长官司、西平蛮夷长官司"②。覃茌坤在这些研究基础上，利用地方族谱信息和田野调研，从横向比较分析认为，唐崖土司鼎盛时期辖区范围：西北至咸丰县活龙坪乡的龙井村龙嘴河，南至咸丰县甲马池镇麻地坝，东面到咸丰县小村乡、清坪镇，西南到重庆黔江区两台坡、凉风垭，包括现今湖北咸丰县大部分区域与重庆黔江后坝乡、南海乡、城北乡等部分地区。③因此，归纳研究者的观点，结合实地考察、谱牒资料和现代科技制作的地图信息，唐崖土司在历史上其鼎盛时期所管辖领地的大致范围，按今天的行政区划其辖区面积约600平方千米。以上从辖区范围的变化分析唐崖土司在明清时期的发展，下面从职级的升降来分析唐崖土司在历史发展中如何崭露头角、势力扩大直至鼎盛时期的动态演变。

二 职级升降与动态演变

元末明初，唐崖土司由明玉珍政权时期的"唐崖宣抚司"到因征调平蜀的"微过"，到三年后与散毛司等一起朝贡方物的记载，这是能查阅到的最早记载唐崖土司的史料。洪武七年五月，"……唐厓（崖）安抚使月直什用遣人来朝贡方物，上其所授伪夏印"④。这条史料也是唐崖土司

---

① 刘兴亮、刘冰清《唐崖土司疆域及其变迁考述》，《三峡论坛》2014年第4期。
② 邓辉、黄永昌：《唐崖土司城址调查报告——兼论唐崖土司覃氏的历史问题》，《三峡论坛》2013年第5期。
③ 覃茌坤：《唐崖土司王城治境与武备建置考述》，《哈尔滨师范大学社会科学学报》2018年第1期。
④ 《明太祖实录》卷八十九，"洪武七年五月壬午"条，台北"中央研究院历史语言研究所"校印本1962年，第1576—1577页。

在土司制度的"大历史"背景下，从国家层面的书写中崭露头角。然而，与其周围的大土司比较，其实力很是有限，以"长官司"的职级得到了元世祖的承认。之后，洪武八年至洪武二十三年的这段时间里，是"各土司与明中央王朝得以维持一段短暂的蜜月期，掀起了入明以来土家族土司朝贡的第一个高潮"①。唐崖土司也在这个蜜月期里找到了朝贡的互惠价值，后续正史记载有10次朝贡②。但是，从崭露头角到不断发展的过程中，王朝正统对其承认并书写，在正史中仍能见到的是"长官司"职级。

洪武四五年前后，鄂西南诸土司在归附过程中多被降为长官司，因此爆发了各土司的反抗。至正二十六年归附的容美土司降为长官司，因为在洪武四年明大夏伪政权的垮台，除之前早归附的土司真正得到了提升和保留原官外，对于迫于形势不断陆续来献地纳款的大小众土司，实则不再是"以原官授之"，多有升有降，遵循一个新的原则"以劳绩之多寡，分尊卑之等差"③。元末是宣抚和安抚的鄂西南诸土司在洪武四年戊申均被降为长官司，元末官职是金峒安抚司、忠孝安抚司、隆奉宣抚司、东乡五路军民府，在吏部拟旨中全部降为正六品的长官司。"皆正六品，以流官、土司参用，从之。"④

> 元末明玉珍据有其地，改散毛誓崖等处军民宣抚司，为散毛沿边军民宣慰司。改忠孝军民安抚司为忠孝宣抚司。改金峒寨为镇远五路总管府。改龙潭安抚司，为龙潭长官司。改唐崖军民千户所，为唐崖宣抚司。……明太祖四年（1371），改忠孝宣抚司为长官司，寻复为安抚司。改镇远五路总管府，为金峒长官司。七年改唐崖宣抚司为长官司，寻废。改龙潭长官司为安抚司。十四年复置施州，属四川夔州府，兼置施州卫军民指挥使……永乐二年（1404），复置施南、散毛二长官

---

① 田敏：《土家族土司兴亡史》，民族出版社2000年版，第78页。
② 有关朝贡的详细描述将在第三章进行讨论。
③ 张廷玉编撰：《明史》卷三百一十《湖广土司传》第二十六册，上海古籍出版社1991年版，第7984页。
④ 《明太祖实录》卷七十，"洪武四年十二月戊申"条，台北"中央研究院历史语言研究所"校印本1962年，第1432页。

司，属大田军民千户所。四年升施南、散毛二长官司为二宣抚司，升属施州卫。复置龙潭安抚司属散毛宣抚司。复置木册、唐崖二长官司，木册属高罗安抚司，唐崖直隶施州卫。……宣德三年（1428），分金峒地置西坪蛮夷官司，属金峒安抚司。……成化（1465）后，施州卫领大田军民千户所，领施南、散毛、忠建和容美四宣抚司及其宣抚司管辖下的安抚司和蛮夷长官司，而木册、镇南、唐崖三长官司，则直隶施州卫者也。①

这段史料将唐崖土司与周边土司在同期职级升降中做的一个对比。唐崖土司在这样的线性叙述中，其职级在明中前期都是长官司，从此条史料析出唐崖土司，能更加清晰地看出职级未变，"明洪武七年（1374）改唐崖宣抚司为长官司，寻废。……永乐四年（1406），复置木册、唐崖二长官司。……成化（1465）后，木册、镇南、唐崖三长官司，则直隶施州卫者也"。

比较之下，我们看出，唐崖土司东面的散毛土司，明玉珍大夏政权时升为"散毛沿边军民宣慰司"，其实力强盛。北面是由金峒寨改置的镇远五路总管府。还有东北面与其交集甚多，边界最紧密的龙潭土司由安抚司降为长官司。而整个咸丰的三大土司之间的博弈是在升与降的平衡中进行。明玉珍伪夏大权据咸邑时，"改金峒寨为镇远五路总管府。改龙潭安抚司为长官司。改唐崖军民千户所为唐崖宣抚司"②。覃氏的金峒与唐崖土司得到了大夏政权的青睐，而田氏的龙潭土司由安抚司降为长官司。明太祖四年，改镇远五路总管府为金峒长官司。七年改唐崖宣抚司为长官司，寻废。太祖初龙潭土司得到了提升回复到安抚司，而金峒与唐崖土司都被降为长官司。永乐定制后，复置龙潭安抚司属散毛宣抚司，复置唐崖长官司直隶施州卫，复升金峒长官司为安抚司属施南宣抚司，三者被分属于不同方位的上司统管。之后百余年，三者基本没有变化。

---

① （清）湖北舆图局：《光绪湖北舆地记》，卷十七，《施南府》，光绪二十年（1894）湖北舆图局纂刊。
② （清）湖北舆图局：《光绪湖北舆地记》，卷十七，《施南府》，光绪二十年（1894）湖北舆图局纂刊。

可知唐崖长官司在明中前期的发展实力相当不足，这也是上述中推断唐崖土司发展初期，其所管辖的地域范围是以今之唐崖镇为主及其周边的部分地区的理由。

龚荫认为，封建王朝是将边疆少数民族地区划分为四种不同的类型来设置土司的，湖北鄂西南的土司属于其划分的第二种类型，即"在社会经济不发达的山岳区域，设置土宣慰司、土宣抚司、土安抚司、土长官司诸司"。鄂西南土司属于山岳地带，因经济、生产、环境等都较为恶劣，明代在这一地域只设置武职土司，这一鲜明的特点与其地理位置和发展环境紧密相关。"永乐定制"下的唐崖土司，在永乐四年（1406）恢复其长官司身份。

明代土司制度下的鄂西南土司职级情况我们已在第一章作论述。所以唐崖土司的职级变化在此部分将采用史籍与地方族谱和考古相关材料的三重证据来讨论其在明代的发展演变。龚荫翻阅了《大明会典》《明史》《明实录》《土官底簿》《武学篇》《蛮司合志》《续文献通考》《读史方舆纪要》《天下郡国利病书》《古今图书集成》等史籍，仔细搜寻，弄清楚了明代全国设置了1491家武职土司。而唐崖所隶属的湖广土司设置为，七宣慰司、五宣抚司、十六安抚司和二十二长官司。具体情况是在湖广西部山地的土家人聚居地区（即湘、鄂西部地区）设置有：施南、容美、唐崖、沙溪、永顺、保靖、桑植七宣慰司；散毛、忠建、卯峒、百户、柿溪五宣抚司；东乡、忠路、忠孝、金峒、大旺等十六安抚司，摇把、爱茶、建南、石关、木册、腊惹、大喇等二十二长官司。① 此处可见龚荫很明确地将唐崖土司在明代时期划为与容美、永顺、保靖、桑植一样的宣慰司职级。又见龚荫在"湖北民族地区设置土司"的"土司名称及其姓氏"条，罗列"施南府"条目，有30个土司的姓氏和职级，以及后来改设和所属。再次出现的唐崖土司职级仍是"唐崖宣慰司宣慰使（后改宣抚司宣抚使）覃氏"②。龚荫认为，唐崖土司在明代职级有宣慰司和宣抚司。

明清时期，鄂西南所有土司的设置遵循以当地土家大姓作为依据，

---

① 龚荫：《中国土司制度简史》，四川人民出版社2014年版，第243页。
② 龚荫：《中国土司制度简史》，四川人民出版社2014年版，第427—428页。

清人毛奇龄在谈及施南、散毛诸司的设立原则时写道："令覃、田、黄、向诸大姓各有所属。"① 明施州卫指挥佥事童昶在拟奏"制夷"条款中也说："施州所属田、覃二姓，自国朝永乐以来，二氏子弟分为十四司，传之后世。"② 覃、田、黄、向诸大姓各有所属土司的详情列表如表2-1。

表2-1　　　　　　施州卫和鹤峰直隶厅管辖的土司姓氏③

土司名称	姓氏	隶属
施南宣慰司宣抚司	覃氏	后改为宣抚司宣抚使，施州卫属
东乡五路安抚司安抚使	覃氏	施南司属
摇把峒长官司长官	向氏	东乡五路司属
上爱茶峒长官司长官	无载	东乡五路司属
下爱茶峒长官司长官	无载	东乡五路司属
镇远蛮夷官司	无载	东乡五路司属
隆奉蛮夷官司	无载	东乡五路司属
忠路安抚司安抚使	覃氏	施南司属
建（剑）南	牟氏	忠路司属
忠孝安抚司安抚使	田氏	施南司属
金峒安抚司安抚使	覃氏	施南司属
石关峒长官司长官	无载	无载（五峰）
西坪（萍）蛮夷官司	无载	金峒司属
散毛宣抚司宣抚使	覃氏	施州卫属
思南长官司长官	无载	高罗司属
龙潭安抚司安抚使	田氏	散毛司属
大旺安抚司安抚使	田氏	散毛司属
东流腊壁蛮夷官司长官	田氏	大旺安司属
忠建宣抚司宣抚使	田氏	施州卫属
忠峒安抚司安抚使	田氏	忠建司属

---

① 毛奇龄：《蛮司合志》"湖广"，《西河文集》《四库全书》本。参见田敏《土家族土司兴亡史》，民族出版社2000年版，第106页。

② （清）李勋：《来凤县志》卷十七《武备志·兵事》，同治五年（1866）刻本。

③ 资料来源：龚荫《中国土司制度简史》，四川人民出版社2014年版，第426—428页；王承尧、罗午《土家族土司简史》，中央民族学院出版社1991年版，第51页。

续表

土司名称	姓氏	隶属
高罗安抚司安抚使	田氏	忠建司属
木册长官司长官	覃、田氏	高罗司属
唐崖宣慰司宣慰使	覃氏	后改为宣抚司宣抚使，施州卫属
苍浦左附司	黄氏	
活龙右附司	秦氏	
沙溪宣慰司宣慰使	黄氏	后改为宣抚司宣抚使，施州卫属
卯洞宣抚司宣抚使	向氏	后改为长官司长官，施州卫属
百户宣抚司宣抚使	向氏	后改为长官司长官，施州卫属
漫水安抚司安抚使	向氏	
活龙坪安抚司安抚使	秦氏	
镇南长官司长官	覃氏	
容美宣慰司宣慰使	田氏	鹤峰直隶厅
五峰石宝安抚司安抚使	张氏	容美司属（长官司）
石梁下峒安抚司安抚使	刘氏/唐氏	容美司属（长官司）
水浕源通塔安抚司安抚使	唐氏	容美司属（长官司）
椒山玛瑙安抚司安抚使	刘氏	容美司属（长官司）
盘顺长官司长官	无载	容美司属
长矛司长官	覃氏	容美司属
山羊隘土把总	向氏	容美司属

表中所列共计37个土司，其中覃氏土司9个；田氏土司9个；向氏土司5个；刘氏土司2个；唐氏、牟氏、黄氏、张氏、秦氏各1个；无记载的有7个。结合《咸丰县志》《施南府志》《湖北舆地记》《覃氏族谱》等记载，梳理唐崖土司的职级升降起伏，这个过程与唐崖土司在历史潮流中自身如何发展、寻找机会壮大是分不开的。唐崖土司从元至清初，职级历长官司、千户、安抚司、宣抚司（宣慰司）等多个等级，多以长官司为主，属于级别较低的土司。唐崖土司在389年的发展历史中，历经了16代18位土司。

唐崖土司世系：

覃启处送→覃值什用→覃耳毛→覃忠孝→覃斌→覃彦实→覃文铭→覃天富→覃万金→覃柱→覃文瑞→覃鼎
↓
田氏夫人→覃宗禹
↓
覃宗尧→覃鉉→覃溥泽→覃梓椿

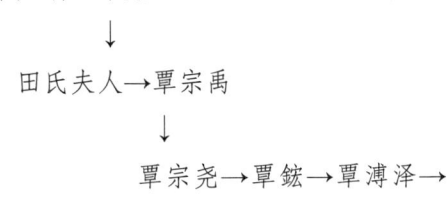

表2-2　　　　　　　　土司时期唐崖覃氏世系表

世系	姓名	朝代	任职时间	年限	职衔	亡故原因及时间
一世	覃启处送	元	至正十五年（1355）	不详	长官司长官	因阵身亡
二世	覃值什用	明	洪武七年（1374）	不详	长官司长官	病故
三世	覃耳毛	明	不详	不详	不详	洪武十三（1380）在任病故
四世	覃忠孝	明	永乐四年（1406）	44年	长官司长官	宣德二年（1427）在任身故
五世	覃斌	明	不详	不详	长官司长官	景泰三年（1452）任上战亡
六世	覃彦实	明	天顺元年（1457）	51年	长官司长官	正德二年（1507）在任染病亡
七世	覃文铭	明	未就任			血战重伤，回营身故
八世	覃天富	明	未就任			在营岚瘴身故
九世	覃万金	明	嘉靖八年（1529）	不详	长官司长官	至老身故
十世	覃柱	明	不详	不详	长官司长官	回司病亡
十一世	覃文瑞	明	万历十六年（1588）	26年	长官司长官	万历四十一年（1613）回司病故
十二世	覃鼎	明	不详	不详	宣抚司宣抚使	天启七年（1627）病故
	田氏夫人	明	天启七年（1627）	4年	武略将军	崇祯三年（1630）身故
	覃宗尧	明	崇祯三年（1630）	1年	不详	崇祯四年（1631）病故
十三世	覃宗禹	明	崇祯三年（1630）	50年	长官司长官	康熙十八年（1679）病故
十四世	覃鉉	清	康熙十九年（1680）	24年	长官司长官	病死于狱中

续表

世系	姓名	朝代	任职时间	年限	职衔	亡故原因及时间
十五世	覃溥泽	清	康熙四十九年（1610）	12年	长官司长官	康熙六十年（1721）身故
十六世	覃梓椿	清	雍正元年（1723）	11年	宣抚司宣抚使	雍正十一年（1733）

资料来源：根据民国版《覃氏族谱》和《明实录》《明史》中梳理得出。

综上可以梳理出16代土司的职级，一司主覃启处送，元至正十五年（1355）任职长官司长官；二司主覃值什用，明洪武七年（1374）任职长官司长官；四司主覃忠孝永乐四年（1406）任职长官司长官；六司主覃彦实天顺元年（1457）任职长官司长官；九司主覃万金嘉靖八年（1529）任职长官司长官；十一司主覃文瑞万历十六年（1588）任职长官司长官；十二司主覃鼎任宣抚司宣抚使；十三司主覃宗尧的堂弟覃宗禹崇祯三年（1630）任长官司长官；十四司主覃鋐康熙十九年（1680）任长官司长官；十五司主覃溥泽康熙四十九年（1710）任长官司长官；十六司主覃梓椿雍正元年（1723）任宣抚司宣抚使。任职不详的有三司主覃耳毛、五司主覃斌、七司主覃文铭、八司主覃天富、十司主覃柱、十三司主覃宗尧。只有两次宣抚司，十二司主覃鼎和十六司主覃梓椿。如此看来，唐崖土司能明确职级的有两次宣抚司，九次长官司。

在《咸丰县志》和《覃氏族谱》中，都记载了唐崖土司在元代时为宣慰司职级。"唐崖安抚司，覃启元时有功，以宣慰世袭。"[1]《覃氏族谱》载，"因斩寇有功于朝，世授皇恩，承职以来，隶属施州卫，代理过道，管辖历今一十八世，其先元明两朝，俱蒙授安抚宣慰之职，及至清朝定鼎"[2]。族谱记载对其宗支图有夸大成分，当时朝廷授印信是需要接受审核的，如果前期历代土司的职级高，对自身职级的提升也是一个很好的辅助。"唐崖长官司覃宗禹。康熙四年（1665），以宣慰司改给长官司印。"[3] 说明明末

---

[1] 陈侃修，徐大煜纂：《咸丰县志》卷一《舆地志·沿革》，1914年版。
[2] 覃国安印：《唐崖覃氏族谱》，1917年版，2008年复印，第15页。
[3]（清）张梓修，张光杰纂：《咸丰县志》卷十四《官师志·国朝》，同治四年（1865）刻本。

唐崖土司职级曾是宣慰司职级与龚荫汇总全国土司职级时将唐崖土司纳入宣慰司职级也是有一定联系的。

从覃鼎时期达到鼎盛阶段,表中显示的是宣抚司,之后有田氏夫人、其子覃宗尧这段时间的职级未明确标注。通过《施南府志》和《汉阳县志》的信息,可知这一阶段,唐崖土司的职级升职到土司的最高级别宣慰司。"唐崖长官司覃宗禹,康熙四年以宣慰司改给长官司,弟袭至梓桂,乾隆二年隶汉阳籍,世袭把总,梓桂故已兄子光烈袭。"① 《施南府志》有同样的记载:"唐崖长官司覃宗禹,康熙四年以宣慰司改给长官司印,宗禹子铉、铉子溥泽、溥泽子梓椿、梓椿弟梓桂递袭。雍正十三年裁其地入于咸丰县。"② 至"改土归流"前,准确地说是最后一位土司覃梓椿仍是以安抚司职级落幕,其势力在当地曾超过了周围的龙潭安抚司和金峒安抚司,被誉为"咸丰三大土司之首"。可见,从天启年间直至清雍正年间,唐崖土司的发展一直处在势力较强盛时期。

第三节　唐崖土司的"改土归流"

从国家层面来看,明朝土司势力的鼎盛时期在明中后期,清初渐次减弱。土家族土司的发展也离不开国家的大势所趋,在自身发展的阶段也体现了同样的特征。唐崖与鄂西南其他土司,如散毛、施南、容美几大土司一样也难免摆脱国家趋势下"改土归流"的浪潮,各土司最终走向消亡,是王朝帝国政治一体化、国家"大一统",经济体制转向地主经济,地方权势坐大后无法管控等多重因素汇集,这些都是明朝建立时就想改变的,最终的"改土归流"只需要找到一个合适的机会而已。

一　"改土归流"的原因与时间

(一)"改土归流"的内外原因

"实行土司制度,原非封建王朝本意,废除土司,把民族地区纳

---

① (清)《续辑汉阳县志》,卷十七,《附土司》。同治七年(1868)刻本,第922页。
② (清)王协梦:《施南府志》卷二十一《官师志·土司》,道光十四年(1834)刻本。

入到中央王朝以流官进行管理的直接控制之中，才是封建统治者的初衷。"① 本质上，土司制度只是我国封建王朝在难以直接控制的西南少数民族地区，延续羁縻制度不得已而采取的一种暂时的权宜之计。若革除世袭之制而归入地方行政系统之内，则名为"改土归流"。②

从国家层面来看，明清王朝只要一有时机，在条件许可的前提下，"改土归流"就会适时推行。同样是土家族地区的土司发展，明代永乐初年，明成祖就对思南宣慰司、思州宣慰司，在仅存50年的两大土家族土司的司地实施了"改土归流"，这充分说明中央王朝统治者的本意非常明确。明初大规模推行"改土归流"原因在于，一方面，封建王朝只因土司地鞭长莫及，自身还没有强大的实力完全把控这些地方而不得已才采取"以土制土"的策略，最终将这些"化外"之地纳入"化内"皇权直接控制管理之中，才是封建统治者的初衷也是最终目的。另一方面，土司存在上下数百年，是因为其赖以存在的社会经济基础并未发生变化，基本还处于"溪洞社会"，生产力发展还很落后，与中原地区比较，悬殊太大，不具备"改土归流"的基本条件。土司制度发展到明末清初，其社会经济已发生变化，暴露了这一制度的割据性和腐朽性。

首先，制度的实施具有浓厚的地方割据性，权力再分配导致土司与中央王朝矛盾升级。元明王朝采用屯戍制度来限制土司势力发展，清初沿袭此制，在民族地区土司集中之地，采取包围的方式设置屯戍来限制土司势力。屯戍发展力度越大，对土司的管控越严密。土家族地区的土司四境，鄂西设施州卫，川东设黔江守御千户所，湘西设九豀卫，永定卫、辰州卫及麻寮、添坪、安福、镇溪等千户所，派兵驻扎，开垦屯田。至元年间，"大小盘诸峒蛮叛，命领诸翼蒙古、汉军三千余人戍施州"③。

---

① 田敏：《土家族土司兴亡史》，民族出版社2000年版，第205页。
② 黄本骥：《历代职官表》，上海古籍出版社1989年版。
③ 宋濂：《元史》卷一百五十四，列传第四十一《石抹按只传》，上海古籍出版社1991年版。

其次，明末整个朝廷的腐败堕落，摇摇欲坠，设置的屯戍卫所名存实亡，已无法掌控少数民族地区的土司，滋长了地方土司继续拓展其势力的掠地、掠民行为，影响到地方卫所的存在，清初朝廷早已看到了土司势力坐大后的后果，从而坚定了对各地土司进行"改土归流"的决心。

最后，清王朝建立后，经历了康熙时期的快速发展，为雍正朝进行大规模施行"改土归流"所需要的条件、时机等内外因素奠定了良好的基础。清王朝强大的统治势力深入土司地区以后，裁革剪除土司逐步拉开序幕。从康熙四十五年（1706）开始，对少数民族地区的土司进行裁革，直至雍正十三年（1735）止，对尚存的宣慰司、宣抚司、安抚司、长官司、土把总及流转土官，全面解决"改土归流"，这是土司制度走向覆亡的必然结果。

这种必然结果与土司自身发展的内部因素也紧密相联。

其一，土司对土民残酷的政治统治。"世有其土，世掌其民"，暗含了土司制度的残酷性和腐朽性。残酷与腐朽性的特性表现于任意杀人、随意处置、私人财产。如下几例史料足以说明土司对土民、家奴、奴婢的残酷。"其土民分居各旗，生男力则报书于册，长者当差，赋敛无名，刑杀任意，投没鬻卖、听其所为。"土司的家奴，更可随意处置。"俗言土司杀人不请旨，亲死不丁扰。"[①] "各土司听其（容美土司田旻如）愚弄，擅作威福，荼毒生灵。"[②]

其二，经济上的繁重剥削。土司、统治者、封建领主三重势力对土民层层剥削。土民除定额赋税外，土民交"火坑钱""锄头钱""烟户钱""垫刀金""一年四小派，三年一大派，小计钱而大讲而，苛敛之害，有如是者。"[③] 私征滥派，千方百计被盘剥。"一味苛虐土众"[④] "容美土

[①] （同治）《桑植县志》，卷八，清同治十一年（1872）刊本。
[②] 胤禛批，允禄、鄂尔泰等编《朱批谕旨》，湖广总督迈柱奏，雍正十一年五月二十二日，北京古籍出版社1988年版。
[③] 王履阶、王锡祺：《小方壶斋舆地丛钞》，第八贴，《改土归流说·王履阶》，杭州古旧书店1985年版。
[④] 胤禛批，允禄、鄂尔泰等编《朱批谕旨》，湖广总督迈柱奏，雍正十二年五月二十九日，北京古籍出版社1988年版。

民被旻如凌虐已久"①。

其三，土司仇杀带给土民深重的灾难。"一世结仇，几世不休"的混战与仇杀，"土民不堪其命"。容美白俚俾争夺承袭，杀父和兄弟数人。永乐元年（1403）保靖的彭大虫杀侄篡位，长达百余年之久。② 嘉靖二十一年（1542），酉阳与永顺因采木仇杀③。雍正元年（1723）保靖土司彭御彬，叔父夺其官印，杀戮数月。桑植与容美、永顺、茅岗土司间寻衅仇杀。漫水土司也干戈不止④。唐崖与龙潭的世仇，因结姻而有所缓解。

其四，土司暴政，土民流亡。"人民离散，田园荒芜""二十余年民不聊生，流亡转徙，存者寥寥"⑤，这是保靖土司和容美土司领土上的真实写照。土司的"暴虐不仁"，导致土民纷纷呈请"改土归流"。雍正十一年（1733）容美土民因不堪土司田旻如的"凌虐"，当田旻如亲赴辖地催交秋粮时，发生了数地人民"抗粮结党，携家带眷，将把官亲舍田旻如、头目向玉，黑夜捆缚，尽行逃出，并杀死唐玉虎、覃文荣、金爪等情"⑥。保靖、桑植土民"一时呈词，蝟集大半"⑦。"东乡、施南之土民，如在水火。"⑧

其五，激起民愤，"改土归流"是民心所向。"迫切呼号、皆曰改土。"⑨ "桑植保靖土司肆虐，汉土苗民，受其荼毒，皆请改土归流。"⑩

---

① 胤禛批，允禄、鄂尔泰等编《朱批谕旨》，湖广总督迈柱奏，雍正十一年十二月十九日，北京古籍出版社1988年版。

② 张廷玉编撰：《明史》卷三百一十《湖广土司传》第二十六册，《保靖司纪事》，上海古籍出版社1991年版，第7984页。

③ 张廷玉编撰：《明史》卷三百一十《湖广土司传》第二十六册，《保靖司纪事》，上海古籍出版社1991年版，第7984页。

④ （清）李勛：《来凤县志》卷二十七《土司志》，同治五年（1866）刻本。

⑤ （清）毛峻德纂：《鹤峰州志》卷下，乾隆六年（1741）刻本。

⑥ 胤禛批，允禄、鄂尔泰等编《朱批谕旨》，湖广总督迈柱奏，雍正十一年拾一月初七日，田旻如奏（北京中国第一历史档案馆藏四全宗一七七四号卷六号）。中共鹤峰县委统战部、县史志编纂办公室、中共五峰县委统战部、县民族工作办公室印：《容美土司史料汇编》，鹤峰印刷厂1984年印刷，第40页。

⑦ 王承尧、罗午：《土家族土司简史》，中央民族学院出版社1991年版，第130页。

⑧ 湖广总督迈柱奏，雍正十一年五月二十二日，雍正十二年二月初四日。胤禛批，允禄、鄂尔泰等编《朱批谕旨》，湖广总督迈柱奏，北京古籍出版社1988年版。

⑨ （清）延肇极等：《保靖县志》，清雍正九年（1731）刻本，序。

⑩ （清）但湘良：《湖南苗防屯政考》，清光绪九年（1883）但氏刻本。

"土民见永、保、桑诸处改土以来，抚绥安辑，莫不望风归响，愿入版图。"① 民愤喷发，"改土归流"成为当时广大土民的人心所向。

可见，土司制度最终走向覆亡，是帝国王朝与地方土司土民的各自需求中产生的尖锐矛盾而予以解决的一种方式。雍正三年，因贵州苗患和西南土司问题，云贵总督鄂尔泰疏言："欲安民必制夷，欲制夷必改土归流。"②《小方壶斋舆地丛抄》录《改土归流说》中，王履阶从地形、资源、物产、民风、人性五个方面分析了改土归流可行的原因。

(二)"改土归流"的时间

有关鄂西南土司"改土归流"的具体时间有两说即"雍正十三年之说"和"乾隆元年之说"。在道光《施南府志》、同治《咸丰县志》、乾隆《来凤县志》这些方志的记载中，恩施几个县的改土归流的时间为"乾隆元年之说"。《施南府志·序》载，"乾隆元年始改土归流"③ "部议湖北施南府属宣恩、来凤、咸丰、利川四县于乾隆元年改土归流"④。《咸丰县志·序》云，"金（施州卫指挥佥事童昶）曰：咸自有明以来，为大田所，分隶土司。至国朝乾隆初年，始改土归流，百有余岁，……"⑤《来凤县志》载"国朝因之寻改守备领各司，雍正六年改恩施县辖各司，乾隆元年恩施各司先后入请归流，许之，建施南府治恩施县，始置散毛、大旺、百户安抚、漫水、东流、腊壁七土司为来凤县，编户一十二里。"⑥

雍正十三年之说，光绪版《利川县志》、同治版《恩施县志》、同治版《来凤县志》、民国版《咸丰县志》，以及一些地方碑刻上的记载，置"雍正十三年之说"。《利川县志·序》，"考利川县，置于我朝雍正十三年"⑦。"雍正十三年改土归流，始置利川知县一、县丞一……"⑧《咸丰

---

① 胤禛批，允禄、鄂尔泰等编《朱批谕旨》，《关于湖北忠峒等十五土司要求改流朱批奏摺》，北京古籍出版社1988年版。
② 赵尔巽、柯劭忞：《清史稿》卷二百八十八，列传七十五，《鄂尔泰》，上海古籍出版社1991年版。
③ （清）王协梦：《施南府志》，道光十四年（1834）刻本，序。
④ （清）王协梦：《施南府志》卷七《建置·庙制》，道光十四年（1834）刻本。
⑤ （清）张梓修，张光杰纂：《咸丰县志》，同治四年（1865）刻本，张梓撰《序》。
⑥ （清）林翼池：《来凤县志》卷三《疆域志》，乾隆二十一年（1756）刻本。
⑦ （清）黄世崇修纂：《利川县志》，光绪二十年（1894）刻本，序。
⑧ （清）黄世崇修纂：《利川县志》卷三《职官表一》，光绪二十年（1894）刻本。

县志》载"前清修会典载：雍正十三年改流……"①在地方碑记上的记载，如，王廷弼《朝阳书院碑记》"吾邑（来凤县）自雍正十三年改土归流"。近年来，研究土司方面的学者们是认同鄂西南土司"改土归流"为"雍正十三年之说"。准确地说，这是针对"十五土司"呈请"改土归流"的时间，而对于容美、东乡、忠建和忠孝这几个土司的"改土归流"较之"十五土司"提前了一两年。

二 "改土归流"的过程

"改土归流"实施过程中，雍正朝根据土司的态度和表现，加以区别对待，并未采取"一刀切"的方法进行革除。对恭顺"自请""改土归流"的土司，清政府一般都采取优厚政策。鄂尔泰的奏折，"但收其田赋，移其户口，仍量与养赡，授以职衔冠带终身，以示鼓励"②。可见，"自请"土司在政治上保留虚衔，剥夺了管理民事的实权。但是，在经济上，则给田产或款项，以资赡养。

（一）呈请"改土归流"

鄂西南十八土司均在雍正十三年"改土归流"完成，"鄂西南十八土司"成了后来历史叙事和诗作的固定用法。除了前面提到的咸丰人所编的"十八土司"歌，在唐崖现存的几个《覃氏族谱》也有收录"十八司地名"③和"十八司郡名"④，内容与"十八土司"歌词一样。

从图2-2可以看出，与唐崖土司直接有联系的土司，东边有龙潭、木册、金峒、忠建、高罗、忠峒、容美等土司；东南边有来凤的散毛、腊壁、大旺、漫水、卯洞等土司；南边较远有酉阳土司；西边有沙溪、忠路、石柱土司；北边有西坪、忠孝、施南、东乡土司。历史上不同时期对唐崖河的标注都是唐岩河。四方各土司与唐崖土司存在交集，以下对相关土司改土归流情况进行罗列。

---

① 陈侃修，徐大煜纂：《咸丰县志》卷十《土司志》，1914年刻本。
② 《硃批谕旨》第二十九册，雍正四年，九月十九日鄂尔泰奏。转引自王承尧、罗午著《土家族土司简史》，中央民族学院出版社1991年版，第135页。
③ 覃志安收藏：唐崖镇南河《覃氏枝谱》，1980年代抄写。
④ 覃国安印：《唐崖覃氏族谱》，1917年版，2008年复印，第3页。

第二章　唐崖土司的兴亡史　115

图2-2　施州卫及所辖土司①

表2-3　与唐崖土司有交集的相关土司改土归流情况一览②

项目 土司名称	改土时间	末代土司	改流后授职	安置地点	改土后府县
容美宣慰司	雍正十一年	田旻如	自缢	陕西	鹤峰州
忠峒安抚司	雍正十二年	田光祖	千总	江夏县	宣恩县
高罗安抚司	雍正十三年	田昭	千总	汉阳县	宣恩县
忠建宣抚司	雍正十一年	田兴爵			恩施县
木册长官司	雍正十三年	田应鼎	把总	孝感县	宣恩县
唐崖长官司	雍正十三年	覃梓桂	把总	汉阳县	咸丰县

---

① 谭其骧主编:《中国历史地图集》(第七册,元、明时期),中国地图出版社1982年版,第66页。

② 参见王承尧、罗午《土家族土司简史》,中央民族学院出版社1991年版,第142—145页。资料来源:《清史稿·刑法志》卷2、《硃批谕旨》第26册、嘉庆《吏部处分侧例》卷37、《保靖志稿辑要》卷4、《清史稿·土司列传一》《鄂西少数民族史料辑录》等史料汇总。

续表

项目 土司名称	改土时间	末代土司	改流后授职	安置地点	改土后府县
龙潭安抚司	雍正十三年	田贵龙	千总	江夏县	咸丰县
金峒安抚司	雍正十三年	覃邦舜	千总	汉阳县	咸丰县
西坪蛮夷长官司	雍正十三年				咸丰县
散毛宣抚司	雍正十三年	覃烜	千总	本土	来凤县
腊壁蛮夷长官司	雍正十三年	田封疆	把总	黄陂县	来凤县
大旺安抚司	雍正十三年	田正元	千总	孝感县	来凤县
漫水长官司	雍正十三年	向廷富	千总（后升守备）	孝感县	来凤县
卯洞长官司	雍正十三年	向舜	千总	孝感县	来凤县
自立的百户司	雍正十三年			孝感县	来凤县
沙溪长官司	雍正十三年	黄正爵	云骑尉		利川县
忠路安抚司	雍正十三年	覃梓楚	云骑尉		利川县
剑南长官司	雍正十三年				利川县
石柱宣慰司	乾隆二十七年	马俊明	土通判	本土	石砫厅
施南宣抚司	雍正十三年	覃禹鼎	革职	孝感县	利川县
忠孝安抚司	雍正十二年	田璋	云骑尉	孝感县	恩施县
东乡五路安抚司	雍正十年	覃寿椿		孝感县	宣恩县

从表 2-3 一目了然地看出"改土归流"后"鄂西南十八土司"的去向，这种安置措施确实起到了逐渐削弱土司势力的效果。在东乡、施南、容美三土司有罪被"改土归流"后，忠峒等十五土司自请"改土归流"，连同自立的百户司共十六个土司，一并被迁往本省省城周围。① 其中，唐崖一长官司与龙潭、高罗、沙溪三安抚司一起安插汉阳县。腊壁安插黄陂县，其余各司均安置孝感县。被清廷认为有足够能力进行控制的一些小土司，如剑南长官司，就留在原地不予迁徙，他们不会给朝廷带来任何的后顾之忧。然而，对于鄂西南自请"改土归流"的"十五土司"仍被安插，根源在于统治者心有余悸，鄂西南众土司曾在历史上多次发生叛乱，又反复无常，基于历史原因对这些自请土司给予世职、田产以示

---

① 田敏：《土家族土司兴亡史》，民族出版社 2000 年版，第 232 页。

奖励的同时，仍不免被迁徙。

(二) 处置"改土归流"的土司

"望风归响，愿入版图"体现了唐崖土司在内的十五土司呈请"改土归流"时的一种心态。一方面，"土司怵于国威，相率自请归流"①；另一方面，除了因罪强制"改土归流"外的其他十五土司，识大局，自愿完成雍正朝的政治潮流趋势。从内部来看，是自身发展尽量得到好的归属。从外部来看，为了国家一方的稳定和团结。

"雍正十三年，忠峒司田光祖等，纠十五土司，呈请改土归流，经湖广总督迈柱，题准分设县治。"② 此处引用《关于湖北忠峒等十五土司要求改流朱批奏折》书写的具体实情：

> 雍正十二年六月初三日内阁奉上谕，据湖北总督迈柱奏称：忠峒宣抚司田光祖等十五土司齐集省城，公恳归流。缘土民见永、保、桑诸处改土以来，抚绥安辑，莫不望风归响，愿入版图。在土众既不甘土弁之鱼肉，而土弁又不能仍前弹压，且舍把向来擅作威福，所以激切呈请归流，倘蒙俞允，则土官土民各遂其生等语。楚省各土司如永、保、桑诸处，前经改入内地安辑抚绥，各得其所。而容美一司又现议改隶，今忠峒等十五土司复望风归响，愿入版图，同向该督衙门恳切呈请。朕俯念舆情，准其一并改设。其设官定制，移营安汛，并一切善后事宜，着总督迈柱详筹妥酌，定议具奏。钦此。③

"雍正十三年，土司怵于国威，相率自请归流，裁大田所为咸丰县。金峒、龙潭二安抚司、唐崖长官司、西萍蛮夷长官司所有地，并入咸丰县境。"④ 根据利川原忠孝土司《田氏族谱》记载，清廷对忠峒安抚司田光祖联合请改的十五土司处置情况见下表：

---

① 陈侃修，徐大煜纂：《咸丰县志》卷十《土司志·前清改土归流缘起》，1914年版。
② 陈侃修，徐大煜纂：《咸丰县志》卷十《土司志·元明以来土司纪略》，1914年版。
③ 《朱批谕旨》。转引自鄂西土家族苗族自治州民族事务委员会《鄂西少数民族史料辑录》，鹤峰国营民族印刷厂1986年印刷，第237页。
④ 陈侃修，徐大煜纂：《咸丰县志》卷十《土司志·前清改土归流缘起》，1914年版。

表2-4　　　　　　　清廷对十五土司+百户土司的处置情况

土司名称	司主名称	迁徙地方	坐房间数	田数
忠峒	田光祖	孝感	25	3顷15亩
高罗	田昭	汉阳	3	35亩
木册	田应鼎	孝感	12	1顷95亩
大旺	田正元	孝感	12	2顷
腊壁	田封疆	黄陂	5	80亩
东流	田尧封	孝感	3	45亩
散毛	覃煊	孝感	6	85亩
卯洞	向舜	孝感	8	1顷15亩
百户	向权	孝感	10	1顷40亩
漫水	向廷富	孝感	2	40亩
唐崖	覃梓桂	汉阳	27	4顷另5亩
金峒	覃舜	孝感	9	1顷另20亩
龙潭	田贵龙	汉阳	4	65亩
忠孝	田璋	孝感	6	75亩
忠路	覃楚梓	孝感	10	1顷另5亩
沙溪	黄正爵	汉阳	7	80亩

资料来源：湖北省地方志编纂委员会：《湖北省志·民族》，湖北人民出版社1997年版，第60—61页。备注：忠峒土司初置于孝感，后又迁往黄陂。

清廷"改土归流"尘埃落定后，被流放的15土司沿用官职，仍用旧名、姓氏和职守，其治理的土司地"设官定制，移营安汛"。

（三）"改土归流"的特点

唐崖土司"改土归流"，也是土家族地区的"改土归流"，是在全国开展"改土归流"运动中的背景下进行的，但与其他少数民族地区"改土归流"相比，有其自身特点。

第一，雍正朝"改土归流"政策威逼下的一种顺应。出政策来威逼西南土司就范的人是鄂尔泰。鄂尔泰作为雍正朝治理西南土司的"第一人"，上书"改土归流疏"总策略。鄂尔泰曾任广西巡抚、云贵总督、云贵广三省总督，对云贵高原地带的土司云集之地内部行情极为熟悉。在鄂尔泰眼中，土司地是一块纳入版图不久的边徼，蛮烟瘴露、穷岭绝壑的恶劣环境，也生长了实难调习的猓俗苗情。这样的地方必须用流官来"弹压"土官，势力才能得到控制。而土司在他眼中，是凭其势力在其地"残虐群苗、荼毒百姓、横征苛敛"，将"以夷制夷"演变成了一种"以盗治盗"的蛮悍首领。这是他多年在西南土司地深入了解的一种概括：

> 流土之分，原以地属边徼，入版图未久，蛮烟瘴露，穷岭绝壑之区，人迹罕到，官斯地者，其于猓俗苗情实难调习，故令土官为之钤制，以流官为之弹压，开端创始，势不得不然。……自明以来已数百年，中外一体，流土同官，既有职衔，宁无考察，乃仍以夷待夷，遂致以盗治盗，徒令挟土司之势，以残虐群苗，随复逞群苗之凶，以荼毒百姓，横征苛敛，贡之朝廷者百不一二，而烧杀劫掳，扰我生民者，十常八九。①又说土司的残酷性，"苗猓逞凶，皆由土司，土司肆虐，并无官法，恃有土官土目之名，行其相杀相劫之计。汉民被其摧残，夷人受其荼毒，此边疆大害，必当剪除者也。……"②

因此，这样的土司治理其地具有腐朽性，其"改土归流"是必然的。鄂尔泰正式上奏雍正帝，曰："若不尽改土归流，将富强横暴者渐次擒拿，懦弱昏庸者渐次改置，纵使田赋、兵刑尽心料理，大端终无头绪。"③

第二，自愿呈请的方式结束土司政治生涯。在鄂西南土司的"改土归流"和清廷对整个西南土司的"改土归流"的潮流中，唐崖土司的"改土归流"顺应历史潮流，以自愿呈请的方式结束了389年唐崖社区的土司政治生涯。民国版《覃氏族谱》是这样书写的："于雍正八年（1730）因六弟梓权打秦氏，坐镇土民俱〔各控〕告，东乡分司覃楚昭问

---

① 雍正四年八月初六日鄂尔泰奏折——《分别流土考成，以专职守，以靖边方疏》，《朱批鄂太保奏折》第1册，中华全国图书馆文献缩微复制中心，2005年，第167页。
② 雍正四年九月十九日鄂尔泰奏折——《剪除夷官清查田土，以增租赋，以靖地方事疏》，《朱批鄂太保奏折》第1册，中华全国图书馆文献缩微复制中心，2005年，第197页。
③ 雍正四年九月十九日鄂尔泰奏折——《剪除夷官清查田土，以增租赋，以靖地方事疏》，《朱批鄂太保奏折》第1册，中华全国图书馆文献缩微复制中心，2005年，第197页。

诛，容美司田旻如剿（迫）逼自缢，幸忠峒官田光祖与王柔相好（有交情）设计（王柔在永顺府任经历，将子田邦畿拜继王柔，转升湖南按察司），公恳改流，[遂]与巡宪奉督抚委察边江（疆），至恩施县诸土司，[聚]齐侯[商]议呈改土[自愿改土归流]，于雍正十三年（1735）冬月二十八日恳求上折，邀给田房，于荷蒙古皇恩，于乾隆元年（1736）迁移赴省安插。"① 清廷"天时地利人和"的策略，出人意料地被鄂西南十五土司所接受，"很重要的因素是清廷采取了切合实际的改流策略"②。

第三，明末清初唐崖土司的行为也是清廷无法容忍的。一方面，对清廷阳奉阴违的行为。"前清康熙三年，咸始归顺。十三年，吴三桂据云南，卫所附焉。十九年归顺后，又隶属谭宏一年。"③ 十四世祖覃鋐任职期间，历经了归顺—入逆—归顺—入逆—归顺的反复变化。在康熙朝间，唐崖土司先是与施州整体归顺，后在康熙十三年（1674）与卫所附属云南吴三桂政权，至十九年又归顺。紧接着又隶属于谭宏④政权一年。吴三桂叛据云南，谭宏叛据四川，两次咸丰都"陷于逆"⑤。这种阳奉阴违的行为正是中央统治者无法容忍的，也影响到了自身的政权根基，最终有覃鼎时期的宣抚司在此期间被降为长官司职级。"唐崖安抚司（郡志阙）。雍正年间修《会典》，唐崖为长官司。"⑥

另一方面，见势坐大的行为招致朝廷的不满。"出劫黔江""侵黔江之夹口"，特别是大田卫所土地的大肆侵占，触犯了中央朝廷的政权利益，不再具备"楚蜀屏翰"的政治功能，与朝廷当初"以夷制夷""镇守一方"的本意相去甚远。

整体来看，清王朝对整个鄂西南土司"改土归流"的特点体现在，一是时间晚，延续长。雍正年间开始"改土归流"，雍正五、六年完成湘西土司"改土归流"，七年后完成鄂西南土司的"改土归流"，所用时间

---

① 覃国安印：《唐崖覃氏族谱》，1917年版，2008年复印，第46—48页。说明：此段中[ ]中字体，由华中农业大学萧洪恩教授所加注。
② 田敏：《土家族土司兴亡史》，民族出版社2000年版，第224页。
③ 陈侃修，徐大煜纂：《咸丰县志》卷十《土司志·前清改土归流缘起》，1914年版。
④ 谭宏：任四川总兵，属叛乱时期的吴三桂。
⑤ （清）张梓修，张光杰纂：《咸丰县志》卷一，疆域志·沿革，同治四年（1865）刻本。
⑥ （清）张梓修，张光杰纂：《咸丰县志》卷一，疆域志·沿革，同治四年（1865）刻本。

较长。二是和平"改土归流"。未动用驻兵，各土司便自请"改土归流"。三是"改土归流"非常彻底。这与鄂西南土司自身具其条件相配的，"地处内地，宜革不宜存、汉化较高、易废土设流"①。与西南其他土司相比较，其彻底性特征体现得非常突出，西北有的土司一直延续到民国末年。

三 "改土归流"后的走向

唐崖土司是自请"改土归流"，属于"可不改而不得已竟改者"②，在历史大潮下也不免被迁徙。在整个"改土归流"策略下，对地方土司的后怕会置放在个体土司的特殊情况之下，唐崖土司"明季唐崖最倔强，每结散毛、腊壁、木册等司，为本所患，迄于明亡，乃渐谧平"③。曾多次纠结散毛等土司发生动乱，大田所的屯地多处被其侵占，朝廷担心没有能力控制，以免后患，集体移徙异地。

唐崖土司安置地于汉阳县，与三个异姓安抚司，龙潭（田）、高罗（田）、沙溪（黄）安置于同一个地方。将土司家族化的宗族集团人为拆分，击破抱团势力。这种策略也体现在其他土司安置上，除腊壁土司田姓在黄陂县外，覃氏施南宣抚司及其隶属的忠路安抚司和东乡五路安抚司和来凤地域的几个向氏、田氏土司集中安插在孝感县。唐崖土司徙迁汉阳后，其世系为：十六世祖覃梓桂，于乾隆元年以世袭把总。生六子，长子覃光烈。十七世祖覃光烈政遇改设之际，因年龄尚小，未承袭过籍，生子覃世培。于是，覃光烈之叔覃梓桂祖代孙职，以世袭把总之职，迁移汉阳西门外吴家厂吴家老衙署住居，乾隆十三年（1748）呈请终老回籍，三十九年（1774）病故。

十八世祖覃世培呈请前职，于乾隆三十七年，蒙宪咨允准，蒙随兵部，须给答付币，领赴标。于乾隆四十年三月十四日，蒙督部堂三考，验得人才壮健，弓马可观，准其收标，食奉候补在案。于乾隆四十五年十月十四日，蒙督部堂舒委署督标，左营右哨，千总事务，于年初二，

---

① 王承尧、罗午：《土家族土司简史》，中央民族学院出版社1991年版，第146页。
② 瞿州莲：《湖广土司改土归流原因新探》，《中南民族大学学报》2014年第2期。认为湖广地区的土家族土司的"改土归流"是为了策应云贵与广西土司改流，而顺势的结果。
③ 陈侃修，徐大煜纂：《咸丰县志》卷十《土司志，列传·唐崖长官司》，1914年版。

署黄州协黄陂县任千总事务。遵于本月十三日，到营任事。于本年十二月十八日，缺事。于乾隆四十九年三月内，蒙督部堂舒委署隶州营，千总事务，遵于三旬到营。仕事于本年八月初三，缺事。又于十月十三日，蒙督部堂特考，验得人才壮健，弓马可观，授补黄州左哨千总。王生常升革，遵依下初六日到营任事。于乾隆五十年正月初一，泰逢思诏，加一级。钦遵在案，于本年八月初八领授部答任事。乾隆五十三年，蒙督部堂毕缴委署理具国营，守备事务。遵于下初四日到营任事，于五十四年卸事，回黄州任事，理黄州协城左哨千总事务。又于五十五年正月初一，泰逢思诏，加一级。钦此钦遵本年三月内，蒙提督军门，喻巡查五营，赏给银牌一面。于乾隆五十六年正月内，蒙督部堂毕巡查五营，赏给银牌二面。于本年六月初八，本督部特考，验得人才壮健，弓马可观，准其晋任。于乾隆五十八年九月初四，回营任事，存城千总。又于十月十八日领受，授给部答任事。于五十九年奉文进京引见，回黄陂县病故，回文至施州卫直隶唐崖使司印官。[1]

而迁至汉阳的土司直系后裔，今之武汉市历史上的江夏区就有覃王村、覃庙村、覃王湾三个老地名。这与恩施的六个覃氏末任土司主及其亲属均被安置在武汉主城区及周围有关。繁衍至今，应有11—12代人（截至2012年）。当时编撰族谱时，利川市政协文史办协助联系江夏区政协文史委以了解覃王村、覃庙村、覃王湾（汪田村）的覃氏情况，2012年4月得到的回复是："江夏区覃王村、覃庙村有姓覃的，但不多……覃王湾（汪田村）不属江夏区，现属文化东湖高新区花山街。"[2]

本章小结

土司制度在历史上存在了600多年，唐崖土司历史的存在是一具体的历史段，从元至正六年（1346）到清雍正十三年（1735），整整389年。历史层面唐崖土司的治区与辖区构成了一个地方视角下的中心与边缘，

---

[1] 参见覃国安印：《唐崖覃氏族谱》，1917年版，2008年复印，第50页；覃方如藏：唐崖石院子《覃氏族谱》，民国年间抄本，第16—19页。

[2] 覃太智、覃章梁等编：《中华覃氏志·湖北卷》，中国文史出版社2014年版，第118页。

更多的是因为"世界文化遗产"展示空间来看唐崖土司在纳入中央王朝的统领下，如何崭露头角、势力扩大走向鼎盛直至衰落的一个历史进程。唐崖土司呈现的历史脉络下土司权力建构的一般形态，描绘了土司制度时期的结构性文化图式，连续性地叙事清前中期这种剧烈的政治性变革，大规模的"改土归流"直接影响着唐崖社区发展及其地方族群不断的承继历史文化所发生的社会文化变迁。

第三章

唐崖土司的社会及其发展

客观上说，在研究中存在的明显困难我们也要看到，唐崖土司研究的各种文献资料极其缺乏，对其历史分析必然处处受掣，所以，本章对于唐崖土司社会研究不局限于考辨有限的典制条文，追求表面的系统化，而是多维度思考，将唐崖土司社会置放于地方社会生活的脉络中，通过地域性特点揭示出土司这一特殊社会制度和政治体系的内涵与发展。

第一节 唐崖土司的社会组织

一 溪洞社会

土司社会之前的鄂西南是一种溪洞社会。溪洞，也称"溪峒"，溪洞地区处于中国西南少数民族居住的典型的喀斯特地貌区域，包括明清时期以前在湖广行省、四川行省和云南行省所属部分范围。因受喀斯特地貌影响，如同我们在第一章介绍地理背景时所说，这一区域"万山环绕""山深林密"，谷地星罗棋布，溶洞到处遍布，易于产生"瘴毒"，这样的地理难以形成较大的部落或部落联盟，故而形成了一种特殊的组织形式，即"峒寨"族群。宋元文献将"峒寨"族群呼为"溪洞蛮"，"（庆历五年）是岁，施州溪洞蛮、西南夷龙以特来贡"[1]，不沾王化，"诱致诸洞蛮夷酋长"[2]。《元史》中多处可见鄂西南设置的地方土酋被称为"洞"，既是管辖所属地域的范围也是一个地方单位，将其酋长授予"蛮夷官"

---

[1] （元）脱脱:《宋史》本纪第十一，《仁宗三》，中华书局1977年版，第222页。
[2] （明）宋濂等撰:《元史》卷一六六《罗璧传》，中华书局1976年版，第3895页。

是对西南蛮夷进行控制的主要手段。

对于鄂西南土司史迹记载稍微多一点的是"散毛诸洞蛮"和"容美诸洞蛮"。"容美等洞叛"①"九溪十八洞"②在统治者眼中留下的刻板印象就是"叛服不常"。在鄂西南西部结成的以又巴、散毛、师壁等当时势力已颇为强大的诸洞区域土著群体,这些诸洞蛮对明代三十一土司和清初十九土司辖地土民有着深刻的影响。

元初因归附并朝贡的酋蛮众多,设置的"蛮夷官"数众多,形成了庞大的蛮夷官体系。《元史·百官志七·诸蛮夷长官司》条云:"西南夷诸溪洞各置长官司,秩如下州。达鲁花赤、长官、副长官,参用其土人为之。"③元朝泰定、至顺年间,鄂西南遍地立有长官司,虽然是个小官,但也是朝廷正式任命的,是见于史册的一个官级。唐崖土司也应在此时被列为长官司。至顺年间,容美、散毛等地土司与元朝的关系大为改善,朝贡不绝。元末蒙元王朝采取适当归并,再无一寨一蛮夷官而造成数量极大的情况。"蛮夷官制"是元朝对溪洞民族地区进行统治,采取特殊的以族群聚落为基础的民族与地域混合管理模式。④这是元朝中期从照搬内地模式设置州县制到元末大规模设置比较适合于西南少数民族地区管理的蛮夷官制,是基于对西南溪洞社区族群部落组织控制的一种管理,但是因数量极多,算不上是行政区划的地方行政长官,他们仅仅是当地部落酋长,抑或寨长,来管理所属土民。换句话说,蛮夷官制是元朝依据"溪洞"群落组织形式和地理单元特点而施行的一种特殊的管控地方的方式。唐崖土司归为溪洞群落组织,元时置长官司,属于诸蛮夷长官司之序列。之后,为唐崖军民千户所,与元末爆发大规模的红巾军农民大起义的背景有关,已在前面论述。

明清前的溪洞社会。犷悍无知、凶悍、多诈、好斗、彪悍在史料中

---

① (清)多寿:《恩施县志》卷二十三《选举志》,同治三年(1864)修,1931年铅字重印本。

② (明)宋濂等撰:《元史》卷十二《世祖本纪第十二》,中华书局1976年版。

③ (明)宋濂等撰:《元史》卷九一《百官志七·诸蛮夷长官司》,中华书局1976年版,第2318页。

④ 陆韧:《元代湖广行省溪洞地理环境下的蛮夷官制》,载《中国历史地理论丛》2015年第1期。

见之最多的形容词，没有开化的形象被固化。在文人、士大夫眼里，溪洞之地就是苗夷野蛮之地，溪洞群落部族被贴上"边患""嗜暴悍，好寇贼"①"叛服不常，劫掠成性"，甚至在统治者眼中害怕到"林深蛮恶，不可轻至"②。故在宋元文献中常将生活在这一区域的少数民族归为"溪峒诸蛮"，被其形容为"不毛之地，既不可耕；狼子野心，顽冥莫革。建筑之后，西南夷獠交寇，而溪峒诸蛮亦复跳梁"③。也有土生土长的士人书写故土时也是一样的看法，著有《施州卫志》《大田所志》的童昶在《拟奏制夷四款》④开篇云，"蛮獠多诈而少实，负争而好斗"。"据寨固守""施卫所属田、覃二姓，当宋元未分之前，其势甚盛，故屡为边患"。又云，"夫轶侵其地，其贪未厌"。陕西宜城附贡人，同治二年任咸丰知县张梓提到宋元鄂西南的强宗大姓心态同之，"他者"的眼中其形象并无改变。

羁縻时期或更早在鄂西南形成的溪洞社会一直影响到元明清时期土司社会的设置。从元代开始，清江、酉水、乌江上游的鄂西南土司社会开始缓慢形成。

二 "营"与"寨"

"兵可十年不用，不可一日无备"，土司为了在自己的领地内实施有效的统治和应付朝廷的随时征调，重视对土司兵的武装建设。土兵的建制单位为"旗"和"营"。唐崖土司在其鼎盛时期也设有"营"，因今无史料记载，无从考证，但是在族谱和地方口述史中有关营的地名仍在沿用。在田野调查期间，唐崖土司城遗址管理处的 WMS⑤ 向笔者清晰地讲述：

---

① 《南齐书》，嘉靖本《湖广图经志》卷二十·《施州卫·风俗》，台北：书目文献出版社 1991 年版，第 1605 页。

② 中国第一历史档案馆：《清代档案史料丛编·第 14 辑》，中华书局 1983 年版，第 151 页。

③ （元）脱脱：《宋史》卷四百九十三，列传第二百五十二《蛮夷一·西南溪峒诸蛮下》，中华书局 1977 年版，第 14183 页。

④ （清）张梓修，张光杰纂：《咸丰县志》卷十九《艺文志》，同治四年（1865）刻本。

⑤ 访谈对象：WMS，男，土家族，49 岁，唐崖土司城遗址管理处干部。访谈地点：唐崖土司城遗址景区内管理办公室。访谈时间：2018 年 8 月 18 日。

杨家营那边山上曾设有唐崖土司的烽火台，发生敌情就用烽火报警，那边的狼烟烧起来，站在现在遗址的"东城门"，就是唐崖城址从城外进入到城内的入口处，紧邻唐崖河边的那个"石包土"① 上可以看见狼烟，这样就可以传递军情，迅速调集土兵。

说明唐崖土司过去曾拥有"营"的组织。在土司内，可以自行任命一些职官，唐崖土司自己任命的职务有：土司衙门的最高官员总理，仅次于总理的家政，从事具体事务的舍把，土司军队的长官旗长，土司贴身侍卫亲将和峒长、寨长。

唐崖土司是否与卯洞安抚司一样也曾拥有五营，土兵的数量多少，正史无载，资料匮乏，目前从已有的研究来看，还没有学者深入探讨。笔者从收集的《覃氏族谱》、地方走访结合零散史料，对唐崖土司周边有关营的地名做一个初步分析。

朝阳五龙坪石院子民国版本的《覃氏族谱》载：

> 施州卫直隶唐崖司印官覃术、覃镔、覃昇、覃印，奉旨征剿，招安蛮民，镇守斯地，有功于朝，世授皇恩，……地内四界一并棟明，任凭签事官耕种官业，诸人勿得前来过界妄争，尚有无知侵占者，许尔执票呈府，断不宽容，须知棟据者。又给签事官覃昂状执为据，计开大小二村，于乾隆五年为征剿秦壁（覃壁）有功，以为公赏，给首人田四十八乡，各有安抚官业（第二章用了）。上寨马河系属官业，十大营头各有棟据，水坝田土系属官业，活龙坪系后营之业，肖家盖，大小作落，大小马洗，龙家盖，青水塘（潭），椿木坪，传至十六世弟兄六人，官业分授。计开胡高、向万央，因黔江县民头住唐崖司官，手下本官将地方安插，上下二寨胡向地名，杨柳池、破石头、蛮庄子，安插上寨胡向之业。土溪河、红鱼泉、铁厂、那巴嶂棟下，任胡姓之业以捕风之人。上有天生二桥，下有蛮王二峒，开荒田土安棟。任佐二姓之业以为寻鱼之人，于隆庆三年（1569）五月十三日安棟。于雍正八年（1730），土民多叛，各告东乡司，覃楚昭问诛，容美司田旻儒（田旻如）同叛。有巡宪奉督部

---

① 唐崖土司城遗址上，已标识"瞭望台"。

委查边江土司,于雍正十一月二十八日改土,于乾隆元年,迁移赴省,以先辈安栋田土,每石种,各上起业六两。毛坝,后坝、水坝、蛇盘溪系是起业田土。大、小马洗安栋肖印明之业;完龙坝、官田坝、老屋基、伍家田外安栋肖印孝、肖印朝、肖印泽之业;官溪,李子盖,茶园溪,捆槽沟,安栋晏云、晏成之业。①

族谱透露了三点信息,一是印官属下的签事官耕种官业;二是上下二寨后为胡与向氏聚居,并为两姓的官业;三是唐崖土司曾有十大营头,活龙坪所处之地为后营。

上下二寨与活龙坪系后营之业的信息在重庆黔江水田坝民国版谱牒中也有同样信息的记载:

马活、中塘、芭蕉溪、龙潭坝、马家池、系上寨忠义、忠敬之业;水坝田土系属官业;活龙坪系后营之业;肖家盖,大、小作诺,龙家盖,大、小马洗,清水潭,椿木坪系梓椿弟兄官业……覃家坝、鹿子溪、老拓坝、周家坝、马家坝系霸蜀地。给帮粮四十八尹。毛坝、后坝、水坝,蛇盘溪系是起业田土。各有栋据官业,勿误。②

两本覃谱都提到唐崖土司的后营在活龙坪,那么相应的前营、中营、左营和右营在哪里呢?根据第二章唐崖土司辖区分布讨论和结合现代科技地图地形来看,前营应在现今咸丰县坪坝营镇、丁寨乡一带境内,与后营相对;左营在咸丰县清坪、小村一带;右营在咸丰县朝阳寺镇鸡鸣坝村一带,靠近黔江水田坝,与左营相对;而中营则是由历任唐崖土司亲自统领,位于土司王城直接管辖之地,即现今的唐崖镇、朝阳寺镇境内。③ 笔者赞同以上提出的五营方位,结合今天的地名考进一步进行

---

① 覃方如藏:朝阳五龙坪石院子《覃氏族谱》,民国年间抄本,第4页。
② 覃秀书藏:重庆黔江水田坝《覃氏族谱》,民国年间抄本,第12页。
③ 覃茌坤:《唐崖土司王城治境与武备建置考述》,《哈尔滨师范大学社会科学学报》2018年第1期。

论证。

族谱称"十大营头各有棵据"。营与旗同为土司内部的军事组织，"营"由旗长来统领，旗下另设有大头目。唐崖土司的"十大营头"在哪里？从今人仍在沿用的包含"营"的地名，结合唐崖土司地形及管辖地域来梳理，与分布在唐崖镇的杨家营、安家营、高家营、罗家营，朝阳镇的鸡鸣坝村境内的马家营，坪坝营镇的金家营、苟家营，清坪镇所属的田家营和在龙潭司乡与清坪交界的黄家营有关。

"营"是土司赖以统治土民的权利象征，对"营"的领导权格外看重。"十大营头"即为前面推测的"前、后、左、右、中五营"的散点分布，从上述"卯峒土司"营的设置分析，中营是核心"应袭长子领之"，周围四营多由宗亲和心腹领之。中营是以杨家营为中心，附属三角庄村的安家营、高家营、罗家营。杨家营现为唐崖镇下面的一个村，仍叫杨家营村，当地村民口头承说，过去在山上有烧烽火的烟台。与前面管理处 WMS 说的一样，孙家营交通不便，现已无人居住，高险之处还能看见曾为军事战备的烽火台遗址。

环绕杨家营的安家营、高家营、罗家营在唐崖镇三角庄附近。从地图上看，唐崖司、杨家营、三角桩几个村紧邻。2005 年，尖山乡曾将唐崖司村、三角桩村、南河村、杨家营村合并，成立新的唐崖司村。下面我们从方位上来看，安家营在唐崖镇大水坪境内的三角庄村的东部，连大水坪村。高家营在三角庄村的西部，北靠大水坪村。罗家营在三角庄村的东部，北靠大水坪村。安家营、高家营、罗家营与杨家营四大营头相距不到十里，形成以杨家营为中心的东南西北四个方位构成掎角之势，镇守"中营"的战略要位。

虽然在走访过程中，几个地方的老百姓告诉笔者地名来源时都是一个故事版本："因为石达开部队路经此地，几个姓孙、姓高、姓罗的头领率军队及家人在此地驻扎，因此取名。"也正因为这几处地方，有着同样的地理条件，都是山间平地。历史上曾留于此的行军或驻军，在武陵大山能找到较为宽阔的坝子是难得的，而这几处山间平地适合于驻军的安营扎寨。

我们知道，地名的流传有着深厚的历史印痕，联合国地名标准化会议指出,"地名是民族文化遗产""地名有重要的文化和历史意义"①。通过在唐崖镇及周边几个镇的地名分布的走访与分析,我们基本廓清了族谱模糊记载的信息,唐崖土司重要的"中营"位置及具体的分布。

那么,分布于核心"中营"四周的前、后、左、右营又是怎样布局的呢?

朝阳五龙坪石院子版和重庆黔江水田坝版的《覃氏族谱》都记载有"活龙坪系后营之业",本条信息透露出后营在活龙坪乡。学者覃莊坤考证后营所在遗址时提出了这样的疑问,"后营所包含的具体营头不详,待继续研究和考察"②。唐崖土司的后营在活龙坪乡,如果族谱信息是正确的话,那么其营址又设置在哪里呢?

考察活龙坪乡有关营的地名有铁家营、陈家营。陈家营属于活龙坪乡龙井村,东北方地接利川市界,西邻龙嘴河,主要为陈、钱姓等。龙嘴河正是第二章中分析唐崖土司界域西方边界重要的一个地域,"接壤其界,东至……西至(本司)龙嘴河为界"③,在边界重要要塞设营应是情理之中的。

铁家营位于活龙坪乡的大作落村,同样在分析唐崖土司所辖范围之"四至边界"时,以上两个版本的覃谱均有载,"活龙坪系后营之业,肖家盖,大小作落,大小马洗,龙家盖,青水塘(潭),椿木坪……"此处的大小作落就是今天隶属活龙坪乡的大作落村及所属小作落居民点。铁家营的东部接唐崖镇,今天居民主要姓氏为杨姓。铁家营,当地老百姓的说法是,"此地曾经有一位会打金银首饰的铁匠,并在此地开设过商铺,故名'铁匠银',后演变为'铁家营'"。地名的口述史传承至今人,其历史信息已被改变了许多,叠加了许多新成分,但是其核心的历史信息不会随着历史的远去而消失,相反会牢固地根植在信息的核心部分代代口承相传,如同地名为何叫"营",一定与军队驻扎有关。

---

① 1987年联合国第5届地名标准化会议6号决议提出,"地名是民族文化遗产"。1992年第六届地名标准化会议9号决议指出:"地名有重要的文化和历史意义,随意改变地名将造成继承文化和历史传统方面的损失。"

② 覃莊坤:《唐崖土司王城治境与武备建置考述》,《哈尔滨师范大学社会科学学报》2018年第1期。

③ 覃方如藏:朝阳五龙坪石院子《覃氏族谱》,民国年间抄本,第3—4页。

与"后营"对应的是前营。前营在甲马池境内（今坪坝营镇）的金家营与苟家营，分别位于坪坝营镇花台山村和苟家营村。金家营，东接龙王庙，西邻大顶上，南连花台山，北靠铧厂，靠丁寨乡黄泥塘，对这个地名的来源当地村民有这样的说法，"过去这里驻扎过军队，我们还叫苏堡营。那边有一个山洞，传说是有一个姓金的军官带着士兵在此洞内驻扎，设有营盘，就叫金家营"。苟家营靠近重庆黔江舟白镇，据说，这里也曾是土司军队的一个营驻扎在此地，曾居住过苟姓人家，故名苟家营。在两个营地不远有个地方叫土司坝。相传杨氏先祖杨成，原籍江西淮安府山阳县。元末追随朱元璋起义，在徐达麾下，迭建殊功，晋爵武德将军。其子杨公保于明洪武二十三年（1390）承袭父职，调封湖广施州卫世袭千户官，洪武二十五年（1392）来咸丰大田所供职。这里原有一个冉土司，并修有土司皇城，后来因杨将军带兵在此与冉土司鏖战，冉土司被杨将军打败后搬走了，而后杨姓将军住进了皇城。从此杨氏在这里繁衍生息，今坪坝营镇内杨氏多由此分支。皇城前面是一块大平坝，故名土司坝。[1]

左营右营分别对应于唐崖土司司治的东北方向的田家营、黄家营和西南方向的马家营。田家营在咸丰清坪镇泗大坝村，靠近龙潭司乡，东接小河，西邻捐家坪，南连院子，北靠官渡坝，主要姓氏为田、冉姓。黄家营在咸丰龙潭司乡与清坪镇附近。而马家营右营在咸丰县朝阳寺镇鸡鸣坝村一带，靠近黔江水田坝，与左营相对。马家营因有一处岩石形如奔马，当地还叫马岩。据说唐崖覃氏土司在此驻扎过兵营，现在还保存着当时兵营的朝门，姓氏为覃姓。

唐崖土司的武备建置体系除了"五营"，还有内部的上下二寨和左右二寨之说。"上寨马河系属官业"与"马活、中塘、芭蕉溪、龙潭坝、马家池、系上寨忠义、忠敬之业"，族谱[2]记载可知，上寨为唐崖土司自行任命的土司机构，设峒主或寨主管辖，上寨的辖地在唐崖钟塘村以及马河、芭蕉溪、龙潭坝一带；下寨管辖小水坪，燕朝一带。又据唐崖民国

---

[1] 参见咸丰县地名办公室编《湖北省咸丰县地名志》，内部资料，鄂西报社印刷厂1984年，第217页。

[2] 覃方如藏：朝阳五龙坪石院子《覃氏族谱》，民国年间抄本，第9页。

四年覃谱载,"自玄武山发脉,前至大河边,左右二寨,石厂二沟……"可见,关于寨的设立,唐崖土司在司治核心区自立上下、左右各二寨,对核心圈施行层层保护。

建置体系中,应与卯洞安抚司一样,同样在各营任用旗长,其下有旗鼓、把总、千总之职,各寨任用亲舍为峒长,以子担任总理。"今据签事官覃昂、覃昱、覃龙、覃绍、覃碍、覃虎、覃彪,代理司务,勤劳本府,详看咫尺,无人料理,宜将司属边界与签事官楪明后,协力全心,……地内四界一并楪明,任凭签事官耕种官业,诸人勿得前来过界妄争……又给签事官覃昂状执为据,计开大小二村……"① 按亲疏关系设有寨主、签事官等职务。

由唐崖土司个案分析,进一步证明了"溪洞"组织在土司成熟时期,其内部设置仍未脱离溪洞社会族群的特殊组织形式——"峒与寨"的深刻影响。

第二节 唐崖土司的社会关系

唐崖土司的社会关系包括参与中央王朝的朝贡、征伐、讨蛮以及对抗朝廷等活动,对地方关系的联姻征掠,对内部的承袭和对土民的管理。

一 唐崖土司与中央王朝的关系

土司与中央王朝的关系,最基本的特征就是:封建王朝在政治上利用土家族原有的贵族进行统治,经济上让原来的溪洞社会生活方式维持下去,定期给封建王朝承担一定的义务。这种义务正如明代田汝成《西周见闻录·土官》卷七十九所说:"其所以报于国家者,惟贡、惟赋、惟兵。"

(一)朝贡:保持中央朝廷的持久交流

朝贡是土司与中央王朝保持双向互惠的最优制衡。《现代汉语词典》解释,朝贡是指君主时代藩属或外国的使臣见君主,献礼物。这一双边活动具有神圣性,体现在唐崖土司社会中称"朝贡",又为"进贡"。

---

① 覃秀书藏:重庆黔江水田坝《覃氏族谱》,民国年间抄本,第12页。

土司时期的朝贡经历了变迁。蒙元一代土司朝贡的经济义务得到了明显的发展，元代重视少数民族的朝贡，视其为"归化之心""天朝威仪"。朱氏天下对于"纳贡"与"回赐"的关系更为繁荣，土司进贡的高峰出现在明永乐至嘉靖朝，持续了百余年的土司在朝贡路上络绎不绝，其次数之频繁、规模之壮观、贡物之丰盛，体现了明代王朝帝国与地方土司的"蜜月期"和全盛时代。大清一代对于贡制做了新的调整，避免了朝贡路上的纷争与扰民等现象，发展为"就地交纳""不再回赐"，再无朝贡舍人蜂拥进京案例。

明初土家族土司就已"如制入贡"，朝贡活动堪称"西南土司之最"[1]，体现在朝贡人数多达600多人，朝贡的贡品重量，可大到几十吨重的金丝楠木。"永乐定制"下的鄂西南31个土司中，覃氏土司有施南和散毛二宣抚司，东乡、忠路、金峒三安抚司，唐崖、镇南二长官司。在整个鄂西南土司中，覃氏土司占宣抚司的50%，占安抚司的30%，长官司虽然只占15%，但是两个覃氏长官司都是由施州卫直接管辖的。他们在朝贡的大潮中，身先士卒，热情参与。从洪武四年（1371）至万历三十八年（1610）的239年里，《明实录》中记录覃氏土司朝贡145次。[2]其中宣德年间，有两例记录将朝贡与回赐分开记载。一例，湖广镇南长官司副长官谭汝铭遣把事驴腊，宣德三年十一月记录有朝贡马，另一条史料单独记载回赐，宣德三年十一月丙子，湖广镇南长官司遣把事驴腊，记录回赐"钞有差"。另一例是湖广施南等宣抚司把事黄玘，在宣德三年十月贡马，宣德三年十二月得到赏赐。《明实录》有记载中先交贡品有记录，后回赐也有记载，导致重复的现象，合在一起才是一个完整的朝贡双向互惠行为。

《明实录》中洪武至万历年间唐崖覃氏土司朝贡情况，摘录如下：

---

[1] 田敏认为，早在明初土家族土司就已如制入贡了，在这一时期朝贡的次数之多、人数之众、贡品量之大都是其他土司难以相比的，堪称西南土司朝贡之最。又根据《明实录》所载永乐至嘉靖朝鄂西土司朝贡次数进行了统计。永乐年间朝贡38次，宣德年间朝贡82次，正统年间朝贡68次，景泰年间朝贡32次，天顺年间朝贡37次，成化年间朝贡34次，弘治年间朝贡56次，正德年间朝贡11次，嘉靖年间朝贡25次。参见田敏《土家族土司兴亡史》，民族出版社2000年版，第114—116页。

[2] 具体的朝贡与回赐详情表参见《土家族文化史》，第222—247页。

《明太祖实录》卷八十九载，洪武七年五月壬午①，"四川散毛宣慰司使司都元帅覃野旺、湖广永顺宣慰司使顺德汪备、堂厓安抚使月直什用②，遣人来朝，贡方物，上其所授伪夏印。诏赐文绮袭衣"③。

《明宣宗实录》卷四十五载，宣德三年秋七月"癸酉，土鲁番城都督佥事尹吉儿察子满哥帖木儿、湖广唐崖长官司黄晟子敏贡马"④。

《明宣宗实录》卷四十六载，宣德三年八月"辛巳，赐湖广唐崖长官司故土官长官黄晟子敏、前归德宣抚司等衙门故土官宣抚彭驴送子万隆等、容美宣抚司通事向谨等钞、彩币、表里绢有差"⑤。

《明宣宗实录》卷九十七载，宣德七年十二月"湖广唐崖峒长官司长官黄敏、广西东兰州故土官舍人韦玩遣簇人韦仲平、南丹州土官知州莫祯遣头目莫父隆、四川蛮夷长官司长官文昌保、沐川长官司长官悦富得遣土吏侯清、文川县寒水巡检司土官巡检高茂林、太平伐长官司故长官舍人宋斌、云南鹤庆军民府土官知事董寿等来朝贡马"⑥。

---

① 洪武七年五月应以《明史》记录的洪武五年为准，因为归附后在洪武六年十二月已置司。
② 此处的堂厓安抚使月直什用，多数学者都认为，是今天世界文化遗产唐崖土司的二世祖覃值什用，"堂厓"是因为记载者以读音记载时的误记，且泊崖洞的谱系清晰，为张氏世袭，此为恩施州博物馆原馆长邓辉执此观点。将"堂厓安抚使月直什用"，用于唐崖土司史料的还有段超的《土家族文化史》书中的列表，三峡大学撰写的唐崖土司史料也将此条文献归为其中。那么到底堂厓安抚使是湘西的"泊崖""白崖"，还是鄂西的"唐崖"呢？田敏认为唐崖土司在元时的职制无安抚司，离永顺土司较远，而泊崖安抚使恰恰在距离和职制上都比较吻合，故无疑堂厓安抚使是泊崖安抚使。因再无史料可以佐证其真实性，两种观点各有妙处。当然，笔者认为还有一说，"音记笔误"。同样在《太祖实录》中，洪武七年（1374）五月的记录中，卷八十七"洪武七年五月"条载，"堂崖安抚司月直什用遣人来贡方物"，卷八十九"洪武七年五月癸巳"条载，"堂崖长官司"。另外，散毛和唐崖结伴而行连朝贡的东西都是一样，回赐的东西也是一样的，应与覃氏血缘有关，交集密切。
③《明太祖实录》卷八十九，"洪武七年五月壬午"条，台北"中央研究院历史语言研究所"校印本1962年，第1576—1577页。
④《明宣宗实录》卷四十五，"宣德三年秋七月癸酉"条，台北"中央研究院历史语言研究所"校印本1962年，第1110页。
⑤《明宣宗实录》卷四十六，"宣德三年八月辛巳"条，台北"中央研究院历史语言研究所"校印本1962年，第1115页。
⑥《明宣宗实录》卷九十七，"宣德七年十二月"条，台北"中央研究院历史语言研究所"校印本1962年，第2195页。

《明宣宗实录》卷九十八载，宣德八年春正月"辛未，赐湖广唐崖峒长官司长官黄敏、广西东兰州故土官族人韦仲平、南丹州头目莫父隆、四川蛮夷长官文昌保、文川县寒水土官巡检高茂林、太平伐故长官舍人宋斌、云南鹤庆军民府土官知事董寿等钞币有差。"①

《明英宗实录》卷四十六载，正统三年九月"丙申，湖广唐崖长官司把事王政、四川泥溪长官司把事王埙、广东宜伦县土官男黄欢等，各来朝贡马及方物，赐彩币等物有差。"②

《明英宗实录》卷七十九载，正统六年五月"丁巳，湖广唐崖长官司遣舍人黄通、陕西陇西县土民张仕铎等来朝贡马，赐彩币等物有差。"③

《明英宗实录》卷二百三十六、《废帝郕戾王附录》第五十四载，景泰四年十二月"戊申，湖广永顺等三宣慰司、施南等三宣抚司、高罗等七安抚司、唐崖等五长官司、宣慰使彭世雄等、四川龙州等四宣抚司、泥溪等五长官司、宣抚薛公辅等、广西庆远府那地等、三州土官知州罗文愈等，各遣头目来朝贡马及方物，赐钞并彩币等物。"④

《明英宗实录》卷二百九十六载，天顺二年十月"湖广施州卫唐崖长司土官舍人谭彦实、四川马湖府把事蔡颉来朝贡马，赐彩段表里并钞有差。"⑤

《明英宗实录》卷三百零三载，天顺三年五月"庚寅，朝鲜国王李瑈遣陪臣康纯等，云南里麻长官司招刚刀令帕等，乌思藏等处番僧桑加藏卜等，湖广施州卫唐崖长官司等，衙门遣把事黄思铭等，

---

① 《明宣宗实录》卷九十八，"宣德八年春正月辛未"条，台北"中央研究院历史语言研究所"校印本1962年，第2208页。

② 《明英宗实录》卷四十六，"正统三年九月丙申"条，台北"中央研究院历史语言研究所"校印本1962年，第893页。

③ 《明英宗实录》卷七十九，"正统六年五月丁巳"条，台北"中央研究院历史语言研究所"校印本1962年，第1574页。

④ 《明英宗实录》卷二百三十六，"景泰四年十二月戊申"条，台北"中央研究院历史语言研究所"校印本1962年，第5152页。

⑤ 《明英宗实录》卷二百九十六，"天顺二年十月"条，台北"中央研究院历史语言研究所"校印本1962年，第6310页。

陕西岷州卫大崇教寺大国师锁南领占遣剌麻著乩领占等，贡马及方物，赐宴并彩段等物有差。"①

《明宪宗实录》卷四十载，成化三年三月"己卯，贵州宣慰使司白纳长官司长官周冕等、湖广施州卫唐崖长官司副长官黄敏等，各遣头目舍人来朝贡马，赐彩段、宝钞有差。"②

《明孝宗实录》卷二十五载，弘治二年四月丁未"湖广容美、散毛二宣抚司及大旺安抚司、唐崖长官司土官等，各遣把事人等来朝方物，赐彩段，钞锭有差。"③

综述所列朝贡史料进行分析，唐崖土司参加朝贡的土官有：二世祖覃值什用归顺任职后上缴伪印和方物。四世祖覃忠孝（永乐四年至宣德二年）任职期间多次派出朝贡使者，宣德年间派土长官黄晟之子黄敏两次朝贡。宣德三年七月"湖广唐崖长官司黄晟子敏贡马"④。宣德七年十二月"湖广唐崖峒长官司长官黄敏……云南鹤庆军民府土官知事董寿等来朝贡马"⑤。

五世祖覃斌（任职起始时间不详至景泰二年）任职年间，朝贡3次。正统三年九月"丙申，湖广唐崖长官司把事王政。……等各来朝贡马及方物，赐彩币等物有差"⑥。正统六年又遣"舍人黄通……来朝贡马，赐彩币等物有差"⑦。景泰四年年底，整个西南土司相继前往京城朝贡，唐

---

① 《明英宗实录》卷三百零三，"天顺三年五月庚寅"条，台北"中央研究院历史语言研究所"校印本1962年，第6412页。
② 《明宪宗实录》卷四十，"成化三年三月己卯"条，台北"中央研究院历史语言研究所"校印本1962年。
③ 《明孝宗实录》卷二十五，"弘治二年四月丁未"条，台北"中央研究院历史语言研究所"校印本1962年。
④ 《明宣宗实录》卷四十五，"宣德三年秋七月癸酉"条，台北"中央研究院历史语言研究所"校印本1962年，第1110页。
⑤ 《明宣宗实录》卷九十七，"宣德七年十二月"条，台北"中央研究院历史语言研究所"校印本1962年，第2195页。
⑥ 《明英宗实录》卷四十六，"正统三年九月丙申"条，台北"中央研究院历史语言研究所"校印本1962年，第893页。
⑦ 《明英宗实录》卷七十九，"正统六年五月丁巳"条，台北"中央研究院历史语言研究所"校印本1962年，第1574页。

崖土司也在其中。景泰四年十二月"戊申，湖广永顺等三宣慰司、施南等三宣抚司、高罗等七安抚司、唐崖等五长官司、宣慰使彭世雄等……各遣头目来朝贡马及方物，赐钞并彩币等物"①。

六世祖覃彦实（天顺元年至正宣德二年，在位51年）任职年间，朝贡4次。第一次是亲自到京朝贡，天顺二年十二月"湖广施州卫唐崖长司土官舍人谭（即覃②）彦实、四川马湖府把事蔡颉来朝贡马，赐彩段表里并钞有差"③。《明英宗实录》又载，天顺三年五月遣把事黄思铭等朝贡，"庚寅，……湖广施州卫唐崖长官司等衙门遣把事黄思铭等……贡马及方物，赐宴，并彩、段等物，有差"④。成化三年又派，三月己卯，"湖广施州卫唐崖长官司副长官黄敏等，各遣头目舍人来朝贡马，赐彩段、宝钞有差"⑤。弘治二年四又遣土官进京朝贡。弘治二年四月"湖广容美、散毛二宣抚司及大旺安抚司、唐崖长官司土官等，各遣把事人等来朝方物，赐彩段，钞锭有差"⑥。

根据《明实录》的整理，我们发现记载唐崖土司的朝贡，共计10次，覃值什用1次，覃忠孝2次，覃斌3次，覃彦实4次。朝贡只记录到六世祖覃彦实，覃彦实任职期间的朝贡次数差不多占了总数的一半。其后，再未见到唐崖土司进京朝贡的记录。整体上从鄂西南土司朝贡来看，万历年间，四川、湖广、广西、贵州等处朝贡和入觐是统一记载，分别是万历二十六年二月庚辰、万历二十六年三月壬子、万历三十二年正月、万历三十二年二月、万历三十八年二月戊申。唐崖土司朝贡记录也可能笼统地载入其中。

---

① 《明英宗实录》卷二百三十六，"景泰四年十二月戊申"条，台北"中央研究院历史语言研究所"校印本1962年，第5152页。

② 谭即覃，与鄂西谭与覃读一个音有关，见第二章解释。

③ 《明英宗实录》卷二百九十六，"天顺二年十月"条，台北"中央研究院历史语言研究所"校印本1962年，第6310页。

④ 《明英宗实录》卷三百零三，"天顺三年五月庚寅"条，台北"中央研究院历史语言研究所"校印本1962年，第6412页。

⑤ 《明宪宗实录》卷四十，"成化三年三月己卯"条，台北"中央研究院历史语言研究所"校印本1962年。

⑥ 《明孝宗实录》卷二十五，"弘治二年四月丁未"条，台北"中央研究院历史语言研究所"校印本1962年。

在进贡的活动中，亲自进京朝贡的唐崖土司只有覃彦实，这位土司在整个唐崖土司的发展史上任职最长，最有个性，是大修土司衙署，最著名的唐崖土司之一。《世宗实录》卷一百零六云，"诏湖广唐崖长官司土舍，覃万金曾祖彦实职，为正长官。万金祖友铭未袭卒，父富目疾，而万金以嫡曾孙承袭"①。可以证实其在任51年。有个性体现在他为人霸道，对中央派来的流官甚为傲慢，"闻官至其地，辄避不出"。但是对自己佩服之人也能迎于道左，"惟迎佥事童璋于道左"②。

最后值得说明的是，唐崖土司朝贡使者黄敏，一人一生就差朝贡3次。朝贡使者因为有经验，会被不同的任职司主多次派往京城行使朝贡的任务。成化三年（1467）已年老的黄敏在间隔39年后作为唐崖长官司副长官，遣头目舍人到京朝贡。从宣德三年（1428）到成化三年（1467），间隔39年，推算黄敏此时作为唐崖长官司土官至少是60岁以上的老人了。此时的黄敏应是历经了五世祖覃斌（不详至景泰二年）和六世祖覃彦实（天顺元年至正德二年）两位司主的任职。可见，朝贡的使职任用有经验的土官是一条法则。

进而述论，唐崖土司在内的覃氏土司朝贡所体现的特点：

其一，朝贡物品种类丰富，赏赐物品丰厚。贡品多为精选出来的鄂西南本地物产③，有马、降香、虎皮、竹鸡、锦鸡、土绸、溪布、水银、茶、黄蜡、丹砂黄连、木药子、犀角、爵香、蜂蜜、茶叶、金银器物、楠木、杉木等，不乏有武陵地区少见的大象、驼及西洋布。这些不易见的贡品出自金峒安抚司和散毛宣抚司两大覃氏土司。洪熙元年七月，金峒安抚司把事冉中朝贡贡品有象，成化十五年九月丙寅，朝贡贡品有西洋布。散毛宣抚司宣德元年十二月朝贡，贡品是本地少见的驼和羊。唐崖土司朝贡贡品主要是马和方物。

当然，各大小覃氏土司的主要贡品还是马匹。洪武至弘治年间，唐

---

① 《明世宗实录》卷一百零六，"嘉靖八年十月癸亥"条，台北"中央研究院历史语言研究所"校印本1962年，第2506页。
② （明）刘春撰：《东川刘文简公集》卷十八《明故明威将军施州卫指挥佥事童君墓志铭》，明嘉靖三十三年（1554）刻本。
③ 《明实录》中记载这些小贡品全简记为"方物"，只是一些大型的贡品如马匹、骆驼、大象具体罗列。

崖土司朝贡 10 次记录中，除第一次和最后一次的贡品是方物，其余 8 次都是马，或附有其他方物作为贡品。这说明马在鄂西南乃至武陵地区是普遍的一种交通工具，或者说作为贡马也是一种必需品在饲养，所以这与土司遗址中的教场坝、驯马场等遗址点相吻合。马在当时的功用是战马、贡马和生活用马。

马是整个朝贡中出现次数最多的贡品，不仅唐崖土司，在整个鄂西南覃氏土司的贡品主要以马为主，综观整个武陵地区土家族土司其贡品也是一样的。《土家族文化史》的"湖广土司的贡品"列表，"渝东土家族地区土司朝贡表"中罗列了从洪武五年（1372）到万历四年（1576）共 204 年间的朝贡记载，主要是酉阳、石柱两大宣抚司的朝贡记录，此外有一两次盘顺安抚司、平茶长官司和泥溪长官司进贡记录，这 204 年共朝贡 82 次[①]，其中贡马有 61 次，占 74.4%。

对于朝贡方物，朝廷做出了统一规定，特别是贡品中的马有明确规定，"永乐元年夏四月壬戌对湖广、四川、云南、广西所隶属宣慰使杨升（昇）等，并西北诸夷各遣人朝贡马及方物，上以其远至，旧所定马直薄，命礼部第马之高下，赠给之。上马每匹钞千贯、中马八（每）匹钞八百贯，下马五百贯"[②]。

朝廷为了奖赏土司对其效忠都会给予赏赐。朝廷回赐物品主要为货币、衣物和丝缎这三大类，具体有钞锭、彩币、织金、文绮、纻丝、缎绢、袭衣等，有时会遇上皇帝赐宴。回赐物品《明会典》有具体的规定，"中途倒死的马匹，例不给价。……马，每匹赐钞一百锭"[③]。一般来说，土司得到的赏赐物品会比朝贡贡品更丰厚。永乐元年的赐品中就明确了贡一匹上等马赏赐钞千贯，中等马赏赐钞八百贯，下等马赏赐钞五百贯。此外，朝廷根据朝贡官员的品级高低，对赏赐物品有所差别，按三四品、

[①] 说明：朝贡表列出的是 87 次，这里统计为 82 次，是因为宣德年间可能是某个史官的记录习惯的不同，将记载中一次朝贡是分开记录的，时间、进贡人和贡品记录一次，紧接着下一个月的回赐也做了一次记录，因此列表中的这种情况只能算一次完整的朝贡，其他的记载都是一次完整的记载。

[②] 《明太宗实录》卷十九，"永乐元年夏四月"条，台北"中央研究院历史语言研究所"校印本 1962 年，第 343 页。

[③] （明）申时行：《明会典》卷一百一十三，中华书局 1989 年版。

五品、六七品、八九品分为四个等级进行回赐。

其二，朝贡时间为"每三岁一入贡"①，也有土司自行安排"一年一贡"，甚至"五年一贡"。朝贡带来丰厚的回赐及升官加爵的机会都在朝贡的互惠活动中发生，于是也出现了一些土司乐此不疲地年年朝贡，甚至出现一年两次。如，施南宣抚司在景泰年间出现一年两次朝贡，景泰六年八月和景泰六年十二月。

唐崖土司朝贡时间分布：洪武七年（1374）、宣德三年（1428）、宣德七年（1432）、正统三年（1438）、正统六年（1441）、景泰四年（1453）、天顺二年（1458）、天顺三年（1459）、成化三年（1467）、弘治二年（1489）。将朝贡时间串成一条线索来看，很清晰地表明小土司因为自身实力，基本上能满足"三岁一贡"，但是，实力强盛时也能积极朝贡、"一年一贡"，如覃彦实任职期间，天顺二年和三年都有朝贡活动。

"三年一贡"是惯例。明代初期，中央对"三岁一贡"这种例贡有明确的要求，据《明会典》"土官"条，"湖广、广西、四川、云南、贵州、腹里土官，遇三年朝觐，差人进贡一次。俱本布政司给文起送，限本年十二月终到京。庆贺限圣节以前"②。可见，各地土司朝贡的时间，明朝中央政府有严格的规定。三年进贡一次是明王朝帝国希望通过三年这样的一个不长不短的期限，既可以关怀，又能掌控。所谓关怀，土司们如果一年一次高频率朝贡，路途遥远太辛苦。"三年一贡"主要是牢固地掌控土司，避免不来归附的情况发生，终将纳入明王朝的政权体系之中。

其三，朝贡类型多元，有庆贺朝贡、谢恩朝贡和赎罪朝贡③。土司朝贡多因土司承袭、子弟入学借此机会朝贡，遇到皇帝大寿、朝廷庆典也必须朝贡，这类属于庆贺朝贡类，也是朝贡的主要原因。谢恩朝贡，如"弘治三年正月庚午，湖广容美、施南二宣抚司，忠孝、大旺、金峒、龙

---

① （清）张廷玉：《明史》，中华书局1974年版，第8040页。
② （明）申时行：《明会典》卷一百零八《朝贡四·土官》，中华书局1989年版，第583页。
③ 分为庆贺朝贡、谢恩朝贡和赎罪朝贡这三类，参见李良品等《明代西南地区土司朝贡述论》，《长江师范学院学报》2015年第3期。

潭、剑南、高罗、忠峒、东乡五路八安抚司，镇南、椒山玛瑙、上、下爱茶峒、木册、石梁下峒、水泛源通塔平、施溶溪八长官司，鄂西南大部分土司都参加了此次谢恩进贡"。还有一种因过想减轻处罚，这类土司主动派遣使者进京朝贡、进献礼品，表示悔过，请求宽恕。每种类型的朝贡都是为了通过这样的形式密切联系中央与地方之间的关系。

其四，朝贡的人数越来越多。明朝初年，土司朝贡人数比较宽松，后因人数太多导致在朝贡途中发生扰民和纠纷等恶性事件后，朝廷对朝贡人数做了严格限制。"明嘉靖七年，容美宣抚司、龙潭安抚司每朝贡率领千人。"[①] 嘉靖这一时期开始限制朝贡的人数和年轮。《明会典》载，"嘉靖七年（1528）议准，湖广土官袭授宣慰、宣抚、安抚职事者，差人庆贺，每司不许过三人。其三年朝觐，每司止许二人。大约各司共不过百人"[②]。此规定，紧缩朝贡人数，既规范了朝贡制度，最为重要的是紧缩了朝贡的成本，略微减轻了土民的负担。

总之，无论是在政治上，还是经济文化上，朝贡是一种中央与地方的双向互惠活动。从某种意义上说，其政治意义远远大于经济意义。朝贡是土司与朝廷的双方互惠互赢的行动，在这个过程中，土司通过朝贡，一是为了表示忠诚，保官甚至升官。"一不朝贬爵，再不朝削地。"[③] 朝贡对每个大小土司来说都是极其重要的事情，也是这段时间"乐此不疲"的事情。因为一次不去就会有削爵的惩罚，两次没去就是降职缩小领地的危险，领地的多少、权力的大小对于土司来说是立命之本、生存之法，谁也不会在这上面去做傻事，于是出现了朝贡路上络绎不绝的往来通判、土官，所以才有宣宗宣德、英宗正统年间的朝贡高潮。据田敏统计，"湖广土司中朝贡最多的又是鄂西诸土司。从《明实录》记载的情况看，自永乐元年至嘉靖四十五年的163年里，鄂西南各土司总共朝贡约358次，

---

① 张廷玉编撰：《明史》卷三百一十《湖广土司传》第二十六册，上海古籍出版社1991年版，第7873页。

② （明）申时行：《明会典》卷一百零八《朝贡四·土官》，中华书局1989年版，第583页。

③ 《容阳堂田氏族谱·容美宣抚使·田胜贵世家》，转引自中共鹤峰县委统战部、县史志编纂办公室、中共五峰县委统战部、县民族工作办公室编印《容美土司史料汇编》，鹤峰印刷厂1984年印刷。

年均2.2次。尤其宣宗宣德年间又是一个朝贡高潮，十年里朝贡达82次"①。二是从朝廷"轻来厚往以招徕远方"政策上获得丰厚回报。朝贡热潮也为社会带来了另一个问题，"朝贡人员过多，扰害地方"。嘉靖七年（1528），"龙潭安抚司率千人去朝贡扰民，被禁令后进贡不过百人，赴京不过十二人，命所申饬"②。嘉靖年间，一边朝廷限制朝贡人数，一边土司违反朝贡规定案例时有发生。如，"嘉靖七年十二月，甲戌。湖广忠孝安抚司把事田春等数十人，称入贡，仿造关文，骚扰驿传。应天巡抚都御史陈祥以状闻。兵部议，谓土夷违例入贡，所过横索，且有他虞，宜严其禁。……上可其议。田春等姑宥之"③。

土司与中央王朝往来最多的是通过朝贡，边疆和内地少数民族土司将本地生产的特产带入中原，这些新奇的把玩也丰富了中原统治者对少数民族地区的认识，土司带回朝廷赏赐的丰厚礼物不仅有先进的生产资料，还有中原先进农耕技术的生产生活理念，极大地促进了土司领地生产力水平的提高，进而提高经济的发展。在这份双向互惠的朝贡里，既饱含了皇帝的"诚心待人"和不辜负朝贡者的"归向之心"④，又呈现了土司对中央的"称臣纳贡"和"恭顺"，以效为王朝一隅江山的职责。

（二）征调：参与中央朝廷的军事活动

明王朝对土司军事征调实质是"以夷制夷""以蛮治蛮"政策的重要组成部分，征调成为所有土司不得违抗的一种义务。唐崖土司的义务征调军事活动主要发生在明朝。朝廷对土兵是"有御武之备，而无馈饷之劳"⑤。尽管土司兵在这种不对等的要求下，各地土司为了自身"求生存"，仍然以国家为重，不断地接受国家征调，履行应尽的义务。明代征

---

① 田敏：《土家族土司兴亡史》，民族出版社2000年版，第115页。

② （清）张梓修，张光杰纂：《咸丰县志》卷十一《武备志·历代兵事》，同治四年（1865）刻本。

③ 《明世宗实录》卷九十六，"嘉靖七年十二月甲戌"，台北"中央研究院历史语言研究所"校印本1962年，第2235—2236页。

④ 上曰"吾以诚心待人，彼若不诚，曲在彼矣。况此人万里来朝，若俟其再请，岂不负远人归向之心。遂皆授职名、赐衣帽、钞锭有差"。《明太祖实录》卷七十九，"洪武六年二月癸酉"条，台北"中央研究院历史语言研究所"校印本1962年，第1438页。

⑤ 《文献道考》卷一百二十六，转引自王承尧、罗午《土家族土司简史》，中央民族学院出版社1991年版，第107页。

调土兵最为频繁,武陵各地方志、通志以及一些强宗大姓的族谱中都有记载。土司愿意接受朝廷征调、出力,主要是可获得更多的赏赐,故"奔走唯命"状态成为获取爵禄赏赐的机会。

唐崖土司在征调方面的影响,远不及永顺、保靖土兵被明王朝"号为虓雄""宣力最多"[1],也没有石砫白杆兵"为远近所惮"[2] 的威慑,更没有同为一域、实力最强的容美土司能"懔其威灵"[3]"从征助饷",但是作为土司土兵"骁勇善战"的这一特质,唐崖土司土兵与其他土司土兵同样值得称赞。

表 3-1　　　　　　　　唐崖土司征调活动一览[4]

时间	土司长官	征调过程	征调结果	性质
至正十五年（1355）	一世覃启处送	镇夜兰（郎）有功	给安抚司印篆,授唐崖,武略将军	征蛮
洪武四年（1371）	二世覃值什用	调左将军廖永忠,奉旨平蜀	因冒微过降级,授长官司之职	镇压地方割据势力
永乐二年（1404）	四世覃忠孝	奉命招抚蛮民一千五百六十二名	授左右二副司,左苍浦司黄璋,右活龙司秦国龙	征蛮
正德三年（1508）	七世覃文铭	征四川江津曹甫		镇压地方割据势力
正德九年（1514）	八世覃天富	征剿川寇麻六儿		镇压地方割据势力
嘉靖二十五年（1546）	九世覃万金	复奉巡抚刘调征麻阳苗民	钦依峒主一员,楚石关防一颗,皇令二道	征蛮

---

[1] （清）张廷玉:《明史》卷九十一《兵志三》第八册,中华书局1974年版,第2252页。

[2] （清）张廷玉:《明史》卷二百七十一,列传第一百五十八《秦良玉》,上海古籍出版社1991年版,第755页。

[3] 顾彩:《容美纪游》,收录于鄂西土家族苗族自治州民族事务委员会:《鄂西少数民族史料辑录》,鹤峰国营民族印刷厂1986年,第309页。

[4] 资料来源:1917年版唐崖《覃氏族谱》;（民国）五龙坪冉曹石院子《覃氏族谱》;（1980）南河《覃氏抄本谱牒》;（民国）《咸丰县志》卷十,土司志;陈懋恒《明代倭寇考略》。

续表

时间	土司长官	征调过程	征调结果	性质
嘉靖三十三年至三十七年（1554—1558）	九世覃万金	参加抗倭战争		抗倭
隆庆四年（1570）	十世覃柱	征剿金峒土叛覃壁	斩功九十三颗，报奏加功候赏，赏大小二村田七，赏银三百余两	镇压土司叛乱
万历二十七年（1599）	十一世覃文瑞	奉调参加平定播州土司杨应龙叛乱	战后被赐《三宣慰八宣抚司鼎铭》	镇压土司叛乱
天启元年（1621）	十二世覃鼎	出兵参加平定永宁土司奢崇明叛乱		镇压土司叛乱
天启二年（1622）	十二世覃鼎	调授渝城，生擒樊龙、樊虎		镇压土司叛乱
天启二年（1622）	十二世覃鼎	征水西安邦彦		镇压土司叛乱
天启三年（1623）	十二世覃鼎	调征奢崇明，奢世辉，血战报功大捷	恩给皇令四道，敕赐（银）宝十两，赐大坊平西将军，帅府二字，牌楼"荆南雄镇，楚蜀屏翰"八字	镇压土司叛乱
天启年间	十三世覃宗尧	荆州府刘退官调剿流寇		镇压农民起义
崇祯三年（1630）	十四世覃宗禹	奉四川巡抚邵捷春调守夔府		镇压农民起义
崇祯三年（1630）	十四世覃宗禹	御张献忠寇蜀	兵本司督兵堵战，地名麻渡河，孤城独战身亡	镇压农民起义

从表 3-1 可知，唐崖土司被朝廷征调共计 16 次。征调主要表现在征蛮、征剿土司叛乱、镇压地方割据势力和农民起义，以及参与东南抗倭。如果用《明史》来讨论族谱记载信息的真实性，唐崖土司的征调全未入

正史记载，即使是影响最大、赏赐最丰的覃鼎，在天启年间连续三年相继参加平叛杨应龙、安邦彦、奢崇明几大土司的征调，并因功劳巨大得到了丰厚的赏赐，这些功绩也只是靠牌坊上雕刻的文字和出土的战利品来佐证。可见，唐崖土司的战功伟绩在官方文字记载中，不足以证明参与了这些事件，也远远小于唐崖土司现存少量的金石铭文呈现的影响。

明朝建立后，朝廷对土家族土司的征调十分频繁。《明史》有详细记录的征调，这是一种代表国家力量的调令记入史册。如石砫土司先后被征调20余次，永顺土司被征调30余次，整个土家族土司被明朝朝廷征调次数达80余次。① 当然，身在其中的一些中小土司的出兵献力，多听取于直管的卫所，或上层分管的宣慰、宣抚等级别土司的征派兵力，这种分派兵力难以见正史的，也很正常。作为多数情况下是长官司的记载更是少见，有一特例，即两江口长官司②。基于这种历史事实，以下采取历史人类学的扩大史料取材范围的原则来对征调事迹进行讨论，依据《咸丰县志》和民国唐崖三个版本的《覃氏族谱》所罗列的素材。

唐崖土司服从中央王朝的调遣出征，这种征调是土司应尽的一种义务。土司每三年的朝觐，对土官是天大的喜事。整体上看，唐崖土司是乐意接受朝廷征调的，以期邀赏战功，获得丰厚赏赐，甚至升官加爵。唐崖土司参与明廷组织的军事征调活动主要有五类：

其一，直接接受调令，招抚蛮民。一世祖覃启处送在元末，"因边夷南蛮屡叛，奉旨征剿，招安蛮民，镇守司地，……因斩寇有功于朝，世受皇恩，……赐宣慰使司③之职，以武略将军任事"④。

四世祖覃忠孝，"奉命招抚蛮民一千五百六十二名，蒙兵部题敕部仍给安抚原职任事（蒙兵部题授安抚职）。永乐二年（1404），颁授左右二副司，即左菖蒲司官黄璋，右活龙司官秦国龙，各给印信一颗，复给本

---

① 参考向轼、莫代山《论明代土家族"土兵"在抗倭斗争中的军事贡献》，《长江师范学院学报》2016年第1期。

② 史料中有简要记录长官司职级的出征兵数的一例，也只是一笔带过而已。所以，正史能记载长官司出兵人数的几乎没有。

③ 《明史》记载，元末授职为长官司。

④ 覃国安印：《唐崖覃氏族谱》，1917年版，2008年复印，第19页。

司仁字大号印盒一架"①。

九世祖覃万金，于雍正（嘉靖）二十五年（1546）奉旨巡抚调征麻阳苗。送得功奉旨颁给覃万璋钦依峒主一员，楚石关坊一颗，赐皇令二道；覃万巡钦依峒主一员。②"令旨封武略将军。颁授二弟覃万璋钦依峒主，三弟覃万延钦依峒主一员。覃万金身故，启文令授四弟万国给印信一颗。"③

其二，参与中央朝廷组织镇压地方割据势力。二世祖覃值什用，"洪武四年（1371年）奉旨平蜀"④。"随左将军廖永忠入蜀征讨明玉珍。"⑤七世祖覃文铭，正德三年（1508），奉旨调征四川黔江（江津县）打击曹甫。⑥八世祖覃富（覃天富）"正德九年（1514），奉调征讨川寇麻六儿，……恩授宣抚原职"⑦。

其三，参与抵抗外敌侵略的军事活动。九世祖覃万金任职期间，除了征调平剿麻阳苗民，任职期间响应朝廷征召，积极抵御外敌入侵。族谱和地方史料虽无具体记载，但是从当时的背景和土司兵人数众多来看，唐崖土司的爱国精神和积极参与战斗已融入鄂西南土司群体之中。

嘉靖三十三年（1554），数万倭寇侵扰江浙，汉人官兵畏倭慑战，屡战屡败。兵卒士气低迷，过惯了承平岁月，自然淡忘了战斗生活，连正式打仗时必做的祭旗典礼上，从武库拿出储存多年的战刀连一头待祭祀的牛都杀不死，可想几十万士兵手里拿的武器和兵装，早已锈了，霉烂了。⑧尚书张经临危受命，见明将士如此羸弱，除了练兵外，还大量征调广西狼兵、湖广土兵、苗兵御倭。陈懋恒《明代倭寇考略》云："卫兵不足，于是调各地客兵，调兵可考者，京营神枪手三千……容美等司兵一万，永顺宣慰司兵三千，保靖宣慰司兵三千……"从嘉靖三十三

---

① 覃国安印：《唐崖覃氏族谱》，1917年版，2008年复印，第22—24页。
② 覃国安印：《唐崖覃氏族谱》，1917年版，2008年复印，第28—29页。
③ 尖山南河覃现章藏：唐崖《覃氏族谱》（简称南河谱），1980年抄本，第32页。
④ 覃国安印：《唐崖覃氏族谱》，1917年版，2008年复印，第20页。
⑤ 鄂西土家族苗族自治州民族事务委员会：《鄂西少数民族史料辑录》，鹤峰国营民族印刷厂1986年，第156页。
⑥ 覃国安印：《唐崖覃氏族谱》，1917年版，2008年复印，第26页。
⑦ 覃国安印：《唐崖覃氏族谱》，1917年版，2008年复印，第27页。
⑧ 钱穆：《中国历代政治得失》（新校本），北京九州出版社2014年版。第135页。

年（1554）至三十七年，参加抗倭战争的土兵人数众多，容美等司兵一万，包括整个施州兵，由容美土官田九霄率领奔赴前线，里面包括鄂西南其他一些土司在内，唐崖土司有可能出兵力与容美土司兵一起参加东南沿海一带的抗倭战争。土司兵在抗倭战场上战功显赫，为国立下许多战功。

其四，奉调征讨土司反叛活动。隆庆四年（1570），十世祖覃柱"奉调征剿金峒主土叛覃壁，斩功九十三颗，报奏，加功候赏兵将陆，外功给大小二村，功赏田土二地，赏银三百余两"①。

明万历二十七年（1599），贵州播州宣抚使杨应龙叛，总督李化龙督兵二十五万征剿，分兵七路，进攻播州。化龙集三省土兵达二十多万，次年六月大破之。湖广诸司皆奉调出兵参战，唐崖土兵也在应征之列。《明神宗给三宣八安抚司鼎铭》中记载："考明史，万历二十五年，播州宣慰使杨应龙叛，遂纠诸苗反，寖及湖广。命李化龙总督川、湖、贵州军务讨之。……二十八年六月，化龙集三省兵，大破之。应龙自缢死，七子皆就擒。②"

十二世祖覃鼎，于天启元年（1621）奉调在渝城，"生擒"③ 樊龙樊虎。次年，钦依峒主覃杰分掌司权，捷征水西安邦彦。天启三年（1623）再次奉调征讨永宁奢明从（明崇）、奢明辉，"军威显赫，血战报捷"。钦依功升宣慰（宣抚）使司，功授平西将军。④ 天启年间，西南播州杨应龙、水西安邦彦、永宁奢崇明三大土司势力相继叛乱。前后历经两年多，三大土司叛乱终被平定。覃鼎的军队参与了朝廷征调，战功显赫。可见，明中后期，西南民族地区大土司与朝廷的抗衡，唐崖土司与土家族土司一起为朝廷的"平乱"，立下了汗马功劳。

其五，充当封建地主阶级镇压农民起义的工具。明末尖锐的阶级矛

---

① 覃国安印：《唐崖覃氏族谱》，1917年版，2008年复印，第30页。
② （清）张梓修，张光杰纂：《咸丰县志》卷十九《艺文志》，同治四年（1865）刻本。
③ 《族谱》所言覃鼎"生擒"，二字有过夸饰之意，不正确。《明史·四川土司二》载，"……朱燮元遂以计擒樊龙……"《明史·朱燮元传》载，"崇明发卒数万来援，如珂迎战，檄同知越其杰蹑贼后，杀万余人。监军金事戴君恩令守备金富廉攻斩贼将张彤，樊龙亦战死"。可见，樊龙是被川东兵备副史徐如珂擒杀。不可否认，覃鼎与鄂西、川东诸土司在征讨平定樊龙的叛乱中确有巨大贡献。
④ 覃国安印：《唐崖覃氏族谱》，1917年版，2008年复印，第31—33页。

盾激发了农民大起义，起义军迅速席卷黄河、长江流域的大半个中国，极大地动摇和威胁了明王朝的统治。这时段，唐崖土司因国家危难而奉调征剿，充当镇压这些反抗活动的急先锋，全力维护明廷统治。崇祯初，唐崖十三、十四世土司相继从征镇压农民军。十三世覃宗尧，调荆州征剿"流寇"身亡。十四世覃宗禹，又奉调川东，抗御张献忠进川。① 唐崖覃谱云，覃宗禹率兵堵截于麻渡河、大宁县等地，孤城独战阵亡。"斩功三百余颗，追至大宁县，堵杀献贼，斩首三百余级，生擒贼兵五十三人。"② 在农民起义的20多年里，唐崖土司与鄂西南其他土司官民积极参与朝廷调征"征贼"，表现出的"坚决与农民军为敌""血腥镇压"的行动都是源于一以贯之的"奉明正朔"的思想和为国家效力的追求。客观地说，虽然唐崖土司充当了封建地主阶级镇压农民起义的工具，但与农民军的积极抵抗也在一定程度上减轻了农民起义对鄂西南地区经济、社会的冲击，起到了"保境安民"的作用。③

总之，征调土司兵被明清王朝统治阶级视为"其安边民之长策欤"④，一度成为朝廷抗击倭寇的撒手锏。毛奇龄在《蛮司合志》中对中央征调土兵政策的实质有这样透彻的分析，"以蛮治蛮，即以蛮攻蛮。溪洞之间，窃发时起，则被我征调，颇为易事，因立设土兵相制之法。而其后辗转相假借，几义大征者，无不藉以土兵、狼兵、远为驱遣"。对外抗击倭寇、援辽不忘土司兵，对内防苗、平叛也需土司兵发力，可见明代土司兵的重要性。

然而，在这频繁的征调中，土司兵"骁勇善战"的背后也付出了巨大的牺牲。就唐崖土司参与征战的10位土司而言，多因征战身亡或病故。一世覃启"因阵身故"，覃值什用"营在病故"，覃文铭"血战重伤，回营身故"，覃天富"瘴身故"，覃柱"征剿覃壁，回司身病亡故"，覃宗尧征剿"流寇"身亡，覃宗禹孤城独战阵亡。这7位土司是战死沙场，另外3位参加征战而在任身故的是覃忠孝"在任身故"，覃万金"至

---

① 王平：《鄂西南族群流动研究》，《中南民族大学学报》2004年第1期。
② 覃国安印：《唐崖覃氏族谱》，1917年版，2008年复印，第38页。
③ 王希辉、杨杰：《唐崖土司覃氏世系及征调述略》，《三峡大学学报》2009年第6期。
④ 《稿辑要》，林继钦等修：《保靖县志》，清同治十年（1871）刻本。

老身故"，覃鼎"多次平叛，病故"。作为征战之首领都付出了巨大的代价，而冲锋陷阵的土兵的伤亡可想而知。

我们以容美土司田九霄带领施州兵取得的"后梅之捷"为例，看看歼敌情况来反观土司兵的伤亡，"嘉靖乙卯冬十一月，倭贼……几七百人，九霄其前，纵火焚之，死者强半。公计……岭之巅可伏……遂大败之，斩首及焚死者积五百二十有奇。……贼惊起自相攻击，死者又若干人"①。此次战役歼敌应为千人以上。我们常说，伤敌一千，自损八百。虽然田九霄带领的"精兵悍甲诸部"②，奇计多样，但是，在经历了后梅之捷、清风岭之捷、黄家山之捷、剿徐海、乍浦之捷、舟山之捷等战役后，万余名各司土兵也付出了巨大的损伤。据说，田九霄抗倭所得赏赐白银，多达一万七千两。③ 可见，在积极响应中央王朝征调各种参战中，土兵付出了巨大牺牲，土司也得到了丰厚的赏赐。

（三）纳赋：接受中央朝廷的政治统治

土司纳赋主要盛行于洪武时期。这之前，羁縻州时期，设治地区实行轻徭薄赋。在照顾少数民族地区的特殊历史地理环境下设置土司制度的同时，蒙元王朝非常重视土官土酋对中央的臣服，开始实施"贡赋制"，明确规定了土司朝贡与纳赋的时间、人数、贡品、赏赐等。明廷重视赋税的征收，正如《元史·地理一》所说："盖岭北、辽阳与甘肃、四川、云南、湖广之边，唐所谓羁縻之州，往往在是，今皆赋役之，比于内地。"④ 这也是土司承担赋税义务作为接受封建中央王朝统治的一个重要标志。纳赋的性质，已不再是封建王朝向边疆蛮夷象征性少量征收贡赋。元、明以后中央王朝已经在"户籍"的基础上制定了土司应纳赋税之额，并且其征收带有强制性，说明已真正把土司区"比于内地"。清廷

---

① （明）胡宗宪辑：《筹海图编》卷九。转引自鄂西土家族苗族自治州民族事务委员会《鄂西少数民族史料辑录》，鹤峰国营民族印刷厂1986年印刷，第415页。

② （明）胡宗宪辑：《筹海图编》卷九。转引自鄂西土家族苗族自治州民族事务委员会《鄂西少数民族史料辑录》，鹤峰国营民族印刷厂1986年印刷，第416页。

③ 后梅之捷、清风岭之捷，田九霄征剿倭寇的功绩足以证实容美田氏功在国家，但是土司制度的规定，只能受赏而难以升迁，故不宜大举扩张势力。虽然我们在地方史料中查询难以找到赏赐的巨额到底有多少，但是可以通过爵府修建，势力扩张这些事实，也能想象出接受的奖赏是丰厚的。参见《恩施文化简史》，湖北人民出版社2018年版，第233页。

④ （明）宋濂等撰：《元史》卷五八《地理志一》，中华书局1976年版，第1345页。

赋税有所增加，遇到闰年，还须加征。

洪武年间，鄂西南各土司在废与置的交替中，（洪武）二十三年，凉国公蓝玉克散毛洞，擒刺惹长官覃大旺等万余人。又忠建施南叛蛮结寨于龙孔，最后宣抚覃大胜械其党，送京师磔。散毛、施南为首的鄂西南诸土司从至元到洪武中期都处于"反叛—投降—再反叛—再投降"的状态，最后通过军事镇压直至鄂西南诸土司的归服。"西南夷来归者，即用原官授之"①，明初制定了一整套土司贡赋制度。之后，土司纳赋盛行于洪武年间。之所以如此，鄂西南各土司叛乱感受到军事震动，最后以归附明廷收场，土司们充分明白"入籍输赋"才能免于被军事围剿。

唐崖土司虽为一个小土司，也在纳赋行列，有向中央王朝缴纳赋税的义务。据嘉靖本《湖广图经志书》"施州卫"条目，有一段话描述鄂西南各土司纳赋情况，虽较简单却是一份记载准确的珍贵史料。②

> 施州，成化八年，田一百四十一顷一分，赋一千六十八石三斗七升二合六勺，茶课折米二百四十三石四斗五升一合二勺。正德七年，赋共七百三十八石二斗八升四合六勺，丝五十二斤九两九钱八分三厘，折米一百六十八石三斗九升六合六勺，茶一千四百七十五斤七两四钱，折米二百四十三石四斗五升一合二勺。
>
> 大田，屯田地一百五十五顷六十亩。刺惹洞火焰山，地原无额；屯粮一千五百五十五石，刺惹洞秋粮粟米一千一石七斗。
>
> 施南：田，本司火焰山，地原无额；秋粮粟米六十五石六斗一升七合七勺五抄。
>
> 东乡：田，本司火焰山，地原无额；秋粮粟米一十石。
>
> 金峒：田，本司火焰山，地原无额；秋粮一十五石一升三合九勺。

---

① （清）张廷玉：《明史》，卷三一，《土司传·序》第二十六册，中华书局1974年版，第7981页。
② 历史学家何炳棣院士认为传统中国的土地数字并不代表真实的耕地面积，而只是纳税单位。明清土地数字的编制，在原额观念影响之下，也与实际数字有很大差距。参见何炳棣《南宋至今土地数字的考释和评价（上）》，《中国社会科学》1985年第2期；何炳棣：《南宋至今土地数字的考释和评价（下）》，《中国社会科学》1985年第3期。

散毛：田，本司火焰山，地三顷十一亩四分；秋粮粟米一十七石九斗五合。

大旺：田，本司火焰山，地一顷七十亩；秋粮粟米九石九斗五合。

龙潭：田，本司火焰山，地二顷；秋粮粟米一十石七斗。

忠建：田，本司火焰山，地原无额；赋四石四斗五升。

忠峝：田，本司火焰山，地原无额；赋六石五斗。

高罗：田，火焰山，地原无额；赋三石七斗五升。

木册：田，火焰山，地原无额；赋八石五斗。

镇南：田，火焰山，地一顷；赋五石。

唐崖：田，火焰山，地原无额；赋一十石五斗。①

从上面《湖广图经志》中摘出的施州卫所统管的所、土司在成化八年和正德七年的田赋，唐崖土司与其他土司比较，与毗邻的大田所和直接受其管理的施州卫在数据上进行比较，唐崖土司在其中的地位与规模排列居下。再结合《湖广图经志·施州卫》户口条目②，按正德七年的户口数据进行比较，施州卫的总人口中唐崖土司人口与其他土司比较是最少的。说明唐崖土司在同样的土司制度之下，其地理环境、开发程度以及自身发展都处于水平较低的状态。

表3-2　　　　　　　　施州均户数与田赋额数对比③

卫、所、土司	户均人口	土地资源	赋额（石）
施州	5.3口	田141顷	1068
大田所	1.5口	田165顷60亩	1555
刺惹洞	8.2口	地原无额	1001

---

① 日本藏中国罕见地方志丛刊（下册），（嘉靖）《湖广图经志》卷二十《施州卫·田赋》，台北：书目文献出版社2004年，第1609页。

② 已在第一章第二节进行分析。

③ 根据（嘉靖）《湖广图经志》卷二十，施州卫条人口和田赋两部分内容整理而成。日本藏中国罕见地方志丛刊（下册），（嘉靖）《湖广图经志》卷二十《施州卫·田赋》，台北：书目文献出版社1991年版，第1609页。

续表

卫、所、土司	户均人口	土地资源	赋额（石）
施南	8.9 口	地原无额	65
东乡	4.7 口	地原无额	10
忠路	4.4 口		
忠孝	6.4 口		
金峒	5.6 口	地原无额	15
散毛	8.0 口	地3顷11亩	17
大旺	7.6 口	地1顷70亩	9
龙潭	4.7 口	地2顷	10
忠建	4.1 口	地原无额	4
忠峒	6.3 口	地原无额	6
高罗	4.2 口	地原无额	3
木册	4.8 口	地原无额	8
镇南	4.5 口	地1顷	5
唐崖	3.4 口	地原无额	10

从表3-2分析，土地资源多为汉地，14土司中有少量土地资源的只有散毛（覃）、大旺（田）、龙潭（田）和镇南（覃），龙潭、大旺属于散毛土司，镇南虽为施州卫直接管理，但是从姓氏上看，与散毛土司也有着血缘的联系，都是本地的强宗大姓覃氏一支。从向朝廷提交赋额比例来看，有无土地资源并不是一个必要的条件，散毛地多一些，交额多一点，但是大旺、龙潭、镇南有1—2顷地，但是赋额却比无土地资源的施南、金峒（峒）少许多，而同样无土地资源的唐崖长官司和有2顷地的龙潭安抚司提交赋额是一样的。

从目前较为珍贵的这几条史料，我们将鄂西南土司属地结合今天的对应地域的土地资源与赋额，我们将得出的结论是，施南宣抚司、东乡安抚司、金峒安抚司、忠建宣抚司、忠峒安抚司、高罗安抚司、木册长官司、唐崖长官司，因火焰山地，民生艰难，原本没有赋税额度，可见这些土司地的经济状况一般。这些土司的职级依据，是以宣德初年（1427—1428）在永乐初年（1404—1407）后恢复设立的土司级别的基础上补充了10个土司，即29个土司①的名录为依据，进行比较职级的大小与纳赋的多少来看他们在朝廷的地位。唐崖与木册都是长官司，唐崖的赋额比木册多3石，比东乡安抚司多5斗，比忠峒安抚司多5石，比高罗安抚司多8石，甚至比宣抚司职级的忠建宣抚司缴赋多6石，就是与邻居且有地二顷的龙潭安抚司相比，其赋额也是同样多的。可见，唐崖土司在明中前期不仅积极参与征调，还积极缴纳赋税，这些行为充分体现出对朝廷的臣服和本身的重要性。

明朝在承继元朝土司制度的基础上，更加清楚地明确了土司制度的方针，由"历朝征发"改为"抚绥得人"，减轻剥削役使，重在安抚人心，目的是规定赋役额，易为统摄。特殊情况下"免钱粮三年"②，"免恩施、宣恩、咸丰、建始等被贼滋扰地丁钱粮，全行蠲免"③。明王朝将土司制度已经发展成为一种适合治理所有边疆少数民族的间接统治的制度。"同治初年，均已缴销。"④ 说明土司时期存在的杂税有田房税，棉花牙行、盐牙行、布牙行的纳税银，但是，在同治初年，这些杂税来源统统被缴获销毁。这样的反推法来看史料禁止或销毁的物产证实在土司时期应是主要或者是必不可少，抑或是一定存在的。民国版《咸丰县志》卷四《物产》云，"铁厂，因本省例无矿税，概系土人自行开采，官府给以'破生废铁熔铸锅罐'字样，收取规费，年纳二百余串"⑤。可见，土人开办铁厂，官府并未干涉还能在材料来源上给予一些资助。

总而言之，对元末明初期、明中期、明晚期唐崖土司的朝贡、征调、纳赋的变化态势进行观察的基础上，唐崖土司与中央王朝的关系，可以看出明早期的唐崖土司侧重于纳赋，明中前期的唐崖土司侧重于朝贡，明中晚期的唐崖土司积极参与征调。总之，有明一代，从永乐定制到明末乱世之前，整个鄂西南土司深得朝廷信赖和赏识，深受信任、备为

---

① 日本藏中国罕见地方志丛刊（下册），（嘉靖）《湖广图经志》卷二十《施州卫》，台北：书目文献出版社1991年版，第1619页。
② 中共鹤峰县委统战部、县史志编纂办公室、中共五峰县委统战部、县民族工作办公室编印：《容美土司史料汇编》，鹤峰印刷厂1984年印刷，第51页。
③ （清）王协梦：《施南府志》卷十五《食货志·蠲恤·国朝》，道光十四年（1834）刻本。
④ 陈侃修，徐大煜纂：《咸丰县志》卷四《财赋志·杂税》，1914年版。
⑤ 陈侃修，徐大煜纂：《咸丰县志》卷四《财赋志·杂税》，1914年版。

"臂指"，是这一时期土家族土司与明中央王朝关系的主要内容。田敏教授认为这一时段是"土家族土司发展的全盛时期，尤其是几个大土司与明中央王朝的关系，进入成熟稳定的黄金阶段"①。

但是，在王朝新旧更替、朝廷无力控制土司地区时爆发土司大规模的反叛活动，唐崖土司与鄂西南的覃氏土司形成一个集团参与到反叛潮流中。至元年间，"诸洞蜂起"，多次掀起反元斗争。又如，洪武三年发生的覃垕连构诸洞蛮反叛事件②，其势力的强大和在当地的影响极大，《明实录》和《明太祖实录》对征讨有详细记载。至今，在唐崖社区有"六月六，晒龙袍"的习俗，这与历史事件有着紧密的关系和这一精神的传承有着渊源联系。

二 唐崖土司与周边土司、卫所的关系

唐崖土司虽然是施州卫直辖，但是，受大田所的管控。卫所是"以防御土司为责任"③。卫所与土司两者关系从总体上来看，卫所管治土司臣服帝国大一统，扼制土司行动不叛服。唐崖土司与卫所和周边土司在地域上呈犬牙交错，"重庆二府去，全城颇远，所属达东太平太宁大昌等州县，山深地广，流移逋逃，易于肃聚，为溢正德间群盗蓝廷瑞、鄢本恕、廖麻子等相继倡乱，为蜀中大害，又所属墨江、武隆、彭水、忠、涪、建始、奉节、巫山、云阳等州县界与湖广之施州卫所辖散毛、施南、唐崖、忠路等夷司犬牙交错，加之播酉石砫等司，土汉相杂，争间劫害，无岁无之"④。明代中前期，四川重庆、夔州二府所属之地与施州卫下辖的土司之间常有往来，甚至发生侵占土地之事。有关唐崖土司的史料记载匮乏，甚至咸丰在早期的地属也是笼统的记载，意味着这块地方发生的事情也是笼统的记载，故而"所遇兵事，皆详施南府志及其它郡县志中"⑤。

---

① 田敏：《土家族土司兴亡史》，民族出版社2000年版，第129页。
② 覃垕连构诸洞蛮反叛，致使湖广行省平章杨璟在率兵征讨中，第一次劳而无功；第二次拒守不下，受到朱元璋的指责；第三次周德兴助剿，数军合围，覃垕被斩，僵持半年的反叛被镇压下去。
③ （清）吉钟颖：《鹤峰州志》卷十四《杂述》，道光二年（1822）刻本。
④ （明）虞怀忠修：(万历)《四川总志》，卷十六，康熙十二年（1673）刻本，第1244页。
⑤ 陈侃修，徐大煜纂：《咸丰县志》卷五《武备志·历代兵事》，1914年版。

同一时期，唐崖土司与大田所、黔江所及周边各土司有着密切的关联。童昶的"制夷四款"中透露出，明朝设关隘把严，为防土司地的土司与土民进入卫所地区，遵循"蛮不出境，汉不入峒"①。但是，在永乐二年后因招抚有所打破，如施南、金峒等司逐步迁入施州地，即为当时在管理者话语中所谓的"内地"。弘治年间，忠路、忠孝入"内地"。之后，土司经常侵占卫所土地，其行为被童昶表述为"其贪未厌"②。

（一）唐崖土司与卫所关系

土流间治下的土司与卫所关系主要呈现在唐崖土司与大田军民千户所，与黔江守御千户所、彭水邑等地掠地掳民的交集。

首先，唐崖土司与大田军民千户所、黔江守御千户所的关系。1914年版《咸丰县志》卷十《土司志》中的"前清改土归流缘起"条云，咸丰县境自洪武二十三年，割散毛土司一半的辖地设置大田所，置军驻屯，下置汉官、土千、百户等官职并世袭，其军粮的提供任务派配与酉阳和黔江，借资来控驭介于宣、来、咸、利诸土司。崇祯末年，大田掌印千户杨正麟等进呈的"舆图官军文册"云，大田所官员的配备：汉千户6员，汉百户5员，应袭土千户8员，及应袭指挥、应袭百户、现任差操、现掌百户印各1名，共计23名官位。大田千户所的卫兵除了少量的汉军外，主要是抽调酉阳土司和平茶长官司的土兵1110名，把隘守御。周围土司"乱发不常"时，增调施州卫左所汉官兵550名协御，共36屯，兵农合一，且耕且守。

此外，大田所四周布阵的关隘对土司进行了层层严控。城东有土地关、老鸦关、滴水关，城南有独乐关，城正西有石牙关，还有正北方位的石虎关。"石牙关，在县西北，与四川彭水县接界。"③还是"彭水、黔江入咸之要道"④。"唐崖土司故宅，在县治西北六十里。"⑤"城正西八

---

① （清）张梓修，张光杰纂：《咸丰县志》卷十二《武备志》，同治四年（1865）刻本。
② （清）张梓修，张光杰纂：《咸丰县志》卷十九《艺文志》，同治四年（1865）刻本。童昶《拟奏制夷四款》。
③ （清）张梓修，张光杰纂：《咸丰县志》卷三《建置志·关隘》，同治四年（1865）刻本。
④ 陈侃修，徐大煜纂：《咸丰县志》卷一《舆地志·要隘》，1914年版。
⑤ 陈侃修，徐大煜纂：《咸丰县志》卷一《舆地志·古迹》，1914年版。

十里为石牙关,内有蛮王牌,有千户张其绅带兵一百名屯守。"① 石牙关、蛮王牌正是在唐崖土司的境内。一个关隘由千户带 100 名兵长期屯守,通过这条文献的记载也可看出对唐崖土司的严密控制,可见当时的管控也是严格的。但是一旦在朝代更替之际,土司实力强大之时,这种管控就会反过来变成寇掠。

其一,体现在剽掠和流劫。剽掠与流劫存在土司与卫所、强与弱的博弈过程中,剽掠指坐大的土司对大田所外领地的掠地和掠民行为,流劫指坐大的土司对大田所内的土地和土民的霸占。元末明初鄂西南土司的"叛服不常"曾为统治者深感后怕,视为"胡虏"②。

唐崖土司曾多次侵扰黔江、彭水县境。黔江守御千户所,"地接散毛、盘顺、酉阳诸洞,蛮寇出没,屡为民患,宜设兵卫屯守"③。三面环接土司,朝廷置千户所镇之。"水道不通,羁縻名都则易治,控制诸蛮则不足,故累代为石柱、忠路、唐崖、酉阳、大旺众土司所侵占"④。"弘治年间(1488—1505),忠路、忠孝又徙施州都亭等里,施南、唐崖又侵黔江之夹。"⑤ 嘉靖《四川总志》载,"……而民夷祸患寝,寝可消也,查得湖广施州卫所辖散毛、施南、唐崖、忠路、忠建、忠孝、容美等土司与四川重庆二府所辖黔江、武隆、彭水、忠、涪、建始、奉节、巫山、云、万等等地州县地界,或鸡鸣相闻,或犬牙交错……"⑥ 同书同卷云,"……如昔年唐崖长官司覃万金等夷,出劫黔江等七州县,众议动调官军将首恶擒获,监卫辄,又受财朦胧卖放……"⑦ 覃万金是唐崖土司九世祖,唐崖族谱只书写了功绩,"征麻阳苗,战功不小",并没有记载出劫

---

① 陈侃修,徐大煜纂:《咸丰县志》卷十《土司志·前清改土归流缘起》,1914 年版。
② "土司兵最不宜调,其扰中国甚于胡虏"。(明)沈德符:《万历野获编》卷四《夷兵》,中华书局 1997 年版。
③ 《明太祖实录》卷一百一十九,"洪武十一年九月"条,台北"中央研究院历史语言研究所"校印本 1962 年。
④ (清)张九章:《黔江县志》卷一《疆域》,光绪二十年(1894)刻本。
⑤ 童昶《拟奏制夷四款》。(清)张梓修,张光杰纂:《咸丰县志》卷十九《艺文志》,同治四年(1865)刻本。道光《施南府志·艺文志》和同治《来凤县志·武备志》中都有收录此款。
⑥ (明)虞怀忠修:(万历)《四川总志》,卷十六,钦差巡抚都御史刘大谟题设守备疏,康熙十二年(1673)刻本,第 1245 页。
⑦ (明)虞怀忠修:(万历)《四川总志》,卷十六,钦差巡抚都御史刘大谟题设守备疏,康熙十二年(1673)刻本,第 1246 页。

黔江等州县事件。邓辉认为，族谱的记载缺失可能是后人"对于明代社会中许多事件他们并不知道"①。这说明唐崖土司在嘉靖年间与重庆、夔州二府的地界往来较多，与施州卫的关系非常紧密。而覃万金是《明实录》中少有记载的唐崖土司中的一位，进一步说明覃万金是唐崖土司头人中实力非凡的代表。在他任职时期唐崖社区的发展，实力已相当雄厚，甚至在川省头目中称得上是有地位之人。覃万金时期，正是唐崖土司实力强盛的中兴重要时期。

"经唐崖土司占去洞口、峡口、中塘、后坝各乡地五十九处，并未归附，今隶咸丰。"② 嘉靖《四川总志》卷十六所载是对《前志》记载的转录，此一史料在光绪《黔江县志》卷一《舆地·疆域》也有抄录。

> 经唐崖土司占去……忠路土司占去酸枣地十三处，亦未归附，今隶利川。其所存洛里乡九，正阳、洞口、青冈、金溪、白土、镇夷、五路、中塘、后坝；栅里乡九，三屯、栅山、石会、酉池、白鹤、黑溪、酸枣、黎水、泡水，续增三乡，三郴、大木、枫茅坝子，界连利川、咸丰、澧都、石柱等地，而大木、枫茅坝子则经川湖两都会勘断归者也，其二里以城内县署西何公桥为界。③

嘉靖中期，是鄂西南土司剽掠高潮。旧《卫志》云，嘉靖中期，鄞楚抚谷虚中奉命征讨支罗、施南、散毛的剽掠和流劫事件。"支罗土寇黄中叛，剽掠川民。施南、散毛二司，流劫施、建、忠、丰。"④ 鄞楚抚谷虚中奉命征讨，……领永顺五寨及本卫官军攻剿，黄中听抚解院，磔于市，余党悉平。

唐崖土司与周围诸土司多次合众寇掠彭水邑民也有多处记载。《彭水县志》卷四载，顺治四年（1647）"丁亥，诸土司兵寇彭水。酉阳土司兵掠邑民千余口，忠路、唐崖、大旺三土司兵掠四野。伪总兵邓甲，据朱

---

① 邓辉：《唐崖土司的几个历史问题》。收录于湖北省文物局、三峡大学、唐崖土司城址遗址管理处编《唐崖土司学术研讨会论文集》，科学出版社 2014 年版，第 33 页。
② （明）虞怀忠修：（万历）《四川总志》，卷十六，康熙十二年（1673）刻本，第 1246 页。
③ （清）张九章：《黔江县志》卷一《舆地·疆域》，光绪二十年（1894）刻本。
④ （清）李勖：《来凤县志》卷十八《武备志·兵事》，同治五年（1866）刻本。

芹城，纵兵长滩乡等处焚掠。顺治五年（1648）戊子，土寇合掠彭水。酉阳、忠路、唐崖诸土兵，同时寇掠，流贼袁韬掠县境江口洋水等处，朱国玺率兵复仇，于郁山白土败走，死数千人"①。故而县志中有如此慨叹，"自甲申后，诸土兵窃掠邑境，习以为常"②。习以为常，不仅仅是唐崖土司的行为，紧邻彭水的施南土司治下的忠路、沙溪二土司也是多次寇掠彭水。崇祯十七年（1644），忠路土司即"劫掠郁（彭水郁山）民千余而去"。顺治四年，酉阳、忠路、唐崖、大旺等土司占据采芹城，直到康熙四十三年忠路土司还袭占了安乐坝等地。③光绪《黔江县志》卷三也有明末清初时，鄂、川诸土司多次"寇掠"其县邑的记录。

　　土司多次"寇掠"引起朝廷的革职甚至拘监的惩处。"康熙四十二年（1703），癸未，唐崖土兵寇掠县境，至石塔铺，掳男女六十余人。守备王恪飞檄以报，游击赵锦具详，提督岳公升龙移咨川楚督抚，疏劾提问忠路司覃世藩、唐崖司覃鋐，并死于大狱。大旺、散毛、沙溪诸司亦皆被劾，追还历年俘掠，民始安堵。"④《彭水县志》进一步描述此次"寇掠"事件，"……因罪，唐崖土司覃鋐，忠路司覃世藩被拘，'死于狱'中。大旺、散毛、沙溪诸土司都因牵连遭到革职的惩处"⑤。此外，《彭水县志》详细记录：

> 康熙四十二年癸未秋八月，忠路土官覃世藩、唐崖土官覃鋐及大旺土官被旨，着湖广督抚提问，明末甲申京城陷于逆贼李自成，是岁十月，忠路土苗寇郁山，掠市民千余口，嗣后或一司掠于野或合数司以寇城市，彼为刀斧我为鱼肉，男人岩居穴处，避其害者八年。顺治十七年始入本朝版图，虽平书一统、四海清宁，土苗或盗接壤之牛马、或掳孤处之边民，奴叛其境则执之，且系累其追取者，

---

① （清）张锐堂修辑，支承祜纂：《彭水县志》卷四《杂事志》，光绪元年（1875）刻本，第164页。

② （清）张锐堂修辑，支承祜纂：《彭水县志》卷四《杂事志》，光绪元年（1875）刻本，第164页。此处甲申是指明崇祯十七年（1644）。

③ 柯仲生：《彭水概况》，1940年刻本，第43页。

④ （清）张九章，《黔江县志》卷三《武备志》，光绪二十年（1894）刻本。

⑤ （清）张锐堂修辑，支承祜主纂：《彭水县志》，清光绪元年（1875）刻本。

索盐于边民，曰"尔宜纳贡我盐舶，不然将掠汝人丁，焚汝廪积矣"。冬月则聚集群党，潜伏箐茨林莽中，伺隙窃，岁率为常。前此驻防兹土者皆不敢报闻。是岁游击赵锦调征打箭炉，唐崖扣黔江之石塔乡，掳男女六十余口，守备王珞飞檄以报赵公具详。①

从这些史料记载可知，在明末清初交替之际，由于明朝政府的腐朽，不仅唐崖土司多次失控，滋长了黔江、彭水边界的土家族土司积极向外扩张势力的疯狂行为，自崇祯末年至康熙中期，近三十年的时间各土司攻城、劫夺等"剽掠"行为时常发生。

大田千户所即大田军民千户守御所，设在西南极边，土壤瘠薄。② 明洪武七年，割散毛司之半，为大田所。外而毗连黔蜀，内而锁钥荆襄，亦属重地也。③ 大致辖今咸丰、来凤、宣恩部分属地。周围的各土司霸占大田所的土地和土民的流劫行为更加猖獗，包括唐崖土司对其进行"流劫"的行为也是令人惊讶。明末政府对诸土司已失控，两支起义军④令时局动荡不宁。此境况是大小卫所名存实亡，土司征调不至，卫所之官与土司互为表里，反行纵容。施州卫、大田所处于失控状态，田敏曾言，"土司之失控妄为，颇令人惊讶"⑤。这些助长了鄂西南土司势力扩张活动的蔓延，甚至到了"乱无章法"。民国《咸丰县志》、同治《恩施县志》详细记载了鄂西南诸土司对施州卫、大田所公开进攻，侵占屯田，霸占卫所土地。杨应龙反叛事件发生后，"唐崖、金峒、龙潭皆与焉……是时，朝廷顾念西南边陲，而吾大田所地，汉土杂处，祸机潜伏，尤切九重霄旰之忧"⑥。朝廷的担忧与大田所的战略作用是不可忽视的。"自应龙诛后，大田一带，渐平靖数十年。"⑦ 万历至崇祯时期，因唐崖土司坐大，对大田所的侵扰持续30余年。铭钟纪案云：

---

① （清）朱雨捷纂：《彭水县志》卷四，清康熙四十八年（1709）刻本，第199、208、303页。
② （清）张梓修，张光杰纂：《咸丰县志》卷十九《艺文志》，同治四年（1865）刻本。
③ 《咸丰县志校注——清同治四年（1865）版，1914年版》，鲍含章撰写的序。
④ 大顺政权李自成据北京和大西政权张献忠据四川。
⑤ 田敏：《土家族土司兴亡史》，民族出版社2000年版，第162页。
⑥ 陈侃修，徐大煜纂：《咸丰县志》卷十《土司志·元明以来土司纪略》，1914年版。
⑦ 陈侃修，徐大煜纂：《咸丰县志》卷十《土司志·元明以来土司纪略》，1914年版。

有限残孑之民，处诸土司环绕之中，岂有不被其欺凌吞食者乎！所以边境田地为施南、唐崖、散毛、木册、腊壁各土司占去，不下百十处。前任各牧，虽欲详请，而诸土强占，终成悬搁……以独于田亩侵占不清等事案内，尽行断退，有约者酌付价值，无据者量力开耕，诸土司俱各乐从，毫无嫌怨出……①

唐崖土司在覃鼎时代达到鼎盛之后，此时的朝廷完全没有精力来管控土司，滋长了唐崖土司势力扩张的野心。昔时与其他诸土司一样，攻城占地，劫夺人口财物。万历、天启、崇祯以及永明偏安之世，"散毛、唐崖、大旺、东流诸土司，时有不靖"②。民国《咸丰县志》杨正麟传和咸丰《杨氏族谱》对唐崖诸土司流劫大田所之事记载比较详细，摘录如下：

袭职后，值散毛、大旺、东流、唐崖各土司肆行贼掠，出没无常。公为清野坚壁之谋，踞险立寨，民赖以安。复率所兵，奋身克敌，奉部院何奏给都尉职衔，并赐"著建奇功"匾额。崇祯七年，唐崖土叛突起，环夷四出，公血战，保全龙姓男妇三百余口，堂弟正坚、正良，叔再登俱阵亡。复因东流、腊壁攻劫蒋、徐二寨，公率所兵，与胞弟正昌，两次擒斩蛮首，活生命千有余人。九年，大旺土司纠合群夷，四出焚掠，公力战，解所城及刘李屯、石板堡之围。凤卫侯牟文绶手书嘉公："才长御侮，勇冠三军，制叛夷而安兆庶，运韬略以镇边疆"云云。诸土以所地难犯，移攻黔江、彭水二邑，公率弟正昌、子天柱往援，天柱阵亡，卒以力战，击退强寇，黔邑安堵。楚蜀督师据实上闻，阁部某极加奖恤，赠"两省干城"额。十二年，酉阳叛苗，间出掠扰，近逼黔城，公往援，斩获甚众，川督吕大器，奏公生长边方，晓畅军事，当群夷嚣张之际，奋勇剪屠；值中原板荡之时，矢心恢复，加授总兵实职，仍掌所印，督理军民事务。十四年，大旺土夷，屡出滋扰，奉旨剿洗。事平，钦差

---

① 陈侃修，徐大煜纂：《咸丰县志》卷十《土司志·元明以来土司纪略》，1914年版。
② 陈侃修，徐大煜纂：《咸丰县志》卷五《武备志·历代兵事》，1914年版。

向奏给都督佥事札副。次年正月，余贼叛，逼所城南境之独乐关，公免胄以见，不击而退。①

杨正麟，字秀若，明武德将军大田掌印千户再荆（川公）之子。天启元年三月赴京承袭，回任。崇祯末年，进呈舆图官军文册，内设：汉千户6员，汉百户5员，应袭土千户8员。任职期间，历经多次环绕土司流劫大田所的土地、土民之事。认为"坚守之谋，居险立寨"②才能制夷。崇祯七年，与唐崖土司覃宗禹之间的血战，虽然保全龙姓几百人口，但是杨氏家族的军兵丧亡很大。崇祯九年，以大旺土司为首，纠合群夷焚掠大田所。这一时期，唐崖周边的诸土司不仅犯难大田千户所，对黔江、彭水的移攻也是频繁，大田千户所也是多次带兵支援两地，"击退强寇，黔邑安堵"。

上面我们已用史料分析，《杨氏族谱》的记载再次印证这一时期唐崖土司对汉官管治之地的肆虐。可见，杨正麟执掌大田掌印千户期间，经历了与唐崖土司、大旺土司、酉阳土司带领诸土司焚掠自己管辖领域的反击战，还有不断援助黔江和彭水两千户所地招诸土司强寇之难。其内当土司横掠，大田千户"联疏远以彰声势，使各土司知一姓一族有事，必互相救援矣"。③"康熙二十一年，所官全罢世袭，军屯废弛，而土司豪强，益为民害。"④

唐崖土司对大田所流劫所占土地，康熙四十五年（1706）任大田所千户的钮正己书写的《退赎民屯案略》表述很明白，唐崖长官司在清初占领了大田所的土地，"赎回唐崖司退出四度坝、麻地坨、冉寨屯、大河边、谢家泉、龟肚溪、生地坝、偏坡屯、陵家田、柿子堡、官岩沟、王家沟、红石坂、赵家堡、铜厂沟、魏家坝、长沙坝"⑤。其次，还记载了散毛、腊壁、施南侵占的田地。施南龙坪屯，散毛侵占之地有，马湖坝、

---

① 咸丰县档案馆藏存，咸丰《杨氏族谱》第三册，第3页。
② 咸丰县档案馆藏存，咸丰《杨氏族谱》第三册，第3页。
③ 咸丰县档案馆藏存，咸丰《杨氏族谱》第三册，第3页。
④ 陈侃修，徐大煜纂：《咸丰县志》卷十《土司志·清改土归流缘起》，1914年版。
⑤ （清）张梓修，张光杰纂：《咸丰县志》卷十九《艺文志》《退赎民屯案略》，同治四年（1865）刻本。康熙四十五年（1706），任大田所千户的钮正己书写的《退赎民屯案略》。

青水堡、麻谷溪、忠堡屯、南千坝、魏家山、大寺、小寺、马官屯、泡木园。腊璧司占领的唐家沟、方家庄、三道河、南寨沟。木册长官司侵占的蛮寨沟。"康熙五十四年十二月，大田掌印军民守御所钮正已，因汉、土互争田地案内，土司恃强侵占，钮断令土司退出所占，而令汉民备价赎取，铭钟纪案，今存兴国寺。"①

《铭钟》上注明了各土司所占田土由哪些流官合力赎回。蒋世振、黄金环、陆、谭、李、赵、钟、杨、滕、曹等姓，赎回施南土司所占的龙坪屯。官盛、官选、冉奇钊、杨光玉、田永光、田永庆、田永习、田永洪、田育民、田之应、官美等，赎回唐崖土司占地17处。冉奇月、粟美义、陈子孝、孙开举、廖彦亨、梅珩、张文孝、徐应士、蒋力宾、冉奇钊，赎回散毛司占地9处。徐加位、唐成赎回腊璧司占地4处。梅元和赎回木册长官司所占的蛮寨沟。② 赎回唐崖土司占田地侵争案从民间碑刻中也能佐证，"田寨河名苦竹河，自大明末时，乃吾祖食采汛地，日遭唐崖侵扰，佃民赴诉"，这是田阶墓碑③中所记。田氏从二世祖田世忠在明洪武二十三年升湖广施州卫大田军民府世袭正千户，其子多代承袭。一世祖田海→田世忠→田真→田阶→田甫。后裔多人任职于大田卫所。田氏永字辈在明中期就有记载，葬于县城西郊大坝田家湾田氏的祖坟，田永登之墓，铭载："田公永登生于丙寅年三月十五日辰时，受生丁寨，殁于庚午年六月三日午时，寿终大坝，葬于大坝。"田氏官咸数代居丁寨。300年后，清康熙五十四年，在大田掌印军民守御所钮正已断退田地案文书内赎回者中有"田永光、田永庆、田永习、田永洪、田育民、田之应"等人，是为同宗。清初各土司恃强侵占大田卫所的田地案中，钮断令官员执行土司退出所占地，退田地案文书内有关唐崖土司侵占之地的赎回者中有"田永光、田永庆、田永习、田永洪、田育民、田之应"等人，这些赎回者的田氏，族内永字辈的官员占了不少。田氏字派共20字一个轮回，"太朝忠施国，永毓世治序，敬绍先祖德，文昌应可继"。应为田

---

① 陈侃修，徐大煜纂：《咸丰县志》卷十《土司志·清改土归流缘起》，1914年版。
② 陈侃修，徐大煜纂：《咸丰县志》卷十《土司志·清改土归流缘起》，1914年版。
③ 墓碑位置，高乐山镇老里坝村田寨河生基坪。田阶之墓当地历代传名为"土司坟"，因土官而名。其墓地建筑已被掘毁，现仅剩石碑一块。

氏入咸后族谱字派运转的第二个轮回。

总之，唐崖土司的剽掠和流劫虽然获取了巨大的利益，但是，也受到了中央朝廷严厉的镇压。如唐崖土司十四司主覃**鋐**和忠路司覃世藩"死于狱"的案子。

其二，贡赋军粮。地方族谱有记载，要求唐崖土司向大田千户所提供"军粮八石"的赋额。鄂西南各土司纳赋的方式为不丈量土地，不编丁口，其纳赋税定额，主要是土司归附时自报认纳之数。如容美土司"……熟田地，即照原额秋粮银九十六两之数，作为征收定额"。可见，容美土司每年需纳秋粮折银九十六两。各土司入列的编户具有向周边明军"输赋"、供给军粮的义务，容美土司折算军粮为细银，与容美地理环境、交通不便有关，这种不便在顾彩之《容美纪游》开篇进行了描写，"容美宣慰司，在荆州西南万山中，距枝江县六百余里，草昧险阻之区也"①。容美距离施州卫，距离省城都非常远。"容美，东距省治一千五百五十里，西北距卫二百十里。"② 供给军粮的义务，因路途艰远、运输困难，只得采用"折纳"的形式。

"分归咸、利二县之田地人丁，向有定额，……应勘明田地之肥饶，以定征收之科，则俾为永远章程。……查土司向来输纳秋粮，不计田地多寡，每年统计仅止银七十三两六钱四分。今若照内地科则，按亩征输，即最轻粮额，亦必倍多前数。"③ 以军需物质的视角观察土司与卫所之间的关系，其场景与情景似乎更为清晰。明洪武二十三年（1390），散毛司覃大望联合其部落向天富等造反作乱，朝廷命凉公蓝玉调酉阳士兵1300人攻克散毛司，并废散毛宣慰司，设置大田军民千户所，命千户官石山领兵1500人镇守，并将所辖地划为36屯。以唐崖河为界，河的北部为土司地，河的南部为流官屯垦地，在咸邑开始实行土流间治。千户1500人的官兵，其军粮就需要接近2万石。

紧邻唐崖土司的大田军民千户所，"领百户所一、土官百户所十、刺

---

① 顾彩：《容美纪游》第1页。收录于鄂西土家族民族自治州民族事务委员会《鄂西少数民族史料辑录》，鹤峰国营民族印刷厂1986年印刷，第296页。

② 赵尔巽等：《清史稿》卷六十七《地理十四》，中华书局1998年版。

③ 摘自北京中国第一历史档案馆四全宗一七六五卷一号。收录于鄂西土家族民族自治州民族事务委员会《鄂西少数民族史料辑录》，鹤峰国营民族印刷厂1986年印刷，第52页。

惹等三峒"①。形成"汉土守御军,共一千六百六十名。汉、土指挥,千户、百户、佐贰、总旗、小旗五等管军,全设三十五员"②。鄂西南各土司不仅要向朝廷缴纳赋税,而且还要负担大田千户所一千六百六十名驻军的部分粮饷。咸丰县梅坪张氏,其先祖张官音为大田千户所千户。据现存的《张氏族谱》载,"恩施土司还要负担大田千户所的部分饷粮,计施南土司三十六石,散毛土司三十石,忠建、大旺、忠路三土司各二十石,东乡、唐崖、高罗、忠峒四土司各八石,金峒土司六石,木册、镇南、忠孝三土司各四石,沙溪土司三石,龙潭土司二石,共计一百八十一石"③。可见,一百八十一石根本无法满足大田所汉土守御军的军粮。所以"处诸土司环绕之中"的大田千户所,必须实行军士屯田来维持军粮。土司与卫所之间,对土司额定税收只是为了保障当地卫所驻军临时救急之用,以便当地卫所能更好地发挥监控这一带土司区的职能。④ 此外,族谱信息还透露出唐崖土司当时供应饷粮的义务与东乡、高罗、忠峒三个安抚司的额量是一样的。

唐崖土司虽然在正史记载中的出现基本上是长官司,但是从整个国家系统中的土司职级来看,一个长官司在为国家所尽的义务中却一直是积极付出,与安抚司职级乃至于宣抚司职级的鄂西南其他土司一样贡献自己的力量,尽忠于朝廷。

其三,与卫所的联姻。土司婚姻圈按明制有着严格规定,"只许本境本类",其婚姻圈就限定在本地的土司之间,不能与卫所通婚,也不能超越省属之外,更不能跨越本境之外。特别是嘉靖年间,严格规定婚姻圈范围问题,严格限制越境、越省婚嫁者,否则其子孙均不准承袭。《明会典·兵部四》规定,"土官土舍婚娶,止许本境本类,不许越省,并与外夷交结往来,遗害地方"。事实上,从少量现存的地方碑刻上我们看到了特例,因记载的量少,不敢断定在当时当景的鄂西南土司中是否这种婚姻圈的存在是常态。

---

① (清)张梓修,张光杰纂:《咸丰县志》卷一《疆域志·沿革》,同治四年(1865)刻本。
② 杨氏谱序,(清)张梓修,张光杰纂:《咸丰县志》卷十一《武备志·武备》,同治四年(1865)刻本。
③ 咸丰梅坪《张氏族谱》。
④ 成臻铭:《论明朝时期西南边疆的土司贡纳制度》,《青海民族研究》2016年第3期。

卫所与唐崖土司之间的联姻例证。我们选取施州卫和大田所密切相关的两位人士的婚姻圈来说明这个问题。一个是连傲慢的唐崖土司六世祖覃彦实都要"惟迎于道左"[①]的施州卫指挥佥事童璋；另一个是其嫡长子，也是撰写《施州卫志》《大田所志》的佥事童昶[②]。以两者在《童氏族谱》中的简履来看土司与卫所通婚圈的状态。《童氏族谱》载，"八世祖童昪（昶）之父童璋，仁政感民，卒正德丁卯年三月十五日，享年六十一，正德三年十一月廿三日葬乐山之阳。娶闽（闵）县陈氏士人隆之女，生子二，昪、昃，生女二，適（适：旧称女子出嫁。）指挥杜蘓（苏）。又娶覃氏姊妹二人，覃氏姊生子昺（丙），妹生子昪。又娶时氏生子旦。陈氏封恭人，生正统十三年戊辰六月廿四日，卒嘉靖元年，壬午八月，享年七十五，本年十一月葬，并府君莹。覃氏葬乱坝。时氏葬巴公溪。祥墓志铭表。"[③]

七世祖童璋娶陈氏、覃氏姊妹和时氏四位女性，有士人之女，也有土司之女。族谱中虽未注明覃氏姊妹的家世，从当时洪武年间与覃氏婚配的选择，最大的可能性是其环绕四周的覃氏土司之女，这种可能是施南覃氏土司及下面的东乡、忠路、金峒三个覃氏安抚司，还包括东乡下辖的上爱茶、下爱茶、镇远和隆奉长官司职级的四个无查的姓氏土司的联姻；宣抚司级的散毛覃氏土司；唐崖、镇南、木册长官司职级的覃氏土司，还有容美土司下辖的长矛司覃氏土司。根据第二章罗列的"覃氏土司朝贡列表"析出的九个覃氏土司中，婚姻匹配中讲究的是"门当户对"，最有可能的是施南、散毛，次之三个直辖的覃氏长官司，而唐崖土司实力较之要凸显些，也是可能成为考虑的对象。另结合覃彦实为何对其他流官"辄避不出"[④]，而童璋的到来"另眼相看"，浓重迎接，是否与其两位覃氏姊妹夫人正是唐崖土司之女有关？这种姻亲关系的建立，

---

① （明）刘春撰：《东川刘文简公集》卷十八《明故明威将军施州卫指挥佥事童君墓志铭》，明嘉靖三十三年（1554）刻本。

② 1914年版《咸丰县志》徐大煜所撰序言，"明正德间，童明甫先生《大田所志》与《施州卫志》，并世刊行，久为吾乡史志之鼻祖"。

③ 同治六年原始件：《童氏族谱》2013年复印，第12页。

④ （明）刘春撰：《东川刘文简公集》，《明故明威将军施州卫指挥佥事童君墓志铭》，明嘉靖三十三年（1554）刻本。

才有后知浓重迎接的应时行为,作出相关联的对应才能得到合理的解释。

目前,在地方史料和地方族谱没有更多信息的记载,但是,这种思考是可以提出来的。历史首先是由人构成的,追溯历史"真相"是一种责任,不管是文学的、历史的还是人类学的学者,需要大家以各自的方式,或是用不同的眼光去看待历史,或是爬梳古文文献并加以解读,或运用历史人类学理论中的"历史想象",使之呈现出一段清晰的历史过程,寻找那"渐行渐远"制度的合理与可靠。因此,王朝正史、地方史志、金石铭文、民间族谱、土司地的口述记录,五者结合才能对地方"小历史"的呈现更为完整,五要素是可以互为佐证、补漏,来建构一个小土司完整的历史事实。覃氏姊妹出现在卫所指挥佥事的婚姻圈中,抑或是因为利益的结合,抑或是情感的需要,进而打破了主流的规定成为少数的特例,然而真实地呈现了历史发展的动态。

> 八世祖童昺(昶),字明父,号客星行一,璋之嫡长子,生成化十八年壬寅二月廿五,亥时弘治十三年补卫庠,生十四年应湖广乡试,十七年补廪膳应乡试,正德二年应乡试,三年袭任指挥佥事,四年诰封明威将军,六年征川贼,七年两往征川,八年升指挥同知,九年升署指挥使,十五年简命守备武岗,十六年奉勅升靖州左参将。嘉靖七年卒于靖州任上,享年四十七岁,八年二月归柩,葬于城南桃林山。之原妣次阳耿氏,正千户政之女耿氏,封恭人,生成化十五年庚子二月初八子时,生子二,希乔、希益。又娶□氏生子希雍,女一适指挥佥事,唐时举,卒嘉靖戊辰年,葬莲花池。母氏万县人,生子一希寅,陈氏无嗣,葬龙洞山之阳。凌氏柳州人,生子一希商,详见行状。墓志铭表,著有卫志,边才录并客星山房诗集,家替语樊州诗集等书,菽于家设乡贤馨香报祀。①

以上内容是族谱对童昶的记录,可知童昶的四位夫人,正千户之女耿氏,万县人□氏以及未详细说明的陈氏和凌氏。从姓氏和出生地来看,

---

① 同治六年原始件:《童氏族谱》2013年复印,第12页。

未与周边土司有联姻交集。这两个代表施州卫所官员的家庭婚姻圈的分析，可以看出，明廷的严厉规定多数情况下都是遵循的，但严禁之下仍有一些特例。那么唐崖土司与紧邻的大田所之间有无超出"本类"的联姻呢？

唐崖土司覃氏与大田卫所的通婚事例是真实存在的，见碑刻佐证。田门覃氏墓志，"大明湖广施州卫大田军民所，世爵正千户田门故恭人覃氏，五阳命，丁酉年八月二十六日辰时生于唐崖司，享寿六十九岁，大限于万历乙巳年七月十日子时，在本衙当备衣棺封柩。……万历三十六年五月初七日辰时入圹。孝男田阶，袭爵承重孙田见龙、田起龙立"[1]。大田军民所正千户田门之妻，生于嘉靖十五年（1536），卒于万历三十三年（1605），唐崖司人。墓志中未说明其是土司之女，但是，与正千户的匹配，而且封为故恭人，是正千户的原配，从这分析来看应是土司嫡女，且是九世祖覃万金之女。田门覃氏出生在嘉靖十五年，正是覃万金任职期内，因为其任职从嘉靖八年（1529）至十世祖覃柱在隆庆四年（1570）袭职之时。

此碑是其逝世3年后所立的碑，今天咸丰仍有给亡人立碑也是3年为限，不许给新坟立碑习俗仍在遵循着。立碑人是其孝男田阶和袭爵承重孙田见龙、田起龙，从盖上文字及纹饰可见其地位的尊贵，所以推测此唐崖人覃氏是覃万金之女有着充分的理由。

还有高乐山镇境内的这支田氏是一大姓望族，多是明初大田所正千户田世忠之裔，属土家族。《田氏族谱》有载，居今县城西城区的大坝田家湾的田氏后裔，就认为本族在大田所时期《田氏家谱》所载源流，"田氏以田世忠为始祖，于明洪武二十三年自重庆卫中所迁大田所（今高乐山镇），世袭正千户，长子田直随迁，袭官湖北"，是正千户田世忠之裔[2]。从族谱世系来看，二世祖田世忠是田海之子，明洪武二十三年六月，诏升湖广施州卫大田军民府世袭正千户，敕赠文武德将军。其后与

---

[1] 王晓宁：《恩施自治州碑刻大观》，新华出版社2004年版，第18页。说明：该墓志发现于咸丰县丁寨乡曲口粮管所，墓志为正方形，破损成4块，但可以拼凑，边长32厘米，厚5厘米，文字为阴刻楷书。有盖，盖上今四边处刻八卦纹，中间有一线刻圆圈，在八卦和圆圈之间刻有文字：圆圈应该是代表宇宙，中间亦刻有文字。

[2] 此说纠正了1990年版《咸丰县志》中把高乐山镇的田氏，篡改为龙潭土司田氏之分支。

覃氏构成通婚圈,世忠之长子田真,承袭千户职,娶妻三门,其中覃氏生子田陞、田陛、田階。而四世田階承袭父职,其长子田甫,娶覃氏。覃氏墓葬于田階墓的下面,高乐山镇老里坝村田寨河岸上的大坪,碑文保存完好,是由田階后第十三世孙共同立碑,立于清嘉庆二年二月。铭录田氏祖妣"为皇清待赠世祖妣田门覃君老孺人墓位,生于大明神宗十九年建壬辰,于大清顺治十年九月十二日,葬于坪上",铭刻"孝玄孙田世贵、世锡、世选"等32人名。

当然,唐崖土司的婚姻圈在族谱中并未像《童氏族谱》那样做有详细的记录,只有"改土归流"后土司后裔所娶女子的姓氏,对17位世祖夫人的姓氏无一例列出。仅覃鼎夫人田氏是因其"忠勇著一时"书写于史志,才见其姓氏。唐崖土司与大田所的通婚状况是常态还是仅是特例,没有丰富的史料记载,我们无法得出正确的结论,但是有一点,这种在同——地域内的两者,不同性质不是"同类",因邻里关系而成为婚姻圈中可考量的对象,也是说得过去的。

除了唐崖土司与卫所的联姻外,还有忠路安抚司的女儿覃氏与大田所正千户蒋门婚姻的记录,也体现在墓志铭上。这两例体现了土司与大田所的婚姻圈是这种"禁令"中的常态。覃氏墓志①,"明故太宜人覃氏,来自壬申年二月初三子时,生忠路安抚司,适大田所正千户蒋宏,幸生四子,有三子续后。寿止四十,去于万历辛亥岁七月十九日子时,……万历三十九年十二月二十二日立"。这又是一例明确记载卫所千户与土司之女的通婚情况。忠路安抚司之女覃氏嫁给大田所正千户蒋宏之妻,生于隆庆五年(1571),卒于万历三十八年(1611),其葬地在今咸丰高乐山镇的教场坝。

(二)唐崖土司与周边土司的关系

土司间的关系虽然正史上没有大段记载的明文,但唐崖与周边土司与大田卫所的紧邻,与施州卫的隶属关系,决定了这个土司集团与周边土司的结盟,频繁的接触,土司间的交集是生存发展的需要。这种交集

---

① 王晓宁:《恩施自治州碑刻大观》,新华出版社2004年版,第13页。说明:该墓志发现于咸丰县高乐山镇教场坝,基本上为正方形,长宽34厘米×33厘米,厚4.5厘米,墓志文字楷书阴刻,保存基本完好。有盖,盖上刻有文字,近边处刻有八卦纹,中间还刻有三道圆圈。

有两个方面：一个是发生在唐崖土司地域之外的事件，另一个是发生在唐崖土司地域之内的这些事件。

从地域分布来看，咸丰、来凤两县总是交织在一起的。后周分今咸、来两县地为乌飞县，隋因之。五代又分今咸、来两县地为感化州。散毛割成两半，"自洪武割半设所后，则上半入今咸丰县境，下半即今来凤县地也"①。古之来凤与咸丰之间的交错复杂属地，以及从上部分分析的土司对外关系中，唐崖土司多次与散毛、施南覃姓中两大土司的联合行动，是可以看出同一地域的覃氏土司在对外关系上的宗族化。唐崖覃氏与散毛、施南覃氏之间的交织关系，在《咸丰县志校注》中罗列的沿革表清晰地展示了咸丰县、来凤县与宣恩县地域的整体性和复杂性。三县地域内属的土司之间在地缘上的密切交集、血缘相连，决定了唐崖土司与周边土司的关系是紧密不可分的。

其一，与周边土司通婚。土司之间的通婚已成为土司婚姻的一个惯例，比如永顺土司家族的婚姻是"等级内婚"②。各土司与周边土司通婚形成系统，有着道不明的常规婚姻圈。唐崖土司的通婚圈，从族谱和传说记载上来看，通婚不仅限于龙潭土司和大田千户所之间，还有超出同一地域的土司之间的婚姻圈。婚姻圈是土司婚姻对象选择的范围，也是"土司建构权力网络的过程"③。覃鼎与龙潭土司的联姻成就了唐崖土司与龙潭土司几十年来的和平相处。民间传说中，田氏夫人的真名为田彩凤。当年，唐崖土司与龙潭土司之间常年为了争夺地盘而兵戎相见，"世相仇杀"结下家族恩怨，最后以"和亲"之策化解矛盾，紧邻的两大土司之间也结成了利益共同体，并在后来立下规矩，唐崖土司与龙潭土司之间世代结亲，以姻亲来维持地方的稳定，此后唐崖土司夫人也多有田姓存在。

从金石铭文、史志和收录的9本族谱资料来看，至少有4位土司田氏之女与唐崖土司婚配。除了覃鼎夫人是为龙潭土司之女，"田太祖鼎，宗

---

① 陈侃修，徐大煜纂：《咸丰县志》卷一《舆地志·沿革》，1914年版。
② 瞿州莲、瞿宏州：《明代永顺土司的婚姻习俗及其特点——以湖南永顺老司城碑刻为中心的历史人类学考察》，《广西民族研究》2015年第1期。
③ 瞿州莲、瞿宏州：《明代永顺土司的婚姻习俗及其特点——以湖南永顺老司城碑刻为中心的历史人类学考察》，《广西民族研究》2015年第1期。

尧之母，生平行善"①。还有覃鼎母亲是为石马阴刻上铭文上的"印官田氏夫人"。"宗禹祖于康熙十八年（1679）病故，俱（原）配夫人黄氏生四子，继配田氏夫人生三子：长名覃鋐，次名覃镶，三名覃铉，四名覃绳，五名覃钊，六名覃镐，七名覃鑑。"②"十七世祖覃光列幼冲，年例未合，蒙督部节照例题准，夫人田氏护理司务一载身故。"③ 此处田氏夫人指的是十六世祖覃梓椿原配夫人。综合起来看，与田氏通婚在族谱上出现的有：十一世覃文瑞、十二世覃鼎、十三世覃宗禹和十六世覃梓椿。这些"政治婚"是为了解决毗邻的紧张关系，进而形成了一张结构稳定的姻亲网。

唐崖土司与周边土司已经突破朝廷规定的婚姻圈之外的境外婚姻圈，其外围的几个大土司则构成了这大的婚姻圈。唐崖土司与龙潭土司、大田千户所、容美土司下的小土司，还与酉阳土司、石柱土司也是婚姻圈的范围，能到的地方应该都是可以考虑的联姻地域。事实上，我们看到在地方土司的通婚圈中，明嘉靖年间出台的严格规定并没有在土家族土司中中规中矩地执行，相反，越境嫁娶，超出本类的，有违明制的例子不少。如，川东石柱土司——鄂西忠路土司；湘西保靖土司——川东酉阳土司；川东酉阳土司——永顺土司；湘西永顺土司——贵州两江口长官土司以及保靖土司——永顺土司。土司之间结为亲家，但是在利益之争面前又是阳奉阴违，不留一点情面。如容美与桑植土司世代联姻，容美土司田舜年也曾被桑植等土司攻围于境内晴田峒，民国《鹤峰县志》卷十四载："桑植、中峒土司尝合兵围田舜年于晴田洞……"还有借母舅之兵力助力世族内部的攻杀，影响到王朝一方的安定。保靖土司彭象坤的异母弟弟彭象乾，酉阳土司冉御龙的异母弟弟冉应龙，都曾借母舅土司之力"欲夺司职"，而"助恶"两者的永顺土司给保靖土司和酉阳土司内部带来的是族内攻杀，影响地方安定。

---

① 唐崖《覃氏族谱》复印件（民国六年抄本），中华民国六年（1917），菊月（九月）念十依老谱抄写，第35页。
② 唐崖《覃氏族谱》复印件（1917年抄本），菊月（九月）念十依老谱抄写，第41页。
③ 覃方如藏：朝阳五龙坪石院子《覃氏族谱》，民国年间抄本，第22—23页。

从以上大土司之间的联姻结盟到相互制衡，这些行为在一些小土司中的施行是同样的过程。只是我们找不到史料的记载，但并不能说明小土司就不是这样的，我们的研究不能全依靠正史，史料是可以制作出来的，并不是仅仅独立于存在的历史主体中，① 这种认识超越了史学家遵循的"有一分史料说一分话""没有史料就不说话"的立场。我们还要看到因各种原因没有纳入正史的小土司，他们也同样有着鲜活的社会生命轨迹，这条轨迹有些是融入正史中有着丰富记载的重要土司的发展轨道中，甚至曾经起着重要的作用；有些是他们自身独特的，或是没有文字记载，或因战火等原因遗失而未流传下来，这些文字不曾记载的事迹却在他们的后人，或是今天的"本地人"那里还是能见出端倪。

其二，土司之间相互争夺地界，发生战争。唐崖土司辖地与龙潭安抚司接壤，为争夺资源，覃氏、田氏两土司曾经"世相仇杀"，互相攻伐不断。争夺地界、发生战争需要兵力的支撑，可见拥有土司兵的多少和操练实力是土司在这一关系上的较量。此时的土兵，不仅是朝廷用来抵御外来入侵、镇压土酋反叛和农民起义的工具，也是土司治理内部压迫土民、维持秩序、仇杀争权的工具。②

从族谱、地方志中呈现较多的是唐崖土司与龙潭土司及其他的覃氏土司结成利益共同体对邻邑和几个卫所的略寇，侵占黔江、彭水和施州卫，而土司之间的交战记载稀少，抑或是平叛周围的土司，比如朝阳五龙坪石院子民国版本的《覃氏族谱》载"征剿金峒土叛秦壁（覃壁）有功"，但是，土司之间的交战记载稀少。这也从另一方面说明分布鄂西南的覃和田二姓土司之间的关系多为对外行动上的凝聚，对内因有血缘与姻亲关系而相互掠地和发生战争相较来说并不多见。

三 唐崖土司与土民的关系

上面叙述的土司与中央王朝的关系是在寻求自身的安定时所做的必要的服从与认同，而与土民关系不尽是管理和压迫。土司境内虽等级森

---

① 李杰：《论社会科学化史学研究范式——社会学运用于历史研究的方法论》，《云南大学学报》（社会科学版）2019年第1期。
② 李良品：《石砫土司军事征调述略》，《军事历史研究》2007年第4期。

严、严刑酷法，但也有能让人生存下去的温暖。

（一）称呼上的等级森严

土司"世有其地，世袭其职"的特殊身份，也彰显了土司对土民的统治存在着森严的等级制度。"世有其地"，说明土地等资源为土司家族所有，土民世代只是附属于土司的农奴。这种等级森严从称呼上有着明显的体现，甚至成为一个不可逾越的土司统治时期的显著特征。"凡土官之于土民，主仆之分最严。"地方土司是至高无上的"土皇帝"，自称"本爵"，土民称土司为"什用""答送"①，或"嘎墨"（土家语），或"爵爷、都爷"，又或"土王"；称土司的父亲为"老王爷"，妻为"夫人"，妾为"某姑娘"，子为"官哥""官儿"，女为"官姐"，土司子弟担任的官职称为"总爷""舍人"。"土民称峒长曰都爷，其妻曰夫人，妾曰某姑娘，幼子曰官儿，女曰官姐，子弟之任事者曰总爷，其次曰舍人。"② 司中称君③曰"太都爷"，称晒如曰"主爷"。④

对于土司家族的称呼，不仅土民对土司的亲属是绝不能直呼其名的，就是土司的下属官吏也不能直呼其亲属的名字，甚至有关的谐音或同音也要用其他的字来代替，否则"讳忌犯者"⑤ 会遭斩首、宫刑、断指、割耳、杖责等。史料保留较为丰富记载的容美土司记有此例。如在顾彩的《容美纪游》中有这样的记载，摘录如下：

> 其刑法，重者径斩。当斩者列五旗于公座后，君先告天，反背以手掣之。掣得他色者皆可保救，惟黑色则无救。次宫刑，（刑者则为阉宦入内供役使）次断一指。次割耳。盖奸者宫，盗者斩，慢客及失期会者割耳，穷物者断指，皆亲决。馀罪则发管事人棍责，亦有死杖下者。是以境内凛凛无敢犯法……余悯其每旦必割数人耳，

---

① 土家语，首领的意思。
② 《鹤峰州志》卷十四，杂述。中共鹤峰县委统战部、县史志编纂办公室、中共五峰县委统战部、县民族工作办公室编印：《容美土司史料汇编》《史抄》，鹤峰印刷厂1984年版，第397页。
③ 指田舜年。
④ 顾彩：《容美纪游》，二月二十日。鄂西土家族苗族自治州民族事务委员会，《鄂西少数民族史料辑录》，鹤峰国营民族印刷厂1986年印刷，第321页。
⑤ 游俊等著：《土家文化的圣殿永顺老司城历史文化研究》，民族出版社2014年版。

力劝其除是刑,君不决,余夺其刀裁纸用,自后稍止。①

以上是顾彩在容美土司南府,每日看到田舜年"旦必割数人耳"②。顾彩曾劝田舜年除去刑法,没有得到田的认同,顾彩只好将刀拿来裁纸用,才稍稍停止。斩、宫、割耳、断指、杖是容美土司的五刑,与《书·吕刑》中的"墨、劓、剕、宫、大辟"五刑类似,即在脸上刺字、割掉鼻子、断足、割掉生殖器、死刑(枭首、腰斩、剖腹、凿颠、镬烹、磔、车裂等)。"五刑"在历代王朝中均有不同程度的使用。在康熙的大清律中五刑被明文规定为"笞、杖、徒、流、死",容美田舜年时期的五刑比正当康熙朝时的"五刑"更加严酷,仍然保留早期对奴隶使用的刑罚,如宫、割耳、断指。可见,其刑罚的实施也能窥见一斑,当时鄂西南的土司社会仍保留有浓厚的奴隶制社会形态。

唐崖土司的刑罚虽无史料的直接记载,但是,从其遗存的酷刑遗址也能看出其土司内部刑罚的严酷。土司境内刑罚之严酷,老百姓口中有"杀人不请旨"的说法。为了惩治土民,唐崖土司城址现存衙署区设有审判、监禁等行刑机构,牢房、杀人台、天灯堡、杀人槽、地牢、天牢等遗址,令人望而生畏。据唐崖土司的一位后裔QXZ③介绍,"土司当年确实享有很多特权,除了政治上有世袭继承权以外,对土民还有'生杀予夺'的权利。所以,土司时期制定的刑法也是极其残忍的,比如宫刑、挖眼、割耳、断臂等。在唐崖河边的那块基岩叫天灯堡,据说就是当年土司城的刑法区之一,专对重刑犯施刑的地方。另一处叫杀人台,在城址的西南方向。"

刑罚是土司对土民实行统治的重要手段。土司操有杀伐之权,其刑罚有断首、宫刑、断指、割耳、挖眼、杖责等。唐崖土司城共设天灯堡和杀人台两处刑场,为土司处决罪犯之处。天灯堡遗址,是一处利用原生岩的

---

① 鄂西土家族苗族自治州民族事务委员会,《鄂西少数民族史料辑录》,鹤峰国营民族印刷厂1986年版,第328页。
② 中共鹤峰县委统战部、县史志编纂办公室、中共五峰县委统战部、县民族工作办公室编印:《容美土司史料汇编》,鹤峰印刷厂1984年版,第319页。
③ 访谈对象:QXZ,男,土家族,48岁,自称是土司支系第23代,唐崖司村3组村民。访谈地点:唐崖镇皇城水岸安置小区。访谈时间:2016年8月22日上午。

石砌台基，位于唐崖土司城东门外右侧，第一下河道旁，面临唐崖河。利用天然基岩修筑而成，平面呈不规则形，面积约 8 平方米，传为土司处决罪大恶极犯人的刑场。杀人台遗址，位于城址西南部，为一块不规则四方体自然岩石，体积较大，正处黄土坡上部，南高北低，大部覆盖于耕土之下，现仅露一角。位于唐崖土司城外西南部，与九道拐有小道相连，现存有一自然岩石，形制不清。传为土司处决一般罪犯之处。①

　　民间对唐崖土司的残酷刑罚多有传说。"小的时候，也是听老辈子传下来的，土司厉害得很，老百姓都怕土司，一不高兴就要杀人。"②"土司一不如意老百姓就要遭殃……那时候有个工匠给土司立那个石牌坊，牌坊打起过后怎么也立不起去，工匠到处想办法，土司看还是立不起来就以为工匠没用力，就说'你明天这个时候再立不起来就把你杀了'……"③"那个杀人台，听说过去土司杀人时，犯人跪在那块岩石上被砍头。"④守护张王庙几十年的 CZN 老人的女婿 QCY⑤告诉笔者，点天灯这个刑罚的过程。"天灯堡，那儿有个石头，人犯法了，就把脑壳打个洞，倒点桐油，就用灯草点了。都是重刑。旁边还有个死牢，现在已经看不到了。"后来笔者访谈唐崖土司城遗址管理处 WMS⑥主任时，他也是这样介绍天灯堡的，但是，对于这种刑罚产生了怀疑，"他们说下面那个天灯堡是把人脑壳盖揭了点桐油灯，我觉得不可能。从生理角度来说，把人脑壳揭了，又不是医生，是那些办刑罚的粗鲁大汉把你脑壳揭了，还在里面点天灯，那是不可能的"。无论是民众中存在的点天灯记忆，还是管理干部王主任的怀疑，这些话语中，都能让我们感受到当时土司对

---

①　咸丰县政协文史资料委员会、唐崖土司城遗址管理处编：《唐崖土司城址》，湖北人民出版社 2015 年版。第 103 页。

②　访谈对象：ZDS，男，土家族，80 岁，唐崖司村 1 组村民。访谈地点：唐崖司一组公路边。访谈时间：2016 年 8 月 23 日。

③　咸丰县申遗办公室主编：《唐崖土司申遗材料（主要遗存）》，内部资料，2014 年，第 3 页。

④　访谈对象：LHZ，男，苗族，80 岁，唐崖司村 2 组村民，文盲。访谈地点：唐崖司一组公路边，访谈时间：2016 年 8 月 23 日。

⑤　访谈对象：QCY，男，土家族，74 岁，唐崖镇小学退休教师。访谈地点：唐崖镇皇城水岸安置小区。访谈时间：2018 年 6 月 25 日上午。

⑥　访谈对象：WMS，男，土家族，49 岁，唐崖土司城遗址管理处干部。访谈地点：唐崖土司城遗址景区内管理办公室。访谈时间：2018 年 8 月 18 日。

于土民刑罚的残酷性。

流行在唐崖镇的《金银潭的传说》[1]，在唐崖土司城遗址前面的唐崖河下游约两里远，有口塘叫"金银塘"。传说中的土王[2]，因醉酒听信了歪嘴灵官的挑拨，大怒将打造石人石马的掌墨师傅陈大仙丢进唐崖河沉水，然而，陈师傅的尸体漂到离张王庙约两里远的铁鼻寺下的绿荫塘时，被一群鲤鱼托住了尸身。土王害怕，后来向潭里撒去两箩金银后，才心安理得。这口塘也因为传说中撒过金银而得名。故事中陈大仙师傅的生命在土王的一念之间就失去了。今天，在唐崖社区，"土司杀人如捏死一只蝼蚁""土司杀人不请旨"这些鲜活的集体记忆仍被流传。QCY[3]是这样回忆当年岳父给他讲的这个故事，"我听我岳父讲过这个故事，那个打石人石马那个匠人也姓陈，他搞了三年，完工以后，土司王不给他工钱，就给他弄到那个塘去沉水，但是沉不下去，撒了金子、银子就沉下去了"。这个故事后人用诗作进行了概括："金银塘里聚金银，大师塘中沉怨魂，土王酒醉谗言信，往后无有石雕成。"[4] 唐崖土司的石人石马雕刻艺术定格在一个艺术的巅峰。

紧邻的同姓覃氏土司，忠路土司也有类似的遗址，如在城池坝[5]设有水牢、地牢[6]、罚跪石。还有建南土司的一种刑罚，在天坑养蛇食犯人的血肉。容美土司也有地牢、天牢等刑罚遗址。除此之外，还因书讳名与假借之例而被刑罚处置的。如《容美纪游》载，"司中最禁'甘'字……犯者必被面叱"[7]。在中央王朝，国字中的忌讳字在历朝历代都有自己的规定。在清朝康熙年间，容美土司田玄就忌讳自己名字中的"玄"与康熙帝名玄烨有同音，在正式的书写中变成了田元。当权者的"讳"

---

[1] 参考杨适之、陆大显、安治国、晏纯武主编《咸丰民间故事》，湖北人民出版社2007年版，第356—359页。

[2] 指唐崖土司十二代土司覃鼎。

[3] 访谈对象：QCY，男，土家族，74岁，唐崖镇小学退休教师，守护张王庙几十年的陈昭南老人的女婿。访谈地点：唐崖镇皇城水岸安置小区。访谈时间：2018年6月25日上午。

[4] 参见李春国整理改编《唐崖土司城景观览胜》，内部资料，第32页。

[5] 忠路土司的衙署。

[6] 今天地名为"牢门坵"。

[7] 鄂西土家族苗族自治州民族事务委员会：《鄂西少数民族史料辑录》，鹤峰国营民族印刷厂1986年，第329页。

与被统治者的"忌"就构成了土司社会内部称呼和名字中一种文字的"避音"①现象,"避音"正是土司社会内部与外部融合的一种地方文化创造。虽无唐崖土司的"避音"现象史料记载,但是在相同的历史背景之下的土司社会是有其共性的。

然而,土司对土民也不全然是残酷剥削。覃田氏"尝朝四川峨眉山,随侍奴婢百余人,沿途皆为择配"②。历史书写者要表述的本意,留给后人或者说当今的学者的解读也有正反两面。一面是土司掌握着土民的生杀婚配大权。毛茜③、刘文政④认为,这些奴婢是可以任意赠送的私人财产。有学者将此事件作为"土司对家奴可随意处置"⑤的例证。但是,将同一事件置于当时当地的文化背景中来看,土司与土司夫人的一些行为是否可从另一个面来理解,也有仁义土司呢?因为对于覃田氏的记载是在这个条件之下"田乃优游以乐余年,性好善乐施,尤喜奉佛"⑥来说明奴婢沿途择配,这个面是置于唐崖土司家族背景之下来理解,而不是置于整个大的土司环境来理解。大型南剧《田氏夫人》表达的正是田氏夫人的"乐善行施"的形象。那么田氏夫人所做的这些事情,从心态文化视角入手分析田氏夫人,她能一直在战争中接受仇家的婚约,需要胆识,而且在内府安定繁荣的状态下,子叛逆,丈夫英年早逝,对于个人经历她的心中所想是什么?为何去峨眉山求佛,随意婚配,是放生,还是掌握生杀婚配大权。随意婚配许是一种计谋与利益,许是内心使然与信佛有关。历史的书写、族人的记载和乡民的传说,她定是一位智者,升华了唐崖土司时期的发展巅峰,成为众多唐崖土司夫人中唯一入载正史的女性,值得在乡民的记忆中长存与教化。

(二)"土民皆不受学"

中央王朝对土民实行愚民政策之一,"土民皆不受学"。鄂西南土

---

① 即避免与"讳"字相碰撞而造成不必的灾祸。
② 陈侃修,徐大煜纂:《咸丰县志》卷八,人物志·列传,1914年版。
③ 毛茜:《唐崖土司时期土司社会生活研究》,硕士学位论文,湖北民族学院,2015年,第15页。
④ 刘文政、吴畏:《唐崖土司概观》,国际文化出版公司2001年版,第27页。
⑤ 田敏:《土家族土司兴亡史》,民族出版社2000年版,第207页。
⑥ 陈侃修,徐大煜纂:《咸丰县志》卷八《人物志·列传》,1914年版。

民在王朝眼里是"边夷",鄂西南卯峒土司"僻处一隅,乃朝廷之藩镇,荆南之保障。自唐宋迄元,世授宣抚使,守镇边夷"①。唐崖土司与毗邻的卯洞土司一样,也是王朝眼中的"边夷"。遗址中现存的作为世界文化遗产的标志性建筑——"荆南雄镇"牌坊正是对"边夷"重要地位的利用。

土司的子子孙孙都在外邑入庠序,读经史、试棘闱,而于乡间闾巷的"土民皆不受学",实行愚民政策。②龚荫所指"愚民政策",固然是统治阶级利于统治子民的一种方法,这是从上层视角进行分析的结果。而作为土民视角来分析,土司的子子孙孙出生就有穿衣不愁,大富大贵之命,去外地读书是完全具备条件的。容美土司中兴时期的田世爵,从小历经过兄长百里俾的弑父屠诸弟的篡位事件后,深知"知书识礼"、学习汉文化的重要性,自身及对其子女教育的要求"高材识学"的标准,"公痛惩乱贼之祸,始于大义不明,故以诗书严课诸男,有不嗜学者,叱犬同系同食,以激辱之"③。深深影响了田氏家族的兴旺发达,《田氏一家言》成为容美土司标志性的"文土司"之典范。

然而,土民们的子子孙孙,连温饱都无法解决,读书成了奢侈品,而求学必须建立在一定的经济物质基础之上。所以还有一层从土民视角来看,"不受学"还有土民的无奈和无法反抗的暴政。在"他者"眼中,"土人极不知学"④。而土民的情况是顾彩纪游中记录的酷刑等,连生杀权都是掌握在土司手中,哪里还谈得上享受教育的权利。

(三)"不许百姓盖瓦"

土司时期实行等级制度还体现在居住的屋舍上。在史料中这方面的记载也不少,如《永顺府志》载:"土司衙署,绮柱雕梁,砖瓦鳞砌。百姓则叉木架屋,编竹为墙。舍巴头人许树梁柱,周以板壁,皆不准盖瓦。"⑤"如有用

---

① 张兴文等:《卯峒司志校注》,民族出版社2001年版,第22页。
② 龚荫:《中国土司制度简史》,四川人民出版社2014年版,第427页。
③ 中共鹤峰县委统战部、县史志编纂办公室、中共五峰县委统战部、县民族工作办公室编印:《容美土司史料汇编》,鹤峰印刷厂1984年版,第87页。
④ 黄山谷(黄庭坚)集黔州风俗,(清)王麟飞等修,冯世瀛、冉崇文纂:同治增修《酉阳直隶厅总志》卷十九《风俗志》,同治二年(1863)影印本,第759页。
⑤ (清)张天如等修,顾奎光纂:《永顺府志》卷十二《杂记》,乾隆二十八(1763)年抄刻本,第445页。

瓦者,与治以僭越之罪。俗云,只许买马不许盖瓦。"① 至今在民间还流行的俗语有:"只许州官放火,不许百姓盖瓦"。"只准买马,不许盖瓦";等等。

　　土司居住的地方雕梁画栋,亭台楼阁,砖瓦鳞次,柱蟠金鳌,榱栋宏丽。这是清代士人顾彩到达容美土司司署时记录的感叹,从中能看出土司住房的富丽堂皇。"宣慰司署,在芙蓉山之南麓,其前列八峰,左峰则右倚,右峰则左倚,轩然如凤凰晒翅形势,朝拱司署。司堂石坡五级,柱蟠金鳌,榱栋宏丽。君所莅以出治者。堂后则楼,上多曲房深院,北窗外平步上山矣。楼之中为戏厅,四面窗皆轩敞,一览尽八峰之胜。"② 这是顾彩到达司治后的第一感觉,豪华、佳境、灵地、歌舞升平、雕梁画栋。明代鼎盛时期,从《容美纪游》中看出司治南门,在600年前城内的民生状况:"闾阎栉比,甃石为街。民家多以纺织为业,当明盛时,百货俱集,酒肆典铺,无不有之。"③ 同一生活环境下又是同一政治制度下的土司,有着相同的治理策略。因此,同样在同一区域的土司王府应有共同的繁华街景,可想唐崖在覃鼎时期的司城内的生活场景。土民多是以纺织为业,城内百货俱有,还有酒肆、典铺,应有俱有。

　　土司治理的下属官吏虽允许竖梁装板,但不准盖瓦。土民的居屋,条件好点的也只能是竹木的木架屋、竹篱笆为墙的"干栏式"建筑——吊脚楼,多数土民住在低矮的茅草棚或岩洞里。老百姓"不许盖瓦"在民间成为定制。"禁其民,不得从华风瓦屋,树杭秋。"④ 土民居住极为简陋,除了与土司的规定有关,还与当时游耕制度和生产力发展水平低有联系。土民居处随土地轮耕迁移,没法修建舒适的干栏建筑,而"叉木架屋,编竹为墙"的简陋房舍便于搬迁、流动。⑤

---

① (清)张天如等修,顾奎光纂:《永顺府志》卷十二《杂记》,乾隆二十八(1763)年抄刻本,第445页。

② 顾彩:《容美纪游》,三月初六,收录于鄂西土家族民族自治州民族事务委员会,《鄂西少数民族史料辑录》,1986年,第324页。

③ 顾彩:《容美纪游》,二月二十日,收录于鄂西土家族民族自治州民族事务委员会,《鄂西少数民族史料辑录》,1986年,第322页。

④ 元明善本丛书:《历代小史》卷一百零四,第三十二册《炎徼纪闻》之"田琛"条,民国影印本,第38页。

⑤ 刘伦文:《母语存留区土家族社会与文化——坡脚社区调查与研究》,民族出版社2006年版,第113页。

第三节　唐崖土司的社会发展

唐崖土司时期实行朝廷的"蛮不出境，汉不入峒"的蛮夷隔离政策，导致交通不便，经济发展缓慢，商业贸易发展滞后，土民以游耕为主的一种自给自足的自然经济。

一　交通运输，驿铺古盐道

"羊肠鸟道"是鄂西南溪洞社会的重要交通路线，这些古道曾是施州卫及下辖土司交通运输的生命线，也是文化生成之道。"蜀道之险，多在楚境。县地东至恩施，西达万县，羊肠鸟道，号为难行。"[①] 改土归流前后，有了较大的改观。蒋宏毅《修路碑记》记载了行者之苦，经过维修后变成了坦途。"陟山而不知山，登险而不知险。"[②] 光绪年间又进行了一次大修，此次大修在王庭桢《恩施县属修路记》[③] 中有详细记载。

在土司时期，抑或在清前期，鄂西南主要的通道还是畅通的，上坡、下河、攀附悬崖这样的道路也是存在的。在唐崖土司城遗址唐崖河上游约1千米的对岸就是土司时期的手扒崖渡，道路艰险，但是还是有通畅可走的道路。在过去的主路上是人行往来的，所谓"舟楫不通""道路梗阻""山大人稀""多为兽道"等词的形容，是局部和小地方的荒芜，没有开垦的地域。因为这些形容词置放于潘光旦考证《湘西北的土家与古代巴人》迁徙与发展扩大地盘的行走路径并不太相符。至少在潘老的论

---

① （清）黄世崇修纂：《利川县志》卷二《疆域表》，光绪二十年（1894）刻本。
② 同治《归州志》卷十《艺文志》。转引自刘自兵、刘行健《明清时期长江三峡南岸入蜀陆上通道考察》，《铜仁学院学报》2017年第5期。
③ "比入山过长阳巴东为施南境，施属建始路尚平，恩施则由鸦雀水而南里渡，双树门，戴家店，栅木坡，熊家岩，饶家湾，箕星岭，黄鱼泉，皆奇险也……不数月得钱五千余贯，乃以兴修……于是亲率董事督役，夫险者夷之，曲者直之，狭者广之，阙者补之，或改南为北，改东为西，或凿高为低，移远为近。斩荆棘，置桥梁，循途濬沟，临壑种树，期年而东道成……今东道已成，而入蜀之西道阙如……爰与郡人暨利川商治西道。已而制府出白金三千，以千五百金助宜昌，以五百金助施之利川建始，以千金助恩施，庭桢亦以俸钱八百贯济恩施用……恩施西道若太阳坡、大龙潭、猪圈门、新开路、麻园、黄草坡、猴子岩、沙子门、罗针田、头蹬岩、石子路、麦田湾以至利川界之石板顶，其难治过东路数倍……又得钱四千余贯，刻日兴工，一如东路，布置越十五月而毕。"摘自同治《归州志》卷十《艺文志》。

文中，呈现了一个非常明显的思想就是交通、经商、通婚等并不是一座座大山阻隔了一切，虽有大山的阻隔，这种流动"都很自由"①，是比较自由的一种自然扩展的状态。

唐崖古有"荆南雄镇""楚蜀屏翰"之誉，言之地处楚蜀要地。那么，研究唐崖土司的交通状况必置于鄂西南的交通体系乃至巴蜀"千里古盐道"，抑或"川鄂南陵山道"的区域性交通网络系统之中，正是这些交通网点带动了区域的商贸发展，也成就了今天区域乡镇的繁盛。唐宋时期"寨"是连接道的中介点，唐崖土司驻地就在"暗利寨"所辖之内，宋时的寨在明时演变为土司驻地。我们在第二章分析了大寨坪遗址与暗利寨、宁边寨的渊源关系。宋初，楚蜀驿道是宋太祖伐蜀并完成宋统一的出兵之道。那么，属于蜀道的鄂西南陆路上重要节点的驿站和铺司又有哪些呢？

驿站与铺司是古道的延伸方向。《蜀海丛谈》云："驿站用马递，铺司则用步卒递送。"② 驿站是古代供传递政府文书的人中途换马或休息、住宿的地方。与驿站的功能一样，不同的是铺递是供递送政府文书的步卒休息地方。古之驿站的距离有着明确的规定，《唐六典》载："凡三十里一驿。天下凡一千六百三十九所。"③ 又载，"若地势险阻及须依水草，不必三十里"④。可见，因地理因素可以灵活设置驿站。全国的交通网络体系中，铺司是驿站的补充。铺与铺之间的距离也可以根据地理状况而灵活设置，在鄂西南铺司设置中，有少则十五里，多则八十里的。如咸丰县的十字路铺与马家池铺，"十字路铺：铺司二名，自总铺南行，至此十五里。……马家池铺：铺司二名，自总铺西北行，至此八十里"⑤。铺司的设置是在特殊的地方因地理条件使用马递不方便的情况下，利用铺所具有的优势。因而数量多如牛毛的铺就成为研究古道⑥的重要佐证。

---

① 潘光旦：《湘西北的"土家"与古代的巴人》，彭继宽选编：《湖南土家族社会历史调查资料精选》，岳麓书社 2002 年版，第 76 页。
② 周询著：《蜀海丛谈》，巴蜀书社 1986 年版，第 43 页。
③ （唐）李林甫：《唐六典》卷五《尚书兵部》，中华书局 1992 年版，第 162 页。
④ （唐）李林甫：《唐六典》卷五《尚书兵部》，中华书局 1992 年版，第 163 页。
⑤ （清）王协梦：《施南府志》卷六《建置志·铺递》，道光十四年（1834）刻本。
⑥ 蓝勇《四川古代交通路线史》著书中注重区域史的研究，对荆楚至川蜀的整体陆路线路并未全面关注，也就是说，对荆楚在鄂西与鄂与蜀交界之地域的路线研究留有空白。当然，长江三峡水路的历史文献记载和学者研究，从深度和广度上成果颇丰。

楚蜀古驿道在汉光武帝时期已经趋近完备,从湖北荆州途经夷陵、归州、巴东、巫山、夔州、云阳、万州等地,直达四川成都。此外,还有一条夷陵向西行,途经长阳、巴东、建始、恩施、咸丰、利川等地到达川东南的这条"百里荒"大道,这条道在蓝勇书中称为"川鄂南陵山道",还被学者黄钰财定义为"千里古盐道"的陆路交通,因宋末塔海贴木儿入蜀,荆湖遣兵屯施州,以备之。从陆路上多了一条交通路线,也弥补了通过长江黄金水道连接江汉平原与四川盆地的往来。至宋在施州达巫山设置了大石岭驿、小猿叫驿、瘦驴岭马铺、浮塘驿、盘龙溪驿等驿铺,彰显了这条"百里荒"大道的重要性。

"百里荒"大道被顾氏所语为最为险要的"出奇之道"。顾祖禹的《读史方舆纪要》《地理志》"形势"下云,"卫外蔽夔峡,内绕溪山,自巴蜀而瞰荆楚者,恒以此为出奇之道"[①]。此话后又加入史料补充,云:"……道至险阻,蛮獠错杂。"[②] "百里荒"是指长阳、巴东境内,直至施州,路途复杂险阻,是明朝军队出兵四川的重要通途。明隆庆五年(1571),正如湖广抚臣言,夷陵以西,有明初颍国公傅友德所辟取蜀故道,名百里荒者,抵卫仅五百余里。[③] 巴蜀"千里古盐道"[④] "川鄂南陵山道"中的"百里荒"是楚蜀路线重要的一段,横跨宜昌、恩施两地山区的"巴东—建始—施州—利川路线",正是鄂西南土司与外界互通的主干线。这条

---

① 转引自郑永禧原著,邓治凡、田发刚校:《施州考古录校注》,新华出版社 2004 年版,第 17 页。

② 转引自郑永禧原著,邓治凡、田发刚校:《施州考古录校注》,新华出版社 2004 年版,第 17 页。

③ 转引自郑永禧原著,邓治凡、田发刚校:《施州考古录校注》,新华出版社 2004 年版,第 17 页。

④ "千里古盐道",在黄钰财先生的研究中是以石柱县的西沱镇"云梯街"为起点,翻越"川鄂屏障"七曜山,到达湖北利川、恩施等地,全程 300 多千米。另一条古道是川鄂古道南陵山道:经大石岭驿进入湖北建始县,又经小猿叫驿、浮塘到达恩施,经恩施西部的驴瘦岭铺到达黔江东北的歌罗驿,过黔江城,经彭水县城,接"黔中道"。这正是蓝勇先生在《四川古代交通路线史》中提出的"川鄂南陵山道"。川鄂古道中的歌罗驿是经恩施达黔江县城的一个驿站,正是黄庭坚笔下的歌罗驿,即咸丰的高罗山。民版《咸丰县志》卷 12 杂志载,"此虽专属施城记载,而亦足于歌罗驿"。又记,"黄之由涪赴施,中历酉阳、彭水、黔江,吾咸尚为必由之路,断不能因旧志云云,谓宣恩之高罗为是,咸之高罗山为非也"。黄庭坚的歌罗驿之事,在宣恩县志有记载,在咸丰县志中也有记载,到底是宣恩的高罗,还是咸丰的高乐。从此条路线就明白了歌罗驿真"不能因旧志云云"了。

古道上的驿站和铺司共有37处构成的连接点,具体的驿铺点刘自兵进行了详细梳理,是目前对明清时期楚蜀大道梳理出的一段明确的"线路"①。

由此可知,驿道在宋时就已开凿通行,从恩施往西抵万州的路线,是川东和施州联系的纽带,是军队及行旅的往来通道。特别是在食盐供应上面,这条道路成为影响社会稳定的一个主要因素。"初,王均叛,朝廷调施、黔、高、溪州蛮子弟以捍贼,既而反为寇。谓至,召其种酋开谕之,且言有诏赦不杀。酋感泣,愿世奉贡。乃作誓刻石柱,立境上。蛮地饶粟而常乏盐,谓听以粟易盐,蛮人大悦。先时,屯兵施州而馈以夔、万州粟。"② 从这条史料可知,当时施州的蛮族首领苦于施州驻兵后的繁重徭役常常发难,通过"食盐换粟米"的方法来加强经济融合,进而社会得到稳定。

与唐崖土司紧密相连的一段驿道,也是明清楚蜀大道上的另一段区域性的重要交通路线,即巴东—建始—施州大田所—黔江路线。这条路线经过的驿铺从巴东往南重合刘自兵梳理线路至清江县城西门,再向西南经南门铺、芭蕉铺、桅杆堡铺、天池铺、丁营坝铺到施州卫大田军民千户所,即"改土归流"后的咸丰,又可分为五支,从东、西、南、北分别进入宣恩、黔江、石柱、彭水、来凤、酉阳和利川。结合第一章地理描述,山川、水系的走向对于明清时唐崖土司的对外交流和物资运输是一个重要的方面,这些驿铺与唐崖土司管辖内有关的活龙坪、石牙关以及相邻的歌罗山连接构成一个内部交通网络系统。一共五路,其中四路都经过唐崖土司管辖内的唐崖铺、活龙坪铺和石牙关作为节点。

一路向南行至来凤,经七里塘、唐崖铺、梅子铺、十字路铺、土老坪铺,(到来凤)革勒车铺、散毛铺、来凤总铺。清代诗人柯煜就是沿着

---

① 线路经过的驿铺:(巴东往南)土地塘铺、风吹垭铺、茶店铺、三尖观铺、绿葱坡铺,(建始往西南)红岩子铺、(或从箐口铺、连三坡铺、石门铺、干沟铺、小坝铺、马水河铺、总铺、牛角水铺、龙驹河铺)(恩施)崔家坝铺、滚龙坝铺、南里渡铺、一桶水铺、丫沐峪铺、莲花池铺、施州北门铺(或峦山子铺、鸡心笼铺、沿长坡铺)(往西)方家坝铺、黄草坡铺、罗针田铺,(利川)长嵌铺、下马溪铺、火铺塘铺、小箐塘铺、南坪铺、石灰窑铺、白杨塘铺、杨坡地铺、水田坝铺、建南浦,出利川与四川万县的龙驹坝铺相接。参考刘自兵《简述施南土司的陆路交通线》一文,收录于湖北省文物局,三峡大学,唐崖土司城址遗址管理处编《唐崖土司学术研讨会论文集》,科学出版社2014年版,第297—298页。

② (元)脱脱:《宋史》卷二百八十三《列传第四十二》,上海古籍出版社1991年版。

这条路线进入散毛土司境内的。这里原本无此路，因从酉阳、彭水驼盐和背盐铁的人走多了，便形成了一条路。"盖自箐口抵分水岭，与咸丰土老坪壤接，原无可通之路，而自酉阳、彭水驮背盐铁者率皆由此。"① 这条路线后来成为散毛宣抚司、唐崖长官司、金峒安抚司、龙潭安抚司等土司出入之道。

一路向西南行至黔江。其路线从大田所总铺经梅子铺、唐崖铺、水车坪铺、张家坪铺到达黔江县，再往南到达酉阳，是施州到达西南云贵地区的通道之一。可见，唐崖铺是行往黔江的一个重要节点。咸丰到黔江的路线早在明初时就有史料记载："黔自明初，凉国公奉命入川取明玉珍，令副将赵世英，由巴东进后路，取道施州卫大田所进黔江，乃建石城一座，安顿步军官三千有奇，日食涪州仓口，控御诸夷，时官军就地开垦。"② 此文献中可以看出当时的路线是从巴东到施州卫，再到大田所，最后到入川的第一个地方即黔江，并建立了一座石城。用石头建立一座城市，可见这里石头资源的富集。凉国公奉命入川的路线在碑记中虽没有明确道出，但是与这些铺递是紧密相关的。就唐崖司到黔江的具体细节路线，可以通过史料和口述史进行分析。唐崖民族中学的QFY校长③告诉笔者，"过去走到黔江，从唐岩司出发，先到谢家坝、五龙坪、鸡鸣坝，再到朝阳寺，水位高的时候，坐船到黔江，一般走公路也可以到黔江"。

一路向西北行至石柱和彭水。途经唐崖铺，后到活龙坪铺，过石牙关进入石柱和彭水县境。唐崖铺在此段中具有重要的战略地位，从两个版本的《咸丰县志》记载来看，唐崖土司在西北行的路线上，从黔江、石柱、彭水进入咸丰必经唐崖土司管辖范围的活龙坪和石牙关。"活龙坪汛，最扼石砫、彭水入咸之要冲。"④ 可以说，活龙坪是三县进入咸丰的要道。"活龙坪，在县西北一百八十里，接利川县界。"⑤ "活龙坪铺，铺司二名。"⑥

---

① （清）林翼池修，蒲又洪纂：《来凤县志》卷八《军政志》，乾隆二十一年（1756）刻本。
② 陈侃修，徐大煜纂：《咸丰县志》卷十，土司志·列传，1914年版。
③ 访谈对象：QFY，男，土家族，50岁，唐崖镇民族初级中学校长。访谈地点：覃校长办公室。访谈时间：2018年6月28日。
④ 陈侃修，徐大煜纂：《咸丰县志》卷一《舆地志·要隘》，1914年刻本。
⑤ （清）张梓修，张光杰纂：《咸丰县志》卷三《建置志·关隘》，同治四年（1865）刻本。
⑥ （清）张梓修，张光杰纂：《咸丰县志》卷四《建置志·铺递》，同治四年（1865）刻本。

此外，石牙关也是"咸之要道"，我们从前面大田所布阵关隘的层层防控已知其重要性。"一所城正西八十里为石牙关，内有蛮王牌，有千户张其绅带兵一百名屯守。"① 明洪武年间置大田所，职官为酉阳土司军屯，但是其军粮的供应源于酉阳、黔江等地，而军粮的运输需要交通、也需要人力。

一路向东行至宣恩。经总铺、猴子岭铺、邢家村铺、白果坝铺，（宣恩）黄草坝铺、大岩坝铺、倒峝铺、椒园铺至宣恩。

一路向西北行至利川。经总铺、马家池铺、两河口铺、毛坝铺、活龙坪铺、（利川）沙溪铺、下道子铺、忠路铺、孙家塘铺、谭丈沟铺、继长坝铺、三渡水铺。《咸丰县志》云，"总铺西北行八十里，马家池至两河口至毛坝铺，再活龙坪铺西行去利川，此为由咸至利川西境之故道也"②。"自忠路折而南，三十里，至蕉园铺，铺司一名；又二十里，至沙溪司铺，铺司一名；又五里，至界牌，界咸丰；又三十五里，至咸丰活龙坪。"③ 这条路线为咸丰覃氏唐崖土司与利川覃氏忠路土司的交往提供了便利。

总体来说，咸丰设置铺递，共设 15 铺，总铺铺司 4 名，30 名铺司，至咸丰八年裁汰。④ 总铺西行三十里是梅子坪铺，梅子坪铺行二十里是唐崖铺，唐崖铺行三十里是七里塘铺，七里塘铺三十里是恩施县下营坝铺。⑤ 总铺东行十五里是猴子岭铺，猴子岭铺行十五里刑家村铺，行二十五里到白果坝铺，行二十里达宣恩县黄草坝铺。总铺南行十五里到十字路铺，十字路铺行二十五里是土老坪铺，再行四十里到来凤县革勒车铺。总铺西南行三十里到水车坪铺，水车坪铺行二十里到张家坪铺，张家坪铺，一直接到酉阳。同治版《咸丰县志》中罗列了 4 个总铺。分配的铺司来看，总铺西行到恩施下营坝铺的路线上，梅子坪铺铺司二名，唐崖铺铺司 3 名，七里塘铺只有 1 名，而且从十五铺设的 30 名铺司分配，平均各点铺司 2 名，唯独唐崖铺司为 3 名，故从铺司数量分配上看出唐崖有

---

① 陈侃修，徐大煜纂：《咸丰县志》卷一《舆地志·要隘》，1914 年刻本。
② 陈侃修，徐大煜纂：《咸丰县志》卷二《建置志·铺递》，1914 年刻本。
③ 黄世崇主编：《利川县志》卷之十《武备志·营制》，光绪二十年（1894）刻本。
④ （清）张梓修，张光杰纂：《咸丰县志》卷四《建置志·铺递》，同治四年（1865）刻本。
⑤ （清）张梓修，张光杰纂：《咸丰县志》卷四《建置志·铺递》，同治四年（1865）刻本。

看重要的交通位置。

以上梳理了明清时期鄂西南的驿铺路线[1]，较为清晰地厘清了鄂西南驿铺情况，那么土司时期在千里古盐道上的运输方式又是怎样的呢？以上展示的古驿道，同时也展示了那个时代背景下的鄂西南土司地的行盐之道。"驼背盐铁者率皆由此。"[2] 有学者[3]认为，与"丝绸之路"、玉石之路、古蜀道、茶马古道这四大古道可以媲美的还有地处武陵的巴盐古道。"川盐销楚口岸"[4] 是巴盐古道繁华后留下的丰厚的盐道文化，也缓解了湘鄂西南"担谷斤盐"的艰难局面。

鄂西南的行盐之道自宋驻兵施州用"盐换粟"解决蛮寇，至乾隆三年的盐定章程，"府属六县例食川盐，……恩施、宣恩、利川、建始四县额行四川云阳、大宁二县石灶花盐，来凤、咸丰二县额行四川彭水、秀山二县厂灶白盐，其盐均由川河运回本县接济民食。恩施、宣恩二县盐经建始县境及恩施县境内转运。来凤、咸丰、利川、建始四县盐经川属地面入境。运销在于本县城乡设店分销济食。恩施、宣恩、利川、建始四县由骡马运，来凤、咸丰二县由雇夫背运。……咸丰县额行四川彭水县陆引三百七十二张"[5]。从咸丰到彭水的行盐之道与前面梳理的铺递关联紧密。府志载明这时期有 4 条古盐道连接恩施地区，巴盐古道是可以清晰描绘出来。陆游在《入蜀记》中将施州盐道形容为一百八盘，"山极高大，有路如线，盘曲至绝顶"。古盐道流通的不仅是盐的交换，聚集形

---

[1] 这些驿铺路线是查阅以下文献进行梳理出来。顾彩《容美纪游》；道光《施南府志》卷六建置志·铺递，卷二十七艺文志·诗；同治《施南府志》卷六，建置志"铺递"；民国《咸丰县志》卷一舆地志·要隘，卷二建置志·铺递；同治《咸丰县志》卷三建置志·关隘、武署，卷之四建置志·铺递、集场；还借鉴了同治时期宣恩县令苏于洛的诗文《夜郎考》《东门关》《李太白流夜郎说》《高罗访太白宅》；清代诗人柯煜的诗文，《往散毛司勘田日行万山中》《入施南司界》《入箐》《散毛司即事》《大田道中》《大田至施州途中偶记》《宿建始农家》《猴子岭》《又经建始界》《施州石门》；林翼池《修罗二箐路序》；茹菜的《莲花池》《至施南二首》；袁枚的《送保将军励堂之施南》；商盘的《南里渡》；黄叔达的《上南陵坡》；还有明代童昶的《仙女池》《画屏山》《兴国寺》《连珠山》和沈庆的《蛮王冢》《兴国寺》等诗中提供的信息。还借鉴了三峡大学刘自兵研究员的研究思路。

[2] （清）林翼池修，蒲又洪纂：《来凤县志》卷八《军政志》，乾隆二十一年（1756）刻本。

[3] 涂南平："'百年巴盐古道'之三——特殊的盐帮"，恩施新闻网，2008 年 9 月 18 日。

[4] 历代王朝先后划定四川石柱县西界沱、云阳县新军口、巫山县大溪口、彭水县郁山镇为"川盐销楚口岸"。

[5] （清）王协梦：《施南府志》卷十二《食货·盐引》，道光十四年（1834）刻本。

成的集镇文化也在这日常的商贸体系中被传播。

唐崖土司从区域层面看,在通楚蜀要道之地域,紧邻大田所,一河之隔。从地方交通网络来看,以上梳理的史料记载清中期的驿道中,唐崖处于特殊的位置。交通要道决定了其他方面的发展,带来唐崖土司曾经的辉煌时代也是必然。

二 开办书院,学习汉文化

明太祖朱元璋以"武功"定国之后,在"文治"方面也采取了一些措施。因为他深知,"朕惟武功以定天下,文教以化远人,此古先贤哲王威德并施,遐迩咸服者也"[1]。清人强调"清承明制",鼓励候任土司接受汉文化教育是清廷的一贯做法。[2] 以武功赢得地方美誉的唐崖土司,发展到鼎盛时期对于"文治"的希冀又何尝不是同样的心境呢?体现在覃鼎和田氏夫人对其子覃宗尧的教育,虽然史料没有明确记载是如何送其子到荆州求学,认识好友,但是在民间的口述史中流传着相关的话题。从民国《咸丰县志·人物》覃鼎夫人田氏这条记载"相夫教子,皆以忠勇名著一时"。对自己唯一的儿子,也是权利继承人的教育抱有厚望,但是儿子的不争气,袭职后也让田氏夫人伤透脑筋,"子宗尧袭职,颇肆行不道,田氏绳以礼法。迨尧奉调赴荆州剿流寇……"正是在明廷持续的影响下,我们看出"武土司"对教育和文化的重视也是不一般的,无论是史料记载还是民间传说多为十二世土司覃鼎及其夫人的惜文尚武的叙述,这也是唐崖土司鼎盛时期的一个全貌,这一时期重教育、宏文化的事迹得到流传。

为了振兴唐崖土司的文化教育水平,对流落于本地的汉人张云松的重视可见其惜才。唐崖《张氏族谱》残本复印件载:"我始祖身列胶痒,名曰张明,字云松,原系湖北荆州府肇基江陵县猪市街生长人氏。因邻家遭一命案连累,欲往夷陵州外公陈大人家下避难,闻外公出任远方

---

[1] 《明太祖实录》卷三十六上"洪武元年十一月丙午",台北"中央研究院历史语言研究所"校印本1962年,第2790页。

[2] 苍铭:《从〈钦定学政全书〉看清前期西南土司土民教育政策》,《民族教育研究》2015年第2期。

（而）未得其碓。明皇万历三十二年（1604）来至施州卫，即今施南府大田所，即咸丰县滴水岩居，迨后又闻外公升授四川重庆知府，二人即欲往川到任而去，路过唐崖司边夷，地名一碗水，赵姓家下栖歇。因给本地赵姓夫妇解难，其才高志大……于是土君结为朱陈之烟门，后为义婿之赐，是我始祖（指云松）聘娶名克，继万选之志。"[1] 谱中土君，指覃鼎夫妇执掌唐崖时期，看重张云松文才勇武兼备，迎至衙署，筹办书院，教习诸生，传汉语，授汉文。并将他招为婿，入赘王府。张云松入赘之后，在署继续任教，加倍努力，培植人才，为民族文化交流进步，促进土家、汉民和睦都起了重要的作用。流传在唐崖一带的唐崖"土司招驸马的传说"[2]，对这位因躲避命案逃逸到此的荆州汉人的描述更为详细。

张云松成为驸马后，用汉学影响着唐崖覃氏土司家族的文化提升，可见，覃鼎非常重视汉文化，才有他的女婿在本地办学堂，让其子弟学习汉文化。同时，也反映了覃鼎时期对人才的重视和对土司社会教育发展的投入，映射了对中央朝廷的遵命和臣服的一种体现，是一种除纳贡、税赋外的另一种从文化价值观上的国家认同。

三　关注民生，发展手工业

在商贸发展方面，唐崖土司时期已出现地方工业雏形。

（一）制盐业

在众多史料中也指出，过去蛮地"饶粟乏盐"，且因徭役成为发难之地。正因为古代盐贵如金，各方土司割据一地，有盐水土民取而熬制盐巴食用，这是很自然的事情。今天在一些地名上仍能见因此地曾制过盐或因有盐水的地方而用留有盐字的地名的例子。盐井坳，在咸丰县丁寨乡的春沟村，清代属乐乡里，乐乡里紧邻仁孝里，仁孝里包括尖山寺、清水塘、二台坪，主要是唐崖土司管辖领域。据当地人回忆，"曾有人在此开过盐井，地处山坳。故名盐井坳"。这里姓氏为杨姓等，杨姓主要是与当时大田卫所副掌事之后有关。"食盐现无出产，然乐乡里之咸井沟、

---

[1] 张继才收藏：唐崖《张氏族谱》，1835年残本复印件，第2—7页。

[2] 20世纪末由朱忠悔搜集整理。杨适之等主编：《咸丰民间故事》，湖北人民出版社2007年版，第43—44页。

盐井坳；永丰里之咸池，时有咸水涌出；西北边境龙咀河，西南边境白家河，亦有咸水出见，将来或可设法开凿煮盐，以挽回外溢之利权云。"①可见，清代咸丰有盐资源，并未进行工业开发，仅是老百姓的粗糙制作的盐巴接济生活所需，出产量非常之少。此外，在唐崖土司管辖内的活龙坪，所属地有一条小溪，至今活龙坪人仍叫寒沟②，据说这有条小溪，溪水很凉，还有盐的味道。这些可能是过去作为粗制盐巴的资源地，真正大量的生活用盐还是源自川盐。

曾经的古盐道在当地老人的口述史中还能依稀可见。清坪镇八斗箩村的高洞子，位于宣恩经咸丰到利川的一条盐茶古道上，清代属仁孝里，处在唐崖河东北岸大山丫口，有一个很显眼的山洞。据 LBZ③ 老人回忆，"这里曾是过往商贾行人、脚力挑夫的歇脚处，这个地名一直都叫高洞子"。此外，周边覃氏土司地域上也有制盐的史料记载，在原忠路土司辖区马前集镇东南的革井溪，唐代初年曾在此开过盐井，故名"盐水"。时过三年，四川江州官府前来阻止，称"施州开盐井，川东饿死人"，将盐井封革，故名"革井溪"。

(二) 制陶（瓷）业

土司时期的制陶（瓷）业记录并未在地方志的古迹志中出现，只是一些当时的艺文志和今人的考古中有详细记载。明末清初，土司中心地带已能烧制艺术器具，所制艺术品精美绝伦。

2013年遗址全面考古发掘，在清理中街东侧排水沟、第一下河道段两侧的排水沟、上街内侧排水沟、北城墙建筑墙上至碗厂沟分布的墙基内就出土了较多瓷片和为数不少的青瓷、黑瓷、硬陶、陶构件和砖瓦残片等④，能确定为明代青花瓷片，青花瓷碗底还有景德镇制等落款，说明这些遗迹的"形成年代至少可以上溯至明晚期"，进而证明唐崖土司城"大致可

---

① 陈侃修，徐大煜纂：《咸丰县志》卷四《财赋志·物产》，1914年版。
② 寒，咸丰的地方方言中的"盐是咸的"，说成"盐是寒的"，当然咸丰县在方言中也读成"寒丰县"。沟：指有溪流的山湾。
③ 访谈对象：LBZ，男，苗族，80岁，唐崖司村2组村民，当地教师。访谈地点：唐崖司2组罗家。访谈时间：2015年7月19日。
④ 考古发掘的出土陶瓷见《唐崖土司城址》一书的第119页，展示了12幅陶瓷器图片。此外，发表在《江汉考古》2014年第1期上的《湖北省咸丰唐崖土司城遗址调查简报》一文，刊登了多张出土陶瓷片。

以确定现存土司城的主体遗存时代为明代中后期"①。据考古简报分析，这些瓷片多以青花为主，采集标本有明代龙泉窑的影青瓷片，可明确推断为明代的青花瓷片。出土数量丰富的瓷器中，以青白釉及青釉为主，其中出土的人物纹青花瓷器残片，落有"成化年制"款②。可见，瓷器本身制造于明中期宪宗时期（1465—1487），在唐崖土司使用的年代很可能是嘉靖至天启年间。清代遗存中清初瓷器较少，多是"清初顺治时流行器物"③。

衙署区出土这些数量较多的，以清早期为代表的灰胎瓷器都属于本地瓷。其胎色稍泛黄，外施极薄的青釉层，用较暗的青花配以蓝灰或黑色绘制的菊纹或葵花纹而成的碗。唐崖考古工作者将这些瓷碗确定为本地瓷，是因为在碗厂沟的南侧，"发现了集中出土的数量众多的瓷器残片，与衙署区出土的灰胎瓷器特征一致，可以确定这批瓷器出自于附近的窑址，属于本地自产瓷器"④。"唐崖土司城出土瓷器皆为民窑器，没有发现官窑器，以日常用器为主，陈设用器极少。以青花为主，兼有少量单色釉瓷和彩瓷。青花瓷器中，细瓷较少，粗瓷居多。既有外地输入的产品，亦有本地的制品。"⑤ 可见，唐崖土司在明晚清初期是大量自产生活常用品，并具备制造精湛的陶（瓷）技艺。同时遗址发掘来看，除了碗厂沟窑址，并未找到更多窑址，更没有精致的官窑瓷或瓷片的出土。"这有可能因战乱、迁徙带走了官窑瓷"⑥，也因战乱频繁、瓷业不振有极大的关系。

从同一地域的覃氏土司和联系紧密的异姓大土司的制陶（瓷）技

---

① 湖北省文物考古研究所等：《湖北咸丰唐崖土司城遗址调查简报》，《江汉考古》2014年第1期。

② 永顺老司城遗址考古出土的陶瓷器，认为这"成化"年款的瓷器，年代很可能在嘉万年间。此一说参见湖南省文物考古研究所、湘西自治州文物局、永顺县文物局编《永顺老司城》（上册），科学出版社2014年版，第291页。

③ 湖北省文物考古研究所等：《咸丰唐崖土司城址衙署区发掘简报》，《江汉考古》2014年第1期。

④ 湖北省文物考古研究所等：《咸丰唐崖土司城址衙署区发掘简报》，《江汉考古》2014年第1期。

⑤ 蔡路武：《咸丰唐崖土司城出土瓷器综述》，载《三峡论坛》2014年第4期。

⑥ 蔡路武：《咸丰唐崖土司城出土瓷器综述》，载《三峡论坛》2014年第4期。

来看，其制陶业的发展及日常使用是相同的。同为 2015 年世界文化遗产的永顺老司城遗址出土的陶瓷器，90% 以上都是青花瓷，器形为盘和碗。① 烧窑遗址发现多处，老司城西南约 1.5 千米处的青岗包砖窑遗址、老司城西面的瓦场寨的瓦场窑址、老司城村的谢圃窑址和灵溪镇司城村的下巴里枯窑址。② 从宫殿区出土青花瓷的质地与釉色看，为明清景德镇的民窑产品，少量为官窑产品。再次说明土司核心区的生活常态在同一时代背景下，大土司与中小土司的生活生产方式的差异性并不大，甚至在土家族的区域中基本类似。

综上所述，唐崖土司城遗址出土的金器和银器之量少与陶瓷器皿之量多，有其时代背景之原因。其一，与明朝的官方之禁令紧密相关。器用之禁：洪武二十六年定……三品至五品，酒注银，酒盏金，六品至九品，酒注、酒盏银，余皆瓷、漆。百官，床面、屏风、槅子，杂色漆饰，不许雕刻龙文，并金饰朱漆。军官、军士，弓矢黑漆，弓袋、箭囊，不许用朱漆描金装饰。商贾、技艺家器皿不许用银。余与庶民同。③ 其二，因当时"蛮不出境，汉不入峒"的区隔民族政策的影响，也催生了土司地区的制陶（瓷）业的发展。其三，陶瓷器的生产，其功能不再是局限于人们日常生活中器皿的使用，不仅是物质层面，更多的是成为一种符号。明晚期官窑不振，民窑带来的生产与贸易更加活跃。从功能来看，"物质器具和社会思想只有在具有满足人类的生活需要和社会需要时，才能存留和传播，若失去这种功能，便会在历史上消失"④。可以说，陶瓷业的发展在明清时期的繁荣景象应该是遍布全国。至今，陶瓷业在唐崖镇仍有一定的规模，小作坊生产的坛坛罐罐，以及生产的古铜色和米黄色的土碗供应市场。

---

① 这个定论是北京大学秦大树教授所说，参见湖南省文物考古研究所、湘西自治州文物局、永顺县文物局编《永顺老司城》（上册），科学出版社 2014 年版，第 291 页。制陶生产有官营和私营两种。永顺老司城出土青花瓷产品基本上都是景德镇私营生产，这个特点唐崖土司当时的生活场景也是相同的。

② 湖南省文物考古研究所，湘西自治州文物局，永顺县文物局编：《永顺老司城》（中册），科学出版社 2014 年版，第 614—619 页。

③ （清）张廷玉：《明史》卷六十八，志第四十四《舆服四》，中华书局 1974 年版。

④ ［英］马林诺夫斯基：《文化论》，费孝通译，华夏出版社 2001 年版。

（三）其他手工业

《汉书·地理志》云："巴蜀广汉，有山林竹木之绕。"土司时期，鄂西南有大量的楠木、青石、白玉石等丰富的木材和石材资源。明清时期在"九溪十八洞"已盛行修建干栏建筑和石墓碑，也造就了一批木匠和石匠的手艺。土司辖区铁匠以金属为原料，打造刀、斧、锄、犁等劳动工具。土司还有专门的铁匠铺，打制战刀、长矛、箭镞等作战武器。土民火铺或火坑上备用的铁三脚、铁鼎罐之类的炊具。有的铁匠，还能用铁矿石和废铁冶炼成好铁好钢。

从唐崖土司城址现存的遗址来看，明清时期，土司域内出现了较大群体专门从事石、木雕的工匠。现存于唐崖土司城址中轴线偏北，在大寺堂与张王庙之间，有一块占地约1万平方米的采石场，是覃鼎时期修建平西将军"帅府"时就地取材，使用建筑材料的主要来源地。这块遗址地随处可见开采后残留的孤立岩石，形如当地家养牲畜，故被唐崖百姓称为"群猪下河"，是因为这些硕石远看像一头头肥猪从山上纷纷奔向唐崖河的情形而被这样俗称的。耐风化腐蚀的青灰砂岩是修建青石板路面，屋基的条石、桑凳、墓碑、建筑雕饰构件的上好石材。从明代遗存的石构件看出，当时的石刻工艺之精湛和石材使用的普遍。如何被锻造成工整的条石，其锻造工艺[①]在《唐崖土司城址》一书有详细描述。故从这一时期的文物可知，出现了专门从事雕刻花纹、人物、动物的木雕匠和以遍山的石头为原料的技艺娴熟的石雕匠。他们在这一时期承担了土司衙署、庙宇、坟茔、石板路、石板桥的修建工程。

除了上述的石匠、木匠和铁匠工艺外，纺织工艺也有一定地位。"邑内旧无蚕桑，妇女惟勤纺织。近年境内多养蚕缫丝者……纺棉织布机声相闻。妇女皆有恒业焉。"[②] 编织的原料多为竹、藤等，其产品有筐、箩、

[①] 推测当时比较科学的锻造工艺，"现存基岩和石块上有明显的开凿痕迹，从残留的烟熏痕以及錾窝分析，当时采石工艺比较科学。首先对基岩进行火烧，然后用冷水浇注使石头受热不均匀炸裂后，用楔子嵌入裂缝进行锤击，将石料剥离，再用錾子在石料上开出楔眼，塞入楔子，通过锤击开出所需石材"。参考咸丰县政协文史资料委员会、唐崖土司城遗址管理处编《唐崖土司城址》，湖北人民出版社2015年版，第105页。

[②] （清）庄定域修，支承祜等纂：《彭水县志》卷三《风俗志·民俗》，光绪元年（1875）刻本。

背篓、撮箕、斗笠、竹筛、簸箕、凉席、晒席、鸟笼、竹桌椅等,简单适用。还有从事这类编织的工匠多称为"篾匠"。除专门从事编织的工匠外,一般土民大多也能编织几样自己常用的簸箕、背篓等器具。今天仍能在唐崖社区见到一些编织技艺的传统运物工具有箩筐、方背篓、篾丝背、花背篓、撮箕等。因交通不便,依靠肩挑背扛的传统的运物工具有扁担、千担、洋马、打杵等。

此外,民间的纺织业虽未形成气候,"蛮俗新移尚未成,不知纺织但知耕"①。但是,对于土司阶层精细纺织的服饰有着极高的手工技艺。旧府志载,乾隆十六年,(郡司马商盘)官施南,下车采风,诗曰:……苗锦如云成五色,胜他番褐紫驼尼②。武陵土司之地的纺织业已然"村市皆有"。"乡城皆勤女红,且竞以针绣为能事,惟善织者少。村市皆有机坊,土布多系机坊织之。"③"秀山县,新志,妇女以纺织为业,贫富皆然。"④"酉阳州,新志,百工俱有,民风质朴,不尚奇淫,巧匠颇少。"⑤"邑内旧无蚕桑,妇女惟勤纺织。近年境内多养蚕,缫丝者……纺棉织布机声相闻。妇女皆有恒业焉。"⑥女工善纺不善织。各村市有机坊,皆机工织之。采桑绩麻,亦妇女事。⑦

本章小结

综上所述,唐崖土司统治在明清时期是适应国家正统的社会制度,通过历代土司施政来间接管理统治少数民族地区。唐崖土司与中央王朝

---

① 陈侃修,徐大煜纂:《咸丰县志》卷十二《杂志》,1914年刻本。
② 紫驼尼:用骆驼毛织成的呢料。(明)陈懋仁:《庶物异名疏·章服》,"紫驼尼,番褐也"。番褐,似对北方游牧民族服装的称谓。参见陈侃修,徐大煜纂:《咸丰县志》卷十二《杂志》,1914年刻本。
③ 陈侃:《咸丰县志》卷三《礼教志·风俗》,1914年刻本。
④ (清)王麟飞等修,冯世瀛、冉崇文纂。同治增修《酉阳直隶厅总志》卷十九《风俗志·女功》,同治二年(1863)影印本。
⑤ (清)王麟飞等修,冯世瀛、冉崇文纂。同治增修《酉阳直隶厅总志》卷十九《风俗志·工役》,同治二年(1863)影印本。
⑥ (清)庄定域修,支承祜等纂:《彭水县志》卷三《风俗志·民俗》,光绪元年(1875)刻本。
⑦ (清)张金澜:《宣恩县志》卷九《风土志·俗尚》,同治二年(1863)刻本。

的关系在不同时段各有侧重，明前侧重纳赋，中前期侧重朝贡，中晚期积极征调，与卫所关系掠地掳民，与周边土司关系结盟、通婚和攻伐中博弈，与土民关系是管理和压迫以及一丝丝温暖。土司社会发展过程中通过推行王朝中心的主要政策，积极推行先进农耕技术、修建驿道、开办书院、发展手工业，极大地促进农耕经济的发展，推动了唐崖河流域的社会进步。

第四章

唐崖土司的文化与遗产

土司文化的形成与元朝承继宋朝变迁的溪峒蛮夷策略紧密相关。虽然土司制度形成于元朝,但是,元朝的土司制度仅是承继了宋的溪峒蛮夷治策,并未创建也没有进一步完善,直到明代"永乐定制"才大力推行并趋完善。这一历史背景说明土司文化是承继了溪峒文化的基础上形成的。土司制度的全盛期在明朝,相应地,土司文化也繁盛于明代。"土司文化应该称之为土司制度文化"①,也是本章选取哪些内涵作为唐崖土司文化的关键。内涵是多方面的,它反映在土司地区社会生活的各个方面,以及社会群体的各个层面。

第一节 唐崖土司的制度文化

社会制度是文化的基本单位。② 因中央王朝设立的土司制度在唐崖社区生成,并相应地形成土司文化,这是地方与中央互动的结果。土司时期的文化形成离不开当时的社会形态,鄂西南土司区受各朝代对鄂西南的掌控有着不同的区分,所实行的制度也不一样。宋朝灭亡后,元王朝用三种不同管理制度对鄂西南界定了清晰的社会边界,"东北部即今天的

---

① 李世愉:《试论"土司文化"的定义与内涵》,《遵义师范学院学报》2016 年第 2 期。李先生在文中作了进一步的说明。制度文化层面的,如土司的职衔、品级、印信、号纸……土流并治政策等,反映中央王朝所制定的相关的制度文化;有物质文化层面的,如官署建筑、雕塑印章、谱牒家传、服饰饮食以及社会生产方式等;还有精神文化层面包括社会活动、社会秩序、社会现象、社会舆论、生活方式等。我们从文化的本质来看,李先生虽然说的是制度文化,其实其内涵也包括了物质与精神层面的两种文化。

② [英]马林诺斯基:《文化论》,费孝通译,华夏出版社 2001 年版,第 101 页。

巴东县、建始县、清江以北地区是府县社会；中部即今天恩施市、利川市的中部东部和咸丰县的龙潭河以南部分，是卫所社会；南部即今天鹤峰、来凤、宣恩三县以及巴东建始的清江以南部分和咸丰北部，利川西部都是土司社会"[1]。形成三种不同特征的文化：府县文化、卫所文化和土司文化。

雷翔认为，土司时期恩施文化中的土司文化有其代表性，是因为"土司社会最能体现当地的特异性，也最具备当时的阶段性特征"[2]。土司文化形成的机制有三：一是"叛服无常"是中央集权统治模式中继承溪峒治理策略考虑的核心，本是"无意识的随机措施，最后成为从'羁縻时代'到'土司时代'的历史性转折"[3]。二是社会制度由原来的"原始公社"制度转变为封建领主制度。三是施州区域与土司领地边界随着社会的推进逐步模糊界限，元明王朝直接管理之地的范围和强度明显收缩。三种机制的融合建构了土司文化成为鄂西南在土司时期的一个主流文化。因此，本章研究的唐崖土司文化的内涵正如导论所言，既是特殊的历史现象，又具有特殊的地理空间，须确立地理边界、时间边界和文化边界。

地理边界与时间边界我们在第二章已讨论，在此仅从文化的边界来看，唐崖土司的特殊环境在土司治理时期就有着高度的汉文化的影响。永顺土司城有着土家族丰厚的文化环境和800年相安无事稳定的社会环境的保障，才得以今天它所展示出的文化积淀，或者说文化成分的主体仍然是以土家族文化居多，如摆手舞、西兰卡普、土家年、梯玛、土家语等。与播州海龙屯比较，其仡佬族、苗族的文化厚度又不一样。较之两者，唐崖土司治理时所产生的文化及其改土归流后基层所发展和吸收而形成的唐崖村社文化有着自己独特的历史积淀。

那么，唐崖土司制度文化主要涉及明清王朝在土司地域的社会治理中体现的共性文化，也有因国家制度之下的地方治理中所体现的一些制度文化，如兵制、刑法、赋税等，设立各种土司官衔、应尽义务、承袭、

---

[1] 《恩施文化简史》编撰委员会：《恩施文化简史》，湖北人民出版社2018年版，第218页。
[2] 《恩施文化简史》编撰委员会：《恩施文化简史》，湖北人民出版社2018年版，第218页。
[3] 《恩施文化简史》编撰委员会：《恩施文化简史》，湖北人民出版社2018年版，第220页。

信物、俸禄、升迁与惩罚这些是必须遵循的国家"定制"制度。具体来说，唐崖土司的制度文化包括土司辖区、品级制度、隶属体制、流土共治制度、朝贡制度和承袭制度。这些制度文化充分体现在唐崖土司的历史流变和社会发展之中。如前面已论述的唐崖土司辖区，由治所核心区域即老百姓口中的"皇城"和边缘所辖范围面积约600平方千米组成。施州卫按辖区大小、人口多少划分所属土司的品级，从四品的宣抚司宣抚、从五品的安抚司安抚和正六品的长官司共三级。唐崖土司能明确职级的有两次宣抚司、九次长官司，虽多次属于长官司，但是其特殊性就体现在隶属体制上，由施州卫直接管理，曾列为三个直管长官司之首。制度文化具体还体现在土司机构体系化、营与旗的设置、品级及其族属争辩等方面。

一 国家机构体系化

土司制度是一种军政合一的制度，其内部组织仍延续了溪洞社会的本质。元在"九溪十八洞"采取大规模军事扫荡后，力图重建秩序，在"诸蛮洞"地放弃了羁縻州模式，而是续用了溪峒模式，用"蛮夷官"来管理其治地。"蛮夷官"治理领地，土司司主既是最高的军事长官，也是最高的行政长官。

唐崖土司属武职，长官司职级，其内部也有一套与王朝定制相适应的体系。作为土司司主，是一个地域内最高的行政长官，根据号纸、印信、宗支图等为直接证据，由朝廷任命。"土司官职名称在各土司中大同小异，在各类文献中经常出现，如把事、舍人、头目、总理、家政、舍把、峒长等。"[1] 舍人是土司派出进京纳贡的代表土司的亲属，多为土司世袭人、土司嫡长子。"湖广施州卫唐崖长官司土官舍人谭彦实……"[2] "五世祖覃斌生四子，覃彦实、彦祖、彦忠、彦臣。于成化九年（1473），进贡纳马，复蒙给覃旬世袭寇带，把事一员，把守峒苗"[3]，《明实录》

---

[1] 孙炜:《明朝湖广土司区社会结构初探》,《铜仁学院学报》2019年第3期。

[2] 《明英宗实录》卷二百九十六,"天顺二年十月"条,台北"中央研究院历史语言研究所"校印本1962年,第6310页。

[3] 覃方如藏:朝阳五龙坪石院子《覃氏族谱》,民国年间抄本,第9页。

中的舍人谭彦实就是《覃氏族谱》中的覃彦实,是五世祖覃斌的长子,只是族谱中载"成化九年(1473)纳马进贡"与正史有出入,定以《明英宗实录》天顺二年十月条为准。可见,舍人又分应袭土官舍人、护印舍人、办事舍人、把事舍人和普通舍人①,而把事舍人是土司社会治理的末端,管理一定数量的土民。土司内部官僚机构中的各级大小土官,"他们是土司对土民实施统治的左右手,是土司统治政策的具体执行人"②。作为一定领地内的最高长官,其职级在王朝体系中也有定制,明成化年间对土司职官及品位有着详细规定。土官衙门都要安插流官协助,宣抚司设流官经历、知事各一员;安抚司、长官司设流官吏目一员,实施流土共治。③

唐崖土司在整个土司时期升降过程中,虽有过从四品的宣抚司,但是多数还是正六品的长官司。明清王朝对于土司的品位,无论是宣慰司还是长官司,朝廷一律不给俸禄。但是朝廷为了笼络土司,在敕封爵位和授职较高的职位时毫不吝惜。土司的俸禄,根据朝廷所定土司职官对应的各级俸禄的定额,取之于治内土民。其标准是:

> 宣慰使月俸二十六石,宣慰同知月俸二十四石,宣慰副使、宣抚使月俸二十一石,宣抚同知、正千户月俸十六石,宣慰佥事、宣抚副使、招讨使、安抚使、副千户月俸十四石,宣抚同知、长官、宣抚佥事、副招讨使月俸十一石,副长官、安抚副使月俸八石。(载《明会典》)

如此看来,唐崖土司取之于土民的月俸最多时是二十一石。作为长官司的唐崖土司月俸没有明确规定,但是,本质上作为朝廷命官的土司,实为割据一方的土皇帝,其俸禄定额实取的多少,多会超过定额,并以

---

① 关于舍人的类别,田敏在《土家族土司兴亡史》中认为,有应袭舍人、护印舍人、署司事舍人和千办舍人之分。葛政委在《容美土司土舍阶层研究》中认为,舍人有办事舍人、土官、护印舍人、把事舍人、普通舍人。参见田敏《土家族土司兴亡史》,民族出版社2000年版,第108页;葛政委:《容美土司土舍阶层研究》,载《铜仁学院学报》2014年第1期。

② 田敏:《土家族土司兴亡史》,民族出版社2000年版,第108页。

③ 《恩施文化简史》编撰委员会:《恩施文化简史》,湖北人民出版社2018年版,第238页。

粮折银收取，这样就加重了土民的负担。

此外，"旗"是土司社会的基层组织，也是基本的军事单位，是军政合一与兵农合一融合的特殊组织。旗是军政合一，兵是兵农合一，故在唐崖土司社会中兵与民是相互融合的，将域内土民编入旗内，实质上就是全民皆兵。旗长之下，设有守备、千总、百户等。旗作为基层组织，其分属职能非常明确，"有事则调集为兵，以备战斗，无事则散处为民，以习耕凿"①。事实上，全民皆兵不等于土民随时会转换成兵的角色，在土民兵农合一的同时，土司也常备有正规的土兵。宣慰司、宣抚司级的大土司才有五营常备土兵的编制规模，一般的安抚司和长官司、蛮夷长官司是不具备这个实力的。营也是土司正规部队的编制。《卯峒司志》②记载了森严的等级制度，从等级仪制告示③中所透露出的信息，司内设五营、司外三峒，各营分设总旗、旗长、旗鼓，之下有千总、把总。五营就是五旗，旗长等同于峒长。我们从史料较为丰富的卯峒安抚司，可看出覃鼎时代作为宣抚司管理下的土司内部的制度文化。

二　族源与职级争辩

（一）族源："蒙古裔说"与"土著覃氏说"

覃汝先作为施南、散毛等各覃氏土司的共同祖先，是鄂西南覃氏土司达成的共识。认为是蒙古血缘的唐崖《覃氏族谱》的分歧点是唐崖土司二世祖生七子上做了文章，将这简单的世系弄得扑朔迷离，更为复杂。而这些充分说明唐崖覃姓的来源，是与施南土司、散毛土司等同是一族的历史过程，唐崖覃姓去追思历史并将这一祖先植入三世祖的身份，说明与施南等覃姓有着不可分割的族系血缘关系。只是在族谱记叙时，着力避免自己的西南夷族的历史关系。这与其他姓氏者在表述上是

---

① （清）魏式曾、郭鑑襄撰：《永顺府志》卷十二《杂记》，同治十二年（1873）刻本。

② 《卯峒司志》共六卷，由康熙末世袭的卯洞安抚使司主向子坤的弟弟，向子奇在康熙五十七年（1718）撰写而成。主要记载了永乐年间向喇嗒、向那吾两代安抚的改革建制故事，并庆幸流传下来，成为我们今天研究鄂西土司乃至土家族土司难得的珍贵史料，从而可知当时的社会状况，进而使我们能得以了解土家族土司社会的变迁。

③ 张兴文等，《卯峒土司志校注》，民族出版社 2001 年版，第 34—35 页。

相同的。鄂西南各姓氏族谱的祖先无一例外地有个共同特征,因来施州"平蛮有功"而驻守当地并封官。族谱的共性就是"光宗耀祖",需要有一个皇族身份的远祖和一个战功显赫的近祖。这种心态的趋同无可厚非,但是历史毕竟要"靠谱",对"不靠谱"的族谱族源表述,应该予以纠正。

总体来说,这是一个"族属"与"祖籍"的学术话语之争。换句话表达,就是族源与祖源之别。学术界对唐崖土司覃氏族属问题争论有三说,一是王平、"刘吴论"[①] 的近源与远源说;二是王希辉的蒙古族属说;三是大部分学者认同的土著覃氏说。如曾超的《唐崖土司覃氏"蒙古人"疑议》,萧洪恩《唐崖土司文化研究献疑——漫评唐崖的三部〈覃氏族谱〉》始终坚持"廪君巴人说"[②],覃双武的《关于唐崖土司属覃氏渊源的考证》,覃茌坤[③]的《唐崖土司"蒙古族后裔"探究——弗洛伊德精神分析视域下的蜕变》,覃发扬、覃柏洲的《关于唐崖土司属覃氏渊源的考证》,岳小国[④]《对唐崖土司族源研究的一点看法》一文语气坚定地指出覃氏族谱具有隐晦性。

民间叙事中有着明确的历史记忆,"土司皇帝是覃家的人"。"土司皇帝是不是蒙古人我就不清楚了。我只清楚他就是这块儿的人。覃家的人很早就住这块儿,来的时候是'覃挑担、向牵狗,田黄二姓打摆手',覃家跟向家给田黄二姓帮忙挑担,田黄二姓空着手在前面走,他们是一路来的。唐崖村也有姓田的,在 10 组,姓黄的在河那边。土司皇帝是覃家的人。"[⑤] 在笔者的调查中,唐崖鸡鸣坝的 Q 村长[⑥]很看重这个结论,一直问笔者,本

---

① 指由恩施土家族苗族自治州民族事务委员会主编,刘文政、吴畏的《唐崖土司概观》一书,其观点与王平先生的"同源异流"吻合。

② 萧洪恩、张文璋:《世界遗产地 唐崖土司城》,世界图书出版公司 2016 年版,第 268 页。

③ 覃茌坤:《唐崖土司"蒙古族后裔"探究——弗洛伊德精神分析视域下的蜕变》,载《中国民族博览》2017 年第 12 期。

④ 岳小国:《对唐崖土司族源研究的一点看法》,《三峡论坛》2013 年第 6 期。

⑤ 参见三峡大学岳小国教授于 2013 年 5 月 11 日在咸丰县尖山乡唐崖司 4 组访谈记录。访谈对象:ZGL,男,汉族,78 岁,唐崖司村 4 组村民。

⑥ 访谈对象:QTA,男,土家族,65 岁,土司支系后裔,唐崖鸡鸣坝村的村长,鸡鸣坝《覃氏谱牒》收藏人。访谈地点:鸡鸣坝村覃村长家。访谈时间:2018 年 8 月 18 日。

地青年学者覃茌坤研究①的结论"唐崖司覃氏是不是土家族"。20世纪70年代民族确认时覃姓自报的都是土家族，看得出来，本地学者并不认同唐崖覃氏有蒙古族的血缘系统。

"蒙古族有'挂二胡'，我在本地也只看到一个人，可能就是因为体质不同，再没有看到了。我们的人体结构，容貌、体格大小都不像蒙古人。"

Q村长的语气中还是觉得本地覃氏不可能有蒙古族的血缘体质。笔者访谈南河村QZA②老人时，问及神龛上有没有供什么木雕神像？这位老人想都没想肯定地回答，"那没有，小时候也没有见到过"。老人拿出族谱，谱书上的祖源写的是出自元朝宗籍帖木易儿。

笔者访谈了地方文史办的老专家，《唐崖土司城址》的执稿人ZDD主任③，也是同治版《咸丰县志》撰写人张梓的后裔。

R：覃氏族谱上写的有两个蒙古族的名字，所以，他们认为，自己有蒙古族的血缘，您怎么认为？

Z：利川有个研究，和覃氏族谱湖北卷上面都更正了没有蒙古族的说法，那个时候蒙古族是上等人，不可能住在这么偏僻的地方，元史记载的他们都是在外面比较重要发达的地方。

R：在元末时，唐崖土司叫唐崖千户所，那这个是不是有关系？

Z：它本来就不是一个实实在在的，是因为在当地有势力，明朝的时候自报自己好大的官，管多少人口，然后施南府就给你申报，明朝都是照原来给你封，千户是元朝的一种体制。

R：那千户就可能是外面来的人？

Z：是的，现在就是谜。有几个名字是蒙古族的，我猜测是在元朝取一个蒙古族的名字，那就是权力的象征。

---

① 覃茌坤在《唐崖土司"蒙古族后裔"探究——弗洛伊德精神分析视域下的蜕变》一文中，隐晦地表明唐崖覃氏族源仍是本地的强宗大姓覃氏。

② 访谈对象：QZA，男，74岁，土家族，唐崖镇南河村8组村民，土司支系后裔，南河《覃氏枝谱》收藏人。访谈地点：南河8组QZA家。访谈时间：2018年8月21日。

③ 访谈对象：ZDD，男，咸丰县政协主任，《唐崖土司城址》的第一撰稿人。访谈地点：咸丰县政协Z主任办公室。访谈时间：2018年8月24日。

R：他们说的敬奉木雕？

Z：那我不清楚，没有史料的记载。

从众多的学者研究和本地覃氏后裔的口述中，覃氏宗族的考证，多数族人放弃"蒙古后裔"近源之说，值得从学理层面来梳理阐释。针对唐崖土司的族谱来说，蒙古名是如何转换到覃氏大姓族谱之中的，这种衔接的"不靠谱"又是怎样的？众多学者对此作出了回应。曾超认为，从民族来源、所居地域、国家治政和民族政策四个方面否定了"唐崖土司是蒙古族土司"[①]。从族源来看，潘光旦已充分论述了土家族的强宗大姓覃氏与巴蛮五姓的瞫氏有渊源继承关系，族源是多元的，但是，主体民族性不会大变。姓氏也会有多元，会融入外地来客，但是主体不会大变。判断土司祖源是关乎民族属性的问题。

如恩施童氏、黔江孙氏。在恩施各地方志中，引用其论述最多的是童昶，对其介绍祖籍合肥，施州卫指挥佥事，"遂为恩施人"。历经几代人的融入，成为本地人。清嘉庆《恩施县志》介绍："本合肥人……遂为恩施人。"这是一个家族地方化的转变。黔江指挥千户孙旺，洪武二十三年袭黔江指挥千户，其父孙乔，洪武初，因功授重庆卫千户，后裔成为本地人。虽然唐崖《覃氏族谱》按其记载，其祖源自铁木乃耳（铁木易儿）。仅凭族谱上出现了蒙古字就判断其血缘出于此，是值得商榷的。在咸丰也有其他谱书上有蒙古文名字，如咸丰大坝余家谱书上载有蒙古文。一世祖覃启处送融入本地人，姓名标注的是土家语取名，"处送"土家语是"长官"。而唐崖土司的一世是覃启处送，代表唐崖土司的始祖，"遂为土家"。这是与童谱"遂为恩施人"表述是一样的。所居地域是一种大环境，个体的到来会受到"洗礼"，潜移默化地接受这里主体的文化，完成土家化，逐步适应土家人的生产生活方式。

唐崖千户来源于蒙古族也可能被土家化，而追溯的是唐崖土司本是覃氏，覃启处送准确地说是土家族。学界持三说的各家分歧在于：讨论的性质不同。一个讲的是祖籍，一个讲的是族属。祖籍可以是远方到来的客人，而族属是群体性的。唐崖土司在元末是由唐崖军民千户所转变

[①] 曾超：《唐崖土司覃氏"蒙古人"疑议》，《三峡论坛》2014年第4期。

为唐崖长官司，在历经元中后期出现土官人名"蒙古化"，需要我们把这一现象置放于历史大背景中去寻找答案。按唐崖镇唐崖司村《覃氏族谱》、唐崖镇杨家营村茅草坪覃氏谱牒和唐崖镇南河《覃氏枝谱》，三本族谱记载的覃启处送之前都是蒙古名，其世系："帖木易儿→颜柏铁儿→文珠海牙→脱音佔木儿→福寿不花→覃启处送……"重庆黔江水田坝覃氏谱牒和唐崖镇十院子覃氏谱牒记载的世系："铁木耳→铁木义、铁木叉→颜柏铁木特→文珠海牙→税音铁木→福寿木（更名覃汝先）、福寿花（更名覃汝恒）→覃啟杼送、啟舒送……"从元朝的土司制度施行来看，土官人名"蒙古化"是其制度体现的特点之一。在西南边陲的壮族土官也存在仿照蒙古人取名，推演可知在进入大西南门户的鄂西南土司族谱中出现祖源是蒙古名，并非代表就是蒙古血统。名字"蒙古化"这一现象的出现，是土官主动适应蒙元政治、心仪蒙古人的行为反映。[①]

同理，元末在战乱背景下，因征战滞留在南方蒙古官兵也有更改姓氏的史实。本地人文环境也有入俗取名，蒙元一朝在北方是帖木易儿，是一种名字的正常表达。移徙到异地，后人的取名也会适应当地的取名习俗，蒙古语名到土家语名再到汉文字取名。我们可以讨论说，在民族融合的过程中，唐崖土司可能与蒙古人有通婚的可能，但是定为元朝宗籍是值得商讨的。而用"源出蒙古""近源蒙古血统"这些话语的表述，是对族属下的结论，会引起争论。但是，如果是对始祖移民的原生地进行表述，是可以理解的。我们认为，唐崖土司的族属至今确定不下来的主要原因大致为：首先，关于族谱中出现了帖木易儿等蒙古名，就认为其与蒙古族有渊源关系。其次，也夹杂着一些对唐崖土司族属问题的某种主观臆测。如抑或与蒙古族官兵进行通婚。对元代和元末的全貌及其基层组织的了解不深不透相关，才出现模糊的解释。再次，与今之留下的遗址有关，鄂西南十八土司中，不乏有显赫的大土司，职级远比唐崖土司高的同为覃氏的土司，而遗址的辉煌和壮观见证着唐崖土司的与众不同，其"勇"与"武"的特征被族谱信息再次放大，认为与蒙古族的显著特征"武"与"勇"紧密联系。最后，学者往往有不同的侧重点，

---

① 黄家信：《壮族地区土司制度与改土归流研究》，合肥工业大学出版社2007年版，第104—105页。

有的侧重于族属来谈族源,有的侧重于祖籍来谈族源。尽管存在以上种种复杂的情况,我们仍然在探索唐崖土司族属的问题。

做"山西洪洞大槐树"族群传说的赵世瑜曾明确提出,"我们几乎没有在族谱中见到说自己有女真或者蒙古人祖先的记录"①。如何解释族谱上有蒙古名,还有一种理由就是姻亲关系而不是血缘关系。一方面,覃氏最古,还没有什么赤化、花鲁等名字,但是土家覃氏在蒙元的统治下已经历经了一个半的世纪,对此姓名早已熟知,与蒙古人通婚进入族内也是有可能的,于是在后人所修族谱中有了留痕。另一方面,民间的证明是当时本地人取一个蒙元官名,当时大背景下土官人名"蒙古化"被视为对国家的认同,或是权力的象征。此外,蒙古兵因南征留到这里,最后与当地民族相互杂处、相互通婚,久而久之特别是经过若干代之后,他们逐渐被"苗蛮"化融入当地民族之中。这些蒙古人尽管被"苗蛮"化,但却为提升土家人同周边人群在"文化上的兼容性"②做出了重要贡献。本地的强宗大姓也曾移民,来之前的原生地就是来自祖国的四方,但这不是族属问题。因为最后与本地土著的融合过程中,他们补充了强宗大姓的势力,融入当地,成为地方土酋,首选为明清王朝世袭土司。三说争论的根源在于未捋清"族属"与"祖籍"的问题。正如一些学者所说,"这种编造的清晰,留下的是更不清晰"③,"甚至是无赖攀附"④。

(二)族谱:土司职级的模糊性

第二章的"土司时期唐崖覃氏世系表"中,对几位任职时间和年限不详的土司做了说明,但是,族谱记载的职级仍具有模糊性。

---

① 参见赵世瑜《祖先记忆、家园象征与族群历史——山西洪洞大槐树传说解析》,《历史研究》2006年第1期。这是中原的汉人族谱记载。那么所谓"土著"中不清楚自己有没有一个真正汉族祖先的族系恐怕不在少数,这是接近北方族群的族谱中未见有蒙古祖先的记录。在鄂西地区族谱记载是蒙古祖先的有代表性的村落,鹤峰的三家台,是因为当时蒙古军被朱元璋追杀逃兵乱到此驻扎下来的。而唐崖土司在元末是唐崖军民千户所。

② 石硕:《关于区域民族史书写中若干问题的思考》,《西藏民族学院学报》(哲学社会科学版)2015年第1期。

③ 萧洪恩、张文璋:《世界遗产地 唐崖土司城》,世界图书出版公司2016年版,第271页。

④ 黄柏权、李为、李学敏:《唐崖土司民间记忆及其价值》,湖北省文物局、三峡大学、唐崖土司城遗址管理处编:《唐崖土司学术研讨会论文集》,科学出版社2014年版,第202页。

1. 第三代土司覃耳毛

覃耳毛在同一地域、同一姓氏的土司司主中多次出现，有生活在宋末元初的施南土司的第四世祖和忠路土司的第三世祖，还有明初既是唐崖土司又是金峒土司的司主。那么，覃耳毛与施南土司、忠路土司、金峒土司、唐崖土司之间是怎样的关系？覃耳毛出现在唐崖土司中，是第三代司主的记载，出自民国《唐崖覃氏族谱》的二世祖覃值什用……生七子，各授恩赐列名：长曰覃安毛，分授金峒司；次曰覃耳毛，分授唐崖司；三曰覃散毛，分授散毛司；四曰覃锦毛，分授东乡司；五曰覃忠毛，分授忠路司；六曰覃野毛，分授施南司；七曰覃升毛，分授茅港司。弟兄七人俱各宣慰安抚之职。① 族谱表达的信息是，唐崖土司是鄂西南七大土司的始祖，都源于二世祖覃值什用。修撰于乾隆四十五年的施南土司《覃氏家谱》所载，"（四世）叔祖散毛，祥兴年间施州元帅，遣令领兵追寇至大水田屯兵驻镇守，适宋亡众附，公推为寨主，号散毛峒。厥后宣抚司世袭唐崖、腊壁二处，系散毛分支，后各长官司世袭"。很明显将唐崖土司追述先祖的一世祖覃启处送所在的元末明初生人，追溯到宋元时期，比唐崖土司始祖要早100多年。本谱另载有，其十七世孙撰"覃氏家谱源流"，从梳理的世系来看，覃耳毛为施南土司的第四世祖，生于开禧二年（1206），淳祐四年（1244）代父职，至元二十九年（1292）卒，是宋末元初之人。《利川县志》载，"忠路司始祖覃伯坚，瞿唐人，宋庆元中（1197），以从征吴曦功，授施州行军总管，伯坚生普诸，普诸生耳毛、野毛、化毛，耳毛分忠路司"。

然而，更值得疑问的是，"覃耳毛是明洪武四年的金峒安抚司之长官"，此条文献载于《咸丰县志》所引的旧《府志》和《清史稿》。何继明在《咸丰土司遗址调查报告》中罗列了世系：覃耳毛—覃壁—覃世英—覃邦舜—覃廷建，这五代，说明覃耳毛是金峒土司的一世祖。覃耳毛在同是覃氏的四土司之间变得扑朔迷离，因此，《咸丰县志》也提出同样的疑问，"与唐崖所祖者同名，未知孰是"②。

那么，宋末元初之覃耳毛与明初之覃耳毛是否同一人？从施南司与

---

① 覃国安印：《唐崖覃氏族谱》，1917年版，2008年复印，第21—22页。
② 陈侃修，徐大煜纂：《咸丰县志》卷十一《氏族志列传·土家》，1914年刻本。

忠峒司《覃氏族谱》溯源是一致的，其信息比较可靠。而金峒司出现的覃耳毛是出自旧《府志》和《清史稿》，故应以采信。因此，宋末元初之覃耳毛与明初之覃耳毛不是同一人，只是施南司与忠路司的世祖名字在明初被金峒司、唐崖司世祖一样取名。这种取同名在不同族谱，抑或支谱中出现有多例可寻。如覃斌，是唐崖土司五司主，散毛司中的司主也有同名覃斌，曾在"嘉靖元年，散毛覃斌杀忠建田本，夺其地"①。此人非彼人，同名现象很正常。但是，唐崖土司族谱载有的关键信息是覃值什用生七子，后为鄂西南七大土司之始祖，这应是族谱撰写的一种附会。前已分析施南司、忠路司的始祖比唐崖谱中记载，他们的始祖早100多年，散毛司的始祖墨来送追溯可更远，为"唐贞观安抚使，递传至宋"②。从各土司整个世系比较来看，鄂西、重庆、湖南等地的覃氏均为覃汝先之后，他们早已是当地存在的覃氏土司，怎会是唐崖土司主覃值什用的七子分属呢。

隆庆四年（1570）任职的覃文瑞，在《卯峒司志校注》有载，"隆庆四年正月二十一日，奉调征剿金峒司覃壁谋杀本官覃玺，向嵩活捉覃壁，……明良公忿激，奔诉巡抚郭、巡抚甘，委令施州卫指挥童天宠、百户李仁、大田所杨再勋、散毛宣抚覃玉鉴、大旺安抚田养民、唐崖覃文瑞、腊壁田友、东流田洪等，剿捕不获，又被掳去亲属六十八人"③。从这可知信息覃文瑞的任职至少从隆庆四年，一直到万历四十一年（1613），任职至少43年。从中可看出，卯洞安抚司遇到家族内难时，求助于周边的卫所和土司，唐崖氏土司与散毛氏土司走得更近，紧邻大田所，与来凤这边关系更近些。

2. 第八代土司覃天富

明正德九年（1514）袭职至嘉靖二十五年（1546），在位32年。在《明实录》等正史也未有记载其是什么职级。在地方族谱中记载因功授安抚使。见唐崖《覃氏族谱》记载："八世祖覃富，于正德九年（1514）承袭父职，奉调征剿川寇麻六儿，在营峰瘴身故。据功提叙思

---

① （清）李勖：《来凤县志》卷十八《武备志·兵事》，同治五年（1866）刻本。
② （清）李勖：《来凤县志》卷二十六《土司志》，同治五年（1866）刻本。
③ 张兴文等：《卯峒司志校注》，民族出版社2001年版，第141页。

授安抚原职。"① 本谱中八世祖覃富，可能是记录手误。在唐崖鸡鸣坝《覃氏族谱》中，覃天富是第六世。因正史无载，所以，世系写为不详。

3. 第十二代司覃鼎

是宣抚使还是宣慰使？方志记载为宣慰使覃鼎，"明天启时，宣慰使覃鼎，建有石坊"②。在唐崖土司城址内的"世遗"的形象代表——"荆南雄镇"牌坊的石刻上，刻有"湖广唐崖司征西蜀升都司佥书兼宣抚司宣抚使覃鼎立"，此处为"宣抚使覃鼎"。"荆南雄镇"牌坊代表国家，点石成金，应以金石铭文为准。故在"土司时期唐崖世袭表"中覃鼎是宣抚司宣抚使。

4. 第十六代土司覃梓椿

是宣慰使还是宣抚使？又或是长官司长官？唐崖土司城遗址展示馆的宣传墙上的图表罗列的是宣抚使的只有覃鼎与覃梓椿。覃鼎是宣抚司，没有异议。而覃梓椿的职级在方志、族谱和正史中的记载，职级差异是极大的。《覃氏族谱》载"仍授宣慰使任事"③。覃梓椿是唐崖土司时期的最后一位土司主，其墓碑位于世界文化遗产地的唐崖土司城遗址的衙署南侧御花园内，碑文阴刻楷书"皇清世授忠勇将军唐岩宣抚使司覃公讳梓椿号寿庵大人之墓"，是为宣抚使。我们再看志史，《施南府志》记载，"国初制，卫治仍旧，凡十八土司。……唐崖安抚司……按雍正年间（1723—1735）所修《会典》载：'唐崖长官司'……与《旧志》所载又不同，当从《会典》。"④ 表明唐崖土司在清代是长官司，《府志》修纂者已否认《旧志》，将其列为安抚司的说法，《会典》记载是正确的。因此，遗址展示馆宣传墙上的图表记载是错误的。族谱中职级的模糊性，从另一方面来看，族谱作为一种"物质"文本，本身是由民众在具体的生活经历中编纂、生产出来的，其文本的内容结构，包括祖先谱系的编排和祖先历史的叙述，不仅是一套符号系统，也是文化权力的一种表达。⑤

---

① 覃国安印：《唐崖覃氏族谱》，1917年版，2008年复印，第27页。
② 陈侃修、徐大煜纂：《咸丰县志》卷一《舆地志·古迹》，1914年版。
③ 覃国安印：《唐崖覃氏族谱》，1917年版，2008年复印，第46页。
④ （清）松林、周庆榕修：《增修施南府志》卷二《地舆志·沿革》，同治十年（1871）刻本。
⑤ 饶伟新：《导言：族谱与社会文化史研究》，郑振满主编，饶伟新本辑主编：《族谱研究》第一辑，社会科学文献出版社2013年版，第3、21页。

第二节 唐崖土司的村社文化

"文化是一个组织严密的体系，同时它可以分成基本的两方面，即器物和风俗，由此我们可进而再分成较细的部分或单位。"[①] 如何界定土司文化，细而微的剖析，其蕴含短时段新生的文化和长时段流淌的文化。新生的文化是指因土司制度而延伸到地方的和土司贵族的文化；长时段流淌的文化是指在历史长河中流经土司时期而又会继续源远流长下去的甚至在今天仍有着勃勃生机的地方特色文化。因此，内涵丰富的土司文化传承着中华经典文化和地方贵族文化，是一个集政治制度、宗族组织、民族发展、地域特色等汇聚而成的多元文化的综合体，交织在一起的村社文化呈现渐变式的文化变迁。

本节探讨的村社文化更准确地说应是社区文化。张文勋阐释社区文化"是特定区域中人们各方面行为所构成的文化生态环境，包括与人们生活相关的自然环境、社会心理环境、社区组织环境以及与外界文化进行沟通的文化边缘环境"[②]。因此，本节界定的村社文化的重要源头是唐崖土司时期所创造并在"改土归流"后持续在这个流域由土家族承传下的与土司文化有着渊源关系的地域文化。

一 生产习俗与土司文化

土司时期的鄂西南，"施州，山岗砂石，不通驿路，不通牛犁，惟伐木烧畲，以种五谷"[③]。"咸邑水陆不通，生计太薄。"[④] 土司时期农业生产技术水平整体上都处于落后面貌，是一种采集、渔猎、农耕的复合式生产方式，"并不是以采集经济为主"[⑤]。虽然比羁縻时期的采集经济和渔猎经济占比例有所下降，但是，占主导地位的农耕经济发展仍然还很薄弱。离卫所和汉区近的土司地，基本同步于汉地区的较为先进的生产方

[①] ［英］马林诺斯基：《文化论》，费孝通译，华夏出版社2001年版，第12页。
[②] 张文勋、施惟达等：《民族文化学》，中国社会科学出版社1998年版，第120页。
[③] （清）张家榀：《恩施县志》卷四《风俗志》，嘉庆十三年（1808）年刻本。
[④] （清）张梓修，张光杰纂：《咸丰县志》卷七《典礼志·风俗》，同治四年（1865）刻本。
[⑤] 田敏：《从〈容美记游〉看容美土司的社会经济结构》，《民族论坛》1997年第3期。

式，在穷乡僻壤的二高山地带，土民的生产方式非常落后。此时期"农耕生产方式较为复杂"①。唐崖土司地域上有着明显的优势，紧邻大田所，又是施州卫直接管辖，其土司地的生产技术提高优先于卫所周围的其他土司地。

（一）从"不服牛犁"到"皆用牛耕"

一是引用牛耕生产。引进的先进生产工具和生产技术在土司地得到推广，逐步改变了过去较为普遍的"人耕"耕作方式。从唐宋时期起，一些汉族官员主动将汉族地区的锄耕和牛耕等耕作方式引进到武陵地区。"施州界群僚不习，服牛之利"② 这是宋代施州通判李周鉴于施州"不服牛犁""为辟田数千亩，选谪戍知田者市牛使耕，军食赖以足"③。亲自为土民土兵开垦田地几千亩，选择懂得种田的流放守边的人，买牛让他们耕作。在朝廷官员们的推动下，出现了"市牛入溪洞"的景象，自然条件较好的土司区的生产方式较前有明显进步。

"改土归流"后，土民"农勤耕作"④ "咸邑……惟服牛负贩，自食其力"⑤。因地势的原因，"县境山多田少，一切耕作，皆用牛犁"⑥，"平地宜水牛，高原宜黄牛"⑦，根据高山与平地的地势使用不同的牛种。在远乡、绝崖、危坳这些耕地，无法用耕牛操作，只能用人力耕种。牛耕生计方式的普遍推广，唐崖土司在史料上没有明确记载，但是，在土司地的土家语地名中遗留有普遍使用耕牛的地方。地名中有表示这里曾是养牛的场所，遗留下来的地名"雾弄坪"，雾土家语指黄牛，弄就是养，土家语语序是宾语前置，牛养坪就是养牛坪。从牛耕技术来看，土司时

---

① 段超：《土家族文化史》，民族出版社2000年版。第101—102页；段超：《土司时期土家族地区的农业经济》，《中国农史》2001年第2期。段超教授又指出，土司时期土家族地区农业生产中存在着两种生产关系：领主制生产关系和地主制生产关系。而"轻徭薄赋，荒服不征；广泛垦殖，促进生产；注意施肥，精耕细作"是其农业经济发展的动因。

② 引《宋史·列传》。（清）王协梦：《施南府志》卷二十二《官师志》，道光十四年（1834）刻本。

③ 引《宋史·列传》，李周。（清）王协梦：《施南府志》卷二十二《官师志》，道光十四年（1834）刻本。

④ （清）张梓修，张光杰纂：《咸丰县志》卷七《典礼志·风俗》，同治四年（1865）刻本。

⑤ （清）张梓修，张光杰纂：《咸丰县志》卷七《典礼志·风俗》，同治四年（1865）刻本。

⑥ 陈侃修，徐大煜纂：《咸丰县志》卷二《建置志·风俗》，1914年版。

⑦ 陈侃修，徐大煜纂：《咸丰县志》卷二《建置志·风俗》，1914年版。

期至今，因唐崖土司地的地理条件，其变化并不大。1949年，尖山乡境内有耕牛2510头，能劳役耕牛1900头左右。1957年有耕牛3100头，后因三年自然灾荒降至2500头，1964年上升到3270头。县政府对新增小牛1头用"一条腿"奖励的政策，1985年全乡有耕牛4217头，其中能役使耕牛3805头。2005年，耕牛存栏4489头。如今，因土地被征用及村社青壮年外出打工等原因，荒废了许多良土水田，家养耕牛的数量也急剧下降。

除了普遍使用牛耕外，还推广一些新的生产技术。一是注意不同土壤种植不同类别的作物。二是掌握耕作季节，适时生产。如农谚"二月清明不用忙，三月清明早下秧"①，农家认此古谚。三是采用水利灌溉，"架车引水""筑塘兜田"。

（二）从"刀耕火种"到"劝民蓄粪"

"夷夏相半，少农桑，最为硗瘠，人多劲勇……质直好义，不事夸诈骗，在市行商，坐贾在野，刀耕火种……巴之俗，沿袭之久。"②鄂西南山区的土民，在艰辛的农业耕作中，刀耕火种，烧舍田的习俗得以形成，且延续时间很长、影响很大。早在宋代寇准到巴东曾劝民垦殖。土地之贫瘠，劳作之辛苦，"刀耕火种，以渔猎为业"③。土民主要以农耕劳作，兼营渔猎的低水平生产方式谋求生存与发展。刀耕火种的方式在地方族谱中有详细描述，永顺《彭氏家谱》云，"刀耕火种，方春，斫木薙草，举火燔之，名曰剁畲"。《土家族土司简史》对"刀耕火种"进行了描述：即春耕时节刀砍荆棘树丛，用火焚烧，其草木灰作为肥料，趁农时撒下玉米或小米等作物后，即不多加管理，秋后收多收少，视该年气候好坏决定。④这种生产方式是一种盼天收成的原始劳作方式，较之内地普遍推广的牛耕技术落后得多。但是，在明清时期，"刀耕火种"曾是鄂西南土司地主要的农业生产方式。其原因：一是地理环境决定的武陵地区

---

① 鄂西土家族苗族自治州民族事务委员会、鄂西土家族苗族自治州文化局编：《鄂西谚语集》，四川民族出版社1993年版，第609页。

② （明）杨培之纂修：《巴东县志》卷二《政教志·风俗》，明嘉靖三十年（1551）刻本。

③ （明）王锡修，张时纂：《归州全志》卷上，《风俗》，见天一阁藏明代方志选刊续编，上海书店，嘉靖刊本影印，1990年，第62页。

④ 王承尧、罗午：《土家族土司简史》，中央民族学院出版社1991年版，第97页。

多悬崖峭壁，山多田少。二是与土司防止外敌入侵，不许在平坝地开垦，只能在"峰尖岭畔"耕种的野蛮规定有关。三是土民没有掌握施肥技术。只利用了草木灰，未见使用粪肥的记载。四是刀耕火种皆由妇女劳动。《恩施县志》载"乡间僻处，男坐家中，接宾客饮酒，而刀耕火种，皆妇女"①。

直到"改土归流"后，鹤峰知州毛峻德《劝民蓄粪》告示，《劝民告条》《劝积贮》诸示，就"劝民蓄粪""以备沃土之用"，教村民具体的蓄粪方法。他认为，"不出数年，土肥苗壮，收成倍昔"②。来凤知县丁周发布《谕阖邑诸民区种田法、家桑山桑蚕法示》推广区田法，提高种田技术，鼓励蚕桑之业。说明其精耕细作之农作法的历史久远，教土民怎么脱贫，如何致富，非常清楚地交代区种法具体操作，绘成了区制在城内推广，其措施非常具体，也富有积极性。这种做法，我们今天也是值得借鉴的。卯峒宣抚司宣抚使向那吾，在正统至景泰年间（1436—1458）出台的"广垦植告示"③，明确地处边夷要有饱食之庆，必须广植树、盖农桑，才能保证司治的财源、土民的"足衣食事"。为了达到司治内的生活愿景，"特设农官，以省明情，查其荒芜，俾财源开而衣食丰足"④。这是卯峒土司向周边酉阳、永顺大土司社会治理的效仿，从发展农桑提倡开垦水田，推行定居农耕的生产生活方式。这些技术的推广和严厉的广而告之，土民学到了，从中得到了好处，增收了也解决了温饱。今之遗留的地名中也有呈现"刀耕火种"在土司地是广为种植的一种生产方式。"米腊山"，即土家语称"火焰山"，"米"是"火"，"腊"是"焰"，即"砍火烧畲"。"山谷贫民不常以饭稻，半以苞谷甘薯荞麦为饔飧"⑤。在粮食收获方面，住在平地的农户，水稻是主要粮食

---

① （清）多寿：《恩施县志》卷之七《风俗志》，同治三年（1864）修，1931年铅字重印本。
② 摘自乾隆版《鹤峰州志》，中共鹤峰县委统战部、县史志编纂办公室、中共五峰县委统战部、县民族工作办公室编印：《容美土司史料汇编》，鹤峰印刷厂1984年印刷，第79页。
③ 张兴文等注释：《卯峒土司志校注》，民族出版社2001年版，第31页。广垦植告示，由卯峒安抚司使向那吾作于正统至景泰年间，主要是倡导重农桑和广植树。
④ 张兴文等注释：《卯峒土司志校注》，民族出版社2001年版，第31页。广垦植告示，由卯峒安抚司使向那吾作于正统至景泰年间，主要是倡导重农桑和广植树。
⑤ （清）李勋：《来凤县志》卷二十八《风俗志》，同治五年（1866）刻本。第464页。

收入，还种些荞麦、豌、蔬菜等作为辅助粮食。住在高山的农户，主要是以玉米、蜀、黍为正粮，辅以甘薯、马铃薯作为补充粮食。至今，在鄂西南就广为流传诸多的施肥、农垦的谚语，被收录到《鄂西谚语集》一书中。列举几条，"春分杨柳生，积肥如积金"①。"田土无肥，五谷无收。"②"牛粪当年富，猪粪年年强。"③ "粪草，粪草，庄稼之宝。"④ 整个咸丰县在1956年以前，农业生产主要是施用猪、牛粪及草皮等农家肥，1956年开始使用化肥。有了农耕技术，才能聚集当地农耕民族居住，延伸出其他的民俗文化。

（三）从溪洞贡布到民女嫁妆

土司时期的绩麻纺纱是妇女生活中的必备技能。"女勤于织，户多机声"⑤ "惟勤纺织"⑥ 也是土司时期妇女的一种生活常态。在咸丰有地方叫"土落坪"，这是土家语地名，说明这个地方早期就有"绩麻、纺纱"。土司时期的"溪布"，土民自称"西兰卡普"。自宋始多次记载，成为地方豪酋向中央王朝进贡的贡品之一，"哲宗元祐二年（1087）五月，彭允宗等进端午布，十月彭儒武等进奉龙节溪布"⑦。当时湘西彭氏进奉的"溪布是著名的贡品"⑧。明清时期地方志则称为"土锦"，"斑布即土锦，又称溪布、溪洞布，土妇善纺织"⑨。至今流传下来的纹样如"土王印""土王五颗印"都与土司时期的生活紧密相关。西兰卡普实际上就是溪布

---

① 鄂西土家族苗族自治州民族事务委员会、鄂西土家族苗族自治州文化局编：《鄂西谚语集》，四川民族出版社1993年版，第589页。

② 鄂西土家族苗族自治州民族事务委员会、鄂西土家族苗族自治州文化局编：《鄂西谚语集》，四川民族出版社1993年版，第589页。

③ 鄂西土家族苗族自治州民族事务委员会、鄂西土家族苗族自治州文化局编：《鄂西谚语集》，四川民族出版社1993年版，第588页。

④ 鄂西土家族苗族自治州民族事务委员会、鄂西土家族苗族自治州文化局编：《鄂西谚语集》，四川民族出版社1993年版，第586页。

⑤ （清）符为霖：《龙山县志》卷十一《风俗志》，同治九年修，光绪四年（1878）重刊本。

⑥ （清）庄定域修，支承祜等纂：《彭水县志》卷三《风俗志·民俗》，清光绪元年（1875）刻本。第268页。

⑦ （清）张天如等：《永顺府志》卷之四《物产志》，乾隆二十八年（1763）刻本。

⑧ 段超：《土家族文化史》，民族出版社2000年版，第108页。

⑨ （清）张天如等：《永顺府志》卷之四《物产志》，乾隆二十八年（1763）刻本。

中的"佼佼者"①。

改土归流后"村市四吋，纺声不绝"②，大量汉族工匠的进入，带来了各种先进的工艺和生产技术，如印染工艺、纺织工艺。西兰卡普的发源地主要在酉水流域，流传到唐崖村社蛮台子③的黄有夫妇，在清乾隆年间因避水患人祸，带着家人从湖南永顺府龙山县辰溪里杨桃沟逃到咸丰太和里兰台子，拓荒耕织，将这里的蛮荒之地变成了沃土良田，修建了一栋栋吊脚楼，成了有名的富庶之户。黄氏后人今天回忆，其先祖黄有是个有文化的人，带来了祖传的纺织技术——织土布④在这一带做起了纺纱、织布、经销的生意，后世子孙在当地社会上称为"四布客"⑤。

妇女擅长纺织，《龙山县志》载"土家嫁女，资极丰，锦被多至二十床"。西兰卡普中的"十铺八盖"成为嫁妆中显现新娘心灵手巧、婆家地位和娘家财富的象征。⑥ 这种精神层面对于女性的教育至今在唐崖村社有谚语求证，"养男不读书，只当养头猪。养女不织花，只当没养她。""谁家姑娘针线好，求亲男娃挤破门。"⑦ 地方流传的一首《竹枝词》，"土家妇女善持家，月上东山夜织麻。莫笑姑娘年纪小，机床为织牡丹花"。反

---

① 段超：《土家族文化史》，民族出版社2000年版，第108页。
② （清）李勖：《来凤县志》卷二十八《风俗志》，同治五年（1866）刻本。
③ 原名叫兰台子，因这个地方长满兰草盛开兰花得名。咸丰《黄氏族谱》载，咸丰尖山（今之唐崖）和活龙坪八家台、小村、钟塘的黄氏后裔，有近500年的历史，他们都是唐崖安抚司副司，袭菖蒲蛮夷长官司世职的黄璋后裔，菖蒲司最后一代土司黄程龙的代是黄璋的第十代孙。
④ 湘西的西兰卡普。这点能得到证明，湘西龙山正是西兰卡普源地发带，家家户户多机声，从龙山搬迁过来，为当地带来了纺织技术是符合文化移植的。
⑤ 先祖黄有全力发展家族轻纺业，打造绞花机、纺织机、织布机，办起了织布厂和印染厂，在本地集贸市场销售。其后世子孙（黄儒安的四个儿子）壮大了产业，发展到鼎盛时期。黄家因纺织技术精湛，销售市场扩展到周边地区。在当地社会上称为"四布客"。据《咸丰大水坪黄氏族谱及周边黄姓》记载："布匹生意兴隆，规模宏大，遍及咸丰境内各乡里，还远销湖南、四川、贵州、恩施、利川等地市场。"生意红红火火，事业蒸蒸日上。到清朝光绪年间，销售网点78个，经销客户135人。由于布匹生意兴隆，经济十分活跃，便大兴土木，置办田产，向外扩展业务，对内提升织布技术，是黄氏发家致富的一大亮点。从清乾隆三十四年迁来的7口之家，到咸丰十一年，前后90余年，黄氏家族已发展到65户312人。参见黄祖贤《咸丰蛮台子黄氏——漫话蛮台子》，收录于黄天木、黄仲举编著《咸丰大水坪黄氏族谱及周边黄姓》2013年版，内部资料，第152页。
⑥ 冉红芳：《民族的符号：土家织锦文化遗产研究》，中国社会科学出版社2017年版，第194页。
⑦ 周伟民、安治国主编：《咸丰县民族志》，湖北人民出版社2006年版，第200页。

映了女功的重要性。

（四）其他生产习俗

土司时期土民农耕技术的提高和大量农作物品种的引进，因生产的需要而产生了习俗文化。"改土归流"后，汉族地区的锄、犁、水车、筒车等生产工具和灌溉工具在唐崖村社得到广泛运用，相应地，与生产关联的习俗进一步得到发展，如薅草锣鼓、号子、牛王节、赶仗等，都是在土司文化的基础上吸收了汉文化，兼并融合的过程中产生出的唐崖村社文化。

1. 薅草锣鼓

薅草锣鼓在唐崖村社的兴起并发展，与"男女合作，终岁勤动，无旷土亦无游民"①的勤劳朴实、乐于互助的民风相关。一家有事百家帮忙，"帮工""转工""换工"在农忙季节是家家都要出工的。在田间地头薅草忙活时，专门请人打薅草锣鼓，唱薅草歌，俗称"打闹歌"。"耕种田土，每换工交作。夏时耕耨，邀多人并力耘之。选善唱田歌者，鸣锣击鼓，一唱一和，谓之打锣鼓。"② 在唐崖村社民间又称为"闹台锣鼓"，由薅草锣鼓、灯锣鼓、戏剧锣鼓及宗教锣鼓演变而成，在全县城乡流行，尤以小村、活龙坪两乡最盛，被誉为"花锣鼓之乡"③。

2. 号子与报靠

号子在村社民众叫"喊"号子，产生在各种劳动的过程中用喊唱为主形成的一种歌谣。因劳动形式的不同，有多种号子，特别是附和句具有强烈的节奏感，能激发集体劳动中同一动作的协调性，达到调节疲劳的作用。报靠，是专指多人，甚至十多人抬运重物时，为了协调动作，统一节奏，最前面抬尖子的领头人用吆喝的形式不断向后面的人发出信号，前报后应，避免中间及后面的人视角受限，不易看清道路发生意外，达到配合默契的一种叫"喊"号子。

3. 牛王节

土司时期耕牛引进。牛与唐崖村社百姓的生存和发展有着密切的关

---

① （清）李勖：《来凤县志》卷二十八《风俗志》，同治五年（1866）刻本。第464页。
② （清）张金澜：《宣恩县志》卷九《风土志·俗尚》，同治二年（1863）刻本。
③ 资料来源：咸丰县文化馆：《咸丰县文化生态保护区规划纲要》，内部资料。

系，每年的农历四月初八，成为祭牛的日子，俗称"牛王节"。这天无论农活怎样忙，土家人都要让耕牛休息一天，给牛喂饭、喂酒、喂鸡蛋，或喂用谷物黄豆合煮的好料，然后用香祭奠它们的祖先。牛的辛勤耕劳形成的村社谚语，在日常生活中随处可用。"阳春一把抓，全靠牛当家""要得庄稼好，三犁两耙不可少。"这是老百姓在长期的生产和生活中意识到牛在农业生产活动具有重要地位的经验总结。土家人崇拜牛，除了感谢牛的耕种之恩，祈求来年庄稼的丰产，更体现了重视农耕和祈求丰产的一种农耕民族文化。

4. 赶仗

赶仗习俗，本地又叫赶撵、赶山、打猎。每当秋后农闲季节，山中的野猪、獐、鹿等野兽已经膘肥肉满，村民就聚集一起开始赶仗，直到次年的春天。赶仗前要组织好"班子"，少则三五人，多则十余人。经验丰富的权威猎手带领，猎犬开路，进山围猎。一般是在近处山场进行，早出晚归，也有到远处几百里外，可能时间会数月。上山前，要祭梅山，祈赐好运，还要遵循祖传的"内部"规矩。唐崖村民ZZX[①]就曾见过这种活动，他告诉笔者：

> 那个时候赶撵，要敬山林、祭梅山菩萨。妇女一般不参加，都是男人们上山赶撵，我过路时看到他们打过麂子、野猪的。内部规矩就是班子之间不拿别人打的野兽，遇到了打同一个野兽，成功了就平半分。赶撵前，要侦察"行情"，看看山里有没有"货"（小野兽），弄清"货"的足迹路线，设网"坐呛"（富有经验的人留守）。然后，好多人赶脚吼野呛，直到听到司号人吹三声牛角号，表示猎物到手。"沿山赶鸟，见者有份"，每个去的人都有一份。

过去"赶撵"深为村民喜爱，是一种具有吸引力的狩猎活动，还是一项锻炼筋骨的体育活动。今天，随着自然资源减少，出现生态失衡，这种传统习俗只留在高龄老人的记忆中了。但是，作为永不会忘记的土

[①] 访谈对象：ZZX，女，85岁，土家族，文盲，唐崖村4组村民。访谈地点：唐崖安置小区。访谈时间：2018年6月28日。

家语地名一定代代相传的,地名"石梯坝"与赶仗习俗有关,土家语中"石"是"兽""肉"的意思,"梯"是"得","坝"即"地方""兽(肉)得坝"为汉语"得兽坝"。过去打猎时将野兽赶到此坝,赶仗成功。①"地名是民族文化遗产"②,唐崖镇的"赶仗溪"更为直接地用地名表述赶仗习俗。

二 民间信仰与土司文化

宗教文化是唐崖土司文化的一个显著特征。无论是原始宗教中的自然崇拜、图腾崇拜和祖先崇拜,还是外来宗教中的佛教、道教及儒家思想,皆在土司时期流行,形成了原始宗教和外来宗教交相辉映的绚丽色彩,深远地影响着唐崖村社民众。

(一)原始宗教信仰

土司时期,土家族的习俗多与祭祖、祀鬼有关。特别是祖先崇拜在整个土家族精神文化中具有突出地位,与尚巫信鬼相结合,兼并吸收道教信仰,呈现多神崇拜的鲜明特点,又因保留有浓厚的原始宗教痕迹,体现出土司时期的地域文化特色。③

1. 自然崇拜

敬土地神"开秧门"。春季开始种苞谷和栽秧的时候,要敬土地神,祈求保佑风调雨顺、五谷丰收。敬土地神时,把香烛纸钱、刀头(猪肉祭品)和酒饭带到秧田坎上举行祭祀,还放鞭炮,俗称"开秧门"。有的地方也叫"敬秧神"。开了秧门,才能下田扯秧,表示栽秧开始。

给果树喂年饭。大年三十下午,一家人吃了团年饭后,主人家就根据自家果树的多少拌好一定数量的饭菜,全家人就端上饭菜、提上酒、带着柴刀来到果树下,演一出人与树的"二人转",说词记录如下:

果树:"是哪个辩开我的嘴巴皮?"

---

① 李国春:《咸丰土家语地名拾遗》,《鄂西民族》2016年第3期。
② 《联合国第5届地名标准化会议6号决议》,1987年。
③ 段超:《土家族文化史》,民族出版社2000年版,第122—123页。

主人："是主人家请你把年饭吃。"

果树："主人家好情好义，我就敞开肚皮吃。"

主人："×（果树名）子树你好饿食（嘴馋）！"

果树："我还不算饿食，有人才饿食。我还是青疙瘩（未成熟），他就想得口水滴。"

主人："×子树你快莫说那些，我就给你年饭吃。"

果树："不说就不说，快给我喂几砣。"

主人："喂了你明年结不结？"

果树："结得你饭巴砣。"

主人："结密了桠子撑不起。"

果树："你另栽竿竿来撑着。"

主人："结多了吃不完。"

果树："挑上街去换银钱。"

尚巫祀鬼。中原文化崇巫的历史悠久，唐代后更加盛行。据唐《夔城图经》云，"夷事道，蛮事鬼"。史料记载"崇巫信鬼"也是湖广土司土民民间信仰的一个重要特征。鄂西南土家族在同治年间的记载就有"俗喜巫鬼，多淫祀，至今犹有存者"①。同卷还记载了卯洞土司习俗"朴疾病，信巫鬼，丧事尚歌谣"②。"厉坛，俱在县南。"③"祀鬼"体现在具体的习俗中，有"蛇吞象、鬼野猫、鬼毛狗"④等迷信的表述。长者死后，就请"梯玛"和道士"开路"和做"道场"，通神送鬼。"禁祟尚邪术，查苗瑶不知礼教，其俗多信鬼神，病不医药，惟知诵咒书符，灾不修省。"⑤ "俗重祀神，每年正月初九日、十五日、三月三日、九月九日，妇女亦间有朝

---

① （清）李勖：《来凤县志》卷二十八《风俗志》，同治五年（1866）刻本，第461页。

② （清）李勖：《来凤县志》卷二十八《风俗志》，同治五年（1866）刻本，第461页。

③ （清）张梓修，张光杰纂：《咸丰县志》卷七《典礼志·坛庙》，同治四年（1865）刻本。厉坛就是祭祀鬼神的坛。

④ （清）王麟飞等修，冯世瀛、冉崇文纂：同治增修《酉阳直隶厅总志》卷之末，《杂事志·异物》，同治二年（1863）刻本。第884页。

⑤ （清）张天如撰：《永顺府志》卷十一《檄示》，乾隆二十八年（1763）刻本。《中国地方志集成·湖南府县志》辑68，第375页。

山者，然绝无男女混杂恶习。"① 说明毛峻德的禁令起到很好的更正作用。但是，又反证了过去男女混杂是一种常态，并没有汉人的想法是恶习、是廉耻的陋俗。民国时期，信巫比较多，富人就医用药，穷人生病用点草木灰治疗，主要是巫师的诡词煽惑，相信神在，用祈祷忏悔等方式来消解厄运。

与节日活动联系在一起的祭祀活动有：接灶神送亮、敬菩萨、敬神龛、吃团年饭、放路烛、守岁、放炮竹、"抢秧水"等。笔者在调研中发现，唐崖村社的一些习俗与其他乡镇比较有不同之处。比如在腊月三十团年之前，要分别朝拜"老街三庙"羽王宫、张王庙和土地庙。吃团年饭时祭祀逝去的亡人，有献饭仪式，唐崖村社不把象征性的碗中的饭、杯中的酒和茶倒掉，会一直放到下次烧包封时再倒掉，家人是不能吃祭祀后的剩饭的。还有七夕为亡人烧包封是直接到坟头前烧，不像周边乡镇村民是在堂屋的神龛下烧包封。

2. 图腾崇拜

虎在巴人生活里的中心地位就是一种"虎人"，与巴人合二为一。人与虎合一的思想在巴地处处可见。② 鄂西南土司时期普遍流行的图腾崇拜的对象多为白虎，承传下来的民俗事项就是被称为"人祭"仪式，这种祭祀仪式在唐崖土司村社也有所反映。③ "巴氏以虎饮人血，遂以人祠焉。"④ 虎与氏族之间是悠久的血缘亲属关系。在土司时期普遍存在"还人头愿"，杀人祭祖遗风在唐崖村社曾经流行过。后因传说咸丰龙坪田姓，保留着古老的"人祭"，祭祀时误杀了自己的儿子，⑤ 后来"人祭"

---

① 中共鹤峰县委统战部、县史志编纂办公室、中共五峰县委统战部、县民族工作办公室编印：《容美土司史料汇编》，鹤峰印刷厂1984年印刷，第78、403页。鹤峰首任知州毛峻德在《条约》中严禁的旧习恶俗五条，其中分火（容美旧俗，凡子孙分出另居，即名分火）、乱宗、养老之婿、闺阃之教、背夫私逃。

② 参见潘光旦《湘西北的"土家"与古代的巴人》，彭继宽编：《湖南土家族社会历史调查资料精选》，岳麓书社2002年版，第123页。文中举例说明虎在仪式上身份的反转。"虎"从前是被祭的对象，现在却降而为祭品。一样是"告朔的饩羊"，在未变化以前是大家"爱其礼"，既变化以后，就有人"爱其羊"了。

③ 刘文政、吴畏：《唐崖土司概观》，国际文化出版公司2001年版，第52页。

④ （刘宋）范晔撰，（唐）李贤等注：《后汉书》卷八十六·列传第七十六，《南蛮西南夷》，中华书局1973年版，第2840页。

⑤ 周伟民、安治国：《咸丰县民族志》，湖北人民出版社2006年版，第15—16页。

逐步被"血祭"所取代，可以是动物的血，也可以是巫师额头的几滴血，都隐喻为"人祭"。至今在建吊脚楼祭梁的过程中，要用公鸡血在两头梁木上挂号。在杀年猪时，要在猪槽边、杀猪的澡盆上，在板子钱（给亡人烧的冥币）上敷点猪血来挂号。农忙节庆活动中都有祭祀祖先的仪式，选取的是不同行业中的祖先而已。

白虎神的崇拜演变为鄂西南地方上普遍的白帝神崇拜，白虎神是巴人与"土家"宗教信仰的中心对象①。白帝天王与廪君的关联，地方文献说法也不一，严如煜《苗防备览》《辰州志》《泸溪志》《沅州志》《乾州志》《凤凰志》等都有其解释，潘老认为，这些说法都不对。②"稍不谨，则有疾疫瘴疠之灾，故其虔如此。"③信奉十分虔诚，遇到疾病急难向白帝天王祈求，护佑，愈则酬之。土家人是极其崇奉白帝天王的，系土家族人所信奉的主神。喜庆节日，亦要以三牲（鸡、鸭、鱼）酒醴，祭奠天王。过年杀猪，远近土家都会猪头朝向张王庙或者全猪抬到张王庙进行祭祀。与人发生纠纷或枉屈误解，就刺猫血或鸡血在酒杯里，将仇人拉到天王庙去当着天王发誓，饮酒道歉。

3. 祖先崇拜

祖先是统称，祖先崇拜是在自然崇拜和图腾崇拜的基础上形成的，庙堂中的崇拜祖先是湖广土司土民民间信仰中的另一个重要特征。武陵五溪其祖先各有不同，清江流域敬奉向王天子廪君，酉水流域敬奉彭公

---

① 潘光旦先生认为，廪君从武落钟离山的赤穴出来代表红面神这一系，黑穴出来的四姓就由黑面神代表，但是廪君"魂魄世为白虎"，在百姓心中理应单独作为一个神，而且是主神，居中，红面神在左，黑面神在右。《苗防备览》里所叙述的次序也恰好是如此。"吃血"必须是猫血。仅见的一例，可见是有一定的意义。猫就是虎的种类，廪君饮人血，其子孙须饮虎血，通过"吃猫血"的盟誓维持廪君与巴人和"土家"本是血缘的关系。彭继宽编：《湖南土家族社会历史调查资料精选》，岳麓书社2002年版，第128页。

② 参见潘光旦先生的《湘西北的"土家"与古代的巴人》一文，至于《永顺府志》（卷一二）说，"白帝天王之神，不知从何所出。苗人尊奉之，乾（乾城）绥（水绥）各处皆然。"这段史料有错误，因为修志之人并未梳理历史前因。潘老得出看法，苗寨中没有他们自己的庙而去尊奉白帝天王的原因在于，乾城、永绥等处历史上"土家"比较集中的地方，修了许多庙，后来"土家"人口逐步被苗人替代，但是庙是搬不动的，也不会轻易坍倒的，苗人也崇奉庙神但经济弱又修不起庙，就近借此"土家庙"供奉，久而久之，土家庙就成了苗人自家的庙了。彭继宽编：《湖南土家族社会历史调查资料精选》，岳麓书社2002年版，第123—126页。

③ 彭继宽编：《湖南土家族社会历史调查资料精选》，岳麓书社2002年版，第127页。

爵主、田好汉和向佬官人，多处可见土王庙。1949年前，咸丰境内的祖先崇拜多为覃、向、田三个祖宗神，多处立有三抚宫。忠堡镇的板桥、白帝坪，丁寨乡的高滩、大沟、土地坪，坪坝营乡（过去叫甲马池镇）的梨树坝长槽，十字路口高滩，黄金洞乡的五谷坪向家盖等地，都曾建有三抚宫、白帝天王、向王庙等名称不同的寺庙，供廪君神像或者覃、田、向三个土王像。留下来的野茶这个地名，就是土家语地名的遗留，即土家语"叶挫"的变音，就是"神屋"，俗名"神堂"，是土家先民集众敬奉八部大王和土司王的地方。① 不同地域的土民心中各有自己敬佩的大神，成为信仰的支柱。唐崖土司城内修建的覃氏宗祠，昭示着他们盛行祖先崇拜的宗族观念。另外，家中神龛供奉先祖神像来表达对祖先的崇拜。唐崖村社立了自己的家神、共同祭祀的家族神灵。随着汉文化的渗透，汉族的一些祖先也被土家族所信奉和崇拜，尤其是四川汉族的祖先崇拜对当地影响最大，所以在唐崖老街桂花树建有"张王庙"（张飞庙）、"羽王宫"（关羽庙）。

在节日中也有体现祖先崇拜仪式。正月初一天未亮，焚香烛祀祖。正月亲族交相拜年，择吉日出行要到各种神庙里焚香烧纸。正月十五给祖坟"送灯"，因为多所以"远望之如繁星"②。《咸丰县志》载，"清明扫墓，仍挂纸竿上，谓之挂清"③。又载，"修理祖坟者，于前后三日内，并工成之，不忌方位皆吉也"。"有世族率于宗祠，用少牢祭其先人，老少宴饮尽欢。"④ 至今唐崖村社在清明节前后须去祖坟"挂清""修祖坟""祭宗祠"等家族祭祖活动。

（二）外来宗教信仰

在民间口承传说和《覃氏族谱》上有唐崖土司城内宗庙区的"八大寺院"之说。玄武山上的玄武庙是典型的道教宫观。口承传说中的大寺堂和张王庙的历史记忆更加清晰。"那是土司的家庙"，这是笔者访谈唐崖司村的几位老人在介绍大寺堂的第一句话。大寺堂在历史上曾

---

① 李国春：《咸丰土家语地名拾遗》，载《鄂西民族》2016年第3期。
② 陈侃修，徐大煜纂：《咸丰县志》卷二《建置志·风俗》，1914年版。
③ 陈侃修，徐大煜纂：《咸丰县志》卷二《建置志·风俗》，1914年版。
④ 陈侃修，徐大煜纂：《咸丰县志》卷二《建置志·风俗》，1914年版。

是咸丰县著名的寺庙之一，寺内庙联如此赞誉："大寺传千古，千家有幸千家福；唐崖镇八方，八德无亏八洞仙。"① 在唐崖镇上做生意的 ZBS 老人②回忆较为形象：

  Z：大寺堂比张王庙还大，里面那个鼓要装几担谷子，好大哦。还有那个柱头是马杉柱头，上面缠两个龙，亮瞎瞎的。我们唐岩司庙多，大杉树（夫妻杉旁）也有小庙（指的是玉皇庙，即清代冯永旭作诗《唐崖司》中的元武寺）。

  B：你说的鼓是什么？

  Z：庙里有鼓，大鼓，拿来敲的，像大黄缸那么大。我们小时候到庙里玩，还很热闹。大寺堂的头进（第一进）就放着三座大菩萨，两边有雷神菩萨，再进去就有十八罗汉、观音菩萨，很是壮观。

笔者访谈的另一位 QYB③ 老人是这样描述大寺堂的："大寺堂很大，是个庙。柱子上的龙很多，我们看到的时候都已经败了。柱子上那条龙有碗口大，缠得柱子'吱吱'地响。"

佛教、道教传入鄂西南的时间早，今天的佛教重镇来凤的仙佛寺，建于东晋咸康年间（335—342），兴起佛风。土司时期深受中原文化的影响，土司族亲们纷纷不远千里到佛门圣地拜佛求福。田氏夫人的峨眉山求佛之旅，牌坊上的点睛之笔，中门左右的象头雀替。象头用于牌坊之上是很少的，这正是唐崖土司覃鼎时期的特色，其夫人喜佛。民间有一传说，这位田氏夫人去峨眉山的坐骑就是六牙白象。回司后大修寺庙，"大发仁慈，重修八大寺院，修石马街张王庙……"④ 佛教、道教杂糅一起成为唐崖土司贵族的精神追求。

---

① 咸丰县政协文史资料委员会、唐崖土司城遗址管理处编：《唐崖土司城址》，湖北人民出版社 2015 年版，第 98 页。

② 访谈对象：ZBS，女，土家族，82 岁，现居双河，娘家是唐崖司村 4 组，是另一访谈对象 ZZX 的妹妹。访谈地点：唐崖镇皇城水岸安置小区。访谈时间：2018 年 6 月 29 日上午。

③ 访谈对象：QYB，女，土家族，81 岁，南河村 2 组村民，文盲。访谈地点：唐崖土司城址景区门口。访谈时间：2018 年 6 月 27 日下午。

④ 覃方如藏：朝阳五龙坪石院子《覃氏族谱》，民国年间抄本，第 10 页。

县内信仰的儒、释、道三教，与内地是一样的。县境内的寺庙、道观多处修建。同治版《咸丰县志》中记载寺、庙、宫、观、祠分布的具体方位，一共72座。其中寺24座，主要分布在县西和县南方向，如尖山（今之唐崖）、清坪、丁寨、杨洞、活龙坪镇。寺名有：兴国寺、回龙寺、观音寺、墨池寺、虎溪寺、尖山寺、静乐寺、无边寺、柳池寺、龙洞寺、铁牌寺、朝阳寺、方广寺、兴隆寺、把水寺、板桥寺、海潮寺、天桥寺、灵山寺、龙泉寺、灵山寺、静竹寺、迎水寺、朝阳寺。庙28座，分布在县西和县南的尖山（今之唐崖）、大路坝、活龙坪、丁寨，其中关庙最多10座，位于忠堡、丁寨、清水塘、活龙坪、龙潭司、马河坝、石人坪等，庙名是城隍庙、火神庙、马王庙、龙王庙、轩辕庙、财神庙、关庙、天王庙、川主庙、张爷庙。宫有14座，其中文昌宫2座，禹王宫5座，地主宫2座，分布在县西和南部的乡镇，如清水塘、忠堡、丁寨、杨洞、活龙坪、大路坝。具体是禹王宫、文昌宫、万寿宫、三间宫、地主宫、巧圣宫、东岳宫。观3座，具体是，县西的延真观，丁寨的白岩观和燕子户的灵珠观。祠有3座，县署大堂左侧的案牍祠，县署大堂右侧的秦鄂祠，丁寨的晏公祠。还有与观音、山和堂有关的，如县西门外的观音研（桥）、观音阁，唐崖的元武山、大寺堂。[1] 民国版《咸丰县志》清楚地指出，铁牌寺，在唐崖。张爷庙、元武山、大寺堂，皆在唐崖。[2] 尖山寺（在县南十二里，其山高耸云际）、三佛庙（在县南二十五里）、静乐寺（在大寨坪）、无边寺（在青冈岭）、柳池寺（在清水塘）、龙洞寺（在清水塘）、铁牌寺（在唐岩对面）、朝阳寺（在生基坪）、张爷庙（在唐崖，距县六十里）、元武山（在唐崖）、大寺堂（在唐崖），这些寺庙都在唐崖土司辖域内。[3] 同版本的《咸丰县志》又载，"信佛教者十之七，信道教者十之三，近则道教日渐式微，佛教迷信力亦渐减杀，又有儒教以掊击之"[4]。1914年之前50年（同治年间），全县人民信佛教的占70%，信道教的占30%。

---

[1] 此部分内容根据同治《咸丰县志》典礼志中的祠宇、寺观整理而成。（清）张梓修，张光杰纂：《咸丰县志》卷六《典礼志》，同治四年（1865）刻本。

[2] 陈侃修，徐大煜纂：《咸丰县志》卷二《建置志·寺观》，1914年版。

[3] （清）张梓修，张光杰纂：《咸丰县志》卷六《典礼志》，同治四年（1865）刻本。

[4] 陈侃修，徐大煜纂：《咸丰县志》卷三《礼教志·宗教》，1914年版。

民国时期道教、佛教渐渐减弱，儒教在民众中也受到抨击。渐渐地，寺庙、道观成为破瓦颓垣，已演变成儒释道三教混合成一家，所以，在1949年前后，乡民们看到的寺庙里的和尚是女的。唐崖村民ZZX老人①回忆：

> "我们小的时候看到好多女的也去庙里当尼姑，尼姑可以和和尚在一起，因为她们打扮得和和尚一样，认不出来。等知事了（长大），就不在庙上了。有的也是在庙上老死的。"

笔者父亲在1949年到过唐崖张王庙，也说当时看到庙里的和尚是女的。在唐崖社区不仅张王庙、大寺堂是这样，周围的尖山寺、禹王宫里也有女和尚。民间叙事与县志记载一致。唐崖土司城址考古队队长LH也是这样说：

> "大寺堂在土改前还是有很多尼姑，女和尚不过敬的是玉皇大帝。"LBZ老人②回忆，"大寺堂（又称龙王庙）、铁鼻寺、张王庙、玄武山庙是唐崖司的四个庙，其他的几个庙都是素庙，不吃肉的，就是张王庙吃肉，过去好热闹。张王庙没得菩萨，只有张老爷。大寺堂和铁鼻寺供的是佛爷，四大天王，十八罗汉，二十四诸天。玄武山庙里也有菩萨。过去有句话，'铁鼻寺的化钱龙，张王庙的马，大寺堂的龙王，玄武山的大杉树。'土司那个时候最迷信神，我们唐岩司这里佛教、道教都有，庙里有和尚也有尼姑，有好几十人。"

从这些访谈材料可以说明，土司时期，唐崖村社盛行佛教，上至土司，下至土民，这是历史大背景下的一个微型社会的写照，"夷酋好佛致礼"③。

---

① 访谈对象：ZZX，女，85岁，土家族，文盲，唐崖村4组村民。访谈地点：唐崖镇皇城水岸安置小区。访谈时间：2018年6月28日。

② 访谈对象：LBZ，男，苗族，80岁，唐崖司村2组村民，当地教师。访谈地点：唐崖司2组罗家。访谈时间：2015年7月19日。

③ （明）沈德符：《万历野获编》卷三十，下册《土司》，中华书局1980年版，第760页。

佛教信仰除了田氏夫人不远千里到四川峨眉山朝拜的史料记载外，现有的文物也证明这带尚佛的普遍性。在尖山大桥边佛像题刻①，是为万历十三年修立的。佛像题刻在唐崖司村尖山大桥边一自然岩上，像外有龛，题刻在龛的两侧。

清末民初道教式微，儒教盛行，巫医日见减少，改变了用医之道。"近来风气渐开，僧道退化，士大夫家，用儒教者遂占多数。"② 唐崖土司村社除三教的影响外，清后期有其他宗教的传入，如基督教等，但是在咸丰县域内影响很小。

三 土家文化与土司文化

（一）语言：土家语·混语·西南官话

语言是地域文化的底层，也是构成一个民族的首要条件。早期溪洞社会，鄂西南的语言在"他者"眼中是这样的，"言语侏僚"③。唐宋羁縻时期，鄂西南随着人口交流的频繁，巴人后裔的语言已逐步形成混语。《隋书·地理志下》记载，在湘鄂西毗邻地带，"多杂蛮左，其与夏人杂居者，则与诸华不别；其僻居山谷者，则言语不通，嗜好居处全异，颇与巴渝同俗"。文献中所指山谷，应是鄂西南地区。"施之地……乡者蛮夷，巴汉语相混。"④ 所谓"蛮左""蛮夷"，应是巴人的后裔土家族。这种语言是巴汉语相混，可见巴人后裔的语言与中原地区的汉语在族群的交流中早已相互借鉴形成了一种相混的巴汉语。

鄂西南土家族语言在土司时期还是盛行的，以后逐渐为汉语所代替，仅在来凤、宣恩、鹤峰三县南部还有残存外，其余各地已基本消失。⑤ 今天，我们研究土司时期的土家语言，除地方史籍中有零星的记载，元末明初时土司的一些官名保留着土家语外，现存的一些土司时期保留下来的地名是土家语的还比较多。可以说，在土司中后期鄂西南使用土家语

---

① 王晓宁：《恩施自治州碑刻大观》，新华出版社2004年版，第117页。
② 陈侃修，徐大煜纂：《咸丰县志》卷三《礼教志·风俗》，1914年版。
③ 日本藏中国罕见地方志丛刊（下册），（嘉靖）《湖广图经志》卷二十《施州卫·风俗》，台北：书目文献出版社1991年版，第1605页。
④ （清）顾炎武：《天下郡国利病书》，上海书店出版社1935年版。
⑤ 胡挠，刘东海：《鄂西土司社会概略》，四川民族出版社1993年版，第88页。

言已是很少了。因此，唐崖土司社区作为土家族核心聚居地之一，其语言在土司时期已融入武陵民族地区这个大背景之中，有土家语的存在，同时逐步转向了使用西南官话作为日常的交际语言。

翻阅武陵地区的史、志、谱，能找出不少土司名是用土家语记录的，如名字中带有"什用""送""踵""龙""俾""毛"等词，这些词汇代表土司、土官、舍把的身份地位，是长官之意。其中的"什用""送""踵""龙"基本上是同音，因为方言不同，故有些差别。① 唐崖覃谱中的一世祖覃启处送、二世祖覃值什用、三世祖覃耳毛，处送、什用、耳毛都是地道的土家语。从元至元年间至明洪武年间，鄂西南容美土司、散毛土司和川东南石柱土司的土官在史料中记载多有什用、送、冲、踵等名字。乾隆、保靖、石柱等土司的名字也有土家语命名。"土人名官长曰冲，又曰送，又曰踵，又曰从。"② 如常丰洞土酋大弟什用、师壁洞安抚司土官田驴什用、盘顺府土官墨奴什用、容美洞黄沙寨土千户田墨施什用、怀德府阿者洞主驴谷什用、怀德府洞蛮二十一洞田先什用、盘顺府知府谋谷什用、谢甲洞主墨得什用、石柱宣抚司定虎什用（马什用）、忠路宣抚司同知南木什用、龙渠洞宣抚使墨吾什子墨，还有答员什用、谋者什用等，不胜枚举。也有些记载"送""冲"的，如散毛土司墨来送、唐崖土司覃启处送、永顺土司彭福石宠（冲），这些名字是地地道道的土家族土酋之名，也是土家族对土司长官的称呼。有趣的是同时代在湘西地区的土司名称中少见用"什用"，而用"冲"，多数是用汉名。如永顺土司彭福石宠（冲）。至正九年（1349）永顺军民安抚司彭万潜，至元三十年（1293）永顺路彭世强，至元二十一年（1284）泊崖洞田万倾，至元三十一年（1294）桑木溪鲁万丑、楠木洞孟再师。五大土司之一的酉阳土司也多是汉名字，如至元初年知州事武略将军冉万友。延祐七年（1320）酉阳土官冉世昌。元初思州安抚司杨大雷。同时代在川东南地区的诸土司命名中也没有见到"什用"这样的土家语名字。

从地域来看，语言上的使用一致能看出其交流圈的范围，容美土司、

---

① 胡挠，刘东海：《鄂西土司社会概略》，四川民族出版社1993年版，第88页。
② 乾隆《永顺府志》卷十二，参见田敏《土家族土司兴亡史》，民族出版社2000年版，第36页。

散毛土司、石柱土司及周边的小土司构成一个相对文化相同的交流圈。《马氏家乘》云，马克用在元末袭石柱安抚职后，不数年，庶富为川东冠，邻近之鄂西南诸土司忠路、唐崖等皆推石柱为司长。紧邻石柱的忠路、唐崖与川东来往更多。唐崖河水系最终流入乌江汇入长江，从文化上来看，归属乌江流域。唐崖河处于三个流域的源头，故而唐崖社区文化融合了三个流域的文化，进而形成自己的地域文化。

从语言的角度来探讨土司文化，除以上列举的土司名字中有土家语的成分之外，我们在第三章社会发展中也探讨了土司家族内部的称呼，部分使用的是土家语，但是，大部分在地方志的记载中，已接受了西南官话的一些称呼语了。如除了对土司有"什用""答送"这种土家语意为首领的意思，也多有称呼"爵爷、都爷"或"土王"。对于土司家族成员的称呼，基本上是用西南官话称呼，如"夫人""官哥""官姐""总爷""舍人"等。作为土司时期土民"语言侏㒧，不识文字"[1]，至少土司中后期土司与土民的日常交流中用得最多的称呼可见，土家语的使用逐渐被西南官话所取代。"转侏㒧之音"[2] 这与中原的交流增多紧密相关，从语言上已融入了大量的汉语。

咸丰县土家族人口占总人口的75.99%，这里的土家人原来都说土家语，在土司时期，由于土司与中原交流增多，外来流官的进入，语言也迅速地被西南官话逐步替代。当然，僻远处的里籍老户仍保留了土家语。改土归流后，外来移民由于与土司地偏远的土民交流有障碍，完全是"言语不通"，改编成歌唱道，"清早起来脸朝南，南方有个土老蛮，何以识得土老蛮，格里嘎哪打乡谈"[3]。"土老蛮"就是偏远土民，与其"打乡谈"很多时候是"不可解"。

(二) 服饰：忌白·尚蓝·喜斑烂

土司时期，土家服饰史料记载较多，不断流传下来的传统服饰具有

---

[1] (清)张天如等：《永顺府志》卷四《风土志·习俗》，乾隆二十八年（1763）刻本。第130页。

[2] 日本藏中国罕见地方志丛刊（下册），（嘉靖）《湖广图经志》卷十九《靖州·风俗》，台北：书目文献出版社1991年版，第1565页。

[3] 汤明田、潘顺福主编：《利川市民族志》（重修本），湖北人民出版社2011年版，第203页。乡谈一词源于《恩施县志》载，"里籍老户，多夷僚，刀耕火种，……乡谈多不可解"。

承袭明制的特点。今天土家族地区的许多文化事项与明朝的文化也是一脉相承。"俗尚俭朴"是土家族着衣佩饰的特点,"喜宽松,重蓝黑,具有鲜明的山区风格"①。《溪蛮丛笑》是一本介绍蛮俗的小册子,其中对于宋以前的服饰进行较多的描述。早期鄂西南的土著服饰接近于狇狫裙,"裙幅两头缝断,自足而入,阑斑厚重"②。"阑斑厚重"一直是服饰的一个凸显特点而被传承。土司时期"土民散处山谷间,男女短衣跣足,以布裹头,服斑斓之衣"③。"喜垂耳圈,两耳纍纍然。"④"男女皆垂髻短衣跣足,以布勒头,喜斑斓色服。"⑤

从"改土归流"后的史料再次证明土家族土司服饰文化最明显的两个特点,"喜斑斓"和"男女服饰皆一式"。雍正八年(1730),"改土归流"后永顺府第一任知府袁承宠在《详革土司积弊略》(二十一条)"应加严禁"⑥的第二十条云,"查土司地处万山之中,界连诸苗,男女服饰均皆一式,头裹刺花巾帕,衣裙尽刺花边,与红苗无异。"⑦可见,土司时期的服饰在明《一统志》《永顺宣慰司志》上有具体记载,明《一统志》说:"土民喜服五色斑衣",说施州卫军民指挥使司有"女衣花布"之俗,《永顺宣慰司志》上说土家人"喜斑斓色服"⑧。这是湘西具有代表性的土司情况的史料记载,鄂西南《咸丰县志》引《旧府志》记录的史料,也能间接地看出唐崖土司的一种服饰生活面貌。乾隆十六年,司马商盘在施南做官时采风当地,作诗云,"苗锦如云成五色,胜他番褐紫驼尼。……东西赞佐旧曾闻,忠峒唐崖两处分。椎髻雕题态若何,利宣余习未消磨。金环贯耳谁家女,解唱蜘蛛蛱蝶歌"⑨。刚"改土归流"时

---

① 彭英明主编:《土家族文化通志新编》,民族出版社2001年版,第10页。
② (宋)朱辅:《溪蛮丛笑》,中华书局1991年版,第1页。
③ 张天如撰:同治版《永顺府志》卷十,风俗续编。《中国地方志集成·湖南府县志》辑68,第351页。
④ 张天如撰:同治版《永顺府志》卷十,风俗续编。《中国地方志集成·湖南府县志》辑68,第351页。
⑤ 彭继宽编:《湖南土家族社会历史调查资料精选》,岳麓书社2002年版,第6页。
⑥ 王承尧、罗午:《土家族土司简史》,中央民族学院出版社1991年版,第172页。
⑦ 同治《永顺县志》卷十《风俗志》,雍正八年知府袁承宠,《详革土司积弊略》共21条禁律,第381页。
⑧ 乾隆《永顺县志》卷四《风土志·习俗》,第130页。
⑨ 陈侃修,徐大煜撰:《咸丰县志》卷十二《杂志》,1914年版。

的采风所见到的,是土司时期流传下来的一种生活状态,有如云的五色苗锦,有椎髻雕题的装扮,还有金环贯耳的官家女子。

"改土归流"后清政府禁止男女服饰不分。"查土司地处万山之中,界连诸苗,男女服饰均皆一式,头裹刺花巾帕,衣裙尽刺花边,与红苗无异……改流后分别服制。"[①] 汉化政策下加速了原来"土民喜斑斓服色"转向清一色的"满襟衣""对胸衣""大便裤"。所以,"今所购文物多为满服,惟花色犹存遗迹"[②],今之博物馆收藏的土家族服饰是与满服的地方融合。鄂西南的土著作为主体,无疑吸收、融合了其他少数民族的风俗习惯。

"饰冠巾"[③]忌白,源于上述史料记载,"以布裹头"[④]"头裹刺花巾帕"[⑤] 延续至"改土归流"后史料记载更加清晰,"习俗不尚服饰,男女多用青蓝布包头"[⑥]。忌讳白布包头,老人过世时才用白布来包头做孝帕。

清甚至清前的服饰,平常里着衣佩饰俗尚俭朴,"邑人平居,皆大布之衣。大帛之冠,非遇庆贺宴会。虽缙绅家,鲜著纨绮"[⑦]。但是商人的服饰繁华,咸邑里面的达官贵人、士大夫的服饰多为缝制服装,模仿外面的服饰,紧跟时代,而不变的多是乡村居民"服近古"[⑧]。对女孩子的评品标准是女红、针绣和纺织。这与整个武陵地区土家族女性优秀品德体现在女红是相同的,地方志史料中的有明确记载,"乡城皆勤女红,且竞以针绣为能事,惟善织者少。村市皆有机坊,土布多系机坊织之"[⑨]。我们今天仍在传承的"西兰卡普",曾是文献中记载的女红,"山深林密,土流杂处,俗尚俭略,农勤耕作,子弟必读书,女工针黹。纺绩,随其

---

① 同治《永顺县志》卷十,风俗志,雍正八年知府袁承宠,《详革土司积弊略》共21条禁律,第381页。
② 彭继宽编:《湖南土家族社会历史调查资料精选》,岳麓书社2002年版,第6页。
③ 日本藏中国罕见地方志丛刊(下册),嘉靖本《湖广图经志》卷十九《靖州·风俗》,台北:书目文献出版社1991年版,第1565页。
④ 张天如撰:同治版《永顺府志》卷十,风俗续编。《中国地方志集成·湖南府县志》辑68,第351页。
⑤ 同治《永顺县志》卷十,风俗志,雍正八年知府袁承宠,《详革土司积弊略》共21条禁律,第381页。
⑥ (清)张金澜:《宣恩县志》卷九《风土志·俗尚》,同治二年(1863)刻本。
⑦ 陈侃修,徐大煜纂:《咸丰县志》卷三《礼教志·风俗》,1914年版。
⑧ 陈侃修,徐大煜纂:《咸丰县志》卷三《礼教志·风俗》,1914年版。
⑨ 陈侃修,徐大煜纂:《咸丰县志》卷三《礼教志·风俗》,1914年版。

所习"①。作为土家姑娘在十二三岁时"成年礼"教育的必修课。② 土家织锦技艺的学习，其纹饰吸收融入了毗邻苗族、侗族的织锦基因。司马商盘在施南任官时所见就认为，"苗锦如云成五色，胜他番褐紫驼尼"③ 这些五色斑斓之物，就是"苗锦"。真正意义来比较，土家妇女所织"西兰卡普"，比仡佬、苗族的织物更为精致，花样更多。"改土归流"后土司地区的纺织业迅速发展，源于养蚕缫丝的兴起，"纺棉织布机声相闻。妇女皆有恒业焉"④。至今，在唐崖社区还流传着"谁家姑娘针线好，求亲男娃挤破门"的说法，对女孩女红的一个品评。

（三）礼仪：红白喜事

结婚与老人去世在村社中都视为"喜事"。今之唐崖社区乃至广大农村地区仍有口传"红白喜事"之说，这也是人生礼仪中重要的两大事项。

1. 红喜：以歌为媒·媒妁之言·安个媒人

秦时就以"爵位、婚姻来施行羁縻"，这是制度策略。"土司之间的通婚已成为土司婚姻的一个惯例"⑤，土司阶层内部婚姻，主要是等级内婚。在第三章论述土司与土司之间通过世代联姻，维持边界的和平，族类婚是当时一种常态。还有两种常见的婚姻形式，"还骨种"和"同姓为婚"。瞿州莲、瞿宏州研究永顺土司婚姻，认为"基于建构权力网络的需要，永顺土司形成了土司等级内婚、姑舅表婚、同姓为婚三种特殊婚俗"⑥。

---

① （清）张梓修，张光杰纂：《咸丰县志》卷七《典礼志·风俗》，同治四年（1865）刻本。
② 冉红芳：《民族的符号：土家织锦文化遗产研究》，中国社会科学出版社2017年版，第257页。
③ 陈侃修，徐大煜纂：《咸丰县志》卷十二《杂志》，1914版版。浙江会稽进士，郡司马商盘于乾隆十六年在施南做官时采风作诗，诗名遗失。
④ （清）庄定域修，支承祜等纂：《彭水县志》卷三《风俗志·民俗》，清光绪元年（1875）刻本，第268页。
⑤ 瞿州莲、瞿宏州：《明代永顺土司的婚姻习俗及其特点——以湖南永顺老司城碑刻为中心的历史人类学考察》，《广西民族研究》2015年第1期。论文认为，永顺土司家族的婚姻有等级内婚，是为了维护自身利益，世代奉行严格的等级内婚制，即一方面严禁土司与土民之间通婚，另一方面通过与同级土司或者下属土司之间的联姻，建立起政治上的联盟，确保政权的巩固。
⑥ 瞿州莲、瞿宏州：《明代永顺土司的婚姻习俗及其特点——以湖南永顺老司城碑刻为中心的历史人类学考察》，《广西民族研究》2015年第1期。

土司时期婚姻形式是自由的。唐崖土司覃鼎与田氏夫人的婚姻就是属于瞿州莲、瞿宏州归纳的土司等级内婚，但是，两者的婚姻形式是自由的。土司等级内婚是"政治婚"，是为了解决毗邻的紧张关系。覃田婚姻虽然在史料和金石铭文中没有记载，但是在民间叙事中能证明这种婚姻形式的自由。覃鼎与覃田氏之间本是"政治婚"，但是，因为龙潭田氏土司的女儿，文化素养好，受教育水平高，成婚后能治理内政，成为覃鼎的"贤内助""相夫教子"。他们夫妻恩爱成为唐崖社区流传至今的一段佳话，"月迎日送影相随，莺鸟飞来不敢栖。四季长青欣寿永，平分春色话情痴"[①]。"夫妻杉"[②]成为这段佳话中"物"的见证。

这种惯例不只是在唐崖土司有关的族谱上有记载，辅佐几代土司执政的覃杰立下的规矩，唐崖与龙潭土司田氏世代联姻。放置整个覃氏土司族谱来看，包括施南覃氏族谱，利川忠路覃氏族谱，湖南添平（今石门）三、四修族谱，湖南茅岗司（今张家界市永定区）覃氏族谱，湖南常德县雷公乡龙门洞村覃氏二修族谱，宣恩覃氏族谱，来凤散毛司覃氏族谱和唐崖镇的老鹰岩覃氏谱牒、芭蕉溪覃氏谱牒，现存留的唐崖覃氏族谱中成谱时间最早的咸丰朝阳鸡鸣坝覃氏谱牒和唐崖镇南河覃氏谱牒，这些谱系中所追溯源头都有汝先公（覃汝先）。这种惯例从鄂西南覃氏土司共同的祖先十世覃汝先就有规定，多与田氏联姻，并世代相传。《中华覃氏族谱·利川卷》载，施南、忠路、建南、金峒四大土司世袭人的婚配与田氏作为通婚圈是遵循了汝先公的规定，十二世覃仕普，其原配夫人田氏；十三世覃耳毛，原配夫人田氏；十四世覃川龙，原配夫人田氏；十五世覃大胜，原配夫人田氏。[③]

此外，婚姻形式中土司阶层和土民阶层，都存在"还骨种"和"同

---

① 咸丰县民族事务委员会、咸丰县政协文史资料委员会合编：《咸丰文史资料》第5辑民族史料专辑，内部资料，1996年，第141—144页。收录的唐崖竹枝词之一，作者杨道雅，是咸丰县民族中学退休教师，于1992年病故。

② 在唐崖司土司城遗址的玄武山上，有两棵高大相邻生长的杉树，当地百姓称其为"夫妻杉"。民众话语中，这两棵水杉迄今370余年，是土司王覃鼎夫人田氏亲手所栽。又高又大的那棵被称为"夫杉"；稍小的那棵被称为"妻杉"，"夫杉"与"妻杉"相距约7米。资料来源：《尖山史志》2008年（内部资料），第112页。

③ 覃发扬、覃章义：《中华覃氏志·利川卷》，中国文史出版社2005年版，第8—10页。利川覃氏世系。

姓为婚"的习俗。"骨种、坐床恶俗，急宜严禁，以正风化也。查土司旧俗，凡姑氏之女，必嫁舅氏之子，名曰骨种。无论年之大小，竟有姑家之女，年长十余岁，必待舅家之子成立婚配。"① "还骨种"就是姑表婚，即所谓的"舅爷要，隔河叫"。流官认为"还骨种"陋俗的惩罚是"亦应杖惩、离异"②。

土司时期，"同姓为婚"的习俗，湘鄂西的地方志中记载比较多，"土司娶亲，不论同姓，或不凭婚约，一言为定，名曰放话"③。又载"本州土俗，不知家礼，娶妻不论同姓，又异姓姑舅姊妹，罔顾服制，否则指云让亲"。"农圃之家，女馌男饷，有豳民之遗风。"④ 可见，"同姓婚"在湘鄂西南土司社会中是十分盛行的一种习俗，与汉人"同姓不婚"完全不同。

此外，还存在与汉族文化相冲突的另一种婚姻形式，婚姻中女性不拘辈分的"辈分错乱"婚。今天"乱亲不乱族"不仅是民间谚语，在唐崖村社这种婚姻圈仍然存在，显然与土司时期的婚俗有着渊源关系。所以一个家族的字派尤显重要，即使是在婚姻中出现了"辈分错乱"也能用"各喊各的"方法来解决所谓"乱亲"的尴尬，族谱字派具有一个姓氏族亲重要的指向功能。比如，酉阳的冉氏土司，其后裔历经几十代仍然使用族谱字牌"……永裕广祯瑞，崇隆启懋（孟）光，晋毅仁恒泰，开源衍庆长，朝中顺有志，国位殷勤堂，祖德流芳远，忠孝百代扬"轮回传承。所以，我们今天看到的冉姓走到哪里都不乱辈分，都能捋清楚自己是什么辈，然后比较辈分来判断称呼。笔者曾到黔江濯水旅游时，遇到游览阿蓬江的濯水船工 RGH，与笔者是家门。交谈中就说起辈分，一数字牌，就知道相互怎么称呼，瞬间拉近了距离，即使是第一次见面，也是自家人。这就是家谱传承的一个明显的功能。

土司时期，土民的婚俗是以"山歌为媒"。有史料载，"有明三百年抚有西南诸土司，……以窍而插鸡毛，于其颠负兰，抱弩童，时称马郎，衔环耳间，妇女杂被，以海铜铃药珠如璎珞，然行歌诱马郎，而教之滛至，

---

① （清）张天如等纂修：《永顺府志》卷十一《风俗志》乾隆二十八年（1763）刻本。
② （清）张天如等纂修：《永顺府志》卷十一《风俗志》乾隆二十八年（1763）刻本。
③ （清）毛峻德纂：《鹤峰州志》卷下，《风俗文告》，乾隆六年（1741）刻本。
④ （清）张梓修，张光杰纂：《咸丰县志》卷七《典礼志·风俗》，同治四年（1865）刻本。

仲春合婚，则大集马郎出室，女杂吹愁笛壶笙，击长腰鼓，跳舞月前，名曰跳月老人。骑木马酌酒，听马郎择女负去，自为婚"①。此外，从"改土归流"后流官在土司治理区域出了大量的《文告》《禁令》《檄示》，从这些禁令内容反观土司时期这种习俗是一种日常，"改土归流"前土民的婚姻是自由的，与汉族的风俗格格不入，因此朝廷才出台禁令来改变它。

《永顺府志》记载了永顺土司统治下的土民生活"改土归流"后还存在的陈规陋习，一一罗列共二十一条。张贴《檄示》②禁止土民"恶俗"，如民间跳摆手、男女服饰、以歌为媒、公媳有别、骨种、坐床等，以及盖造瓦房，俱令剃头等都是流官眼中的"恶俗"。严厉惩处后土民的习俗得到了一种强制性的改变，但是作为一种地域文化历经了上千年，是很难根除的，这种文化本身是具有王明珂所述"历史心性"③。今天，在鄂西南局部村落，恩施红土乡石灰窑、大山顶一带仍遗存着这种婚俗——"女儿会"，以"赶场"之名行"相亲"之实，用对歌的形式彼此传情，约定终身的一种"赶场相亲"，保留着几百年前的以歌为媒，情定姻缘的一种自由恋爱方式。土家族这种古老的婚俗在南方少数民族的传统文化中仍有传承。比如广东乳源的瑶族也有很有特色的"以歌为媒，情定终身"④婚俗。笔者曾在云南布朗族田野调查时，看到了布朗族的传统婚俗中青年男女之间有"以花为媒""以歌为媒"和"串姑娘"的方式自由恋爱。今天民歌展现出来的功能就是对明清时期西南少数民族地区一种婚恋方式的遗留，本地有这样的说法，"十首山歌九情歌"，唱歌的功能多用于青年男女的相认、相识到相恋，直至走向婚姻殿堂。

清"改土归流"以来，"客家"进入土家族地区，加速了汉文化的传播，土家族的自由婚姻就转变成"父母之命，媒妁之言"的包办婚姻，其行动延伸出来的就是"哭嫁"，通过"哭嫁"歌来诉求心中对包办婚姻

---

① （清）毛奇龄撰：《蛮司合志》卷一《湖广》，西河合集本，第5页。
② （清）魏式曾：《永顺县志》卷十一《风俗志·檄示》，同治十二刻本。雍正八年知府袁承宠，《详革土司积弊略》共21条禁律，第381页。
③ "历史心性"指流行于群体中的个人或群体记忆、建构"过去"的心理构图的一种模式。参见王明珂《羌在汉藏之间——川西羌族的历史人类学研究》，中华书局2008年版，第201页。
④ 李锦云：《坚守与调适：乳源过山瑶文化传承研究》，博士学位论文，中南民族大学，2018年，第146页。

的不满。① "哭嫁"在社会发展中慢慢演变为"陪十姊妹"。20 世纪 80 年代前，唐崖社区还流传着"陪十姊妹"。

今天，唐崖社区的婚姻形态多为自由恋爱，但是仍有"媒妁之言"，这个形式在笔者访谈的 LYT② 口中成了"一定要'安个媒人'来象征下"。LYT 的父亲 LGW③ 是本村的礼仪先生，熟知传统婚俗的详细过程。以下通过"裸呈"的方式记述当下唐崖村社的婚俗过程，从本地人的"内部视角"让他们自己说，"内聚焦于"④ 习俗的叙事来直接呈现当下婚俗的"存在"。

> 我和我媳妇儿的认识是我去利川毛坝的朋友家玩，觉得这个女娃儿长得好看，然后她和我这个朋友又是同学，就认识了。之后我出去打工，没想到在广州打工遇到了她也在那边做事。就这样接触比较多了，就有种要娶她的感觉。要和她确认关系的话，按老家的规矩是要"安个媒人"⑤，刚好我的婶娘能说会道就去帮我说亲。我们现在农村的婚俗仍有这样几道程序是不能省（省略）的，提亲、讨八字、看期、过礼、成亲、回娘家。
>
> 提亲：历经"三回六转"。男方要找个媒人到女方家，第一次去是看不到女方家的姑娘的。如果女方家在媒人第一次登门时没有谢绝男方家带来的"小礼物"，表示有戏。媒人要去三次，才能看到女方，每次要带一把面条和酒。三次后女方才说话，历经了"三回六转"才同意这门婚事。
>
> 订婚：放梳子·看人户·讨八字。女方同意后，男方媒人又来

---

① 冉红芳：《民族的符号：土家织锦文化遗产研究》，中国社会科学出版社 2017 年版，第 164 页。

② 访谈对象：LYT，男，苗族，32 岁，中专毕业，唐崖司村 2 组村民。访谈地点：唐崖司 2 组 QDY 家。访谈时间：2018 年 6 月 23 日。

③ 访谈对象：LGW（LYT 的父亲），男，65 岁，苗族，高中毕业，做过会计，当过唐崖司村的主任，唐崖司村 2 组。访谈地点：唐崖司村 2 组 QDY 家。访谈时间：2018 年 6 月 23 日。说明：这天正值 QDY 嫁女，为了访谈多位村民，笔者也送了礼金，喝了喜酒。

④ 参见朱炳祥《他者的表述》，中国社会科学出版社 2018 年版，第 10、34—35 页。

⑤ 青年男子（或父母）看中谁家姑娘，请介绍人（媒人）牵线搭桥。"请媒一方菜，谢媒一双鞋。"

撮合，然后媒人就带男方去见女方，这次见面是订婚，男方要带肘子和酒。过后了，再回来后又要去，这次男方的父母要去，举行"放梳子"。就是与女方商量到男方"看人户"① 的时间。放梳子后，女方就要派十家八家，家家都要拿东西，主要的肘子，其他亲戚都是方方，女方派。肉都要栓红纸。还要给姑娘准备衣妆和红包。我当时走哪几家都是我岳父给我讲的，配的肘子和方方，总共走了十九家。我们订婚的时候每家都去，岳父说的每家都去。订婚当天去当天回，不歇女方家的，我们这带过去就有这样的说法，"拜年不接客，放话不留歇（过夜）"。然后就是讨八字，折红纸，写"庚书"。先写男方的生辰八字，女方是空着的。完成"讨八字"仪式，准备看期。如果有相克和不吉利的事情，这个是不过，就不看期。

结婚：过礼·告祖·拜堂。然后男方女方都要开始办"过礼"②的东西了。往些年，女方办嫁妆，有柜子、箱子、火盆、碗和铺盖。男方就要请大轿，八抬大轿抬新娘，小轿抬上亲客和送亲的，男的骑马。改革开放后，日子过好了办的"过礼"，女方的嫁妆有"三转一响"的自行车、手表、缝纫机和收录机。后来是"三机一组"的电视机、洗衣机、影碟机和高矮组合。农村男方的"聘礼"中的椅子也改为沙发，集镇上结婚还要求男方有房子、冰箱、空调等。我当时的聘礼就给老婆现金28888元，然后三金：戒指、项链和耳环。

结婚前听行"告祖礼"③，过去还有"陪十弟兄"的。女方是在结婚当日从闺房牵出来时有个"告祖"，在堂屋撒筷子，要哭下，舍不得父母，喊了爸妈就要出门了。爸妈要说吉利话，比如"一路平安"。

结婚那天，男方先要过礼。按照以前的风俗，请带宾④一人，指挥迎亲大轿；背盒⑤一人，背方肘一人，迎亲⑥要两个女

---

① 唐崖社区有的村，曾是唐崖土司的右副司驻地，活龙坪一带，又叫"看点伴儿"。
② 又叫聘礼。
③ 冉仁博：《土家族婚嫁仪注》，长江出版社2012年版，引子，第4页。
④ 带领人。
⑤ 里面装姑娘穿戴的衣服、首饰和冠笄，冠笄里面有五色线、扑粉、香皂、梳子、牙膏、牙刷、杯子。
⑥ 唐崖这边是2个未婚女，利川、活龙的风俗是用未婚或一已婚女。

孩，盐茶①一人，这就是男方过礼的准备工作。我记得当时我的盐茶包里背的还有两把梳子，两盒香皂，两盒痱子粉，牙膏、牙刷都是双数，洗漱用品都齐全了。

　　新娘出门上路，无论天晴下雨，都要打"露水伞"②，穿"露水衣"③，现在有专门的新娘装。过去公路还到不了家的，所有嫁妆都是请脚夫抬，现在是给钱买嫁妆后送货公司送上门。新娘在路上有个过桥礼，要给脚夫香烟，发红包。新娘到男方家后，鸣炮奏乐迎接新娘。新娘不落地，换上自己做的鞋子。在进婆家大门时，要猛蹬一下门槛，意为"从此我就成为这家的人了"。然后，喊礼生喊礼拜堂，一拜天地，二拜高堂，三是夫妻对拜。拜堂完毕，礼生高喊"新郎新娘进入洞房"。新郎新娘直奔新房，抢坐婚床，谁先坐上婚床意味着今后就是这个家庭里拥有话语权的人，抢床后喝"交杯酒"和"和气茶"，洗"和气手"④。

　　男方摆喜宴用四方桌子安席，上方是上客（送亲的），下方是陪客（三亲来陪，如姑姑、姑爷来陪）都有讲究。婆婆这家人坐在左右两边，和亲客为大。晚饭后，支客师带领新郎父母，带上烟茶，先拜见送亲客，挽留贵客"歇脚"⑤。晚上开始"闹房"，闹房时叔侄、哥弟等都参加，"三天不分大小，七天才分老少"。

　　送亲客歇两夜，第二天晚上"交亲"⑥，交亲在新房，人多就是在堂屋，女方发放自己做的鞋子，比较亲的亲戚，得红包。交亲就是带姑娘认人、喊人。送亲客给新郎官红包，送亲客放鞭炮，炸一个鞭炮丢一个红包，新郎官去捡红包。送亲客先走，之后新婚夫妻回娘家。女方去男方家三天不吃饭，就吃自己带去的吃的花粑粑。以前是这样，现在没有了。三天后新娘回娘家，带些菜回来。回门完就结束了。

---

① 里面装有盐、茶、米、黄豆。
② 露水伞即红纸花伞，意为遮羞和祛邪。
③ "露水衣"为右开襟，大袖大摆，下身穿八幅罗裙。
④ 用一盆水新娘洗手后，交新郎，然后交一家老少洗手。
⑤ 住下来。
⑥ 闹房后，由婆家亲友和送亲客一起进行座谈，叫作"交亲"，即嫁家把新娘交给娶家。

2. 白喜：打丧鼓·唱孝歌·穿花

土司时期的丧葬：尚歌谣·遵家礼·作佛事。"丧事尚歌谣"① 这是土司时期的丧葬习俗，人死后要唱孝歌，无丧服。土民家中老人去世，要唱孝歌，当成喜事来操办，俗称"白喜"或"白会"，认为寿终正寝的老人升仙或成神了人生圆满。"丧葬前夕，绕棺歌唱，谓之打丧鼓。盖即挽歌之遗。"② "丧葬作歌戏。"③ 丧葬仪式大体都要经过送终、停丧、坐大夜、安葬、复三坟这样几个阶段。明末清初，儒教已开始在土司地区流行，有行裹尸礼，又名行"三献礼"。"近来风气渐开，僧道退化，士大夫家，用儒教者遂占多数。"④ "多行家礼，间亦有作佛事者，诹吉殡厝，近日居多。"⑤

"改土归流"之后，清中前期咸丰佛教盛行，多用僧道诵经礼佛，过程有开路、绕棺、开奠、作佛事、做道场。"三十年前盛行佛教，人死率用僧道，木鱼、铙鼓，诵经礼佛。初死曰开路，继曰绕棺。将葬前日，戚友毕集，皆缟素，曰开奠。富贵之家，吊客愈多，至有灵柩经过，途人皆赠素巾，曰开普奠。后百日内作佛事，曰应七。三年内，或用僧道，或延士人，分别诵经礼拜，曰道场。"⑥ 过去的葬祭死者"因职分之尊卑，定葬期之多寡。所定之多寡何如夫？亦曰：官七、舍五、民三日耳。至祭从生者，亦有七献、五献、三献之别焉"⑦。至今在唐崖社区民众办丧事以三日为准。从停丧到坐夜这期间，以绕棺、唱孝歌、行裹尸礼遗风的形式陪伴和祭奠亡人。

村社丧葬：开道场·唱孝歌·送火焰。传承至今，"尚歌谣"演变成了"唱孝歌"。在唐崖社区只要老人去世后，请土老师念经，道士开路，歌师唱孝歌，土老师送葬后要送三天的火焰。丧葬仪式大体都要经过送终、入殓、停丧、坐夜（或坐白）、安葬、复三坟这样几个阶段。

---

① （清）李勋：《来凤县志》卷二十八《风俗志》，同治五年（1866）刻本。
② （清）王协梦监修：《施南府志》，卷十典礼·风俗，道光十四年（1834）刻本。
③ 日本藏中国罕见地方志丛刊（下册），（嘉靖）《湖广图经志》卷十九《靖州·风俗》，台北：书目文献出版社1991年版，第1565页。
④ 陈侃修，徐大煜纂：《咸丰县志》卷三《礼教志·风俗》，1914年版。
⑤ （清）张梓修，张光杰纂：《咸丰县志》卷七《典礼志》风俗，同治四年（1865）刻本。
⑥ 陈侃修，徐大煜纂：《咸丰县志》卷三《礼教志·风俗》，1914年版。
⑦ 张兴文等注释：《卯峒土司志校注》，民族出版社2001年版，第27页。

送终就是等老人"落气",子孙尽量赶回来送终,老人"落气"时子孙"送到终了",说明老人一生圆满。然后,在堂屋正中烧"落气钱",长鸣鞭炮向乡亲报丧,来"看死"。

入殓要请有福气、心肠好的人来帮忙"麻汗"①和"穿寿衣"②。棺木要打扫干净,不能留有任何渣滓,否则后代会生烂骨病、长疣疱等。"入材"好了,棺木盖盖一半,不能盖牢,可能人死后还有可能会活过来,等至亲赶到与遗体告别后,才"褙殓",用纸糊棺盖口。

停丧一般三日,戴孝的孝子到乡邻院坝下跪,请人帮忙;集镇贴讣告,通知至亲前来吊丧。帮忙的人到场后,设三班八房开出"当大事"的执事名单,各司其职。请道师先生、歌师、地理先生等做道场、唱孝歌、看期出吉日。停丧期间白天晚上,坐堂锣鼓和吹鼓手,以鼓乐陪伴亡人。请歌师来闹丧或绕棺跳丧舞,或唱孝歌。乡邻都会来,"人死众人哀,不请自己来"。道师一到,就挂坛帐,设灵台,为亡人"开路""解灯",行裹尸礼,昼夜击乐诵经,绕棺穿花。做道场是道师为亡者超度升天仪式,有祭奠、生祭、熟祭、散花解结、解五方灯、解传灯、小解、大解一些议程。所以议程必有一孝子伴随。

超度法事的晚上要唱孝歌。流行于尖山、朝阳、甲马池等一些乡镇的这种古老的民间挽歌,又叫"绕棺""穿花",击鼓而歌舞,通宵达旦。"穿花"原本是具有封建迷信色彩的,为亡灵"超度"的一种活动。今天在本地仍在传承,为亡人"超度灵魂"的"穿花"饱含了一种"热闹丧堂、慰安生者、娱乐众人"的祭奠仪式。因为人死之后,家人悲伤,灵堂冷清,气氛凄惨,为了热闹灵堂,孝家请来的道师先生与守堂人一起共守长夜,用敲锣鼓、走队形、穿花样,在棺材周围穿梭腾挪,情趣盎然。坐大夜的亲朋好友也加入穿花队伍助兴,手之舞之,足之蹈之,活跃灵堂。每穿一次花,都会形成热烈气氛,度过漫漫长夜。

---

① 麻汗,即为亡人抹汗洗身,用白布蘸热水在死者脸部、背部、手心、脚心各擦拭三下,表示洗澡。

② 亡者寿衣寿被盖不能用斜纹布,必须用平布料,防止后人去干一些邪神之事。头包青丝帕,打"阴结",脚穿软底鞋。老衣一般五、七、九层,无扣,穿单忌穿双;男内穿白色,女内穿红色,外衣都是青色。还要用青白蓝线缠在亡者腰上,数量是亡者一岁一根,不能多也不能少。

坐大夜在安葬前一天的傍晚至深夜零点举行，亲朋乡邻祭奠吊唁亡人，到屋称"邀贺礼"，鸣炮迎接，孝子陪跪答谢。亲朋乡邻送的贺礼有祭帐、花圈、孝对、孝彩、孝狮、五岳师、送花圈、踏花被，放鞭炮等，过去还送一些粮食，现在主要是送钱。到了深夜零点，除穿花、唱孝歌或行裹尸礼继续进行外，为亲朋乡邻开办的宴席就收场了。

出殡又称"发丧""抬丧"。抽灵发丧的时间和埋葬的地点是孝子提前请地理先生通过阴阳五行、天文地理、象吉、八卦等有关地理学、易经学来推算的，神奇而诡秘。唐崖村社是打井动土前孝子半跪先挖三锄。道师先生会说："一锄挖金，二锄挖银，三锄挖出子孙昌盛。"出殡日忌讳丧日、空亡日、红砂日、绝日、重丧日，很注重看吉日，希望逝去的仙人保佑家族兴旺、子孙发达。送丧队伍由其他亲朋乡邻组成，浩浩荡荡，越长越说明家族旺盛。送葬时，道士用柴心棍打棺材赶鬼，或用公鸡冠化佛。如果抬丧踩坏什么农作物，或拆除什么障碍物，物主也不会责怪，叫"天大地大，死者为大"。送葬队伍里的人，就是有生前的仇人，死后都不能计较，俗称"嫉生不嫉死"。

老人上山后，七日内每天傍晚"送亮"（利川俗称"送火焰"），孝子应用稻草编成长辫放于坟背脊燃烧。道士算定几日回煞，应几七，到时备酒菜于房内，逢七，烧纸钱。即七架（每架十二封）包封，从死者落气之日起，每七天在堂屋香火前烧一架，七七四十九天烧完，葬礼结束。新坟要三年后才能立碑，立碑多是儿子为父母立。当地人认为："生死是生就的"，认为一个人的寿命长与短，这是老天自安排。当一个人寿终正寝后，后辈是一定要让死者"入土为安"。这种"落叶归根"的传统，今天仍是这片土地走出去的人老后的一种愿景。

婚丧习俗中，请客送礼是乡民社会中所体现的一种熟人之间的"人情"所在，过去存在，现在仍存在，从心态文化来看，并没有发生质的变化。清朝时也有城市里的奢华摆宴。"城市婚葬祝寿诸宴会，海味山珍，动辄耗费。不如是，主人自觉减色，附郭殷富亦如之。"[①] 但是，也有觉得铺张浪费不好，相互劝勉的。"有心世道者，所宜交相劝勉，崇节俭以为惜福之地。"在清末民初，仍沿袭这种开宴送礼的旧习。"每于秋

---

① 陈侃修，徐大煜纂：《咸丰县志》卷三《礼教志·风俗》，1914年版。

冬以后，借故置酒，希图收受馈礼，以牟微利而应急需，不知彼来我往，输入者无几。又消耗于酒食征逐之中，财力之困，半由于斯。"① 滋长了"整酒风"，弄得老百姓财力贫困。地方管理者通过一些办法事先严禁，这种旧习有所收敛。所以说，从社会风气、心态习俗来看，咸丰县的风俗在今天看来还有许多旧习的传承，虽然其中有了一些改变，但是，体现核心的部分并没有发生改变。今天，不论在咸丰县城，还是唐崖乡镇仍有"红白喜事"，这是土家族人心中，乃至中华文化中根深蒂固的一个习俗。

（四）饮食：咂酒和油茶汤

自古以来，土家族就是一个"好酒吃茶"的民族，而咸丰乃至整个鄂西南覃氏土司区域都有"喝咂酒"和"油茶汤"的饮食习惯，两者已成为极具代表的地域饮食文化。茶楼酒肆在宋代就已达到了繁华的市井之象，我们从《清明上河图》中的众多茶楼酒家可以了解中原民风。大明王朝随着土司们纷纷朝贡，也相应地将中原早已日常的生活习俗带回自己管辖的地域而习之。土司用咂酒招待上宾，土民用油茶汤招待客人。改土归流之前，咂酒主要流行于土司上层，油茶汤则流行于土民之间。

1. 咂酒：土司酷好之

"土司有亲宾宴会，以吃咂抹坛为敬。"② 有史料为证，"咂酒……土司酷好之"③。龙潭安抚司田某诗曰："万颗明珠共一瓯，王侯到此也低头，五龙捧着擎天柱，尽吸长江水倒流。"④ 道出了土官喝咂酒的豪迈气概。此诗在民间传说中为田氏夫人所作，五龙即为唐崖土司城遗址旁的五龙坪，而诗中的水倒流是指唐崖河自东向西流。"此诗亦解为咂酒诗，相传土司夫人田氏咂酒吟诗，唐崖凡遇盛事，由土司王亲自主持饮酒仪式，用竹管吸酒，名'咂酒'。"⑤

在唐崖河流域历代文人墨客留下了脍炙人口的咂酒与油茶的诗词。

---

① 陈侃修，徐大煜纂：《咸丰县志》卷三《礼教志·风俗》，1914年版。
② （清）李焕春原本，郭敦佑续修：《长乐县志》卷十六《杂纪志》，光绪元年（1875）增刻本。
③ （清）张梓修，张光杰纂：《咸丰县志》卷七《典礼志·风俗》，同治四年（1865）刻本。
④ 陈侃修，徐大煜纂：《咸丰县志》卷三《礼教志·风俗》，1914年版。
⑤ 引自徐明庭、张颖、杜宏英等辑校《湖北竹枝词》，湖北人民出版社2006年版，第369页。

如蒋仕槐的《杂咏》诗："依山面水一家家，风土人情大不差。惟有客来沿旧俗，常须咂酒与油茶。"① 有关咂酒诗词在鄂西南土司乃至西南土司中留下诗篇颇多。著名的唐代诗人李白笔下也有描写土家咂酒宴会场面的诗，"巴氏春宴咂酒"。

咂酒并非唐崖社区过去独有的习俗，有着悠久的历史渊源和分布地域。早在朱辅《溪蛮丛笑》指出"钩藤名始称于宋"②，土家先民以藤枝作吸管饮咂酒，早在多少年前已成了习俗。同治版《咸丰县志》简略地记载了制作咂酒的材料和如何饮用，"咂酒。俗以曲蘖和杂粮于坛中，久之成酒。饮时，开坛沃以沸汤，置竹管于其中，曰咂篓（竿）。先以一人吸咂篓，曰开坛。然后彼此轮吸，初吸时味甚浓厚，频添沸汤，则味亦渐淡。盖蜀中酿法也"③。咂酒装在瓮中的，不浓且清，喝多了也会醉的。杜甫就有"芦酒多还醉"④ 的诗句。

而土司待客饮咂酒，在《长乐县志》里就详细描绘了宴会上土司用咂酒招待嘉宾的情形，"咂抹坛者，谓前客以竿吸酒，以巾拭竿，请客饮也……每客一吸，主人一注水，前客吸过赴椁，再举箸，而后客来，彼此不以为歉也"⑤。咂酒礼俗的欢畅与热闹展示了土司对客人的热情与饮酒的豪迈粗犷。"无酒不成席""宴会以咂酒为敬"⑥，与中原用酒杯喝酒的方式比较，体现了土司地区饮酒习俗的淳厚和奇特。深层次地看，这与其民风朴实紧密相连，"邑中风气，乡村厚于城市，过客不裹粮，投宿寻饭无不应者。入山愈深，其俗愈厚"⑦，体现山地民族浓郁的韵味。

土司为何酷好"咂酒"。民间叙事认为，土司地流行的咂酒习俗，起

---

① （清）张梓修，张光杰纂：《咸丰县志》卷十八《艺文志·诗》，同治四年（1865）刻本。
② （宋）朱辅：《溪蛮丛笑》，中华书局1991年版，第1页。
③ （清）张梓修，张光杰纂：《咸丰县志》卷之七《典礼志·风俗》，同治四年（1865）刻本。
④ （唐）杜甫：《宋昊第亚赴河西判官》诗："黄羊饮不膻，芦酒多还醉。"参见朱世英、季家宏主编《中国酒文化辞典》，芦酒条，黄山书社1990年版，第211页。
⑤ （清）李焕春原本，郭敦佑续修：《长乐县志》卷十六《杂纪志》，光绪元年（1875）增刻本。
⑥ （清）曹抡彬、曹论翰纂：《雅州府志》卷十一《土司》，清乾隆四年（1739）刊本。1984年雅安地区图书馆油印清光绪十三年（1887）补刊嘉庆本。
⑦ （清）李勋修、何远鉴、张钧纂：《来凤县志》卷二十八《风俗志》，同治五年（1866）刻本。

始于明代土兵赴东南沿海抗倭的战事。土民为让土兵奉调按时奔赴抗倭前线，将酒坛置于路旁，内插竹管，每过一土兵咂一口，以示送别，循序渐进，以此传成习俗。

2. 油茶汤：一日不饮，则神不清爽

同治《咸丰县志》云："油茶腐干切颗，细茗，阴米各用膏煎、水煮、燥湿得宜，人或以之享客，或以自奉，间有日不再食，则昏愦者。"① 外四里②人间有嗜此成癖者，"一日不饮，则神不清爽"③。喝"油茶汤"成为土人生活中每天必吃的食物。"油茶汤"的制作方法，是用油炸干茶叶，炸米花、豆干、芝麻、黄豆等与茶叶一起泡，称之油茶，来招待客人表达敬意。"土人以油炸米花、豆干、芝麻、黄豆诸物，和茶叶作汤泡之，名曰油茶，客至，则献之以致敬。"④ "土人以油炸黄豆、苞谷、米花、豆乳、芝麻椒诸物，取水和油煮茶叶，坐汤泡之饷客致敬，名曰油茶。"⑤ 今天已经成为省级非物质文化遗产的唐崖"油茶汤"的做法也没有多大的变化。史料记载"油茶汤"主要流传于唐崖河流域的黔咸接壤处，过去还称之为"擂茶"，"取吴萸、胡桃、生姜、胡麻共捣烂煮沸作茶，此惟黔咸接壤处有之"⑥。可见，唐崖河流域有喝"油茶汤"的饮食习俗，在清同治年间就有明确的记载了。

饮茶习俗历史久远。鄂西南关于饮茶的记载，可以追溯到三国时期，"荆巴间，采茶做饼……置瓷器中，热汤覆之。用葱、姜、橘子芼之，其饮醒酒，令人不眠"⑦。《广雅》记载了茶制成汤的饮用方法，指明茶的功效有醒酒与提神。而荆巴两地，指的是今湖北西部以及四川东部一带。

---

① （清）张梓修，张光杰纂：《咸丰县志》卷七《典礼志·风俗》，同治四年（1865）刻本。
② 外四里主要是指土司管辖的区域，即大河以北地的仁孝、义悌、礼忠、智信此四里。包括今天的仁孝里之村集三：曰尖山寺，曰清水塘，曰二台坪。义悌里之村集四：曰水坝，曰活龙坪，曰毛坝，曰忠塘。礼忠里之村集四：曰大村、小村、燕子岸、曰李子溪。智信里之村集二：曰石人坪，曰黑峒。邦里之村集三：曰蛇盘溪，曰大路坝，曰朝阳寺。参见陈侃修，徐大煜撰《咸丰县志》卷二《建置志·村集》，1914年版。
③ 陈侃修，徐大煜纂：《咸丰县志》卷二《建置志·风俗》，1914年版。
④ 陈侃修，徐大煜纂：《咸丰县志》卷二《建置志·风俗》，1914年版。
⑤ （清）李勖：《来凤县志》卷二十八《风俗志》，同治五年（1866）刻本，第465页。
⑥ （清）张梓修，张光杰纂：《咸丰县志》卷七《典礼志·风俗》，同治四年（1865）刻本。
⑦ （西晋）张揖：《广雅》。转引自陈祖椝、朱自振《中国茶叶历史资料选辑》，农业出版社1981年版，第203页。

我国古代第一部茶书，唐朝陆羽的《茶经》中突出了茶叶发展的两个重要时期，"茶兴于唐，盛于宋"。在《茶经》中划分的8个茶区中，鄂西南的归州、施州也是产茶区。①"山南，以峡州上"②，峡州所产茶被列为上等茶。《清一统志》云："武昌府、宜昌府、施南府皆土贡茶。"土民所种植的上等茶成为土司朝贡的土特产之一。第三章梳理土司朝贡的贡品中多处记载"方物"就包括了贡茶。

中原的茶是用来泡着喝，而在鄂西南土司地，却可以拿来做汤喝，是既解渴去饥又提神的饮食佳品。清末民初，黔咸接壤处的唐崖河流域的咂酒和喝油茶汤习俗已渐式微。民国版《咸丰县志》记载，"近年饮油茶者较前减少，而咂酒几至不经见云"③。从此条记载也可看出，清初中期及清前咸丰土司地区的这两种习俗是盛行的，在土司阶层中酷好之"咂酒"，在土民心中喝"油茶汤"才神气清爽。

土民"一日不饮，则神不清爽"④，对于"油茶汤"的嗜好，在地方叙事表述中也自有合理的解释。"油茶汤"具有防瘴气、驱湿毒、去疲劳等特殊功效，相传为明朝唐崖土司覃鼎在行军途中，为了缓解军士行军疲劳所创。"兵农合一"的制度下的这些土兵平常就是土民，也体现出土民的真实生活习性。还有一说与本地的伏波信仰有关。⑤ 后来百姓效仿，渐成习俗，每天必喝"油茶汤"。

（五）艺术：吊脚楼和石雕

吊脚楼和石雕艺术代表着唐崖土司时期精湛的手工艺发展，展现出高超的艺术水平，并一直影响唐崖社区的发展。

1. 吊脚楼：依山而建，聚族成群

"影响中国文化至深且巨的席居制度是与干栏配套的"⑥，土家族的半干栏建筑技术在土司时期已达到超高水平，至今仍有存体的永顺老司城

---

① 程启坤、姚国坤：《论唐代茶区与名茶》，《农业考古》1995年第2期。
② （唐）陆羽：《茶经》，浙江古籍出版社2011年版，第29页。
③ 陈侃修，徐大煜纂：《咸丰县志》卷二《建置志·风俗》，1914年版。
④ 陈侃修，徐大煜纂：《咸丰县志》卷二《建置志·风俗》，1914年版。
⑤ 因为相传汉将军马援伏波当年驻扎酉阳，也是因当地多瘴气，使士兵的健康受到威胁，将军便用茶叶、茱萸、芝麻等研成末，再加盐制成汤，供士兵饮用以防瘴气。
⑥ 张良皋著，李玉祥摄影：《武陵土家》，生活·读书·新知三联书店2001年版，第75页。

中的祖师殿就是见证。而同样在湖广土司中影响深远的容美土司建筑，现今虽无遗留，但是，从当时士人游记记载能感受到土司官宅的"宏丽"。我们在第三章介绍了顾彩在《容美纪游》中渲染的土司司署之豪华与奢侈。而唐崖土司的建筑虽然无史料记载，但是，从考古材料可看出当时衙署的基址和民居的遗址文化层留下的痕迹，其建筑应与容美土司爵府建筑有着一样的"宏丽"。在土司辖区内建筑，除吊脚楼外，均无楼层，而土民"叉木架屋，编竹为墙"。中华人民共和国成立前，一些穷苦人家仍用竹块编织成板当墙，墙上糊泥巴挡风。①

鄂西南遍布吊脚楼，当属土司地所布的吊脚楼更为密集，是与自然环境紧密相关。土司辖区山多，"武陵地广袤数千里，山环水复，中多迷津"②，"惟是重密叠嶂，土少石多"③"五溪十八峒"，还石多、河多、洞多，交通十分不便，山里人出山不易，汉人进山也难，是土司时期"蛮不出境，汉不入峒"的一个自然条件所限制而形成的一条禁令。而改土归流前后，咸邑的生态环境更是"水陆不通，生计太薄……山深林密，土流杂处"④。"山多土少，而民勤耕凿，艰食化居。"⑤"地瘠民贫"是土司辖区的整体经济水平。因此，作为居住的房屋建造，多是对于土地的充分利用，依山而建是一个充分利用平地资源的方法。依山而建意象是屋后要有靠山，靠山就是龙脉，依龙脉而建，还要傍水，坐北朝南，背风向阳，这是最佳住宅基地的选择。唐崖土司城遗址的选择正是这一明显的地理优势，"背（西）倚玄武山，面（东）朝唐崖河，前望朱雀，背靠玄武，左视青龙，右仰白虎"。

建筑基址讲究好兆头的意象之外，重要的一点是，因具体有用的功能而设计的。干栏兴起正是因为土司地域的环境所限，一些古籍中有过这样的分析，"土气多瘴疠，山有毒草及沙虱蝮蛇"，"防禽兽""以免时郁""其地多虎狼，不尔人畜俱不安"等。因此，适应山势地形，减少土石开挖，兼具防

---

① 覃太智、覃发扬：《利川土司文化概观》，湖北人民出版社2011年版，第94页。
② （清）顾彩著，吴伯森校注：《容美纪游》，湖北人民出版社1999年版，第267页。
③ （清）王麟飞等修，冯世瀛、冉崇文纂：同治增修《酉阳直隶厅总志》卷十九《风俗志·酉阳州风俗总论》。同治二年（1863）影印本，第760页。
④ （清）张梓修，张光杰纂：《咸丰县志》卷七《典礼志·风俗》，同治四年（1865）刻本。
⑤ （清）张梓修，张光杰纂：《咸丰县志》卷八《食货志》，同治四年（1865）刻本。

潮、通风、防蛇虫的实用功能，正是土家吊脚楼形成过程中，节约土地资源是从经济成本来考量，而更为重要的还是从居所安全来修建的。"依树积木，以居其上，名曰干阑。干阑大小，随其家口之数。"① 唐元稹诗《酬乐天》："平地才应一顷余，阁栏头大似巢居。"② 吊脚楼的设计思想是从早期的巢居演变至干栏，越往南由半干栏逐步形成干栏式。南方诸族的干栏式建筑，其源甚古，这已为考古材料所证明。③ 张良皋对南方少数民族居住建筑进行比较研究，将傣族干栏、哈尼族爱伲干栏、侗族干栏、壮族干栏，还有土家族的吊脚楼放在一起，找到几个民族嬗变恰成一种系列，即在空间上自西而东顺次排列，以及时间上的序列，为中国建筑史拉出了一条独特线索，构成一部中华民族建筑史，或是一部干栏演化史。在这部干栏演变史中而土家民居在干栏系列中位于顶端。④ 因此，张先生把吊脚楼誉为世间仙居、巴楚建筑与文化的活化石、中国民族建筑的奇葩。

干栏式的居住方式也凝聚着土民喜聚族而居，形成几十户上百户，"改土归流"后因外姓的迁入甚至形成上千户的村寨，这些寨子层叠有序，错落有致，多以姓氏作村寨名。⑤ 在唐崖社区有许多这样的寨子，如彭家沟、谢家坝、印家湾、赵家河、丁家湾等，都是聚族而居，自成一体，形成吊脚楼群。因此，咸丰被誉为"干栏之乡"，而唐崖河流域更是吊脚楼传统民居代表。

吊脚楼的建造上讲究"八字水"（房屋前檐高于后檐一根檩子）"厢不压正"（一正两厢，正屋比厢屋至少高一根檩子）。还有专门的行语，"小二间""长五间""钥匙头""神龛""吞口""门厅""朝门""有天井的四合院"。其中，土家族匠师发明的"将军柱"（又称"伞把柱""冲天炮"），将正屋和厢房十分完善地连成一体。⑥ 一位退休的

---

① （唐）李延寿撰：《北史》卷五十九《僚传》，中华书局校点本1974年版，第3154页。
② 《元氏长庆集》卷二一。摘引自张良皋，李玉祥摄影《武陵土家》，生活·读书·新知三联书店2001年版，第81页。
③ 吴永章：《中国南方民族文化源流史》，广西教育出版社1991年版，第227页。
④ 张良皋：《干栏——平摆着的中国建筑史》，《重庆建筑大学学报》（社科版）2000年第4期。
⑤ 覃太智、覃发扬：《利川土司文化概观》，湖北人民出版社2011年版，第94页。
⑥ 张良皋：《干栏——平摆着的中国建筑史》，《重庆建筑大学学报》（社科版）2000年第4期。

Q 老师①是这样形容吊脚楼的：

> 当时有专家过来说我们这个吊脚楼说的美好，事实上我们这个是根据尖山这个地形来修的，古人根据地形这样修起，充分利用。吊脚楼还有吊金瓜，还有散凳，现在吊脚楼不能随随便便拆了，不然这个"干栏之乡"都要成虚名了，那个时候"五柱二"，最小的是"三柱二"，修"三柱二"的最多。有跑马干檐的（前面是空起的），只有财力雄厚的人才修得起。

2. 石雕：沐浴汉风，石刻之乡

唐崖土司时期的石雕技艺显示出超高水平。从遗址现存的石人石马、牌坊和众多的明式土司墓碑都是明清时期的杰作，以及考古挖掘出土于衙署区的大型石雕构件 100 多件，除了较多的柱础桑凳，还有许多大型的石盆、石缸、石栏板、抱鼓石等，特别是"金凤献瑞"②是石构件的上乘之作。可以说，出土的每件文物都饰有丰富多彩的花草鸟兽图纹，造型别致、雕工精湛、纹饰丰美、寓意深刻、文化深厚，展现了明清时期唐崖社区的石雕艺术繁荣和昌盛，民间工匠的技艺与智慧已处在后人难以逾越的高水平，为社区雕刻艺术的发展奠定厚实的基础。

"荆南雄镇"牌坊作为唐崖土司城址现存唯一完整的地面建筑，也是现存土司遗址中等级最高、体量最大的礼制性建筑，成为世界文化遗产唐崖土司城的标志性建筑。坊名"荆南雄镇"和"楚蜀屏翰"由明熹宗朱由校手书，以位于荆南边陲的唐崖"雄镇"屏翰楚蜀。结合唐崖土司城址的建造背景，可以看出，前者寓意是对唐崖土司的赞誉，后者寓意是对十二世土司覃鼎地位的认可。因此，意而建造的石仿木结构的牌坊，构造上是汉式经典，亭阁雕梁、飞檐翘角、斗拱筒瓦、三门四柱、一斗三升，地道的汉式风格。牌坊是衙署区中轴线的起始点，承担着衙署区

---

① 访谈对象：QTA，男，土家族，67 岁，唐崖镇中学退休教师，唐崖镇龙潭坝人。访谈地点：唐崖镇民族初级中学覃校长办公室。访谈时间：2018 年 6 月 28 日。

② 是 2013 年在唐崖土司城址衙署区出土的可移动文物，众多石雕中的精品。遗憾的是有残损，但石雕羽灵丰满、爪子锋利、威风凛凛，整体造型是百鸟之王的金凤，口衔百草之王的灵芝，侧栖于百树之王的梧桐上。

主入口的作用，对国家认同和教化民众的功能充分体现于细微之处。

其一，民众对 21 级台阶的叙事体现在覃鼎时期的土司王权通过"物"来隐喻。牌坊前有宽敞的平台，到牌坊必经 21 级青石板铺成的，今天仍保存完好的石阶。LBZ①是这样介绍这些台阶的：

> 这个台阶也是有一个讲究，它的意思就是不管三七二十一，来此的文官要下轿，武官要下马，都要给唐崖土司进行叩拜。

在"荆南雄镇"石牌坊前几米处有遗留下来的拴马桩。唐崖城址管理处的 ZYC②详细给笔者介绍了石牌坊前的八步半台阶的用意：

> 现在这样的石阶路踩上去好舒服，这个石梯子和以前皇帝的石梯子是一样的，而且这个步数也是有讲究的，八步半和九步巧妙区分，九步就代表九五之尊，这是要杀头的，都是八步半，而且这两个半步砌法也不一样，一个是抵起的，一个覆盖在上面的，所以说覃鼎土司太聪明了。

其二，"荆南雄镇"牌坊文化体现细微，其主题纹样、建构原因无不反映土司政权与中央王朝的微妙关系。据当地居民 LHZ③老人口述：

> 土司时期，牌坊中门是土司和贵族走的，左旁门是读书人和农民走的，右旁门是樵夫和渔夫走的。

其三，唐崖土司在覃鼎时期是非常注重接受外来文化。除了我们前面论述的聘请张云松教习汉文化、修建书院的举措之外，"土王出巡"中有个人物"魁星"，脚下踩的是一只鳌，叫"独占鳌头"，本地形象地称"魁星踢斗"。文曲星下凡，将其置于正中间，说明武土司对于汉文化更加重视。两旁的雕刻纹饰分别为龙凤相对，融合于中原华夏的暗喻。此外，大量的反映汉文化的故事图案，"槐荫送子""断桥接子""龙凤呈祥""云龙吞雾"，以及属于道教的"天官赐福"，属于佛教的"象首对峙"，多种文化交融于牌坊上，表达了土司对于异文化的接受与传播互动

---

① 访谈对象：LBZ，男，苗族，80 岁，唐崖司村 2 组村民，当地教师。访谈地点：唐崖司村 2 组罗家。访谈时间：2015 年 7 月 19 日。

② 访谈对象：ZYC，男，土家族，32 岁，唐崖镇南河村，高中学历，唐崖土司城遗址管理处的保安。访谈地点：唐崖土司城址景区。访谈时间：2018 年 6 月 22 日。

③ 访谈对象：LHZ，男，苗族，80 岁，唐崖司村 2 组村民，不识字。访谈地点：唐崖司村 1 组公路边。访谈时间：2018 年 6 月 23 日。

的一种良性运行。牌坊除了教化民众,还起着稳定西南、巩固皇权统治的重要作用。牌坊遗址群体现出的土司文化以前所未有的态势与中原文化进行交流和碰撞,在文化互动过程中,土司对中原文化的认同逐渐加强。①

石工雕刻的高水平正如张良皋所评价:"武陵石工规模不大是囿于财力,国家很少眷顾,水平之高则表示土家族的确是一个充满智慧的民族,虽然在科举方面远不如其他地区隆盛,但是,在财力允许范围内工匠技艺是可以充分发挥的。"② 21世纪以来,国家对非遗的重视,复兴了地方传统文化的传承。咸丰尖山乡是本县主要的石刻集中地和石刻技艺的"核心分布区"③,尖山也因此被恩施州列为"石刻之乡",2005年列入属传统技艺项目的省级非物质文化遗产。

尖山石刻的悠久历史历经了一代又一代石匠师傅们的传承,积淀的精湛工艺体现在唐崖土司城址的牌楼、石人石马、皇坟等石刻文物的技艺之上,还有严家祠堂内井暴亭前镂雕石刻、朝阳鸡鸣坝的田氏夫人贞节牌坊也是最好的实物案例。石刻题材丰富多样,除了土司城址中的雕上留下的素材,墓碑上还采用"年年有余""福禄寿"等图纹,追求多子多福、添子增寿的世俗观念,象征着民众观念中的理想状态是升官加爵、子孙满堂、富贵延年,这些追求的理想境界成了唐崖石雕内容的首选。作为"核心分布区"的唐崖村民拥有特殊石材,为生活所需打造出不同的用具,青岩制作擂钵,砂岩来打猪槽。随着唐崖社区的发展,这里是"仔猪之乡",这里打造的石猪槽也是闻名千里。

作为省级非遗代表性传承人XXH④,口述了自身的学艺经历:

---

① 冉红芳、谭俊:《唐崖土司与中央王朝的文化互动——以"荆南雄镇"牌坊为中心的考察》,《湖北民族学院学报》2017年第5期。
② 张良皋著,李玉祥摄影:《武陵土家》,生活·读书·新知三联书店2001年版,第68页。
③ 唐崖社区有着丰富石材资源,方解石、大理石、砂岩等主要分布在唐岩司、大椿树、燕朝、小水坪,成为咸丰县主要的石刻集中地,也是石刻技艺集中分布区,与相邻的清坪、小村、黄金洞、活龙等乡镇构成石刻核心分布区。
④ 访谈对象:XXH,男,土家族,55岁,唐崖双河村村民,1979年高中毕业后开始随金贵友学习石刻,省级非物质文化遗产传承人。访谈地点:唐崖集镇街上。访谈时间:2018年6月22日。

高中毕业就跟着金贵友师傅学习凿猪槽、石磨等，后来又拜一李姓师傅学习碑刻。别人说我天资聪颖，后来得到了李师傅的指点，开始学习碑刻，技艺逐步得到锻炼，有点小名气啰。

1989年恢复遗址的工程中，XXH成为尖山唐崖土司城遗址修复的首选工匠，任掌墨师，用自己精湛技术担负了牌坊原貌和石人石马的修复工作。

第三节　唐崖土司的文化遗址

唐崖土司城遗址作为世界文化遗产留给了我们，它经过风雨飘摇400年后，今天仍能见其当年的壮观与辉煌。如果说上部分陈述的是唐崖土司的精神文化，接下来叙述的多为唐崖土司承传下来的物质文化。唐崖土司城址背靠玄武山，面向唐崖河，左有护城溪涧，右有悬崖绝壁，形成天然的防护城墙。玄武山上坡之西，树木茂密，阡陌交通，为司城提供充实的生活之需。城内部分是主体，地处紧邻唐崖河较为平缓的区域，四周有城墙围合，随地形呈不规则梯形，总面积约74万平方米。

图4-1　唐崖土司城遗址远景

图片来源：咸丰县唐崖土司城遗址管理处何继明提供。

一 军功兴城：城址的建造

这座城池的修建据说是因为"受益于天启年间征调讨伐水西永宁，用朝廷赏赐和战利品建成"①，正如《唐崖土司城址复原报告》所认为的："军功兴城"。邓辉、黄永昌也认为，"因军功卓著多次受到朝廷的赏赐，从而大修司城，带来了司城的繁荣"②。虽无直接史料记载这个遗产当年的修建经费到底源于何处，但是，我们可以从同一制度下的鄂西南土司或湖广土司，他们从征战讨伐的血战中获取的巨大利润是可以证实建造一座城池的经费来源与立军功得到朝廷赏赐的大笔银两是分不开的。

"历代土司，无一不是以讨蛮立功而炫耀。"③ 以鄂西南土司中获取奖赏最多也是出征规模和次数较多的容美土司来看立功后朝廷给予的赏赐情况。特别是抗击倭寇的出征，容美土司表现得最为出色，嘉靖年间，容美宣抚使田世爵带着几个儿子在东南战场浴血奋战，屡获战绩，得到胡宗宪统帅称之"容美精兵"，赞誉"容美精兵悍甲诸部，万里从征朝气正锐"④。在一次次的征调参战中，土兵们用巨大的牺牲换来了朝廷对土家族土司的赞赏和丰厚的赏赐。田世爵之子，继任宣抚的田九霄在抗倭过程中获得赏赐白银多达一万七千两。

唐崖土司参与的这次"讨蛮立功"，也获得极高的赞誉和建立这座"大坊平西将军帅府"的赏赐。唐崖"帅府"在全盛时期拥有三街十八巷三十六院，总面积约74万平方米。可以想象，修建一座城池是需要大量的白银，唐崖土司仅是从土民征加赋税，也难以累计这笔资金，况且其子民的生产生活状况也无法支撑起这座繁华城池的建设，所以资金的来源多是征战后，朝廷给的丰厚的赏赐。其实，通过田九霄的战功获赏银上万，也可推测当时朝廷的因功封赏是一种常态。所以，鄂西南土司积极带兵参加征战是能带给土司丰厚的赏赐，而这些赏赐也建构了当地文化、建筑艺术的发展。在民间叙事中，当地百姓也流传着这样的说法：

---

① 《恩施文化简史》编撰委员会：《恩施文化简史》，湖北人民出版社2018年版，第233页。
② 邓辉、黄永昌：《唐崖土司城址调查报告》，《三峡论坛》2013年第5期。
③ 《恩施文化简史》编撰委员会：《恩施文化简史》，湖北人民出版社2018年版，第232页。
④ （明）胡宗宪辑：《筹海图编》卷九。转引自鄂西土家族苗族自治州民族事务委员会《鄂西少数民族史料辑录》，鹤峰国营民族印刷厂1986年印刷，第416页。

当时覃鼎平定奢安之乱，被封为平西大将军之后，他才有能力招兵买马，可以修建院落。自覃鼎之后也算是唐崖土司历史的一个转折点，三街十八院落也就是那个时候兴起的。①

诚然，追溯唐崖土司城址修建的过程，《唐崖土司城址》梳理了修建历程，认为是明弘治年间建衙署，天启年间形成主体格局，崇祯年间完成现有的格局。②《唐崖土司概观》认为，始建于元代，鼎盛于明清时期。《湖北咸丰县唐崖土司城址调查简报》通过大量的考古发掘，确定了唐崖土司城主体建筑和遗存修建的时间为明代中后期。此外，王玉③、王炎松④也认同城址修建是几个时期完成的。陈飞博士看法略有不同，"城址格局是明朝天启年间一次规划、统一建设而成"⑤。

到底从什么时候开始在今之唐崖司村的地址上进行选址建造土司城址？依零星史料可考，推测为始建时间在元末至正年间（1341—1368），依据《明史》志第20地理5湖广浙江条，载"元置长官司"，有了唐崖土司治所。后经历废毁和重建，直至第六任土司覃彦实在明弘治年间建成土司衙署。到万历、天启唐崖土司衙署在田氏夫人和覃杰的主持下，形成了"三街十八巷三十六院"的宏大格局。

整座城址的修建到宏大落成，有五个关键人物起到重要的作用。

一是皇坟的主人二世祖覃值什用，考古工作者估测，城址的中轴线是以皇坟定风水。

二是六世祖覃彦实，我们在第三章中分析了这位任职最长、向中央王朝朝贡次数最多、最有个性的著名唐崖土司司主，其功绩在族谱上就载有"大修衙署"。四世祖覃忠孝与五世祖覃斌袭职半个世纪（1406—

---

① 访谈对象：ZYC，男，土家族，32岁，唐崖镇南河村村民，高中文化，唐崖土司城遗址管理处的保安。访谈地点：唐崖土司城址景区。访谈时间：2018年6月22日。

② 咸丰县政协文史资料委员会、唐崖土司城遗址管理处编：《唐崖土司城址》，湖北人民出版社2015年版，第54—55页。

③ 王玉：《鄂西特定历史文化特征——咸丰唐崖土司王城》，《华中建筑》2009年第1期。

④ 王炎松、段亚、何继明：《唐崖土司城格局初探》，《三峡论坛》2013年第5期。

⑤ 陈飞：《唐崖土司荆南雄镇牌坊价值探析》，《三峡论坛》2013年第6期。

1457），正值《卯峒司志》中的两位主要人物，向喇喏与其长子向那吾任卯洞宣抚司职期间。这父子俩有感于酉阳、永顺土司的强大威压，进行改革建制。这些事迹有幸写入《卯峒土司志》并流传下来，成为研究鄂西南中小土司珍贵的史料。正如今天我们遗憾《童志》①毁于兵燹，导致我们不能完全了解到明时卫所及其对周边土司社会治理的真实状况。但是我们可以推测，在同一土司制度之下，又在同一地域且在不断发展并兴盛的各个土司，其走向成功之处，有着与其他土司存在相似的经历，这样来分析土司的发展是合理的。唐崖土司的发展有感于邻近的石柱、龙潭、金峒等土司的互助，而且紧邻大田卫所，一河之隔，其发展的水平略高于土司区。就近来说，也是在汉文化传播中最先得到接受的一个。而这半个世纪正是唐崖土司第四代和第五代土司时期，唐崖土司的繁盛期是在天启年间，之前的基础奠定有着同样的发展前兆。而紧接着的这位，从天顺元年（1457）任职到正德二年（1507），在位足足60年的六世祖覃彦实，通过前两代世祖的积淀，加上自身不菲的发展，着实有实力进行第一次较大规模的城池修建。此时间段正吻合明代中前期唐崖土司走向繁荣富强的时期。

三是覃鼎出征平叛立功，储备了城池扩大修建的经费来源。

四是覃田氏和覃杰合力建造这座繁华的城池。从考古学年代判定和纪年题刻来看，城址主体一次性大规模集中规划、营建的时间，主要集中于明代中后期的天启、崇祯年间（1621—1644）。今天唐崖申遗考古挖掘出来的"帅府"遗址，道路网络、院落体系保存得非常完整可作为佐证。

至"改土归流"后，唐崖土司城被废弃。乾隆元年（1736），清政府在唐崖土司城内的小衙门处设唐崖司通判署，乾隆三十七年（1772）派驻把总一员。②唐崖司通判署的重要性，可以从廉俸与知县的廉俸，以及龙潭土司、金峒土司"改土归流"后管辖地域上的设置来进行比较。同治《咸丰县志》云，"知县，俸银四十五两，养廉银一千两，各役一百二

---

① 《童志》是民间的说法，即《施州卫大田所志》，是由施州卫世袭指挥佥事（秩正四品）童昶著的《施州卫志》和《大田所志》的总称。《施州卫志》和《大田所志》在兵荒马乱的年代失于兵燹。同治版《咸丰县志》卷十六，人物志·流寓·明载，"童昶，卫指挥，靖州参戎，著有《施州卫大田所志》，毁于兵燹，无存"。

② 同治《咸丰县志》卷十三《官师志》载，"乾隆元年，特设知县一员，通判一员，旧驻唐崖，今裁训导一员。乾隆三十七年，设把总二员，一在城内，一在唐崖"。

十名，共工银六百六十两；器械银十六两"①。又云，"唐崖司通判一员，俸银六十两，养廉银七百二十两。门、皂、快、壮各役四十五名，共工银二百七十两。"②。从县志记载来看，并没有在龙潭、金峒两个土司地域内设置通判。

总之，唐崖土司城址是明清时期该地区统治者覃氏土司的行政和生活中心，始建于元末，形成于明代天启、崇祯年间（1621—1644）集中营建，废弃于清雍正十三年（1735）。

二 六区规划：城址的格局

74万平方米的唐崖土司城遗址，在这相对封闭的空间内以牌坊和衙署区为核心区，呈一条中轴线向两边延伸修建的一座城池，建有衙署、官言堂、大小衙门、存钱库、牢房、月台、书院、跑马场、教场坝、靶场、左右营房、御花园、万兽园，呈现一心一轴六区。信奉佛教的田氏夫人在司城内外先后修造了大寺堂、玄武观、桓武庙等建筑③，形成的三大区域，被核心区的"三纵三横"，主、次干道清晰划分出六个功能不同的小区域。三大区域，即遗址西部区域，地势较高，主要建有衙署区、王墓区、宗庙区、御花园及高级住宅区；遗址东部区域，地势较低主要建有行政功能区和普通住宅区；遗址北部区域，主要建有教场坝、营房遗址。从不同的功能空间可将三大区域细分为六小区域（见图4-2）：衙署区、宗庙区、营房区（军事）、文教区、王墓区和居民生活区。

一区：遗址代表——衙署区。即政治区，分布区域主要是因功而建的治所"大坊平西将军帅府"，与同样因功所赐的"荆南雄镇"牌坊构成一条中轴线，位于唐崖土司城址的核心区的中部偏西，坐西朝东，中轴对称，前朝后寝式布局。"帅府"形状大致呈正方形，东西长218米，南北平均宽155米，总面积约24500平方米。主体建筑利用山势坡地，分布

---

① （清）张梓修，张光杰纂：《咸丰县志》卷十《食货志·廉俸·工役》，同治四年（1865）刻本。

② （清）张梓修，张光杰纂：《咸丰县志》卷十《食货志·廉俸·工役》，同治四年（1865）刻本。

③ 中共咸丰县委统战部、咸丰县民族事务委员会、咸丰县党史县志办公室合编：《唐崖土司概略》，1987年印（内部资料），第9页。

在数层平台之上，依次为仪门、大衙门、官言堂和内宅及附属设施，构成唐崖土司的政治中心。从衙署区的分散布局来看，不仅包括大衙门、小衙门、贾百总府、罗百总府区域。大衙门遗址位于"帅府"与牌坊之中的建筑。小衙门遗址在城池的北偏东部，中街之北，第一下河道中段北侧，东侧面向皇城大道。今天遗存清晰可见，小衙门院落平面呈长方形，早已为农耕用地，但是院墙、院门、墙体、排水沟和房屋基础等遗迹非常清楚。贾百总府在七十二朝天马出城通往蛮王二洞的方向，罗百总府位于右营房附近，中街之南。①

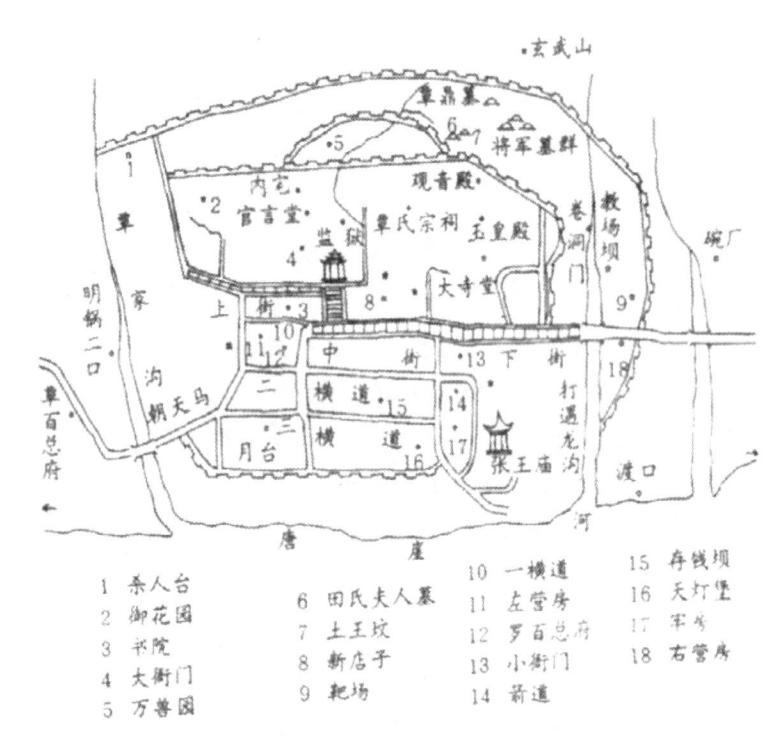

图 4-2　唐崖土司城平面图（引自《中国民族建筑》）

官署是统治者发号施令之所。大衙门是唐崖土司处理政务的地方，其位置决定整个城池的核心和布局。考古过程中确定衙署位置主要是通

---

① 参考武汉大学《唐崖土司城遗址复原研究报告》2013 年 6 月，内部资料，第 12 页，"唐崖土司城遗存概况表"。

过当地流传的地名，多年来，牌坊后面叫大衙门、官言堂、内宅等小地名，结合牌坊与衙署相应的地理方位定位。从考古队设计的衙署复原图①，其形制遵循了中原几大殿的建式。

现存的"荆南雄镇"牌坊地处上街、中街和第二下河道交汇处，位于衙署建筑群中轴线的起点。牌坊坐西朝东，全石结构，四柱三门三楼式，通高7.15米，面阔8.4米，中门高敞、两边的侧门稍低。石柱前后有2.5米高的抱鼓石相撑，原来前面有一对石狮子，现在残存的只有一个了。"衡门"上方正中雕刻由明熹宗朱由校手书的"荆南雄镇"和"楚蜀屏翰"字样，这八个字的直接含义是唐崖土司也有来保护楚蜀两地。刻在牌坊中间左右两侧的石柱上的题记，明确地指明了建造缘由和时间，是明朝廷天启年间为了褒奖土司覃鼎的战功而赐建。在《明史》上关于朱燮元有这样的描述："天启元年，就迁左。将入觐，会永宁奢崇明反，蜀王要燮元治军……燮元檄征石砫、罗纲、龙安、松、茂诸道兵入援，敛二百里内粟入城……初，朝廷闻重庆变，即擢燮元佥都御史，巡抚四川，以杨愈懋为总兵官，而擢河南巡抚张我续总督四川、贵州、云南、湖广军。未至而成都围解，官军乘势复州县卫所凡四十余，惟重庆为樊龙等所据。其地三面阻江，一面通陆，副使徐如珂率兵绕出佛图关后，与良玉攻拔之。崇明发卒数万来援，如珂迎战，檄同知越其杰蹑贼后，杀万余人。监军佥事戴君恩令守备金富廉攻斩贼将张彤，樊龙亦战死。帝告庙受贺，进君恩三官。"② 由这段记载可知明天启元年（1621）发生的奢崇明发动叛乱事件，布政使朱燮元急调官军入援，征调大量西南土司部队唐崖土司覃鼎就在其中。而覃鼎也因平反奢崇明叛乱外，还先后参加讨伐樊龙、樊虎、奢社辉等战争，皆得胜而归，取得赫赫战功，获得明熹宗颁令嘉奖，敕建平西将军府一座，兴建功德牌坊一座，亲笔御书牌坊八字，镌刻于牌坊"衡门"正中。牌坊"衡门"除了这醒目的"荆南雄镇 楚蜀屏翰"八字，还采用高浮雕和透雕的手法雕刻大量的人物故事和瑞兽，有反映本土文化的"土王出巡"，更多的是外来文化"渔樵耕读""哪吒闹

---

① 咸丰县政协文史资料委员会、唐崖土司城遗址管理处编：《唐崖土司城址》，湖北人民出版社2015年版，第64页。
② （清）张廷玉等：《明史》卷二百四十九，《列传》一百三十七，中华书局1974年版。

海""麒麟奔天""槐荫送子""断桥送子""云龙吞雾"等，既有土司时期对土司管辖地有着强大影响的中原汉文化，也有土司内部文化的凸显。

二区：土司家庙——宗庙区。由大寺堂、玉皇殿、观音殿、覃氏宗祠、张王庙、玄武庙连片共同组成城址格局中的宗教区。县志记载简单，"大寺堂（在唐崖）"[①]。其修建时间在县志中有具体记载，田氏夫人因喜奉佛，带着上百的随侍奴婢朝拜四川峨眉山，归来后就大兴土木，"归里后，创建大寺堂、牌楼、街道，焕乎一新，至今犹为邑中石迹云"[②]。可知大寺堂是明崇祯年间由覃鼎夫人田氏从峨眉山礼佛回司后而建。据当地乡民回忆毁废于民国时期。《覃氏族谱》记载，大寺堂并非是田氏夫人创建，载"一世祖覃启杼送，洪武二年，纳印投诚归顺，……一战成功，得胜回朝，进表斩寇有功，蒙主上洪恩，赐封父职，永享爵禄，奉旨回司，处理国政，广积善果，大发仁慈，修八大寺院，装塑佛像金身……"[③] 又载，"宗尧之母田太祖婆赐封七品夫人，广积善果，大发仁慈，重修八大寺院，修石马街张王庙……"[④] 八大寺院之一的大寺堂其实早在洪武年间就已修建，可见田氏夫人是在此基础上维新。田氏夫人创建大寺堂的表述是在另一《覃氏族谱》中有载，"回司引噶峒主覃杰，同创造大寺堂、张王庙，众族房下各施住持"[⑤]。

大寺堂位于城址内衙署左侧，西北方位，采石场西部，依山就势而建，其遗址至今仍可见用弧形块石道路与下街相连，建筑平面约600平方米，建筑格局清晰，平面长方形，西面以山崖为界。现存南、北两段院墙，墙体上长满了所谓的"树包石"的大树，这是典型的遗址特征。向后依次是玉皇殿、观音殿，这三座庙堂基本处于一条轴线。

覃氏宗祠位于大寺堂遗址的南面，现已完全被农耕地覆盖，无遗迹可寻。QZA[⑥]介绍，覃氏祠堂在他们的印象中有几处，分布在龙潭坝、猫子山上，但是在尖山没有什么遗迹了，印象最深的是唐崖老街上供电所

[①] （清）张梓修，张光杰纂：《咸丰县志》卷六《典礼志·寺庙》，同治四年（1865）刻本。
[②] 陈侃修，徐大煜纂：《咸丰县志》卷九《人物志·列传·覃田氏》，1914年版。
[③] 覃方如藏：朝阳五龙坪院子《覃氏族谱》，民国年间抄本，第6页。
[④] 覃方如藏：朝阳五龙坪院子《覃氏族谱》，民国年间抄本，第10页。
[⑤] 覃国安印：《唐崖覃氏族谱》，1917年版，2008年复印，第37页。
[⑥] 访谈对象：QZA，74岁，土家族，唐崖镇南河村8组村民，土司支系后裔，初中文化。访谈地点：QZA家中。访谈时间：2018年8月21日下午。

那里还有一个祠堂。

宗教坛庙区除了以上介绍的由大寺堂、玉皇殿、观音殿和覃氏宗祠成片的区域外，还有紧邻城址外围的后山与前河遥相呼应的玄武庙和张王庙（桓侯庙）。

遗址南部有一个天然屏障，与沙田沟交叉，沙田沟北侧直通玄武山上的玄武庙，紧邻夫妻杉，是唐崖土司城址中的木构建筑中保留时间最长的建筑，1949年前曾经作为唐崖的校舍，后来在"文化大革命"期间被烧毁。田野中我遇到的LHZ老人[①]在他的记忆中这座庙是这样被他描述的：

> 玄武山有座庙，那个地盘叫二龙抢宝。过去上面有所学校，里面还有菩萨，民国时期，我哥哥（罗炳章）就在那儿上的学。我大爷叫罗怀平是教书先生。

张王庙是所有坛庙中唯一还能见到的部分遗存的武庙，具有守城的功用，位于城址外的东北角，是整座城池的上水口，也是从城内去唐崖码头的必经之门。张王庙有多大，在唐崖司村的一些老人的记忆中，"张王庙以前是三进，大得很，包括石人石马"。张王庙原有三进，一进为戏台兼门楼，面阔三间，左右两侧为二层回廊与戏台连接；二进为罩马亭，面阔三间，带两侧廊，屋顶为重檐歇山顶；三进为正殿，是罩马亭之后那间供奉张飞的主殿，硬山顶屋顶，穿斗式梁架，猫拱背山墙，典型的汉式建筑。前后三进高差3米。据张王庙的看守人陈照南老人[②]回忆，有三进两个天井场坝，原来戏台的进深在4米多的位置。张王庙的修建历史，《覃氏族谱》载："宗尧之母田太祖婆赐封七品

---

① 访谈对象：LHZ，男，80岁，苗族；唐岩司村2组，小学文化。访谈地点：LHZ家中。访谈时间：2018年6月23日上午。

② 陈照南老人是唐崖土司后裔的旁系，陈姓在当地是原住民。这位老人在当地，大家尊称他一声"陈老汉"，一生都坚守着唐崖土司城址这片土地，他带头保护唐崖土司城遗址内文物，并对城址的修复做出了贡献。他是遗址的守护者，也是游客的讲解员。在唐崖土司城址列入中国世界文化遗产预备名单后，老人的名望也就不断提升，成为唐崖的文化符号。然而，2014年4月26日，85岁的"陈老汉"脑溢血去世，遗憾未能见到申遗成功的那天。当时申遗领导陈飞副县长的眼中，他是唐崖土司城遗址内的"活字典"，也是陈县长深入了解唐崖土司城遗址的"入门老师"。参见陈飞《唐崖城唐崖人：两位土司后裔》，《北京晚报》2015年7月23日第35版。

夫人……重修八大寺院，修石马街张王庙。"① 从族谱的信息中我们看到的是田氏夫人，是第十三代土司覃宗尧的母亲"修石马街张王庙"，与覃鼎母亲田氏夫人②和覃杰③共同立的石人石马构成了一座有

---

① 唐崖石院子《覃氏族谱》。此谱主要是从八世祖覃天富分派的唐崖土司支系宗谱，尊称为富公，故而其名有时为覃富的记载，实则为一人。生四子，长子覃万金世袭九世祖土司司主，次子覃万章，三子覃万国，四子覃万延。此谱是三房分派。所以此处提到的印官。覃**镇**在重庆黔江水田坝民国版覃谱中是十世祖，所列出的几个名字除了覃鼎与实际存在的世祖吻合外，另外三个的字可能族谱的不断传抄字迹模糊有关，会有错误的记录，因为唐崖族谱在历史上曾遭遇过至少两次焚毁：清末唐崖镇芭蕉溪覃家祠堂失火，1948 年唐崖镇猫子山（斧头山）覃家祠堂失火。两次浩劫连同族谱一起被焚毁，造成了资料的极度缺乏。印官是朝廷正式命名备案的。那么结合石院子族谱的世系所列唐崖使司印官，是唐崖土司中的一位世祖，所以结合族谱中出现奉旨征剿，招安蛮民的土司有福寿木，一世祖覃启处送的父亲。故而所列印官是有据的。

② 此田氏夫人在民间口传中已混同于那位才智超群、精明能干，是龙潭土司"和亲"之女，覃鼎之妻的田彩凤，两者并不是同一人，而是婆媳关系。今天我们看到的许多报道、唐崖司村的口头承传，乃至唐崖土司城址里面导游的解说词都认为，这对石人和石马是覃鼎之妻田氏夫人和钦依峒主覃杰及其子为纪念覃鼎出征功绩打造的，并且这个田氏夫人就是覃鼎夫人。以下是我在唐崖社区做调研时，请的导游 RX（访谈对象：RX，女，21 岁，中专，唐崖土司城遗址景区解说员。访谈地点：唐崖土司城址景区。访谈时间：2018 年 6 月 22 日下午 4 点）。她给笔者介绍了石人石马，原话如下："我们现在可以看一下在我们马殿内的石人石马，我们可以仔细看一下，在左边是一匹公马，高大威猛一些，在右边是一匹母马。据说，是土司第十二代覃鼎在外出征，他的夫人田彩凤修缮的一对战马。你们可以走近看一下，发现在石马缰绳上刻着一排字，它是一个雕立日期。这边雕刻的是万历辛亥岁季春月印官田夫人立。田彩凤本身是咸丰县龙潭司土司的女儿，她的出身也比较高一些，据说她从小聪慧能干，嫁到唐崖之后，覃鼎在外出征，就由她主持唐崖的内外事务，所以在唐崖十六代十八位的土司中，她是跟她的丈夫覃鼎属于一代的土司，他们俩属于夫妻执政，在后期被认为是唐崖的一位'武则天'。在这边的母马也同样是雕刻于万历年间的，具体的雕刻日期是在公元 1611 年，刻的是万历辛亥岁季夏月，峒主覃杰同男覃文仲修立。这里的覃文仲就是覃鼎的一个侄儿。"

③ 覃杰之辨。一是民间传说中的覃杰是覃鼎的弟弟。二是厘清文物信息得出的覃杰是覃鼎之祖叔，且与鼎力相助覃鼎及其妻征战建城的功臣，也是与覃鼎之母共建石人石马的覃杰，万历年间的覃杰是同一人。即石马缰阴刻铭文右记"万历辛亥岁季夏月廿十四日良旦峒主覃杰同男覃文仲修立"来推演，万历辛亥岁的覃杰是覃文仲的父亲，而十一世土司覃文瑞，是文字辈，十二世土司覃鼎是覃文瑞的长子。族谱是这样记载的，"十一世祖覃文瑞于万历十六年承袭父职于万历四十一年告老回司病故生三子长子覃鼎次子覃升三子覃星"。——民国版《唐崖覃氏族谱》第 31 页。而唐崖石院子的《覃氏族谱》中对覃万金之后的记载，"八世祖覃天富生四子万金、万章、万延、万国；九世祖覃万章生二子覃杰、覃礼；十世祖覃杰生三子覃文管、文辖、文炳。"覃杰的儿子名为覃文仲与覃鼎的父亲覃文瑞是同辈，由此可以推断覃杰是覃鼎的叔祖。族谱摆在这里，覃氏家族名人之中，一般不会同名同姓，推断倾向于覃杰为覃鼎的叔祖。其实解读石院子的族谱，从八世祖分离出去，同名同姓就有几个。家族分家后，去了较远的地方，名字用原祖上的名字，也是有同名的。

三进的张王庙。

张王庙现存遗址，除地表现存的不可移动文物之外，申遗时考古并没有进行挖掘，还保留有完整的地基，可见的有石人石马及马缰铭文，1983年修葺的罩马亭，罩马亭一面墙上集中保留的七块石碑，沿石阶而上的第三进"武庙"，散落着一些建筑石构件，有巨大的条石、柱础和石雕。

据观察测量，石人和石马都是以整块大石雕凿而成，田氏夫人立的左侧石马高 2.38 米，背宽 0.7 米，长 2.8 米。马身雕饰鞍、蹬、缰、辔。马缰上阴刻小字："万历辛亥岁（1611）季夏月四日良旦，印官田夫人立"。石人高 1.9 米，着盔甲，佩剑抱伞，侍立马前。这位田氏夫人是覃鼎的母亲，即十一代土司覃文瑞的夫人。相距 4.8 米的右侧石马是覃杰与子覃文仲在同一年的夏季立的，比田氏夫人立的左侧石马要矮 0.2 米，短 0.3 米，修立时间晚二十日。此处做一说明①，左与右是观察者与石马朝向一致来判断的，而不是正对着石马来定的左边与右边。右侧石马高 2.08 米，背宽 0.7 米，长 2.5 米。马缰阴刻小字"万历辛亥岁季夏月二十四日良旦，峒主覃杰同男覃文仲修立"。石人头已毁，残身高 1.6 米，着盔甲，侍立于旁。② 而覃杰是覃鼎的叔祖，覃文仲是覃鼎的叔叔③。

张王庙有关的整个金石铭文除了以上的两条之外，还有曾散落在不同的地方被汇集于罩马亭的 7 块碑刻，这些碑刻源自哪里，现已不清楚具体立碑的原始位置了，1983 年修葺罩马亭时将这些碑刻集中镶嵌这面保护墙上。即右侧石马旁的石墙上嵌入的这七块碑刻，从前往后依次排列，"公颂重新"碑、"名垂万古（重修张王庙碑记）"碑、"丁卯年立"碑、"万古不朽"碑和三块记录"捐款名单"碑。几百年的风雨侵蚀，层岩脱落，许多字迹已酸化，模糊不清。碑刻的角落也因尘埃的缚裹，字

---

① 为何左与右要做说明解释。因为有学者在描述石马时，认为田氏夫人所修立的石马是右侧石马，如李梅田教授论文《唐崖土司城张王庙石刻考述》中写作，右侧石马所刻"印官田氏夫人"。李梅田、方勤：《唐崖土司城张王庙石刻考述》，《三峡论坛》2013 年第 5 期。

② 咸丰县政协文史资料委员会、唐崖土司城遗址管理处编：《唐崖土司城址》，湖北人民出版社 2015 年版，第 95 页。

③ 此结论笔者将在下一章进行举证辨析。

迹已模糊不清。

目前，从字迹完整性来看，"公颂重新"碑、"名垂万古（重修张王庙碑记）"碑和第五块有关捐款碑，碑文能清晰读出来。风化程度最盛，碑面破损严重的是"丁卯年立"碑和排序后面的两块捐款碑。下面依次按保护墙上嵌入的石碑顺序，在此简要"裸呈"七块碑的文物风貌。

第一块是"公颂重新"碑。由会首黎广、覃钠在"庚午岁"即乾隆十五年（1750）立此碑。现存碑面呈长方形，高0.8米，宽0.6米，厚0.1米，共524个字，风化掉13个字。碑采用的是易风化的青石材质，碑文为楷体。从字迹完整性来看，碑文能清晰读出来。几百年的风雨侵蚀，层岩脱落，许多字迹已酸化，完全看不清。碑面因"文化大革命"时期的破坏，碑面的中下部被钢钎钻出了分布散乱的6个圆孔，毁掉了部分字迹。碑刻的角落也因尘埃的缚裹，字迹已模糊不清，不过通过猜测能读出完整的原文。

碑文主要记载捐资维修张王庙之事，是"改土归流"后张王庙的第一次重建和为何要重建。第二任唐崖通判岑映奎对桓侯庙的敬肃恭谒和上下二殿一片萧条毁圮，触动了岑通判"靡不竭尽心力"的办公精神和"乐善好施"的人性，决定"乐捐清俸，鸠工庀材，装塑营建数月，而上下先后，次第落成，庙貌焕然一新"。碑文还反映了岑通判不仅让破败的张王庙庙貌焕然一新，还记载了大力推行义学，改善基础设施，严治社会秩序一片淳风俗美的景象。立碑的意义在于乾隆年间张王庙的兴废和重新修缮的投入，以及改善当地社会落后的境况，希冀作为一份珍贵金石铭文永久保存在此地，为后人代代知晓。

第二块是"名垂万古（重修张王庙碑记）"碑。立碑时间是光绪六年（1880）。碑高1.25米，宽0.60米，厚0.12米。碑额刻"名垂万古"四字，楷书碑文，字迹清晰，石材与"万古不朽"碑非常接近。

碑文 655 字①，能清晰读出，也是七块碑刻中保存完好的一通，由捐募人陈大福、张鹏翰、罗志高等唐崖本城绅士同众首士公议立。这是"改土归流"后第二次重修张王庙，碑文内容主要记录了光绪年间重修张王庙之事，是因张王庙内的石马和金身张飞具"神威"有退敌之功，垂护佑于无穷之效，民间需要这样的精神支柱。咸丰十一年（1861）以前殿宇楼台应该在第一次重新修缮后也有百余年的历史了，之前张飞神是金身可见庙宇的壮观。自咸丰十一年后，历经同治十三年，再到光绪六年，19 年过去了，无人经管自是风烛雨败，需要再次维修，此处维修时间持续了 3 年，最后展现出来的张王庙是壮观的，可见张王桓侯的信仰在民众心中再次点燃。

  第三块是"丁卯年立"碑。立碑时间从题额可看出是"丁卯"年，根据"公颂重新"碑中提到的"庚午岁"（乾隆十五年，1750），则是乾隆时期的"庚午岁"前的"丁卯"年，即乾隆十二年（1747）立此碑。

  碑的形态呈长方形，青石材质，碑文字体是隶书体，共 621 字，多处字体已侵蚀模糊。从碑的材质、碑貌判断与"公颂重新"碑，应是同一时间段的碑刻，同时从碑面上都有被同样的钢钎所打过的孔洞来看，立碑地方应是同一处，通过人力抬到罩马亭集中保护。几百年的风雨侵蚀，层岩脱落，许多字迹已酸化，完全看不清。碑刻的右下角也因尘埃的缚

---

① 碑刻内容：首题"重修张王庙碑记"唐崖司城所有
张王庙由来久矣，虽前有殿宇楼台，半为风烛雨败。因咸丰十一年，烁发贼窜黔邑，我境震恐。咸聚祷于神，祈为护佑。遂见神之金身及两石马均汗流不息，侍僧揩之。贼至县坝场，大风吹倒贼旗者，三日如是，因此未敢入境。及同治元年春，贼由湖南来咸邑，直抵两河口岸，所见对面山上人马纷扰，疑惧，拥众而去。其实并无人迹。我境两次及免贼害者，皆由神威所致。自是以后，欲报无由，只募众捐助，整修楼台，培修殿宇，三年之中，众心踊跃，功成告竣，遂成今日之巨观。所以酬神恩于万一，更祈神之长垂护佑于无穷也。爰叙其原委以识之。
钦赐兰翎特授湖北施南协左营唐崖汛司厅尽先分府陈（官印）大福，起募首人。
钦加理向御特授湖北施南协左营唐崖汛司厅陞用分府可（官印）观富，次募首人。
钦加理向御特授湖北施南府咸丰县张家坪左堂张（官印）鹏翰，捐钱五串。
唐崖本城老人始终募化总理监修鸠工首士罗（篆）高，时年七十余，前同治三年六月初七夜，偶得急病，祀神当愈，灵威，以致不妄。
募化绅耆：曾万具、周立松、刘明兰、马天禄、饶开义
首士：罗大成、罗大凤、周大槐、许正武、陈静之、喻武奇、乐富春、喻武相、许孝富
起工住持僧道清、次工住持僧戒凡、帮修瓦匠刘明升
大清光绪六年七月上浣之二日，唐崖本城绅士同众首士公议立。

裹，字迹已模糊不清。现场采集文字是难以捕捉完整的信息了，只能依靠咸丰县唐崖土司城遗址管理处的工作人员提供的拓片来解读。碑文内容皆为捐资名单和具体金额，记载"唐崖汛军功加三级记录"和"左营活龙坪汛军功加三级记录"。此碑与"改土归流"后第一次重修张王庙，因唐崖通判岑映奎的"乐捐"带动地方士绅和官将让张王庙重新焕发曾经的香火兴旺，从捐缮可看出当地士人抑或强宗大姓对张王庙重建的支持和在民众生活中占有的重要意义和心理慰藉。

第四块是"万古不朽"碑。立碑时间是光绪四年（1878）孟秋月朔八日立。距离"改土归流"后第一次维修张王庙已有141年。碑面呈长方形，高0.8米，宽0.45米，厚0.08米，采用本地青石材，碑刻字体是标准的楷体，共207字，碑文字面有无数条划痕，有多字已凹凸不平，无法考证。庆幸的是，申报世界文化遗产期间的考古工作，这些碑刻都已被专家通过拓片完整地保存了铭文信息。碑文内容主要是记张王庙资产管理之事，记录桓侯庙资产中所得的施钱一百七十七千文①，以及存谷十余石。可见桓侯庙里主持和僧人日常开销是比较富足的，施钱和谷物都有富余，也可看出张王庙的香火旺盛，除了僧人、住持的平时开销外，还用于举办灯戏、庙会之用。碑刻正文短短193字②，告诫人不能存有计利之心、徇私之见，体现出的是做人的道理和给他人帮助的一种教导作用。

第五块是捐款碑，无题额也无落款。根据碑的形态和字体判断立碑时间是光绪六年（1880）前后，因为碑的材质、字体与《万古不朽》

---

① 十七万七千文，光绪时期相当于100多两白银。与141年前的乾隆时期重新修缮张王庙捐款较之数额巨大了。当时实际可计算总金额是27640文160钱。
② 碑额题四字"万古不朽"。正文如下：
夫计利之心未懲，不堪舆论，义徇私之见未化，不足与言。公徵诸往事，岂不皆然？曩者于桓侯庙前后所施钱文，共计一百七十七千，其每年所存之谷，亦不下十余石。有此公本，不知归于何所，使不为振理，后悉徒有名而已。其实今清所施之项，仅剩钱八拾贰千，用是再刻碑记，将所剩之钱交与住持执掌，□年，出谷二石半，作灯戏之用，半作庙会之用。在于每年会期，请施主、首人清算，明白以碑修于，岂穷非敢□，好善乐施，聊以明不至磨灭云尔。
罗□高　秦大奇　王受山　张大□　覃世铸　周大怀　刘平心
张成孪　仝施　面
光绪四年　孟秋月朔八日□□□□说明：□是碑文文字因风化，不清晰了。

《名垂万古》一致，应是出自同样的工匠雕刻，捐款名单是与重修张王庙碑记同时期的。碑文主要记录了 116 位捐款人名单和捐款金额，从三百文到贰拾千文不等，共计三拾万贰千九百文。这次捐款与 141 年前的乾隆时期重新修缮张王庙捐款约 30 两白银较之，数额已经远远超出了原来的捐款情况。为何捐款是因为张王庙对于士绅的要求灵验，如"求子得子""求孙得孙""子被贼回"的愿望实现而捐款做了具体说明。

第六块也是捐款碑，无题额也无落款。根据碑的现状，其材质、字体与《名垂万古》是一样的，立碑时间在光绪六年（1880）前后。碑呈长方形，碑的中部有四个被钢钎打过的小孔，四点构成规整的长方形。这些小孔与"公颂重新"碑上留下的孔洞一样大小，估计这两块碑是从同一地方抬来张王庙的。从能见的名单中可以看出，捐款中仍然是严氏捐款能力在当地是最强的，多的有捐六十千文，如排在第一位的"严壹池施□□當价钱六十千文"。捐款从贰百文到大几十千文不等，多数捐款七八千文。捐款的目的仍是修缮张王庙筹集资金。

第七块碑也是捐款碑，无题额也无落款。立碑时间是光绪四年（1878）。碑的材质与捐款碑一和捐款碑二的材质略有不同，碑刻字体是工整的楷体，与"万古不朽"是同一笔法。"名垂万古"和捐款碑一、捐款碑二是同一笔法。从采用石材和工匠雕刻的字迹一致性来判断"万古不朽"正好与保护墙上的第七块碑是同一事件的立碑，也就是说石材和字体的一致能说明是同一年立碑的。从撰写字体、选取石材和雕刻工匠的技巧能判断事件的一致性，而"万古不朽"（光绪四年）的事件是光绪年间、清末民初从民间叙事的角度印证了清末民初正是僧寺佛教史上的黄金时代，其寺庙文化的浓厚，用民间的话语体系表述"香火旺"，捐款的人数和数额相较于当地来说也是可观的。碑文记录了"将众善士名目竖碑为记"，登记了 126 捐款人，捐款由贰佰到贰拾六千文不等。

从碑的内容来看，整个土家族地区的庙碑多数是宣扬神仙显灵、保佑民众、避开兵祸灾难的记载。除唐崖的张王庙碑是这样的功能外，在施南土司治理内的位于利川谋道乡船头寨衙门坪同治二年立的"重建隍庙叙碑"也是一样的。

三区：杀人不请旨的军事区。军事区（营房）是土司司法独立的体现，也是土司制度中土司自治的一种特权。在城池北方侧设有军事管理区，土兵习武提高作战技艺操练的场所，还有私设刑法管理军民的场所。这些场所在今天唐崖乡民口传中仍能得到佐证，左右营房、教（校）场、靶场、杀人台、监狱这些地名，清晰地表明过去土司不仅拥有军队，还享有各种特权。军营区域正是与当时普通封建流官城池比较特殊的地方，这是为明朝廷积极派出土兵协助平叛等尽忠效力打下基础的训练场所，在城池占地面积上所占比较大，具有军事化的特点体现出唐崖覃氏土司对军事安全的重视和"尚武"统治的本质。

土司对土民私以刑法也是很残酷的。唐崖土司设有专门的杀人台，从考古遗址的方位上已确定在城址西南远郊。"土司杀人不请旨"在民众口述中是一种很普遍的说法。百姓口中的土司形象，这个叙述在外面士人的书写中是可以印证的。"其刑法重者径斩。当斩者列五旗于公座后，君先告天，反背以手掣之。掣得他色者皆可保救，惟黑色则无救。次宫刑，（刑者则为阉宦入内供役使）次断一指。次割耳。盖奸者宫，盗者斩，慢客及失期会者割耳，穷物者断指，皆亲决。余罪则发管事人棍责，亦有死杖下者。是以境内凛凛无敢犯法。"① 从"唐崖土司城平面图"可见，牢房在城池的东侧偏远处。监狱图示位置位于功德牌坊之后。

四区：汉文化融入的文教区。文教区主要是覃氏族谱中记载的张云松传播汉文化的书院，位于官署区牌坊南侧旁、御花园的前面。从方位来看，在城池的南偏东侧、一横道的西侧，上街与中街的交接处。"改土归流"前，历代土官和土司都不太重视教育，鄂西南土司所在地的书院以及这方面的遗迹留下来的比较少。目前，史籍可查的有卯洞土司建有"桂林书院"、容美土司建的"凤翔书院"。唐崖覃鼎时期建造的这座书院的名字史籍未记载，民间口述史中也无人知晓。书院的兴起是通过汉族文化的融入，使得土司区域受到汉族礼教教育，汉文化得以传入并融合于土司地区的文化，形成一种多元文化。

办学堂实质上就是汉文化儒家文化进入土司地区的一个组织，明显的功能就是传递中原文化，让统治者眼中的"蛮民"学习统治者的文化，是儒化、汉化。而这个只针对土司的弟子而开设，土司内部对于老百姓

---

① 高润身、高敬菊：《〈容美纪游〉评注》，湖北人民出版社2006年版，第161页。

的子女们是一种愚民政策，没有机会上学堂。这也是土司迁徙他乡后，当地的土民们并没有太多的文化名人，而这也延续到今天，成为唐崖司的一种堪忧。祖先的丰功伟绩后人并没有超越。张云松的后代ZJC①说出了心声。

> 我们其实很想搬出来，感觉从那个被破坏的风水中走了出来。我们那里这么多年来，细娃读书都读不得，不知道是什么原因。我觉得我还是有些相信迷信，读不得书还是与人们固有的思想有关。我感觉搬出来后，我的小儿子读书就明显比大女儿读书要行些。

五区："武陵为胜"的王墓区。城址中共发现土司时期的墓葬12座，清晰地规划于两处，一处是宫殿衙署区的西北方的官坟山，由城址三大件中最为壮观的土司"皇坟"②构成的一个墓址群，现还保存较完整的墓有覃值什用墓、覃鼎墓、覃鼎夫人田氏墓、覃光烈墓和数座将军墓群；另一处在宫殿衙署区右侧的御花园区，埋葬的是最后一任土司覃梓椿夫妇墓与十三世土司覃宗禹墓以及数座无名墓构成一个墓区。从地势来看，两处墓区都处在城池的制高点，体现司城阴阳两分、阴宅高配、成群墓葬的特点。"唐崖土司王陵作为武陵墓葬的突出代表。覃氏夫人墓前还有牌坊，这种成群配置，此处在武陵为胜。"③

皇坟是两处墓群中规格和等级最高的，乃至在整个西南土司区现存的土司墓碑中，也是规模最大但是称不上等级最高的土司墓之一，因为覃值什用任职在明洪武年间，并因"征蜀降职"④，是为长官司级别。现今整座墓地的石建筑格局保存完好，占地40多平方米，坐西朝东，前有小院坝，后有封土，葬有覃鼎夫人覃田氏。考古工作者称为无名皇坟，百姓口中的

---

① 访谈对象：ZJC，男，汉族，48岁，唐崖司村3组村民。访谈地点：唐崖镇九天家私城张开的家具商场。访谈时间：2018年6月29日下午。
② 老百姓口中的常用叫法，据土司直系后裔QGA介绍，是唐崖覃氏土司二世祖覃值什用的墓。
③ 张良皋著，李玉祥摄影：《武陵土家》，生活·读书·新知三联书店2001年版，第68页。
④ 民国版《咸丰县志》中有记载，"明洪武四年，子直（第二代司主覃值什用）随廖永忠征蜀，降职，未几复安抚、宣慰世职，并领苍蒲、活龙二副司。"在正史类的《明史》和《湖广图经志》载有信息，"唐崖土司的设置在洪武六年，为长官司"。

皇坟也无具体是说不明白是覃氏哪代土司的坟墓，目前都允默世代守坟人覃国安所说，"皇坟是二世土司覃值什用的坟，由其七子共葬的"。民间叙事中认为皇坟的位置决定了司城早期建立城池的中轴线，原来曾是元代的宫殿遗址，构成一条从皇坟—元代宫殿—中街—第一下河道（小衙门）—天灯堡—码头的轴线。这条轴线就是专家估测的以皇坟定风水。

整座石室墓像座石房子，建筑华丽，保存完整。外形为仿木结构的一斗三升式建筑，重檐雕饰衔瓦，屋脊雕凿龙首装饰，长7.5米，下斗拱分明，五个柱子一字排列。双层墓室门已被撬开，据当地民众说是清末时被石达开余部撬开盗窃。但是从分析重修张王庙碑记来看，因为神马和佛像金身张"神威"保佑，唐崖是免受了掳掠。但是从史料记载，"咸丰十一年，辛酉秋九月……尾石回窜，焚毁民居集场"① 余孽窜回对当地的破坏极大。现在外层全被撬开的四开间墓室门已不知去向，墓室内雕有祥云纹、卷草纹、瑞兽、团花、八宝、日月等汉地风格的图案，仿木构造的墓室雕饰风格，反映了土汉文化的融合，表达了土家人对宇宙生命和天地万物的敬畏。半地穴式石室墓的形状呈圆形，尖形顶的封土，外围方形的环墙，前有一小院坝设置的梯形祭台，以及四周雕栏玉砌，四座石狮子和两端似花苞的荷花，两侧八字形照壁雕刻的花草纹饰和日月图案，石壁前端各雕有一座麒麟端坐于前。整座坟墓运用的这些圆形、尖形、方形、梯形等抽象的几何符号，体现了天圆地方的观念②。

田氏夫人墓位于土司"皇坟"茔地内，在其左后方（西偏北），高于皇坟封土。现存有封土、墓碑和牌坊石构件，墓碑碑记字迹清晰，个别字难以看清。田氏夫人墓③：正中刻有"明显妣诰封武略将军覃太夫人田氏之墓"，前题"孝男印官覃宗尧祀④"，落款"皇明崇祯岁庚午季夏吉

---

① （清）张梓修，张光杰纂：《咸丰县志》卷十一《武备志·历代兵事》，同治四年（1865）刻本。
② 满益得、凌云：《唐崖土司王城建筑石刻的造"形"与造"势"》，《湖北民族学院学报》（哲学社会科学版）2009年第4期。
③ 王晓宁：《恩施自治州碑刻大观》，新华出版社2004年版，第220页。
④ "祀"字因为墓碑字迹模糊，不同出版物中的记载解读有不同。王晓宁：《恩施自治州碑刻大观》，新华出版社2004年版，第220页，载"孝男印官覃宗尧祀"。王明松在《遗址复原》中也记为祀。黄永昌、邓辉在《唐崖土司城址调查报告——兼论唐崖土司覃氏的历史问题》一文中载为"孝男印官覃宗尧礼"。《唐崖土司城址》中记为"孝男印官覃宗记"。

旦立"。可见，立碑时间在崇祯三年（1630）。在碑记前约 5 米处有一四柱三门式的小石牌坊，中高 3 米，边高 2.5 米，中门宽 2.05 米，侧门宽 1.4 米，四根坊柱 0.24 米×0.47 米，前后均有抱鼓石扶柱。牌坊中门上方横梁上嵌匾，刻有"万古佳城，乾坤共久"八字，字迹有些模糊，昭示墓主生前显赫地位的象征。牌坊简洁朴素，除石柱和横枋上有线刻痕迹外，无任何雕饰纹样。

唐崖覃氏土司发展史上得到中央王朝重奖的这位土司覃鼎，其墓甚是不起眼。因为从唐崖覃氏族谱和《咸丰县志》记载，这位曾是唐崖土司鼎盛时期的地方英雄，死后的墓葬规模与二世祖覃值什用的"皇坟"相比较，与民众心中土司身份的葬式级别是完全"不符"的。墓址在城址西北角，在皇坟左侧百米处，是一座封土高 1.7 米、底径约 3 米的这样一座呈馒头形的土墓，坐向是坐西朝东。墓的形制十分简单，正面立长方形石碑，两侧雕有抱鼓石，呈八字形，碑顶石檐纹路呈瓦形，须弥座凿刻圆边，下刻卷云纹。碑文阴刻楷书，正中刻"武略将军覃公讳鼎之墓"，上刻"庚午岁季春吉旦"，下刻"孝男覃宗尧"。立碑时间与田氏夫人墓在同一年，崇祯三年（1630）。覃鼎墓周围还有 5 座同时期、同形制、同等级的将军墓，但是现存情况，碑记已毁坏，无法考究。

覃光烈墓在覃鼎墓左前方 20 米处，坐西南朝东北，正对"大堰塘"，形制、规模更为简单。竖立的一块圆首石碑，通高 0.7 米，宽 0.4 米，整个封土墓高不到 1 米，底径约 2 米。碑石上刻有的信息也比较简单，建于清乾隆三十七年（1772），碑文记载了墓主姓名和生平。

御花园墓葬区主要最后一任土司覃梓椿夫妇墓和数座无名墓构成一个墓区。覃梓椿夫妇墓为男左女右的异穴并葬，坐西朝东，与覃光烈墓是同时期一样的墓制，明显没有了明朝时期的八字形抱鼓石，抑或宽大的照壁进行雕饰，现存有的覃梓椿[①]和夫人田氏[②]的墓相距约 5 米，为竖穴土坑式，形制简单，仅有封土和墓碑。碑文刻有"皇清世授忠勇将军

[①] 唐崖第十七代土司覃梓椿生于康熙三十年（1691），殁于雍正八年（1730），因弟梓权犯事被诛。覃国安印：《唐崖覃氏族谱》，1917 年版，2008 年复印，第 46 页，"覃梓春承袭父职任授宣慰使司任事至雍正八年……"

[②] 这位田氏夫人是忠峒土司之女。覃国安印：《唐崖覃氏族谱》，1917 年版，2008 年复印，第 48 页载，"十七世祖覃光列幼冲，年例未合，……夫人田氏护理司务一载身故"。

唐岩宣抚使司覃公讳梓椿号寿庵大人之墓"，首款和落款是墓主生卒年月及安葬和立碑时间。这两块圆首石碑现存放于咸丰县博物馆。很明显此区墓葬形制简单，是明后清初的一些墓。

在城址周围还有几座值得一提的墓碑。

其一，十三代土司覃宗禹墓。《唐崖土司城遗址》中土司后裔认为覃宗禹墓也在御花园区，并以此墓葬的时间推演土司墓群从官坟山转移到此处集中为新的墓葬区。查阅唐崖《覃氏族谱》中历代土司记载中，"宗禹祖于康熙十八年（1679）病故，俱（原）配夫人黄氏生四子，……禹祖坟（墓）安葬于手扒崖，祖妣葬于忠孝司"[①]。指明土司葬于何处，十三代土司覃宗禹是唯一指明安葬地点的。

其二，"双凤朝阳"墓。位于南城墙外的杀人台旁，地处城址中九道拐的北部，是一座非常精致的墓，墓门早被毁坏，无法考证墓主身份，是为覃氏土司家族女性的合葬墓。从选用的石材、设拜台、呈八字形、雕刻精美等这些形制上表明是明中前期的墓式，双石室半地穴式风土墓葬，高2米，占地面积约30平方米。雕刻精美，题材丰富，石构件上有动物、花卉、海水、神树和神鸟，特别是墓与封土交接处的横楣采用浮雕彩绘"双凤朝阳"的图案成为整个土司墓群中的经典。

其三，覃杰墓。在唐崖土司发展史上起着重要作用的一个人的墓，即覃鼎的叔祖，覃杰墓。墓地不在城址范围，但是作为文化遗产的组成部分有着宝贵的信息留给了我们。墓址在唐崖镇杨家营村心田坡，在城址西南方，距离约5千米，是覃杰夫妇合葬墓。墓虽在"文化大革命"时期被盗破坏，但是墓的整个结构和石板上的雕花和少量的文字保存完好，其规模巨大、建造精细，是仅次于"土司皇坟"（覃值什用墓）的一座明代葬式墓。覃杰墓建于缓坡地，坐北朝南，为半地穴式石室封土墓。据遗址考古队的测量，墓高约5.4米，前朝呈八字形，占地面积约35平方米。整座墓室分有前廊后厅，前廊是四柱三形制，用六扇石隔扇门，现仅存两旁的三扇，最右侧的石门很明显为后期补配。后厅葬墓主。后厅石壁上有浮雕牌坊图案，雕刻着一幅精美的仿木牌坊图像，在浮雕牌坊正梁下正中间，有一长方形竖挂的匾额，上刻"覃杰"二字。八字形

[①] 覃国安印：《唐崖覃氏族谱》，1917年版，2008年复印，第41—42页。

前朝两侧石墙的雕刻有动物、花卉等图案。清乾隆四年（1739），覃氏后裔补刻石碑嵌于墓门，碑题"钦依峒主随征效力有功乾隆四年奉旨故八世祖覃公（讳）杰老大人之墓位"。覃杰墓碑所称"随征效力有功"，即指覃杰携子覃文仲征缴金峒有功，为纪念伯父覃柱而立。

六区：多姓杂居的土民生活区。这是世界文化遗产几处遗址中少有的一种格局，永顺土司城内是无土民居住，而唐崖土司城内，居民生活的院落就分散在宫殿区的周围，是主民共居。据考古发掘，共36个院落，分布在上、中、下街以南，今天在遗址内已清晰地标注出各个院落遗址，考古工作人员推测这些是土司亲属和普通百姓的居住场所。从遗址上老百姓口中述说的地名，在右营房附近有罗百总府，是罗氏宗族聚居的区域。在七十二步朝天马出城到蛮王洞的方向贾家沟一带有贾百总府，是贾家聚集的地方。在万兽园与衙署区接界处有雷家院子，还有今天的唐崖土司城遗址内的宾馆和遗址管理处所在地的陈家院子。"地名可以证明人类分布、迁移的历史足迹"。① 可见，当时唐崖土司城内的覃姓土司家族与他姓土民成员形成了一个交互杂居的空间格局。

三　道路连接：三街十八巷三十六院

唐崖"土司皇城"虽无正史和地方志等文献中有具体的文字来记载其金碧辉煌和"三街十八巷三十六院"的繁荣景象，但是，留下的石板路（见图4-3）就是历史的见证，也是今天在遗址上直接能感触到唐崖土司在鼎盛时期的盛景。今之旅游而作的唐崖土司解说词是这样来介绍这段饱含历史沧桑的明代石板路的：

> 在这里，特别值得一说的就是我们这座城的路网体系，我们这座城的石板路纵横交错，全是明代留下来的，长达3.5千米。据专家考证，这是目前已知、全国最长的明代石板路。②

---

① ［意］翁贝尔托·埃科：《符号学与语言哲学》，王天清译，百花文艺出版社2006年版，第75页。
② 访谈对象：YJF，女，土家族，38岁，唐崖土司城遗址管理处办公室工作人员。访谈地点：咸丰县博物馆办公室。访谈时间：2018年6月22日。

长达3.5千米的石板路保存较好的中街路段,均为真实的明代原始实物。从现存的道路来看,首尾相连、宽阔而整齐的上、中、下三街的条石铺砌的石板路非常规则,为矩形石板,中部横铺、两侧顺铺,构成贯通全城南北的主干道。据考古工作人员测量,主干道构成的上、中、下三街的石板路长880米,规则的条石长2米,宽0.3米。由东西向第一、二、三下河道及南北向的第一、二、三横道构成的"三纵三横",铺设的条石路宽1米—1.7米不等。还有11条路面较狭窄的石板与泥土间夹的巷道。这些宽窄不一的石板路构成整个城址主干道、次干道和巷道这样规整的道路系统,由此将以上介绍的六区联系起来建构了一个恢宏壮观的"三街十八巷三十六院"。唐崖土司城址与其他中国古城遗址有所不同,"浓荫笼罩下、阡陌农舍间仍有道道石板路蜿蜒于地表,有始有终、有边有界,路旁石墙夹道,墙内隐现着代代在此生息的土家人瓦屋。石板路随土司世代传续使用至今,因为长久行走,石板棱角皆无、圆润光洁,满是时光抚摸的痕迹"①。这是于志飞的工作随笔。

正如石板路的宽与长代表着一座城池的大与小。同一地域的容美土司的爵府建筑与建筑之间也有规整的石板路相连。还有学术界称为明清时期的土司庄园,抑或是明代军屯性质的遗址,还是认为古夜郎时期的夜郎国都的贵州岑巩县木召古城,在古城前面也有长500多米、宽2.5米的石板路。"申遗考古工作中发现,脚下的石板路更有价值,因为它展现了整个城的格局和体系,而且通过复原,可以清晰地看到土司城的原貌。"② 可见,石板路是整个西南土司城址建筑的重要组成部分,也是作为遗存今天仍能可见的唯一实证,其历史价值更加珍贵。石板路的存在和发现是唐崖土司城址考古中的一条重要线索,不仅关乎一座城

---

① 于志飞:《探寻价值 重构真境——唐崖土司城保护工程设计工作拾零》。收录于咸丰县政协学习宣传文史资料委员会《申遗之路》(咸丰文史资料第十一辑),2016年,内部资料。第92页。说明,于志飞,中国文化遗产研究院,设计唐崖土司城遗址与播州海龙屯遗址的保护方案。

② 2015年7月5日,新华网记者谭元斌访谈世界文化遗产唐崖土司城遗址管理处白斌主任时的一段对话。参见徐超、李协萍《湖北唐崖土司城遗址:"小故宫"的申遗之路》,《中国文化报》2015年7月20日。

池，还是文化交通枢纽的具体体现，更是遗址成为世界文化遗产的一个突破口。

图 4-3　从遗址管理处至牌坊的唐崖土司城遗址中街路段

图片来源：咸丰县唐崖土司城遗址管理处何继明提供。

道路系统中还有几处重要的遗址。

一是 72 级石板踏板拾级而上，骑马走这些石阶时马头朝天，被百姓称为七十二步朝天马。这处遗址是与唐崖南岗门处设第一岗哨相连，也是土司时期城南出口的重要通道。

二是城内位于贾家沟的九道拐。依山势呈之字形而铺设 118 米长的石板台阶，设有卡门，路面比较隐蔽，可能是土司逃生通道。

三是城址中保留还较好的三座桥，横跨打过龙沟的桥上桥、与"七十二步朝天马"相连的贾家沟桥，只存桥墩已无桥面的九道拐桥。

四是码头遗址。张王庙不远处的唐崖河边设有渡口，考古发现了这处码头遗址。码头是唐崖土司当年出城的重要交通设施，码头遗址在唐崖河边，在张王庙与碗厂沟之间，离张王庙 300 米。"近年由于唐崖河下游修建水库，致河水位上涨，码头长期淹没在水下。"[①] 码头遗址是渡口，

[①]　咸丰县政协文史资料委员会、唐崖土司城遗址管理处编：《唐崖土司城址》，湖北人民出版社 2015 年版，第 84 页。

在张王庙中的"公颂重新"中载,"济渡……夫渡前未有之胜举"①。当地老人回忆,牌坊上的"土司出巡",当时除了靠水渡出行外,还靠骑马出巡。从地方上的口述史所表达出的信息是,当时唐崖土司阶层外出,有两种比步行更快捷的出行方式,水渡和骑马。今天依稀可见的唐崖渡口,还保留着在唐崖河南岸的基岩上留有拴船的绳索孔,开凿的圆形、方形洞孔和岸边修筑的护坡遗址。

文化遗址除了上述地上可见的石雕三大件外,还有地下出土的可移动文物。主要有三类:第一类为瓷器残片,出土于街巷区和衙署区,瓷片时代由明至民国时期持续分布(明代成化、宣德、万历年号、景德镇印记)的瓷片质量较高。第二类为砖瓦建筑构件,出土于衙署区为汉式的滴水、瓦当、筒瓦等,上有莲花、鱼鳞等图案。第三类为有关唐崖土司的印章四枚。② 一枚是因平叛"奢安之乱"的战利品,四川永宁地区的军官印章;还有两枚造于公元1674年,一大一小,铜质的"唐崖长官司印"。还有一枚出土于活龙坪镇的"唐崖长官司秦关克印"。此外,还有如爱情象征的夫妻杉、藏风聚气的大小堰塘、土司金库存钱坝、处决犯人的天灯堡和杀人台,以及箭道、新店子等遗址。

本章小结

唐崖土司本身是一个历史的产物而且早已在"改土归流"终结,但是,其制度下产生的社会延续、文化传承、精神影响,始终在唐崖社区成为一个磨灭不掉的基因,一直影响到今人的生活。世界遗产见证了唐崖村社文化根基在历史的厚土上能延伸到很远很远。一个国家、一个政权可以消亡,文化作为载体,土司制度下创造出来的土司文化是不会消亡的。文化遗址还是村社文化都同属于唐崖社区文化。从历史人类学的角度来研究,可以划分成两个区来进行即"历史—遗址文化区"和"土司—亲族文化区"。"历史—遗址"呈现出来的文化多属于考古学上的文化,带有居民的主观意志,而"土司—亲族"呈现出来的文化又属于民

---

① 参见张王庙"公颂重新"碑文。
② 《一座城池,叫唐崖》,恩施新闻网,网址:http://www.enshi.cn/2015/0707/252496.shtml。

族学意义上的文化。两者针对同一个历史文化事项无论是考古学文化中居民的主观意志，还是民族学研究亲属关系的直系和旁系、血亲与姻亲都具有同样的内涵。今天来探讨唐崖土司文化，不是孤立地置于唐崖土司区域，而是置放于鄂西南、川东南周边土司对其影响和置于整个华夏中心国家话语之下的研究。从某些层面来说，土司文化就是土家文化。

第五章

世界遗产视野下的唐崖土司城遗址

唐崖土司城遗址正是秉承土司制度"齐政修教，因俗而治"的智慧管理的实物见证，是现存弥足珍贵的文物遗存。今天它作为世界文化遗产留给了我们，既是"国宝"[①]级的文物，也是土司文化的一个重要组成部分。申遗文本这样评价唐崖土司城遗址："全人类公认的具有突出意义和普遍价值的文物古迹"。

第一节　唐崖土司遗产的文化内涵

从文化人类学分类来看，文化分类有两分法（物质文化和精神文化）、三分法（物质文化、制度文化、意识形态）、四分法（物态文化、制度文化、行为文化、心态文化），制度文化只是其中的一个部分。土司文化是一种文化，其属性和分类与文化的属性有着共性。所以说，土司文化的内涵至少包括三个方面，即物质层面的、精神层面的和制度层面的。物质和精神层面是由地方文化与中原和周边其他文化的交融与采借而成为某种新的文化，而制度文化是伴随中央王朝的制度而下沉的完全是一种必须遵循的中原文化。结合唐崖土司文化遗产呈现的文化态势是在遗产申报及其保护过程中产生出来的，其文化类型分为三个层次：第一层次是原生态的土司文化，是因申遗挖掘出来的一些文化，比如，因土司制度而产生的文化遗址。第二层次是次生态的土司文化，因申遗彰显出来的村社文化。第三层次是衍生态的土司文化，因申遗而建构出来

[①] 2006年，唐崖土司城遗址被国务院公布为第六批全国重点文物保护单位。

的，如土司茶、土司烟、土司文创，甚至土司鸡蛋等。

一 "物化"制度：唐崖土司城址

"土司城址"是元明清时期所施行的与中原地区不同的一种统治制度的"物化"，是土司施行政治和军事的中心，也是中央王朝加强对少数民族地区治理的标志与载体，其物化的意义也就具有了特殊形态和独有的特征。

唐崖土司文化遗址最明显的特点，首先是土司文化与汉文化的大量融合。将汉文化与土家文化融合于一体，观念上有"皇权中轴"和"筑城以卫君"的思想体现的牌坊与衙署构成的核心区域，同时又将土家"生"与"死"升华为一种"重死乐生"的传统观念并置于城址格局中。选址上既有汉文化尊崇"北玄武"地位的追求，又能结合山势走向采取"坐西朝东"的坐向。墓葬形制既有四抹头隔扇、柱础这些明代官式做法，又有半地穴式浅埋的地域特征。又如张王庙中的石人造像，虽着明代铠甲，但身材却是标准的土家人。石牌坊上的装饰，对两种文化的融合体现得更为充分，有汉文化的"渔樵耕读"，又有隐晦突出的"土司出行"，还有一些象形图案也是其他区域所罕见的。靠山面水的自然与景色融合，兼备了山形水势构成坚固的防御体系。整个城址规划为我们展现了土司时期的唐崖土司城遗址的多民族文化交融的一个文化样板。

其次是充分体现了对"国家正统"的认同。唐崖土司城把政治中心、宗族统治中心与崎岖的山地环境巧妙地融合在一起，建筑布局的合理性、建筑性质的特殊性，体现了人类创造和智慧的杰作。[1] 城址地形相当完整，具有完整的城市格局，呈现一心一轴六区的特征，体现出独特的土司权力象征和国家认同的聚落形态特征，强化等级、身份和地位意识，建构起族群认同的心理根基[2]，正是对"国家正统"的认同。

与永顺老司城、播州海龙屯遗址比较，其共同点：一是三者都是展

---

[1] 陈飞、邓春艳、谢辉：《"土司遗址"突出普遍价值体系下的容美土司遗址与唐崖土司城址研究》，《中国文化遗产》2016年第3期。

[2] 王祖龙、陈露、肖竹：《仿象与象征：唐崖土司城遗迹的文化解读》，《三峡论坛》2014年第4期。

现的土司制度鼎盛时期的遗存，故而成为中国"土司遗址"的代表而成功列入世界文化遗产名录。二是因战争造就了三处土司的辉煌鼎盛时期。各地土司在名义上归顺中央，实际上在地方上具有相当大的自主权。田敏接受记者采访时曾这样说："三地的土司遗址是土司遗产的三种类型，打包申报能全面、系统地反映土司文化。"而唐崖土司城遗址虽然级别不高，却是不可缺少地体现了基层土司的价值所在，弥补了"土司遗址"申报世界遗产的土司体系的完整性。

不同点：一是因唐崖土司的地域更接近于中原，与荆楚文化、中原文化交流更多，因此遗存所体现的汉文化水平更高。永顺老司城遗址所体现的土家族文化非常浓厚，海龙屯遗址体现的土司文化更明显。二是土司职级中唐崖土司是最低的，遗址规模也是最小的。三是土司在西南少数民族地区代表着那个时代的精英，因此其建筑群的精美讲究，体现出地域文化色彩。

精美的遗址雕刻和悠久的土司历史是唐崖土司文化遗址的基因。有学者认为，"唐崖土司皇城遗址既是一部土司制度的兴亡史，又是一部土家族的断代史，具有较高的史学价值"[①]。这些遗址历经了唐崖土司的兴起、发展壮大、"改土归流"消亡，呈现的就是一部土司制度史的缩影，里面蕴含的文化更是土家族文化发展的元典。

二 文化互动：唐崖村社文化

文化互动是人类社会永恒的结构性现象，包括文化传播和文化接受，传播的方式和接受的态度影响着互动结果，其结果多是主流文化优势地位的呈现。[②] 黄柏权认为，各民族间的文化互动主要有三种表现：民族间文化的相互借鉴、强势民族对弱小民族的文化移入、弱小民族的主动适应。[③] 唐崖覃氏土司在其历史发展过程中，与中央王朝频繁互动，通过重

---

① 邢淑芳：《对构建唐崖土司皇城民俗文化村的思考》，《中南民族大学学报》2004年第5期。

② 冉红芳：《唐崖土司与中央王朝的文化互动——以"荆南雄镇"牌坊为中心的考察》，《湖北民族学院学报》2017年第5期。

③ 黄柏权、葛政委：《论文化互动的类型——兼论"武陵民族走廊"多元文化互动》，《中南民族大学学报》2009年第3期。

要事件或者重要人物来完成文化互动的过程，受主流文化影响的印痕在现存遗址上有充分的展现，印证了多元文化交融的文化共生情结和民族和谐意识，进而达到对华夏文化的认同。修建唐崖土司城的这些主人已经不存在了，几百年来，这里从未断离本地人的生活文化，土司文化的精髓依然是具有生命力的活文化，其文化基因和文化之根仍充满着活力，生生不息地延续着，成为今天丰富的唐崖村社文化。"因为离开人的生活，所有的文化都会成为死文化"[1]，唐崖乡民世世代代在这里共同营造和维系一种地方感、一种文化认同，将更新了的村社文化保护在一个"延续生命的空间"[2]。

"强大的社会遗传性"是唐崖村社文化中一个明显的特征。

首先，唐崖这个词可一分为二进行理解，作为地名来看，我们在第二章中对"唐崖地名的本土意义"进行了阐释。唐崖作为土司官职来看，还包括土司的级别，以及生活在这个辖区的土司家族和属下土民。而今天仍流行的咂酒、油茶这些村社文化充分体现土司时期文化的延续。"中国土司精神文化由内而外，对土司文化的其他层面发生决定作用，民族传统文化具有强大的社会遗传性，左右着土司政治中各阶层人们的言行举止和思想观念，进而转变为现代土司文化现象。"[3] "改土归流"后，唐崖土司所辖领地与金峒土司、龙潭土司领地合并大田军民千户所归入咸丰县，接受中央的直接统治，土民地位得到提高。相应地，占主导地位的汉族文化随着汉民的流入逐步明显，同时苗、侗等移民的迁入更加交融于土家族文化，最终形成多元一体的地域文化。

其次，占主导优势的宗教文化。历代土司及其族亲不断地走出去，以及伴随中央王朝对西南的经济开发，先进的汉文化不断传入鄂西南，精神文化层面中占着主导优势的宗教文化进入土司地，佛教、道教和儒学思想开始在唐崖土司社区被学习引用。土司大力修建寺庙就是传播宗教，昭示着佛教、道教在土司地一样香火旺盛。此外，祭祖理念是汉人家族宗族制度的核心表述，"穷的穷祭，富的富祭"，看重祭祖是民众的

---

[1] 赵世瑜：《给民间文化遗产一个重生的空间》，《美术观察》2004年第3期。
[2] 赵世瑜：《给民间文化遗产一个重生的空间》，《美术观察》2004年第3期。
[3] 李良品：《中国土司学导论》，中国社会科学出版社2017年版，第81页。

思维中存在"先在的理念",也是唐崖覃氏族谱中的"理念先在"的文化来源。正是"儒学"两千多来年对地方社会一种有效的"过化"① 深植民众内心,乡民的孝道、慎终追远的内心已经变成一种理念,在有意识的和无意识的状态中自然生发出来。

最后,村社文化底蕴丰富。由唐崖土司文化发展出来的村社文化,就其谱系来说,一是传承了唐崖土司时期所存在的文化。例如,物质文化层面的建筑格局、精雕细刻的生活用具,精神层面的忠与勇等。二是创新许多新的文化因素。例如,唐崖土司"改土归流"后,移民的迁入、贵族文化下沉民间产生一批新的土家族文化,如干栏式居住方式的吊脚楼、精美的石雕艺术、大型南剧《土司夫人》等,成为今天统称的非物质文化遗产。三是与黔江、石柱、酉阳等土司的交往过程中吸收了乌江流域文化,也有与施州卫管辖下的周边大土司的交集中融合了强宗大族的文化。正是通过传承、吸收、融合、创新所产生的不同文化谱系的文化,构成了唐崖村社文化的总和。

第二节 唐崖土司文化的遗产价值

"土司遗址申报世界文化遗产的关键在于凝练其价值"②,中国土司遗址成为世界文化遗产正是世界文化中的"最高价值"和"核心价值"。唐崖土司文化的遗产价值除了纳入世界体系中的最高和核心价值凝练为"因地制宜""因俗而治"的管理模式,其具体而微的价值还隐含在唐崖村社的社会生活实践和乡民的集体记忆之中,并以"裸呈"的叙事方式对遗产生命进行口述与传说。

一 历史认识价值

(一)地方文献肯定土司制度

对地方文献分析的过程本身就是一个客观评价的过程。有关记载

---

① 庄孔韶:《中国乡村人类学重要的学术遗产:研究路径与问题》,《思想战线》2016 年第 1 期。

② 葛政委:《土司文化遗产的价值凝练与表达》,《长江师范学院学报》2014 年第 5 期。

唐崖土司的地方文献主要分散在地方县志、宗族谱牒、碑文拓片及诗文之中，不乏有对土司文化和土司制度的肯定。从对制度的执行到积极为国家做出贡献，无不表达了唐崖土司对朝廷的"忠、勇"精神。《覃谱》记载覃鼎"生擒樊龙樊虎"，虽"生擒"二字有所夸饰，但是，唐崖土司对国家的"忠"与"勇"得到了完美呈现。地方诗文载，"一方主宰许专行，依山傍水巧运营"；"彪炳武功冠土王，九重恩赐立牌坊"；"枕戈待旦助平蛮，屏翰功高楚蜀安"①，都是对土司威武善战的赞扬。

土司制度的首要特点就在于一个"世"字。② 唐崖土司历代土司执行的"世袭其官、世领其土、世掌其民"是对明王朝基本制度的接受，朝贡、纳赋、征调都是对土司制度的认同。《覃氏族谱》记载唐崖土司16次征调，11位土司积极响应，多次朝贡在正史和族谱也有记载。唐崖土司不间断地朝贡、积极缴纳赋税和参与征调，这些行为充分体现出对朝廷的臣服和对制度的肯定。建造书院接受朝廷的规章制度，是对明朝土司子弟必须入学，"以后土官应袭子弟，悉令入学，渐染风化，以格顽冥。如不入学者，不准承袭"③。作为承袭考核的首要条件这种硬性规定的遵守。"子弟必读书"④ 成为"梗楠杞梓之材"也是唐崖土司发展的一种寄托。

唐崖土司牌坊是天启朝"赏功"的产物，"雄镇"寓意唐崖土司是"国家的捍卫者"的赞誉，"屏翰"寓意唐崖土司对国家的认同和决心，体现了覃鼎时期的唐崖土司对明王朝基本制度、政治体制和国家权威的接受和对土司制度的大力推行，维护国家"大一统"发挥积极作用。即使土司制度已不适应社会发展，唐崖土司与其他土司仍然对改土归流做出了积极响应，识大局"呈请归流"，自愿完成雍正朝的政治潮流趋势，

---

① 转引自黄柏权、李为、李学敏《唐崖土司民间记忆及其价值》，湖北省文物局、三峡大学、唐崖土司城遗址管理处编：《唐崖土司学术研讨会论文集》，科学出版社2014年版，第204页。

② 曾超：《唐崖土司牌坊的"历史性价值"述说》，《三峡论坛》2016年第3期。

③ 《明史》卷三百一十《湖广土司传》，第二十六册，第7997页。转引自龚荫《中国土司制度简史》，四川人民出版社2014年版，第280页。

④ （清）张梓修，张光杰纂：《咸丰县志》卷之七《典礼志》风俗，同治四年（1865）刻本。

一如既往地积极响应中央王朝制度的推行。

土司制度的腐朽性，在地方文献中也做出了否定的评价。民国版《咸丰县志》的《人物志》和《土司志》中记载，"退赎民屯案""土司不靖""土司乱法不常""土司有长蛇之势""唐崖各土司肆行贼掠，出没无常""土司乘间为乱""土司豪强，益为民害"等，流劫卫所、寇掠邻邑、欺压百姓的行为也给予了批判与痛斥。

对唐崖土司地方文献记载的梳理，是对唐崖土司历史和土司制度再认识的过程。一种制度走向灭亡，有其腐朽性和不适应社会发展的因素，但是其中也不乏有着可以继承和借鉴的适合于当时和当下的做法，古人的这些智慧是可以在日新月异的今天被加以利用的。

（二）金石铭文揭晓人物身份

民间传说是民众"口传的历史"。唐崖土司城址中的田氏夫人、覃鼎、覃杰成为传说中的主角，这些传说故事通过世代子民口口相传。特别是有关田氏夫人的传说，因其才智超群，精明能干，在流传故事中自然被"泛化"。民间口述的"那个土王"也被"泛化"为十二代土司覃鼎，其丰功伟绩、爱才纳贤、骄奢淫逸、听信谗言、错杀工匠，忠勇与残暴的双面人格呈现在民间叙事中唯一的主角身上。田氏夫人在民间叙事中的形象集中表现在打造石马、修建司城、创建八大寺庙、喜佛上峨眉、管理内政、哑酒作诗[①]、手植夫妻杉。民间叙事中的"唯一主角"终将在金石铭文里得到纠正，打造石人石马的田氏夫人是覃鼎的母亲，覃杰是覃鼎的祖叔。

"为何打石人石马？"在民间叙事中有四个版本。版本一，覃杰奉旨破唐崖土司城的风水而立。民间传说中，田氏夫人看出了唐崖土司将要"败"了，命令覃杰立石马来稳住"好风水"。土司巧妙地破解风水在地方传说中也有体现，一是破除"张飞阻拦群猪下河"，就打造石马来立稳风水；二是在"荆南雄镇"石牌坊上端雕刻两个龙嘴，一个是张着的，一个是闭着的，龙头对准的远方正是白虎山的"五马破槽"（指五龙坪村垮了那处悬崖的地方），所以，很巧妙地把龙嘴张开，隐喻着五马过来龙

[①] 徐明庭、张颖、杜宏英等辑校：《湖北竹枝词》，湖北人民出版社2006年版，第369页。"哑酒诗，相传土司夫人田氏哑酒吟诗。"

就吃你，所以，马不敢过来，对唐崖风水也就没有了影响。

版本二，纪念唐崖土司平叛覃壁有功。隆庆四年，十世祖覃柱奉调征剿金峒覃壁有功，覃氏家族提出口号"人莫干缨、逢战必捷"，需要一个物件来纪念这种征战精神，作为一份历史的见证，于是打造了石人石马。这个版本之说，与石人石马的阴刻时间（1611）是一致的。

石马马缰阴刻铭文记载的田氏夫人——覃鼎之母。即铭文左记："万历辛亥岁季夏月四日良旦印官覃夫人田氏修立"，万历辛亥岁是公元1611年，印官田氏夫人。从年代上看，覃鼎，"十一世祖覃文瑞……于万历四十一年（1613）告老回司病故……传覃鼎，承袭父职"[1]。又民国三年版《咸丰县志》卷一，舆地志·古迹·外八景条记载"明天启时，宣慰使覃鼎"[2]。同志卷九，人物志·文苑烈女·覃田氏条云，"夫鼎，于天启七年（1627）故，子宗尧袭职"[3]。三条史料可得出覃鼎在位时间是1613—1627年。万历辛亥岁是万历三十九年（1611），而覃鼎是从万历四十一年（1613）袭职的，所以其夫人不可能是印官。此时的田氏夫人有可能是其母亲，十一世祖覃文瑞的夫人田氏。推演结论是立石人石马的田氏夫人并非是规划建造唐崖土司城址的田氏夫人，而是婆婆与儿媳的关系，同姓并不同人。唐崖土司城遗址管理处的BB主任也认为，"此田氏夫人是彼田氏夫人的婆婆，完全可以从阴刻缰绳字迹来推演说明"。因此，需要订正的是，覃鼎夫人田氏与张王庙立石人石马的田氏是两位同姓的土司夫人，并不是百姓口中流传的修建繁华土司城的田氏夫人。

现存覃杰墓碑得出覃杰——覃鼎之祖叔。中国人民大学考古系李梅田教授结合覃杰墓碑现存碑题"随征效力有功"的信息，认为覃杰携子覃文仲修立石人石马，可能是十一代土司覃文瑞纪念伯父覃柱（覃杰之兄）"征缴金峒土司"[4]有功而立。而张王庙的修建，从庙宇所铺整齐条

---

[1] 覃国安印：《唐崖覃氏族谱》，1917年版，2008年复印，第30—31页。
[2] 咸丰县史志办公室编校：《咸丰县志校注》[清同治四年（1865）版和1914年版合本]，咸丰县志办公室内部资料，2012年，第264页。
[3] 咸丰县史志办公室编校：《咸丰县志校注》[清同治四年（1865）版和1914年版合本]，咸丰县志办公室内部资料，2012年，第340页。
[4] 覃柱征缴金峒，见1917年版唐崖《覃氏族谱》，云，"隆庆四年（1570）征缴金峒土叛覃壁，斩功93颗，报奏加功候赏，赏大小二村田土，赏银三百余两，回司身故"。

石和石人石马中心线与庙宇的中轴线重合来推测,"石人、石马与庙宇应为统一规划,在万历年间修建而成"①,从学理层面进行了证实。我们从前面的文化遗址部分也得出了历史事实。

版本三,田氏夫人与钦依峒主覃杰为纪念覃鼎出征功绩,请当地雕刻大师陈大仙用巨石雕刻了一对石人和两匹石马。② 而这一传说也深深影响着《咸丰县志》的校注释义。同治《咸丰县志》卷之二,疆域志·形胜·古迹条,石人石马,其注释"明万历辛亥年,印官田氏夫人和钦依峒主覃杰,为纪念覃鼎出征功绩而建"③。这个版本还延伸了工匠陈大仙为核心内容的《金银潭的传说》④,传说中覃鼎的形象是一个听信谗言、错杀工匠的暴君。

版本四,田氏夫人到峨眉山拜佛,听说覃鼎打仗前方没有军粮了,心里非常着急,想着快点赶回来帮覃鼎解燃眉之急,化身为掌墨师,凭借精湛的雕工,石头好像感应上天,化为活马。石马成为坐骑飞回唐崖司解围。

第一个版本回应了"大皇帝"破风水后,唐崖土司也做出了应对策略,体现在"改土归流"之际也想做最后一搏的反抗心态。后三个版本都是与战争有关。第二个版本的传说故事是以历史事件为核心,自然更接近于真实的历史。第三、四个版本以覃鼎与夫人的恩爱为核心,历史只是背景,甚至人物关系也是不真实的,至于石马能不能飞并不是故事的重点,重点要表述的是夫妻二人同心协力,共同渡过难关的那种支持,民众心中得到的启示是"家和万事兴",家的发达需要双方的支持和相互的理解。传说故事渲染的核心不同,那么,故事传播的精神力量也不一样。传说故事的本质并不关心历史事件的真实性,而只注重情节渲染的美感。

---

① 李梅田:《唐崖土司城张王庙石刻考述》,《三峡论坛》2013 年第 5 期。
② 咸丰县文化体育局、《咸丰文化》编写小组编:《咸丰文化志》,内部资料,2007 年,第 63 页。
③ 咸丰县史志办公室编校:《咸丰县志校注》[清同治四年(1865)版和 1914 年版合本],咸丰县志办公室内部资料,2012 年,第 48 页。
④ 参见杨适之、陆大显、安治国、晏纯武主编《咸丰民间故事》,湖北人民出版社 2007 年版,第 356—359 页。

民间叙事中田氏夫人叫田彩凤，当年因缓和龙潭田氏土司家族与唐崖覃氏土司家族的"世相仇杀"，成为"和亲"之人。这段婚姻是美好的，不仅带来唐崖河流域一方安宁，还成就了唐崖土司在天启、崇祯年间的大发展。"政治婚姻"本是为了解决毗邻的紧张关系，殊不知成了唐崖土司贵族美好婚姻的一个标杆。覃杰为了唐崖土司大业的发展，因此立下规矩与龙潭土司世代结亲，维持稳定。覃田氏因为文化素养好和教育水平高，能治理内政，成为覃鼎的"贤内助"，并且夫妻恩爱成为一段佳话，"夫妻杉"是这段佳话的"物"的见证。今天仍矗立在玄武山上的"夫妻杉"，是覃鼎与田彩凤的爱情历经几百年风霜之后仍可见的象征。几百年来"夫妻杉"仍苍翠挺拔、高耸云天、枝叶繁茂，见证并传颂着两人的"夫妻恩爱长相厮守、永不背叛白头偕老"的美满爱情。

覃杰身份异议，只因史料中出现三处覃杰。第一处出现在明朝嘉靖年间，"九世祖覃万金，承袭父职。蒙兵部奏请，敕准仍给钦依宣慰，任事于嘉靖二十五年（1546）［实则为嘉靖八年十月（1529），这在《明世宗实录》里记载得非常清楚］奉旨巡抚刘调征麻阳苗变有功，奉旨颁给覃万璋钦依峒主一员，楚石门坊一颗，敕赐皇令二道。覃万延钦依峒主一员。万金祖至老身故。"[①] 第二次出现在万历辛亥年，与田氏夫人立石人石马。第三处出现在天启年间，与覃鼎出征救险，还有与覃鼎之妻大修土司城池。

三处出现的覃杰应是覃万金的侄子，考虑同为覃氏家族重要人物不应有两个同名同姓者，推断此覃杰为同一人，经历了嘉靖、万历和天启三朝，是覃鼎的叔祖。覃杰具有相当大的话语权，并定下族规，覃氏土司只能与龙潭土家大姓田姓女子通婚，且与龙潭土司世代联姻。当然，这里的覃杰也有着疑问。覃杰何许人？是部分学者研究认为的"是覃鼎的族弟？"[②]，

---

① 覃国安印：《唐崖覃氏族谱》，1917年版，2008年复印，第28—29页。
② 王希辉、杨杰：《唐崖土司覃氏世系及征调述略》，《三峡大学学报》2009年第6期。王希辉根据民国版唐崖《覃氏族谱》的记载，九世祖覃万金的弟弟覃万璋、覃万巡，也因嘉靖二十五年征麻阳苗变有功，皆被旨封钦依峒主。而覃杰在族谱中的身份也是钦依峒主，认为"覃杰为覃万璋或覃万巡之曾孙，袭其钦依峒主之职。所以覃杰为覃鼎族弟"。"覃鼎之弟覃杰，钦依峒主。覃鼎及覃宗尧外出征战期间，司事皆由覃杰和覃鼎妻田氏夫人主持，颇有政绩。据覃杰墓碑铭文（乾隆补立），覃杰子辈字牌为'宗'，与覃鼎子宗尧同。证明覃鼎与覃杰同辈，为兄弟。"

还是族谱信息推演出来的"是覃鼎的叔祖?"①

"施州卫直隶唐崖使司印官覃杰、覃鐩、覃鼎、覃印,奉旨征剿,招安蛮民,镇守斯地,有功于朝,世授皇恩……"② 从印官排序上来看,覃杰是覃鼎的祖辈。从覃国安印版唐崖《覃氏族谱》多条信息推演,覃杰是唐崖土司在天启年间是重要管理者与建设者之一,这是肯定的。

首先,覃杰具有较大的管理权。除了族谱描述其参与覃鼎所立赫赫战功外,在田氏夫人去峨眉山拜佛的日子里由他接管内务,保证覃鼎安心在前线作战。唐崖民国版《覃氏族谱》记载"天启二年(1622)奉总兵薛调授渝城……钦依峒主覃杰,分掌司权……杰冲关斩杀,势如破竹,救险出围,毫无损失"③。可见覃杰在天启年间的土司管理阶层中其地位仅次于司主覃鼎。同时,在征水西安邦彦时,其冲关、救险的能力也是惊人的,可见其对覃鼎政权的维护是忠心耿耿的。同谱又载,"田太祖宗尧之母,生平行善。唐崖司务交接钦依峒主覃杰管理内事……"

其次,在参与修建壮观的唐崖土司城址中,他也是具体的策划者与监督人,除了辅助覃鼎母亲建造石人石马,也辅助了覃鼎夫人大规模集中规划、营建唐崖土司城址的主体。"万历辛亥岁季夏月四日良旦,峒主覃杰同男覃文仲修立"这是石刻所证实的事实。结合《咸丰县志》载,"石人石马,在今唐崖司桓侯庙内,相传明时土司所镌。马倜傥权奇,势若腾骧,石人执鞚其旁,如控驭状。马高五尺,人亦称是。石工精巧,为近时所难得"④。覃杰与覃鼎母亲田氏夫人合力打造的这对"石工精巧,近时难得"的石人石马,成为今之遗址的重要文物,其精湛的石雕技艺和所表达土司阶层的权威精神是今之可借鉴与传承的一种文化。唐崖民国版《覃氏族谱》记载:"田太祖宗尧之母……回司引嚼峒主覃杰同创造大寺堂、张王庙,众族房下各施住持,创造寺观、牌楼,街道维新,皆所造也传。"⑤ 并没有谱写修石人石马。

---

① 根据三个版本的《覃氏族谱》比较推演。覃方如藏民国年间抄本唐崖石院子《覃氏族谱》;覃国安印民国六年版唐崖《覃氏族谱》;覃宪章藏唐崖(尖山)南河《覃氏族谱》。
② 覃方如藏:朝阳五龙坪石院子《覃氏族谱》,民国年间抄本,第4页。
③ 覃国安印:《唐崖覃氏族谱》,1917年版,2008年复印,第31—33页。
④ 陈侃修,徐大煜纂:《咸丰县志》卷一《舆地志·古迹》,1914年版。
⑤ 覃国安印:《唐崖覃氏族谱》,1917年版,2008年复印,第36—37页。

最后，从尖山（唐崖）南河覃宪章藏唐崖《覃氏族谱》记载信息，很明确告诉我们，"十世祖二房覃杰，夫人田氏生三男：长文琯；次文炳，马家营之祖；三文霞，四道河之祖"。覃杰的夫人也是田氏，但是所生三男，并无马鐣阴刻上面的覃文仲。那么子是谁的子呢？至少从这条族谱信息我们明白了覃杰就是覃鼎的祖叔。

二 社会重构价值

（一）地方传说隐喻宏大叙事

土司制度的终结，是一次又一次改土归流的结果。① 唐崖土司最终主动呈请和平"改土归流"，在破风水的地方传说中，隐喻了清初期"改土归流"的必然与成功。土司制度从民间视角来看，是一种立足于地方社会的文化方略，也是一套独具特色的地方治理体系。土司在国家话语体系中是区域统领，在地方民众视角中又是地方的精英和首领，地方精英的强大也是国家话语体系中被治理的对象。

唐崖土司被"大皇帝"破风水、断龙脉是唐崖乡民人人皆知的故事。综合唐崖众多口述材料，传说中的"大皇帝"（一些乡民口中呼"洪武皇帝""朱元璋"）常梦到一条青龙在撕咬他的黄龙，于是就派"地理先生"（也有说具体的人物"刘万成""刘伯温"）八卦排开，一查就查到了唐岩司，说这个地方五行齐全，左青龙右白虎前朱雀后玄武，有皇家之气。"大皇帝"一听大惊，马上就派"地理先生"到唐岩查看，一番观山看水后，准备破坏唐崖土司几百年的风水。于是，地方传说中建构了这样一块风水宝地，玄武山山形如"二龙抢宝"，"群猪下河"易出人才，"象鼻搅水"财运滚滚，"石将军和泥将军拜山"增加皇气。观山看水的"地理先生"用扎其风水、断其龙脉把唐岩司就破了。对于其具体做法，村民 ZDS② 如是说：

消灭这个土司不容易哎，"大皇帝"派人来把几大关口的地形

---

① 李世愉：《应正确解读雍正正朝的改土归流》，《青海民族研究》2015 年第 2 期。
② 访谈对象：ZDS，男，土家族，80 岁，唐崖司村 1 组村民。访谈地点：唐崖司村 1 组公路边。访谈时间：2016 年 8 月 23 日下午。

"整"了才败下来的。

如何"整"？民间叙事结构用"修了三座庙，烙了三个将军，垮了一笔明岩，把你治理了，你就安静了，从那以后就败了"。地理先生先整"二龙抢宝"，用铁针穿铜线插在"宝珠"上，安上一座玉皇庙，以镇气运。又整"群猪下河"，安置一尊木质雕像——张老爷（张王庙），张老爷拿着大刀杀猪，下来一个杀一个，有去无回。再整"象鼻搅水"，在象耳朵附近修一座寺院——铁鼻寺，扎住龙脉，以镇财运。然后怂恿当地人把三位将军①用铁水烙了，结果只剩下一摊碎石和两摊烂泥。还有一处至关重要的龙脉，皇城西南方白虎山的五马洞。地理先生回京后，"大皇帝"朱笔一点，五马洞就垮了，露出了白岩石正对皇城，唐岩司注定衰败了。

风水观无论是在大传统社会还是小传统社会，都构成了统治者巩固王权的治理方略。"先整后垮"，民间叙事中这个先后顺序也隐喻了宏大叙事中历史事件真实呈现的一种结局。国家话语体系里"如果破坏了风水，土皇帝就不能出现了"②，吻合了明清中央王朝所担忧的土司坐大，势必可怕。地方民间叙事通过修辞的表象，系统地呈现了"王朝帝国与土司社会一种敏感而脆弱的关系"③，在这套包含在地方文化的风水体系中，呈现一种皇权的象征及隐喻宏大叙事的图式。

在小传统社会中土司制度的终结演绎为"唐崖风水败了"，这是乡民皆知的故事核心，其影响力在每个唐崖人心中成为一声叹息。张云松的后人ZJC④告诉笔者：

> 一世祖还没有来到唐岩的时候，风水就已经破坏了。在我记忆

---

① 唐崖大石沟有一尊石将军，唐崖司对面的青龙嘴处有两尊泥将军，他们每天在太阳升起时朝对面的土司皇城拜三拜。

② ［德］艾伯华：《中国民间故事类型》，王燕生、周祖生译，刘魁立审校，商务印书馆1999年版，第260页。

③ 岳小国：《从历史事件的民间叙事看改土归流——以鄂西唐崖土司为例》，《西南民族大学学报》（人文社会科学版）2015年第4期。

④ 访谈对象：ZJC，男，汉族，48岁，唐崖司村3组村民。访谈地点：唐崖镇九天家私城ZJC开的家具商场。访谈时间：2018年6月29日下午。

中，唐岩司没有出过名人。我们搬出来后（搬到安置小区皇城水岸）还考上了几个大学生，以前一个大学生都没有，都说是我们那里风水破了的原因。你站在罗大田的山上看唐岩司的风水，确实好啊。

乡民对于自身历史的记忆不仅是一种社会的建构，更是出于面临具体的生活境遇时的需求。

（二）地方精英接受中原文化

"三街十八巷三十六院"的贸易繁荣景象和遗址精美的石刻，体现高超的石雕工艺以及匠人的发展处于唐崖土司繁荣与昌盛时期，繁盛景象也体现出明清时期鄂西南土司频繁与外地文化进行交流与传播。明中后期工匠中掌握核心技术层面的匠人多是来自中原。史料虽无详细记载，但是，从"小传统"的民间口述史中可窥见一斑。

> 土王从远远近近的地方请来三百个手艺高强的石木二匠，前前后后用了三年零六个月的时间，才把这座石牌坊一块一块地凿磨雕刻完毕。[①]

这则由魏士善收集整理的"建立石牌坊的传说"，其手工艺的核心在于"立"，如何"立"？谁来"立"？成为这则口述史的核心，而这个核心正是外来文化传播的象征表达。

如何"立"？在那个没有起重机等机械化工具的明朝末年，中间的一根主石柱重达3吨，通过什么方式放上去的呢？由于历史文献的缺乏，已无法真实地还原覃鼎土司建牌坊时掌墨师到底采用了什么方法。但是，在民众的心中自有一种合理的方式来回答这个悬念，用"建立石牌坊的传说"体现出一种立足于民间社会的叙事模式。

> 土王选了一个吉利的日子，叫来几百个土民立石牌坊，哪知人太多，还是没有个好方法，又立不起来。土王气上来了，叫来掌墨

[①] 由魏士善收集整理的"建立石牌坊的传说"。参见咸丰县委统战部、咸丰县民族事务委员会、咸丰县党史县志办公室合编《唐崖土司概略》，内部资料，1987年，第27页。

师，限他第三天午时非要立起来不可，否则就要重重地处罚他。

到了立石牌坊这天，土王叫来几百个土民，大摆宴席。宴席上，大家喝酒吃肉，一醉二饱，狂欢不止。惟有掌墨师吃不下咽不进，心里一块大石头落不了地。他想，怎么办呢？要是今天没有个好办法，石牌坊立不起来，定是凶多吉少啊！他左思右想，主意想尽了，还是想不出一个好办法来。眼看午时三刻良辰就要到了，他急得像热锅上的蚂蚁，在坝子里团团转。①

谁来"立"？建造宏大石牌坊，对工匠领头师傅来说，也是人生第一次。吉日快到，在土王的死命令下谁能立起这座宏大建筑呢？

从上街走来了一个叫花子。只见他头戴烂毡帽，脚穿破草鞋，衣衫褴褛，周身肮脏，身背一破篮，手杵一拐棍。这人长相也很古怪，额角凸起，瘦脸高鼻，耳朵大，下巴长，一双眼睛却闪亮闪亮，他径直走到土司大院里讨饭吃。……这个叫花子并不吃饭，而是把那一把竹筷插在米饭中间，又拿起木瓢，把饭直往竹筷周围垒呀垒呀，垒好之后，那把竹筷就稳稳当当地直立在饭中间了。于是，这叫花子站起身来，走出大院，扬长而去，直向河边的大路走去就不见了。……②

立起牌坊的方法就在"叫花子"传奇的策略中，"掌墨师"豁然顿悟。

传说叙事表达了中原文化的引入，如何架起四根门柱，是一种技能的学习。"叫花子"代表中原文化先进技能的传播者，"掌墨师"是中原文化传播到土家族地区的第一批受众，呈现了土民社会的精英人物对于中原文化的快速接受并运用。③

---

① 咸丰县委统战部、咸丰县民族事务委员会、咸丰县党史县志办公室合编：《唐崖土司概略》，内部资料，1987年，第27—28页。
② 由魏士善收集整理的"建立石牌坊的传说"。参见咸丰县委统战部、咸丰县民族事务委员会、咸丰县党史县志办公室合编《唐崖土司概略》，内部资料，1987年，第28页。
③ 冉红芳：《唐崖土司与中央王朝的文化互动——以"荆南雄镇"牌坊为中心的考察》，《湖北民族学院学报》2017年第5期。

三 民族认同价值

（一）唐崖土司彰显尚武精神

土家先民巴人是尚武、尚战的民族。唐崖土司能得到朝廷调遣，到一线战场，是忠与勇的考验。土司对其承袭者的教育除了学习汉文化，更重武。从第四章"唐崖土司征调活动一览表"中列出的 16 次征调，十七代土司中涉及覃启处送、覃值什用、覃忠孝、覃文铭、覃天富、覃万金 2 次、覃柱、覃文瑞、覃鼎 4 次、覃宗尧、覃宗禹 2 次，十一位土司积极响应。可见，武既是承袭者必备的教育，也是对国家忠的体现。张正明在"土家族研究丛书"的总序中说："公允地说，土家族的文治和武功都灿然可观。"①

民间叙事中覃鼎的忠勇得到完美呈现。"十二世祖覃鼎，承袭父职，于天启元年（1621）奉总兵薛调授渝城，生擒樊龙樊虎。"这是唐崖《覃氏族谱》的记载。族谱叙事的孰真孰伪我们在前面已从史学的角度进行了论证，此处探究的是"历史书写背后的资源情景、社会认同和个人情感"②。我们从族人的视角来看，至少覃鼎的武功和锐勇是令族人称赞的，才有夸大到可以"生擒"敌方首领。今天唐崖司村民谈起覃鼎，夸其从小会骑马射箭、舞刀弄枪，有一身好武艺，所以才有皇帝的奖赏。这些技能的训练是土家族土司的必修课。

"尚武"在土司训练土兵中得以体现。如容美土司练兵"与虎搏斗"③，土兵"猎虎"，到了近代，成为"土家"人中一种比较经常的集体活动，称之为"赶仗"，只是随着虎的数量减少，猎的动物变成野猪、麂子之类的。狩猎猛兽土家人承传了祖先的狩猎技术。唐崖社区就有"赶撵"。Q 老师④说：

---

① 苏晓云、张洪伦等主编：《土家族研究丛书》，中央民族大学出版社 1999 年版，总序。
② 王明珂：《华夏边缘——历史记忆与族群认同》，社会科学文献出版社 2006 年版，第 258 页。
③ （清）顾彩：《容美纪游》，参见高润身、高敬菊《〈容美纪游〉评注》，湖北人民出版社 2006 年版，第 166 页。
④ 访谈对象：QTA，男，土家族，67 岁，唐崖镇中学退休教师，唐崖镇龙潭坝人。访谈地点：唐崖镇民族初级中学覃校长办公室。访谈时间：2018 年 6 月 28 日。

赶撵的时候就要大吼"嘿嘿"，赶仗的麂子、野猪等动物就会被众多大人小孩的喊叫声吓得往道口（设有网络、脚套的地方）那边去，那里早就安排有人躲起的撒，动物一进去，就有人把那个口收哒，这些人手里拿的就是"杆子"，铁的，就把它杀死了。还有一种就是安套，其中有一种就是狗扯腿，有一种叫獐子一般都不通过"赶撵"来搞，而是通过放炮，有一句就是"麂子死于回头路、獐子死于转角岩"，把树枝弯下来，再用个东西挖一个洞，用一个套子，獐子一踩就把脚套起，树枝就弹起来了，过两天了再去看套上了，也不必天天去看。赶撵到猎物后，老猎手要在山上扯七根草塞满猎物的口，要"封嘴"。

Q 老师还说：

那个时候赶撵妇女不去上山，也不是忌讳，没得时间，一般都是老年人，小孩子去是为了好玩。我记得有一次赶撵，打得最多的就是野猪、麂子、獐子。

唐崖村民 ZZX 老人①回忆就曾见过这种活动：

那个时候赶撵，敬山林，不知道菩萨叫什么。以往过路看到他们打过。

土司的"尚武"精神，延续为后来整个土家族地区都流行的"赶仗"习俗。

（二）女性美德深受乡民尊重

"覃田氏，明唐崖宣慰覃鼎之妻，龙潭安抚田氏女也。相夫教子，皆

---

① 访谈对象：ZZX，女，85 岁，土家族，文盲，唐崖村 4 组村民。访谈地点：唐崖镇皇城水岸安置小区。访谈时间：2018 年 6 月 28 日。

以忠勇著一时。"① 这是历史上田氏夫人的真实原型，有史料能论证其身份是唐崖土司十二世祖覃鼎之妻，是毗邻的龙潭安抚司之女。史料记载寥寥几笔，与其夫君在咸丰唐崖的丰功伟绩相较，同样在史料上未有浓墨重彩的书写，而在族谱和地方传说中却占有举足轻重的地位。史料中的覃田氏，正是这位在民间口碑中能与唐崖土司们一样值得歌颂的唯一女性。

对田氏夫人的尊重体现在其坟墓葬于土司皇坟内院。按BB②解释：

> 第一，说明少数民族地区男女平等，走在汉族的前列。比如秦良玉是代夫出征的，也是女土司，可以做大丈夫的礼制来施葬礼。第二，田氏夫人在唐崖土司之中是一个最伟大的女性，对她有很尊崇的地位，包括牌坊上的八个字，"万古佳成，乾坤共久"。可以解读为何乾字少一横，女字少一横，一定是有讲究的，乾字少一横是不是说明她夫君常年不在家，在外征战，是空前绝后。一横代表天，男子就是家中的天。比如今天哪家男主人出了问题，都会说天塌啦。那个"久"字也有讲究。

对于"久"字的讲究，后来笔者在访谈ZYC③时，他做了补充：

> 因为田氏夫人当时也是唐崖的皇帝，并且也有男人的魄力，就把田氏当男人埋葬到这里。覃鼎在外面打仗就是她管理内政。"乾坤共久"，乾坤的乾少一笔，是因为真正的皇帝才叫乾坤。不能写"九"，只有皇帝才能用。说明田氏夫人的地位很高。

田氏夫人在民间叙事中，是一位深明大义、思想开明、智慧超群的

---

① （清）朱雨捷纂：《彭水县志》卷九《人物志》，康熙四十八年版，第110页。又载陈侃修，徐大煜纂《咸丰县志》卷九《人物志，列传（文苑列女）》，1914年版。
② 访谈对象：BB，男，土家族，45岁，世界文化遗产唐崖土司城遗址管理处主任。访谈地点：唐崖土司城遗址管理处办公室。访谈时间：2018年6月22日。
③ 访谈对象：ZYC，男，汉族，32岁，唐崖镇南河村村民，高中毕业，唐崖土司城遗址管理处的保安。访谈地点：唐崖土司城址景区。访谈时间：2018年6月22日。

女性。去峨眉山拜佛归来，随同属下学习汉人养猪、种桑、养蚕、刺绣等技术，回司后将汉人先进的生产技术传授给土民。养猪传统就此流传下来，尖山乡曾在武陵地区被誉为"湖北仔猪第一乡"。礼佛途中，"随侍婢女沿途择配"的行为体现其"乐善行施"的尚佛意境。回司后因子宗尧"颇行不道"，田氏夫人对其"绳以礼法"，亲自主持政务，"内则地方安谧，外则转输无乏"。后来，田氏将土司位传给了覃鼎的侄子覃宗禹，这是唐崖土司史上子袭父位的一个例外，正反映了田氏夫人的远见卓识和开明思想。①

在史料记载和民间传说中，田氏夫人与覃鼎立下平叛其他土司叛乱的辉煌功绩分不开，与唐崖土司城址的"三街十八巷三十六院"的修建分不开，还与打破土司陈规体察下人关爱土民的大义行为分不开，在唐崖社区田氏夫人成为当地人口碑中的一个"女神"②，建构了今天唐崖社区流行话语中的唐崖土司"第一夫人"和"唐崖土司武则天"之美名。

和气一家亲、夫妻恩爱、男主外女主内的传统美德，集中于覃鼎与田氏夫人的形象上并在民间得到表达。覃鼎与覃田氏婚姻的美满，在流传的民间叙事中建构了地方性知识中的美德。地方志等史料没有较多的书写，视小说文本为人类学素材这一观念的反向启发，"社会科学界需要意识到文学创作中土司文化的重要性"③，《唐崖》④小说发挥了这样的功能。

四　文化传承价值

（一）咂酒油茶宣传土司文化

"惟有客来沿旧俗，常须咂酒与油茶。"⑤品尝土家咂酒，喝一碗

---

①　《唐崖土司城的前世今生》，网址：http：//www.enshi.cn/。
②　年轻学者刘健灵在《唐崖土司女神形象探析——以田氏夫人为中心》一文中，将田氏夫人上升为婚姻女神、救难女神和族源女神。
③　郑少雄：《康区的历史与可能性——基于阿来四部长篇小说的历史人类学分析》，《社会》2018年第1期。
④　楚西鹄：《唐崖》，九州出版社2016年版。
⑤　（清）张梓修，张光杰纂：《咸丰县志》卷之十八《艺文志·其他》，同治四年（1865）刻本。引蒋仕槐作诗《杂咏》。

"油茶汤",这是土司文化最为直接的感受。酒与茶在唐崖乡民生活中是离不开的两道饮品。

"无酒不成席",唖酒文化反映了村社的生产方式、社会结构、民间信仰及社会治理的深刻特征。与中原用酒杯喝酒的方式比较,"土司酷好之"的唖酒体现了土家族饮酒习俗的奇特。"改土归流"前土司地区盛行唖酒,"改土归流"后乾隆朝要求流官推行乡饮酒礼,唖酒习俗渐次淡出乡民的生活①,成为民族的集体记忆、土司文化的重要符号。

油茶汤作为土家族的民族饮食,还被誉为世界三大名饮。② 在 2016 年 6 月 "唐崖土司文化产业园开园节"上,制作油茶汤的 MJX③ 告诉笔者:

> 我们这里叫"打油茶汤",过去用的炊具简单,一口铁锅,一个三脚,一把锅铲和一些柴就可以打一碗好喝的"油茶汤"。做"油茶汤"制作的精髓在于,制汤专用的铁锅④和油炸的"泡货"。油茶汤的正不正宗,就体现使用的油,炸"泡货"要用山上的野油茶籽炸的油,制汤的油是由土猪肉熬制的猪油,用这两种油打的"油茶汤"才香。制汤用的茶叶必须是手揉的,里面还要加一个土鸡蛋。

喝"油茶汤"这一习俗,遍及咸丰每个乡镇村落,尤以唐崖油茶汤

---

① 郗玉松:《国权与民俗:试论改土归流与土家族饮酒习俗的变迁》,《铜仁学院学报》2016 年第 1 期。
② 金泽和:《借山水人文之灵秀 造旅游名镇之神奇——对百福司镇发展民族文化旅游产业的思考》,《鄂西民族》2013 年第 1 期。
③ 访谈对象:MJX,男,土家族,46 岁,唐崖镇南河村村民,垚垚酒家老板,"油茶汤"代表性传承人。访谈地点:唐崖镇街上垚垚酒家。访谈时间:2016 年 6 月 12 日。
④ 尖山的一些老百姓家里有一口专门"打油茶汤"的锅,平时不用,随时挂在火坑屋的木板壁上。还有专门装盛油茶汤的罐子,有陶的、铁的、铜的、瓷的。打好一罐油茶汤就随时放在火边煨着,上山劳动时就装一大罐油茶汤作午餐用。在唐崖社区几乎每家都曾备用一个铁锅专用来"打油茶汤",锅从来不洗,是让锅的表面常常被油汤浸润着,用这样的锅打出来的油茶汤才有醇香。

最为有名。喝也有讲究，油茶汤汤面浮一层重重的油，看似不冒气，下面却是滚烫滚烫的。本地流行一句笑话，"油茶汤不冒气，烫死傻女婿"。喝油茶汤是不用筷子的，端起碗来，捧在手里，转着圈喝。一则不怕烫，二则好吃"泡货"。笔者再次到唐崖社区做调研时，QYP[①]老人回忆唐崖开园节时的盛大场况，很是兴奋。

> 每天舀油茶汤，舀都舀不赢。我们这边的油茶汤弄得好喝得很。我们这边每家每户早上都是油茶汤里面泡米子、豆腐果子、阴苞谷子。

"油茶汤"在唐崖乡民生活中成为一道离不开的提神饮品。QTA[②]告诉笔者：

> 像我们这边的老年人哈，一天不喝碗油茶汤，脑壳都昏。要先喝碗油茶汤，再吃早饭，才舒服。

不仅在老年人的心中，在中年人心也是同样的重要。笔者在唐崖土司城遗址内做调研时，每天都与清扫景区内的工人进行交谈。其中一位来帮自己妻子扫地的HBQ[③]，他的饮食习惯中也是离不开油茶汤的。

> 我们这里一直都是爱喝油茶汤。早上吃早饭、中午或者晚上基本上都有一碗油茶汤。喝习惯了，几天不喝油茶汤，你就是炖肉还是其他什么汤喝起，它都不舒服。他硬是想喝油茶汤，必须天天要喝碗油茶汤。现在我们唐崖这边生活中有什么东西和其他

---

① 访谈对象：QYP，女，土家族，81岁，不识字，唐崖司村村民。访谈地点：唐崖土司城址景区门口。访谈时间：2018年6月27日下午。

② 访谈对象：QTA，男，土家族，67岁，唐崖镇中学退休教师，龙潭坝人。访谈地点：皇城水岸安置小区QCY家。访谈时间：2018年6月25日。

③ 访谈对象：HBQ，男，土家族，41岁，唐崖司村3组村民，初中文化。访谈地点：唐崖土司城址景区内"荆南雄镇"牌坊旁。访谈时间：2018年6月24日上午。

地方不同，可能就是我们熊（喜欢）喝油茶汤。对于四五十岁以上的这辈人，真的是"三天不喝油茶汤，真的是心里要发慌"①。这话虽然是老辈子说的，但是，这个真的是一点儿也没有说错。女同志也一样地爱喝，反正就是我们这边的习惯。现在油茶汤上面最简单的要泡点儿，洋芋块块、苞谷子、油渣儿是有的。但是，正中的油茶汤，还要加些核桃。我们平常光是一点儿茶叶，喝了都舒服。

"喝了才舒服"，这正是一方人特有的饮食习惯。正是这样的饮食习惯也延伸了许多相关的谚语。地方性知识中有关油茶汤的民谚是比较多的，"不喝油茶汤，心里就发慌""一日三餐三大碗，做起活来硬邦邦""一天不喝油茶汤，满桌酒肉都不香""土家儿女爱唱歌，只因烧了油茶汤喝""家无油茶汤，顿顿都不香"。在同是覃氏宗族的散毛土司地，今之来凤也有"一餐不喝油茶汤，白日昼夜饿得慌；一旦喝了油茶汤，就是神仙也不当"之说。

（二）地方南剧打造《土司夫人》

2019年，大型土家族历史剧《唐崖土司夫人》入选第五届中国少数民族戏剧会演剧目。②《土司夫人》③采用国家级非物质文化遗产"南剧"作为表演形式，由咸丰县南剧艺术传承保护中心④的专业演员出演，依据唐崖土司第十二代司主覃鼎夫人——覃田氏史料记载和唐崖河流域的相关传说取材创编而成。剧本情节是明朝天启年间，唐崖土司内部土司都爷传位、土王招婿、覃田氏代子掌印使唐崖走向鼎盛等一系列历史故事

---

① 民谣原话，"三天不喝油茶汤，头昏眼花心发慌"。
② 资料来源：国家民委文化宣传司、文化和旅游部艺术司和中国少数民族戏剧学会文件，《国家民委文化宣传司、文化和旅游部艺术司、中国少数民族戏剧学会关于入选第五届中国少数民族戏剧会演的通知》。
③ 《土司夫人》编剧：颜惠，导演：张福生、于继民，作曲：杨和平。
④ 咸丰县南剧艺术传承保护中心是2012年由原来的咸丰县南剧剧团（1954年成立）更名的。"南剧"作为咸丰的非物质文化遗产，于2008年6月列入我国第二批国家级非物质文化遗产名录。

改编而成。①《土司夫人》从早期 1984 年获全国民族团结奖，后获全省首届剧本文学奖，以及国家戏剧表演和剧本创作中获奖。成为世界文化遗产后，地方政府加大了对《唐崖土司夫人》的宣传，如进入校园活动，曾走进中南民族大学剧场，现已唱响海内外。作为"姊妹篇"的另一部有关土司女儿的南剧《女儿寨》，是根据"女儿寨传说"改编，相传明初，覃氏女杰，其父战败，自带女兵退守山顶，后寡不敌众，率女兵撑伞纵身跳下悬崖，感天动地，无人伤亡。曾获多个省级、州级"五个一工程"奖。

南剧作为剧种进入恩施的历史并不长，但是，与恩施当地的民间音乐和本地习俗联系一起进行了重新发展，因此，在演出服饰、表演和演出习俗各方面都与土家习俗进行了有机结合。容美土司的桃花扇剧种就是当地的"人大戏"，而南剧进入后与"人大戏"进行了有机的结合，两者有着直接的连续性，追溯其渊源从史料记载可上至康熙年间容美戏曲表演。顾彩看到田舜年的唱戏班子之艺术水平已经很高，应源于其父乃至祖辈就已引入这种娱乐活动了。而咸丰南剧的产生，可上溯到元代封建王朝对鄂西南土家族实行土司制度的时期。与土司制度伴随而生的南剧，本身就深深烙印上了土司文化的气息。

本章小结

对唐崖土司制度文化、村社文化和文化遗址的内涵挖掘和遗产价值进行剖析，是对世界文化遗产保护传承工作的题中要义，凝练的土司文化遗产价值在民间集体记忆中也成为一种生发的勇气被唐崖人世代传承。诚然，其价值是多方面的，是否充分"挖掘"了呢？余以为，土司文化的遗产价值必历久弥新，还可深入"挖掘"。张忠培在 2014 年唐崖土司学术研讨会上的讲话中指出："这处遗产类型独特，保存较好，具有很高

---

① 咸丰县南剧保护与传承中心、咸丰县文旅局：《一曲南剧耀京城奏响文旅融合曲》，《湖北日报》2019 年 4 月 19 日。

的历史价值。"① "世界文化遗产"唐崖土司的普世价值背后,是其本身具有技术和科学上的价值、经济价值,还有重要的社会历史价值和审美价值。所有价值内含于遗址本身,内含于它的制度、功绩、建筑和人文环境之中,存在于文化遗产、文化遗址和历史典籍中,还存在于无形的文学艺术记录中,留存于土司后人的记忆和鄂西南的民风民俗中。

---

① 故宫博物院原院长张忠培在唐崖土司学术研讨会上的讲话,湖北省文物局、三峡大学、唐崖土司城遗址管理处编《唐崖土司学术研讨会论文集》,科学出版社2014年版,第v页。

结　　语

土司制度是过去式，土司文化遗产是进行时。土司制度时期的唐崖土司四周林立的多是大土司，她并未放出异彩光芒，仅仅是土司体系中存在的一个平凡的个体。作为"世界文化遗产"的唐崖土司城址呈现出来的繁华背后，我们追问了唐崖土司的历史与社会文化，相较之其他两个打包的土司，其级别低、规模小，存在的历史最短，甚至可以说，在大历史的书写中，它存在的历史是名不见经传的，并非著名到能够影响朝廷格局的这样一个多数时间是长官司级别的小土司。但是"苔花如米小，也学牡丹开"①。从前几章的论述中，我们也看到唐崖土司在它存在的明清王朝，拥有了属于自己精彩的一面。在民间叙事中这种生发的勇气一直被唐崖人传承着，也迎来中国申报世界文化遗产热潮中有属于唐崖土司的春天。

第一节　核心理念："齐政修教、因俗而治"

土司制度是我国封建中央集权在特定时间段、特殊的地理区域里施行的一种"齐政修教，因俗而治"的行政制度。土司制度下的唐崖土司历史存在了389年。有学者认为，土司制度是腐朽的制度。习近平总书记曾说："评价一个制度、一种力量是进步还是反动，重要的一点是看它对待历史、文化的态度。"② 龚荫认为，土司制度的历史作用是统一国家、

---

① 清代大诗人袁枚的《苔》，其诗云：白日不到处，青春恰自来。苔花如米小，也学牡丹开。
② 习近平：《"像爱惜自己的生命一样保护好文化遗产"——习近平在福建保护文化遗产纪事》，《福建日报》2015年1月6日，转自新华网，网址：http://www.npopss-cn.gov.cn/n/2015/0107/c219468-26341492.html。

保卫边疆、增强国力、促进发展、兴起教育。①鄂西南、川东南由于地处偏远，在元朝以前行政划分变化无常，中央实行羁縻州制也并未真正纳入国家的大一统之中，鄂西南、川东南少数民族地区基本上由一些强宗大姓把持，自立酋长，这些客观存在的原因为建立土司制度提供了历史条件。历经元明清三朝的发展过程，鄂西南、川东南土家族土司逐渐形成一个集合体，组成土家族土司的各土司在长期的历史中，彼此唇齿相依、水乳交融，成为一个不可分割的整体。

土司制度下的唐崖土司，代表基层土司中的长官司，见证了土司制度"齐政修教，因俗而治"的传统理念与政治智慧。对唐崖土司兴亡史的考证，我们看到元明清三朝在西南边疆地区施行的土司制度的精髓"齐政修教，因俗而治"，对于民族地区的发展起到积极的推动作用。唐崖土司文化在咸丰这块历史悠久的文化热土上绵延了近400年，留下了古老文明的佐证，它是汉族与土家族文化融合的结晶。可以说，土司文化底蕴深厚、丰富多彩、包罗万象，它不仅体现在源远流长的人文精神和技艺精妙的民间艺术上，而且已经渗透在与人们生产生活密切相关的方方面面。同时，更为重要的是为国家的统一、国力的增强、保疆卫国等方面，因土司的存在，为中央帝国分忧解难，具有重要的历史作用。

文化遗址上的"荆南雄镇"牌坊作为物的存在，本身是重大历史事件的产物。从国家层面来看，这是对王朝权威的国家认同，从积极参战到身卒战场，是唐崖历代土司"家国情怀"的精神表达。从地方层面来看，牌坊遗址是唐崖土司精神世界的物化，是唐崖土司城址规划的中心，是中心轴线的起点，运用皇权的产物来表达地方文化形式阐释土司制度的"核心理念"，具体体现在牌坊上的精雕细刻之中。以牌坊正面"荆南雄镇"刻字的上下左右雕刻解读。上方雕刻的是"土王出巡"，下方是"哪吒闹海"，也有说为"鲤鱼跳龙门"，因为雕刻图案既有跳鱼，也有哪吒。左右两边雕刻的是"渔樵耕读"，左边上下雕刻的是"读"与"耕"，右边上下雕刻的是"樵"与"渔"，中间各嵌入一幅"麒麟奔天"，相互对望，其方向正是御书八字。牌坊被视为中华民族的象征标识，分为庙宇坊、功德坊、百岁坊、节孝坊、标志坊和陵墓坊六类。作

---

① 龚荫：《中国土司制度简史》，四川人民出版社2014年版，第358—366页。

为功德坊的唐崖土司牌坊，除了记载着重要的历史事件，更多的是彰显其教化功能，民间老人的口述足可见这种教化功用的深远。中门上雕刻着"土王出巡"和"鲤鱼跳龙门"①，这本身就是以一种浅显的图像告知，牌坊作为必经衙署的通道规矩。中门是土司与贵族的通道，而旁边"渔樵耕读"也是对应着相应身份的通道。同时，"土王出巡"和"鲤鱼跳龙门"也蕴含了"土皇帝想成为真皇帝的精神上的寓意追求"②，但是，又不忘"正国家认同"③，对明王朝基本制度、政治体制和国家权威的主动接受。

民众的生活实践中充分体现"因俗而治"，如乡民们的衣食住行。语言上，并没有强制用官方语言取代土家族语言，而是逐渐为汉语所代替。衣服着装上面，土家族土司服饰文化最明显的两个特点，"喜斑斓"和"男女服饰皆一式"。"阑斑厚重"一直是服饰的凸显特点被传承。饮食文化上也有自己的特点。"土司酷好之"的咂酒主要流行于土司上层，"一日不饮则神不清爽"的油茶汤则流行于土民之间。住房上也有特色，成为今天吊脚楼和石雕艺术发展的历史根基。此外，土司时期的"红白喜事"上，"还骨种"和"同姓为婚"多为土司阶层的婚姻形式，而土民的婚俗是以"山歌为媒"。人死后要唱孝歌，无丧服、要哭泣的"丧事尚歌谣"④是土司时期的丧葬习俗。同时允许土司地的多种宗教结合运用，有祖先崇拜供奉"先祖神像""修祖坟""祭宗祠"等自身的原始宗教，也有外来宗教相结合，将佛教、道教、儒教和原始宗教在同一座土司城址内共生发展。

可见，土司制度的核心理念是"齐政修教，因俗而治"。"齐政修教"突出的是中央政府的权威和儒家文化的教化，"因俗而治"突出的是各民族的文化特点，尊重民族文化多样性的选择。⑤唐崖土司的内部管理与发展

---

① 其寓意科举考试成功者，是步入仕途、成为达官贵人的起点。
② 咸丰县政协文史资料委员会、唐崖土司城遗址管理处编：《唐崖土司城址》，湖北人民出版社 2015 年版，第 93 页。
③ 曾超：《唐崖土司牌坊的"历史性价值"述说》，载《三峡论坛》2016 年第 3 期。
④ （清）李勋：《来凤县志》卷二十八《风俗志》，同治五年（1866）刻本。
⑤ 苍铭：《从申遗看土司制度研究存的不足》，湖北省文物局、三峡大学、唐崖土司城遗址管理处编：《唐崖土司学术研讨会论文集》，科学出版社 2014 年版，第 xxi 页。

有其自身的特点和文化表达,并融入唐崖村社的各类文化之中,将"齐政修教、因俗而治"的智慧体系展现在文化遗址和民众的生活实践里。

第二节 唐崖土司文化遗产的保护

著名的建筑学家吴良镛曾说:"每一个民族的文化复兴,都是从总结自己的遗产开始的。"唐崖土司文化遗产的保护不仅仅是将矗立不动的"荆南雄镇"石牌坊、土司皇坟、早已残垣断壁消失在尘埃的衙署宫殿等这些石构件的遗址用栅栏围起来,而是将一座曾经镇守荆州南部属地的一个中小土司曾经辉煌的"三街十八巷"的城池历史展现出来,是将其因功嘉奖、覃鼎的功绩和铸造这些遗址的工匠技艺解读出来,是将这些曾经生活在城池里面的土司、土民的生活实况表述出来,这是唐崖土司城遗址文化遗产发展的未来,同时也是它在当下"世界遗产"璀璨皇冠下发展的动力。

一 申遗启示:"唐崖速度"

"唐崖速度"是唐崖土司在申遗工作中创造的奇迹,申遗结束后成为我国申遗史上的一个美谈。2015 年 7 月 4 日,国家文物局副局长童明康在德国波恩,代表中国政府的发言中说,"'土司遗址'申遗成功,使生活在中国西南山区的土家族、苗族和仡佬族第一次有了自己的世界文化遗产,世界遗产保护理念在中国更广大区域和更多民族间得到传播,中国政府在文化多样性保护方面的努力在全世界范围内得到肯定"。这也标志着湖南、贵州都实现了"世界文化遗产"的"零"突破。咸丰县唐崖土司城遗址管理处 BB 主任[①]是这样解释"唐崖速度"的:

我国申报世界遗产项目一般周期都在 10 年以上,而唐崖土司城遗址的申遗,从 2011 年 7 月国家文物局将其纳入国家大遗址保护规划,正式提出申报世界文化遗产算起,到 2015 年 7 月 4 日德国波恩遗产大会上的表决,也只用了 4 年时间,真正冲刺阶段也只有一年半的时间,创造了湖北省乃至全国申遗工作的奇迹,被称为"唐崖速度"。

---

① 访谈对象:BB,男,土家族,45 岁,世界文化遗产唐崖土司城遗址管理处主任。访谈地点:唐崖土司城遗址管理处办公室。访谈时间:2018 年 6 月 22 日。

一般正常申遗时间，从启动到申遗成功至少需要8年。2014年我国的世界遗产"丝绸之路"和"大运河"，从正式启动到列入世遗名录，用了整整8年的时间。而唐崖土司城址打包申遗从2013年3月决定列入申报名录，到2015年7月4日在39届世界遗产大会上宣布，中国"土司遗址"成功成为我国第50项"世界遗产"，只用了两年多的时间。"唐崖土司城遗址"被称为唐崖速度，是我国申遗史上申遗成功时间用得最少的项目。唐崖土司城址能在短短的两年多时间完成申遗建设工程，是一件令人称叹的事情。但是，在"速度"的背后，隐含了地方政府领导和工作人员的辛苦付出，以及唐崖司村村民"舍小家，为国家"的积极配合和饱含一种"家国情怀"。

我国目前现存的土司遗址有101处，其中为国家级的文保单位19个土司城，（土司官寨）9个，土司衙署建筑群（庄园）7个，土司墓葬群1个，土司独体建筑2个。省级的文保单位20个，市县级的文保单位62个。三个联合打包申报"土司遗址"的世界文化遗产正是从19个国保单位中所选取，永顺土司城和海龙屯遗址都是2001年列入国家级文物保护单位，唐崖土司城址是2006年列入国家级文物保护单位。而永顺老司城从十年前就已规划申报世界文化遗产，海龙屯也准备了六七年的时间，唐崖土司城址从2011年有计划到2013年3月正式列入申报名单，前后准备直到冲刺，仅花了两年不到的时间就完成了遗址居民搬迁、考古发掘等一系列重大事项。速度之快，与其他两个遗址所做的前期工作和已有的经验紧密相关，虽然唐崖土司城址是最后进入预备名单的，而永顺老司城在前期申遗准备工作已奠下了近十年的基础，才有如此短的时间完成申遗工作，令国家文物局考古司副司长陆琼称奇："唐崖速度，民生工程。"湖北省人民政府文件评价为"创造了中国申遗史上的'唐崖速度'，对于继承和弘扬荆楚文明、凝聚全省精神合力具有重要的意义"[①]。

毋庸置疑，唐崖土司成功列入"世界文化遗产"说明它的研究必须是一个体系，是一个历时性的、有广度的大体系。事实说明，世界体系

---

① 资料来源：湖北省人民政府文件，《省人民政府关于奖励唐崖土司城址申报世界文化遗产筹备工作相关单位和个人的决定》。

也早已将它深深地卷入其中。今天，面对历史产物的唐崖土司与延续几百年的唐崖土司世界文化遗产，两者是不可分割的整体，建构了唐崖土司的社会、文化和遗产价值，形成了系统全面的唐崖土司历史及社会文化发展史。

二 保护反思：文化对话与可持续发展

思考如何有效保护与合理利用唐崖土司文化遗产的问题，成为后申遗时代重视的主要方向。一方面从国家治理层面的顶层设计来看，唐崖土司文化遗产的保护体系是将唐崖土司的重要遗存展示给世人真正实现文化对话。另一方面从鄂西南地方基层治理来看，唐崖土司遗产的保护利用能促进当地经济的可持续发展。

其一，丰富人类文化多样性。中国"土司遗址"因具有突出的普遍价值、真实性和完整性而被列入"世界遗产"。1972年，联合国教科文组织在《保护世界文化和自然遗产公约》确定了世界遗产入选的首要条件是具有无可争议的突出的普遍价值，强调世界文化遗产的核心就是其具有普遍价值得到全球性的认识、阐释与应用。唐崖土司城遗址入选，无疑说明世人对其原先遗留的文化价值的认可。我们对于唐崖土司遗产的历史沿革、土司社会、文化系统进行研究与探讨则是丰富人类文化多样性的呈现，是当代中国传统文化基因观照于遗产富有生命力的承续。

其二，见证"齐政修教、因俗而治"的管理智慧和传统理念。唐崖土司遗产的系列遗存以历史时空（指土司制度实施的地理空间）、社会背景（指土司制度推行地区的社会发展程度）、文化内涵（指土司遗址所表现的文化特点）、遗产属性（指遗产的民族或族群属性）和物质遗存（遗址上的石构件文物）等方面的典型特征与相互关联，共同反映了中国土司制度历史及土司社会的生活方式和文化特征，见证了多民族统一国家"齐政修教，因俗而治"的传统理念。阐释土司文化的遗产价值正是唐崖土司个案研究中找到支撑"齐政修教、因俗而治"的具体证据，具有深厚的历史根基。

其三，遵循"有效保护，合理利用"的科学原则。保护为本，有效是要土司遗址延年益寿、永久存在，合理即符合科学之理和保护之理，符合被利用土司遗存本身的历史定位，而利用则体现在政府组织、企业行业、各类学校、专家学者、人民群众"五位一体"共同发挥作用。只有利用合理了，才能说明保护是有效的。在保护中科学利用，在利用中得以保护和发展。"土司遗址"文化遗产作为人类的共同财富，是一种特殊的文化资源，有着重要的历史认识价值、社会重构价值、民族认同价值和文化传承价值，对其合理利用，既可以推动地方经济与社会的快速发展，又可以增加地方民众对土司遗址的文化认同。

其四，做好向社会公众"展示"与"阐释"唐崖土司遗产价值和历史文化的正确信息。国际古迹遗址理事会通过的《文化遗产阐释与展示宪章》，以国际法的形式对文化遗产"阐释与展示"进行了定义："阐释"指一切可能，旨在公众意识，增进公众对文化遗产地理解的活动；"展示"指在文化遗产地通过对阐释信息的安排、直接的接触，以及展示设施等有计划地传播阐释内容。[①] 阐释是明确挖掘土司遗址文化遗产的内涵和价值信息并准确地传达给公众，而展示是用有效的方式将已经明确的遗址文化遗产信息及价值被公众接受，两者之间互为表里。遗址文化的阐释不清与展示不当都影响公众对遗址文化的理解与感知。可见，土司遗址的"阐释与展示"既是遗址保护工作的重要内容，又是向公众呈现传达正确的遗址信息，更是与公众进行交流对话的重要手段。唐崖土司文化遗产向公众传达正确的遗址文化信息除了微信公众号"世遗唐崖"，还有地方内部期刊《唐崖》，更多机会是公众根据解说员的介绍来获取遗址文化信息。笔者在做调研期间请了解说员对所有遗址文物进行了讲解，并做了详细的笔录。发现遗址中有许多信息是模棱两可的，前面论证了金石铭文中打造石人石马的田氏夫人是覃鼎的母亲，覃杰是覃鼎的祖叔，这些在解说员口传故事中都是错误的信息。还有土司皇坟的真实墓主，甚至地方官员也称，"守墓人 QGA 说是第二代土司覃值什用的墓，我们也就这样认定了，因为考古上也没有确凿的证据来做定论"。事实上，绝大多数遗址文化距今年代久远，也因各种原因导致遗址直观的遗存或者残缺的信息，或者过于抽象，不易被公众感知、理解和接受。

---

① 2008 年 10 月 4 日，国际古迹遗址理事会（ICOMOS）第 16 届大会审议通过的《文化遗产阐释与展示宪章》（*The ICOMOS Charter for the Interpretation and Presentation of Cultural Heritage Sites*），2008.

通过正确的阐释和展示，可以弥补遗址的隐性缺陷，实现遗址信息的显性化，进而引发公众对遗址的浓厚兴趣，激发对遗址的联想，拉近公众与遗址的认知距离，使公众参访文化遗址地不再是被动接受，而是积极参与其中。

其五，依托土司文化发展文旅融合。目前，咸丰县围绕"全域旅游，5A咸丰""世遗唐崖，森林咸丰"为总体目标，将唐崖土司文化产业园和坪坝营森林景区打造成全国乃至世界级知名的大健康生态文化旅游目的地。在依托得天独厚的旅游资源的基础上，将"旅游兴县"战略步入县域旅游产业的可持续发展的快车道，构筑"一心两核，三环三组团"的空间发展格局，"唐崖土司文化产业园"作为全县"五个百亿产业集群"建设的重要内容，按照"一城一镇一公园、一堤一坝一通道、一路一廊一中心"的思路，提升土司文化辐射力，把唐崖集镇倾力打造成"以土司文化为魂，以水为脉"的中国土司民族风情小镇，集全县之力倾力打造唐崖土司旅游品牌，实现咸丰旅游发展的快速突破与提升。

其六，健全土司遗址的保护工作机制。一是对遗址周边环境的"整体性保护"。对遗址核心区、缓冲区居民的搬迁以及遗址区水泥公路的改造、升级，搬迁户土地的流转或征用，修建皇城水岸安置小区解决土司遗址上的搬迁户，遗址内修建唐崖土司城址现场民俗展示馆（土家吊脚楼、丧葬文化、南剧、土家手工艺品）和土司服饰展示馆。二是颁布法规和管理办法。2013年10月，咸丰县人民政府颁布《唐崖土司城址保护管理办法》《关于加强唐崖土司城址世界文化遗产保护管理工作的意见》，着重明确唐崖土司城遗址保护和管理的责任主体、管理机构、工作经费、管理规划、保护措施、处罚规定等作出具体的规定。湖北省正式公布的《唐崖土司城址保护管理办法》是湖北省第一部单体文化遗产保护专项法规。法规指出"唐崖土司城址工作遵循保护为主、抢救第一、合理利用、加强管理的方针，坚持与区域环境保护、生态建设相结合的原则，促进经济和社会可持续发展"。从立法的层面形成从宏观到微观的法规体系。三是编制保护规划。三个遗址地考古发掘工作完成，联合编制保护管理规划（2014—2030）。2017年由咸丰县人民政府发布编制的《咸丰县唐崖镇总体规划（2014—2030）》，将唐崖镇发展定位为"咸丰县县域副中心，以发展文化观光旅游、自然生态旅游为主导的生态文化旅游特色镇"[1]。四是健全管理机构，明确责任主体。成立专门的世界文化遗产管理机构——咸丰县唐崖土司城遗址管理处，下设遗产管理办公室，负责日常管理事务；设立土司文化研究室，收藏和保护各类与唐崖土司相关的文物及资料；还设立文物管理所和县级博物馆，县博物馆多次举办小学生"解说员"大赛和"行走的课堂"进校园、进乡镇等系列活动，宣传土司文化，引导民众对历史文物价值的了解。五是建立遗产保护与发展基金，用于建筑修复与维护、基础设施建设和教育培训，建立"在保护中发展，在发展中保护"的可持续发展模式。

总之，在实践操作中，唐崖土司文化遗产的保护是需要国家治理层面和地方基层治理从设计、保护、治理和协调各个层面的配合，需要政府的长远规划与学者、社会、居民等多方力量的整合[2]，在未来发展中实现新的突破，保证乡村中的世界文化遗产唐崖土司城遗址能够永续开发利用。

---

[1] 资料来源：咸丰县人民政府网，网址：http：//www.xianfeng.gov.cn/2017/0428/793744.shtml。
[2] 官彬：《乡村类世界遗产的保护与旅游开发——以湖北省唐崖土司城为例》，《湖北社会科学》2019 年第 2 期。

参考文献

一 正史类

（汉）司马迁：《史记》，中华书局1982年版。
（西汉）刘向：《战国策》，上海古籍出版社1978年版。
（东汉）班固撰：《汉书》，中华书局2007年版。
（晋）常璩撰，刘琳校注：《华阳国志校注》，巴蜀书社1984年版。
（北魏）郦道元：《水经注》，浙江古籍出版社2001年版。
（刘宋）范晔撰，（唐）李贤等注：《后汉书》，中华书局1973年版。
（唐）李林甫：《唐六典》，中华书局1992年版。
（唐）魏徵等：《隋书》，中华书局1982年版。
（后晋）刘昫等：《旧唐书》中华书局1975年版。
（宋）朱辅：《溪蛮丛笑》，中华书局1991年版。
（宋）欧阳修、宋祁：《新唐书》，中华书局1975年版。
（元）脱脱：《宋史》，中华书局1977年版。
（明）宋濂等：《元史》，中华书局1976年版。
（明）申时行：《明会典》，中华书局1989年版。
（明）胡光等：《明实录》，上海商务印书馆1930年影印本。
（清）张廷玉：《明史》，中华书局1974年版。
（清）张廷玉：《清朝文献通考》，浙江古籍出版社2000年版。
（民国）赵尔巽等：《清史稿》，中华书局1998年版。
《明实录》，台北"中央研究院历史语言研究所"校印本1962年。
《清实录》：中华书局1985年至1987年影印本。

二 地方志

（宋）王存：《元丰九域志》，中华书局1984年版。
（明）刘春撰：《东川刘文简公集》，明嘉靖三十三年刻本。
（明）李贤：《大明一统志》，三秦出版社1990年版。
（明）薛纲：《湖广通志》，嘉靖元年刻本。
（明）刘大谟、杨慎等纂修：（嘉靖）《四川总志》，康熙十二年刻本。
（嘉靖）《湖广图经志》，书目文献出版社1991年版。
（明）沈德符：《万历野获编》，中华书局1997年版。
（清）张元济：嘉庆《大清一统志》，上海书店1985年版。
（清）迈柱修、夏力恕：《湖广通志》，雍正十一年刻本。
（清）《续辑汉阳县志》，同治七年刻本。
（清）毛奇龄：《蛮司合志》，《西河文集》四库全书本。
（清）王协梦：《施南府志》，道光十四年刻本。
（清）罗德昆：《施南府志》，道光十七年刻本。
（清）松林、周庆榕修：《增修施南府志》，同治十年刻本。
（清）张家橺：《恩施县志》，嘉庆十三年刻本。
（清）多寿：《恩施县志》，同治三年修，1931年铅字重印本。
（清）张梓修，张光杰纂：《咸丰县志》，同治四年刻本。
咸丰县志编纂委员会：《咸丰县志》，武汉大学出版社1990年版。
（清）林翼池：《来凤县志》，乾隆二十一年刻本。
（清）李勋：《来凤县志》，同治五年刻本。
（清）张金澜：《宣恩县志》，同治二年刻本。
（清）毛峻德：《鹤峰州志》，乾隆六年刻本。
（清）吉钟颖：《鹤峰州志》，道光二年刻本。
（清）袁景晖：《建始县志》，道光二十二年刻本。
（清）黄世崇：《利川县志》，光绪二十年刻本。
（明）杨培之：《巴东县志》，嘉靖三十年刻本。
（清）廖恩树修，萧佩生纂：《巴东县志》，同治五年修，光绪六年重刊本影印。
（清）李拔：《长阳县志》，乾隆十九年修抄本。

（清）陈惟模：《长阳县志》，同治五年刻本。

（清）李焕春、龙兆霖：《长乐县志》，同治九年刻本。

（清）张九章：《黔江县志》，光绪二十年刻本。

（清）朱雨捷：《彭水县志》，清康熙四十八年刻本。

（清）张锐堂修，支承祜撰：《彭水县志》，光绪元年刻本。

（清）王寿松，《秀山县志》，光绪十七年刻本。

（清）王麟飞等修，冯世瀛、冉崇文纂：同治增修《酉阳直隶厅总志》，同治二年影印本。

（清）张天如等：《永顺府志》，乾隆二十八年刻本。

（清）魏式曾：《永顺县志》，同治十二年刻本。

（清）延肇极等：《保靖县志》，清雍正九年刻本。

（清）林继钦等修：《保靖县志》，清同治十年刻本。

（清）缴继祖：《龙山县志》，嘉庆二十三年刻本。

（清）符为霖：《龙山县志》，同治九年修，光绪四年重刊本。

（清）顾炎武：《天下郡国利病书》，上海书店出版社1935年版。

湖北省地方志编撰委员会：《湖北省志》，湖北省人民出版社1997年版。

张建民：《湖北通史·明清卷》，华中师范大学出版社1999年版。

周伟民、安治国主编：《咸丰县民族志》，湖北人民出版社2006年版。

汤明田、潘顺福主编：《利川市民族志》（重修本），湖北人民出版社2011年版。

鄂西土家族苗族自治州民族事务委员会编：《鄂西土家族苗族自治州民族志》，四川民族出版社1993年版。

《鄂西土家族民族自治州概况》编写组：《鄂西土家族民族自治州概况》，湖北人民出版社1990年版。

咸丰县民族事务委员会、咸丰县政协文史资料委员会合编：《咸丰文史资料》第5辑民族史料专辑，内部资料，1996年。

鄂西土家族苗族自治州民族事务委员会：《鄂西少数民族史料辑录》，鹤峰国营民族印刷厂1986年。

中共鹤峰县委统战部、县史志编纂办公室、中共五峰县委统战部、县民族工作办公室编印：《容美土司史料汇编》，鹤峰印刷厂1984年版。

鹤峰县史志办、五峰县民宗委：《容美土司史料续编》，鹤峰印刷厂1993

年印刷。

高润身、高敬菊:《〈容美纪游〉评注》,湖北人民出版社2006年版。

(清)顾彩著,吴伯森校注:《容美纪游校注》,湖北人民出版社1999年版。

周询著:《蜀海丛谈》,巴蜀书社1986年版。

张兴文等注释:《卯峒土司志校注》,民族出版社2001年版。

郑永禧著,邓治凡、田发刚校:《施州考古录校注》,新华出版社2004年版。

徐明庭、张颖、杜宏英等辑校:《湖北竹枝词》,湖北人民出版社2006年版。

谢华:《湘西土司辑略》,中华书局1959年版。

咸丰县地名办公室编:《湖北省咸丰地名志》,咸丰县地名办公室1984年版。

黔江地区民委编:《川东南少数民族史料辑》,四川民族出版社1995年版。

三 族谱资料

王晓宁:《恩施自治州碑刻大观》,新华出版社2004年版。

覃太智、覃章梁等编著:《中华覃氏志·湖北卷》,中国文史出版社2014年版。

覃发扬、覃章义编著:《中华覃氏志·利川卷》,中国文史出版社2005年版。

覃章义:《施南覃氏族谱》校注,内部资料,2016年。

覃现章藏:唐崖《覃氏族谱》(简称南河谱),1980年抄本。

覃国安印:唐崖《覃氏族谱》,1917年版,2008年复印。

覃小阳藏:唐崖《覃氏族谱》,1917年抄本。

覃方如藏:朝阳五龙坪石院子《覃氏族谱》,民国年间抄本。

覃太安藏:咸丰朝阳鸡鸣坝《覃氏谱牒》,清朝年间抄本。

覃秀书藏:重庆黔江水田坝《覃氏族谱》,民国年间抄本。

覃仲学藏:唐崖老鹰岩《覃氏族谱》,民国年间抄本。

覃海梅藏:唐崖镇芭蕉溪《覃氏谱牒》,1960年代抄本。

覃文朝藏：唐崖镇杨家营村茅草坪《覃氏谱牒》，1980年代抄本。

咸丰县档案馆藏存，咸丰丁寨《杨氏族谱》。

咸丰县档案馆藏存，咸丰梅坪《张氏族谱》。

同治六年原始件：《童氏族谱》，2013年复印。

张继才藏：唐崖《张氏族谱》，1835年残本复印件。

四 近人著述

成臻铭：《清代土司制度研究——一种政治文化的历史人类学观察》，中国社会科学出版社2008年版。

段超：《土家族文化史》，民族出版社2000年版。

定宜庄、汪润：《口述史读本》，北京大学出版社2015年版。

鄂西土家族苗族自治州民族事务委员会、鄂西土家族苗族自治州文化局编：《鄂西谚语集》，四川民族出版社1993年版。

《恩施文化简史》编撰委员会：《恩施文化简史》，湖北人民出版社2018年版。

方铁：《方略与施治：历朝对西南边疆的经营》，社会科学文献出版社2015年版。

费孝通：《乡土中国生育制度》，北京大学出版社2006年版。

傅斯年：《史学方法导论》，北京联合出版公司2014年版。

龚荫：《中国土司制度简史》，四川人民出版社2014年版。

龚荫：《明史云南土司传笺注》，云南民族出版社1988年版。

龚荫：《中国土司制度》，云南民族出版社1992年版。

顾颉刚、史念海：《中国疆域沿革史》，商务印书馆1999年版。

胡挠、刘东海：《鄂西土司社会概略》，四川民族出版社1993年版。

黄本骥：《历代职官表》，上海古籍出版社1989年版。

黄家信：《壮族地区土司制度与改土归流研究》，合肥工业大学出版社2007年版。

湖南省文物考古研究所、湘西自治州文物局、永顺县文物局编：《永顺老司城》（中册），科学出版社2014年版。

湖北省文物局、三峡大学、唐崖土司城遗址管理处编：《唐崖土司学术研讨会论文集》，科学出版社2014年版。

蓝武：《从设土到改流——元明时期广西土司制度研究》，广西师范大学出版社 2011 年版。

李家治：《中国科学技术史·陶瓷卷》，科学出版社 1981 年版。

李良品：《土司时期西南地区土兵制度与军事战争研究》，重庆出版社 2013 年版。

李良品：《中国土司学导论》，中国社会科学出版社 2017 年版。

李世愉：《清代土司制度论考》，中国社会科学出版社 1998 年版。

林耀华：《民族学通论》，中央民族大学出版社 2012 年版。

刘伦文：《母语存留区土家族社会与文化——坡脚社区调查与研究》，民族出版社 2006 年版。

刘文政、吴畏：《唐崖土司概观》，国际文化出版公司 2001 年版。

罗贤佑：《元代民族史》，四川民族出版社 1996 年版。

潘光旦：《湘西北的"土家"与古代的巴人》，彭继宽选编《湖南土家族社会历史调查资料精选》，岳麓书社 2002 年版。

彭福荣、李良品：《石柱土司文化研究》，重庆出版社 2009 年版。

彭英明主编：《土家族文化通志新编》，民族出版社 2001 年版。

钱穆：《国史大纲》，商务印书馆 1996 年版。

钱穆：《中国历代政治得失》（新校本），九州出版社 2014 年版。

冉红芳：《民族的符号：土家织锦文化遗产研究》，中国社会科学出版社 2017 年版。

佘贻泽：《中国土司制度》，重庆正中书局 1944 年版。

石亚洲：《土家族军事史研究》，民族出版社 2003 年版。

覃太智、覃发扬：《利川土司文化概观》，湖北人民出版社 2011 年版。

田敏：《土家族土司兴亡史》，民族出版社 2000 年版。

王承尧、罗午：《土家族土司简史》，中央民族学院出版社 1991 年版。

王俊：《中国古代盐文化》，中国商业出版社 2017 年版。

王铭铭：《逝去的繁荣——一座老城的历史人类学研究》，浙江人民出版社 1999 年版。

王明珂：《华夏边缘——历史记忆与族群认同》，社会科学文献出版社 2006 年版。

王明珂：《羌在汉藏之间——川西羌族的历史人类学研究》，中华书局

2008 年版。

王晓宁：《恩施自治州碑刻大观》，新华出版社 2004 年版。

吴永章、田敏：《鄂西民族地区发展史》，民族出版社 2007 年版。

吴永章：《湖北民族史》，华中理工大学出版社 1990 年版。

吴永章：《中国土司制度渊源与发展史》，四川民族出版社 1988 年版。

吴永章：《中南民族关系史》，民族出版社 2000 年版。

吴永章：《中国南方民族文化源流史》，广西教育出版社 1991 年版。

咸丰县政协文史资料委员会、唐崖土司城遗址管理处编：《唐崖土司城址》，湖北人民出版社 2015 年版。

萧洪恩、张文璋：《世界遗产地 唐崖土司城》，世界图书出版公司 2016 年版。

萧洪恩：《土家族哲学通史》，人民出版社 2009 年版。

杨洪林：《明清移民与鄂西南少数民族地区乡村社会变迁研究》，中国社会科学出版社 2013 年版。

杨华：《巴文化考古研究》，中国言实出版社 2009 年版。

杨念群：《新史学》，中国人民大学出版社 2003 年版。

杨适之、陆大显、安治国、晏纯武主编：《咸丰民间故事》，湖北人民出版社 2007 年版。

杨廷硕、罗康隆、潘盛之：《民族、文化、生境》，贵州人民出版社 1992 年版。

杨怏：《土家族主要古籍及其文化研究》，武汉大学出版社 2018 年版。

游俊等著：《土家文化的圣殿永顺老司城历史文化研究》，民族出版社 2014 年版。

张良皋著，李玉祥摄影：《武陵土家》，生活·读书·新知三联书店 2001 年版。

张文勋、施惟达等著：《民族文化学》，中国社会科学出版社 1998 年版。

赵世瑜：《小历史与大历史：区域社会史的理念、方法与实践》，生活·读书·新知三联书店 2006 年版。

郑振满主编，饶伟新本辑主编：《族谱研究》第一辑，社会科学文献出版社 2013 年版。

朱炳祥：《他者的表述》，中国社会科学出版社 2018 年版。

朱世学：《巴文化考古发现与探索》，湖北人民出版社 2011 年版。

祝光强、向国平：《容美土司概观》，湖北人民出版社 2006 年版。

［德］艾伯华（Wolfram Eberhard）：《中国民间故事类型》，王燕生、周祖生译，商务印书馆 1999 年版。

［德］阿斯特莉特·埃尔：《文化记忆理论读本》，冯亚琳、余传玲等译，北京大学出版社 2012 年版。

［法］莫里斯·哈尔布瓦赫（Maurice Halbwachs）：《论集体记忆》，毕然、郭金华译，上海人民出版社 2002 年版。

［法］列维－斯特劳斯（Claude Levi–Strauss）：《结构人类学》，张组建译，中国人民大学出版社 2006 年版。

［美］马歇尔·萨林斯（M. Sahlins）：《历史之岛》，蓝达居等译，上海人民出版社 2003 年版。

［美］鲁滨逊：《新史学》，何炳松译，上海古籍出版社 2012 年版。

［美］杜赞奇：《文化、权力与国家：1900—1942 年的华北农村》，王福明译，江苏人民出版社 2010 年版。

［美］牟复礼、［英］崔瑞德编：《剑桥中国明代史》（1368—1644 年上卷），张书生、黄沫、杨品泉等译，中国社会科学出版社 2007 年版。

［瑞士］雅各布·坦纳（Jskob Tanner）：《历史人类学导论》，白锡堃译，北京大学出版社 2008 年版。

［瑞士］费尔迪南·德·索绪尔（Ferdinand de Saussure）：《普通语言学教程》，高名凯译，商务印书馆 1980 年版。

［美］克莱德·M. 伍兹：《文化变迁》，何瑞福译，河北人民出版社 1989 年版。

［日］谷口房男：《壮族土官族谱集成》，白耀天译，广西民族出版社 1998 年版。

［英］保罗·汤普森（Paul Thompson）：《过去的声音：口述历史》，（香港）牛津大学出版社 1999 年版。

［英］崔瑞德、［美］牟复礼：《剑桥中国明代史》（1368—1644 年下卷），杨品泉、吕昭义、吕昭河、陈永革译，中国社会科学出版社 2007 年版。

［英］马林诺斯基（Bronislaw Malinowski）：《文化论》，费孝通译，华夏出版社 2001 年版。

[意] 翁贝尔托·埃科:《符号学与语言哲学》,王天清译,百花文艺出版社 2006 年版。

[意] 贝奈戴托·克罗切(B. Croce):《历史学的理论和实际》,傅任敢译,商务印书馆 1982 年版。

五 学术论文

蔡路武:《咸丰唐崖土司城出土瓷器综述》,《三峡论坛》2014 年第 4 期。

苍铭:《从〈钦定学政全书〉看清前期西南土司土民教育政策》,《民族教育研究》2015 年第 2 期。

曾超:《唐崖土司覃氏"蒙古人"疑议》,《三峡论坛》2014 年第 4 期。

曾超:《唐崖土司牌坊的"历史性价值"述说》,《三峡论坛》2016 年第 3 期。

陈春声、陈树良:《乡村故事与社区历史的建构——以东凤村陈氏为例兼论传统乡村社会的"历史记忆"》,《历史研究》2003 年第 5 期。

陈飞:《唐崖土司荆南雄镇坊价值探析》,《三峡论坛》2013 年第 6 期。

陈飞、邓春艳、谢辉:《"土司遗址"突出普遍价值体系下的容美土司遗址与唐崖土司城址研究》,《中国文化遗产》2016 年第 3 期。

陈旭:《"化龙"遇"卧龙":程正谊与明万历朝的平播战争》,《西南大学学报》2017 年第 4 期。

成臻铭:《论明朝时期西南边疆的土司贡纳制度》,《青海民族研究》2016 年第 3 期。

成臻铭、秦红:《近五年我国土司历史文化研究述评》,《吉首大学学报》(社会科学版)2007 年第 6 期。

成臻铭:《论土司与土司学——兼及土司文化及其研究价值》,《青海民族研究》2010 年第 1 期。

陈文元、杨洪林:《容美土司研究综述》,《三峡论坛》2015 年第 6 期。

邓辉、黄永昌:《唐崖土司城址调查报告》,《三峡论坛》2013 年第 5 期。

邓湘云、鲜文新:《容美土司社会形态刍议》,《中南民族大学学报》1988 年第 5 期。

董珞:《湘西北各民族文化互动试探》,《民族研究》2001 年第 5 期。

段超:《土司时期土家族地区的农业经济》,《中国农史》2001 年第 2 期。

方铁、张维：《论中国古代治边思想的特点、演变和影响》，《中国边疆史地研究》2003年第1期。

费孝通：《武陵行（上）》，《瞭望》1992年第2期。

符太浩：《历史人类学刍议》，《思想战线》2003年第1期。

傅晶等：《"土司系列遗产"视角下唐崖土司城址价值研究》，《三峡论坛》2014年第4期。

官彬：《乡村类世界遗产的保护与旅游开发——以湖北省唐崖土司城为例》，《湖北社会科学》2019年第2期。

郝彧：《论明代水西土司与周边土司之关系》，《西南民族大学学报》2014年第10期。

何炳棣：《南宋至今土地数字的考释和评价》（上、下），《中国社会科学》1985年第2、3期。

贺云翱：《文化遗产学刍论》，《南京大学学报》2007年第3期。

胡少华：《羁縻郡县制度与土司制度的对比研究》，《民族史研究》2001年第2辑。

湖北省文物考古所等：《湖北咸丰唐崖土司城址调查简报》，《江汉论坛》2014年第1期。

湖北省文物考古研究所等：《咸丰唐崖土司城址衙署区发掘简报》，《江汉考古》2014年第1期。

黄柏权、葛政委：《论文化互动的类型——兼论"武陵民族走廊"多元文化互动》，《中南民族大学学报》2009年第3期。

黄天一、黄柏权、刘晓青：《唐崖土司研究综述》，《三峡论坛》2014年第4期。

贾霄锋、王力：《近百年来中国土司制度的史料整理及研究综述》，《青海民族研究》2003年第3期。

雷宇：《交流与仿象：唐崖土司城址艺术探源》，《中南民族大学学报》2017年第6期。

雷宇：《世界文化遗产"唐崖土司城址"艺术生境探析》，《西南民族大学学报》2018年第7期。

李德喜、康予虎：《咸丰唐崖土司城衙署区建筑遗址复原初探》，《三峡论坛》2014年第4期。

李良品、李思睿:《土司时期西南地区土司兵的军事训练》,《云南民族大学学报》2013年第6期。

李良品、蒲丽君:《土司时期西南地区土兵的军事领导体制研究》,《贵州民族研究》2014年第3期。

李良品:《石砫土司军事征调述略》,《军事历史研究》2007年第4期。

李良品、袁娅琴:《土司文化的界定、特点与价值》,《遵义师范学院学报》2016年第4期。

李良品:《中国土司研究百年学术史回顾》,《贵州民族研究》2011年第4期。

李良玉:《土司与土司文化研究刍议》,《广西师范大学学报》2009年第3期。

李梅田:《唐崖土司城张王庙石刻考述》,《三峡论坛》2013年第5期。

李世愉:《试论"土司文化"的定义与内涵》,《遵义师范学院学报》2016年第2期。

李世愉:《应正确解读雍正正朝的改土归流》,《青海民族研究》2015年第2期。

李亚:《近十年武陵地区土司文化遗产研究综述》,《铜仁学院学报》2014年第6期。

李莹、李雨衡:《土司军事武术的发展研究》,《军事体育学报》2017年第1期。

刘辉:《唐崖土司皇城遗址的空间布局与结构分析》,《三峡论坛》2013年第5期。

刘兴亮、刘冰清《唐崖土司疆域及其变迁考述》,《三峡论坛》,2014年第4期。

刘自兵、刘行健:《明清时期长江三峡南岸入蜀陆上通道考察》,《铜仁学院学报》2017年第5期。

马成俊:《文化遗产与历史记忆——论撒拉族文化遗产的抢救与保护》,《青海民族学院学报》2006年第3期。

莫代山:《明清时期土家族地区"自立土司"研究》,《西南民族大学学报》2015年第11期。

纳春英:《明中央与西南土司关系:以赐服制为中心的考察》,《广西民族大学学报》2008 年第 1 期。

纳日碧力戈：《作为操演的民间口述和作为行动的社会记忆》，《广西民族学院学报》2003 年第 3 期。

彭兆荣、张颖：《文化遗产的生命样态——以山西介休后土庙为例》，《厦门大学学报》2015 年第 5 期。

瞿州莲：《湖广土司改土归流原因新探》，《中南民族大学学报》2014 年第 2 期。

瞿州莲、瞿宏州：《明代永顺土司的婚姻习俗及其特点——以湖南永顺老司城碑刻为中心的历史人类学考察》，《广西民族研究》2015 年第 1 期。

瞿州莲：《从〈容美纪游〉看容美土司的对外策略》，《中南民族大学学报》2011 年第 1 期。

冉红芳、谭俊：《唐崖土司与中央王朝的文化互动——以"荆南雄镇"牌坊为中心的考察》，《湖北民族学院学报》2017 年第 5 期。

孙九霞、周一：《遗产旅游地居民的地方认同——"碉乡"符号、记忆与空间》，《地理研究》2015 年第 12 期。

孙炜：《明朝湖广土司区社会结构初探》，《铜仁学院学报》2019 年第 3 期。

石亚洲：《清前期土家族土兵的衰亡》，《西南民族大学学报》2003 年第 6 期。

覃茌坤：《唐崖土司王城治境与武备建置考述》，《哈尔滨师范大学社会科学学报》2018 年第 1 期。

田敏：《从〈容美记游〉看容美土司的社会经济结构》，《民族论坛》1997 年第 3 期。

田敏：《论明代中后期鄂西土司的反抗与明朝控制策略的调整》，《湖北民族学院学报》1999 年第 4 期。

田敏：《先秦巴族族源综论》，《东南文化》1996 年第 3 期。

田敏：《元代鄂西南土家族诸蛮洞及土司史迹考》，《中南民族学院学报》2017 年第 5 期。

王平：《唐崖覃氏源流考》，《贵州民族研究》2001 年第 3 期。

王平：《鄂西南族群流动研究》，《中南民族大学学报》2004 年第 1 期。

王希辉、杨杰：《唐崖土司覃氏世系及其征调述略》，《三峡大学学报》2009 年第 6 期。

王炎松、段亚、何继明：《唐崖土司城格局初探》，《三峡论坛》2013 年第 5 期。

温春来：《明初贵州水西君长国与中央的关系——奢香故事之考证与解读》，《中山大学学报》2007 年第 6 期。

吴永章：《论清代鄂西的改土归流》，《中央民族学院学报》1987 年第 5 期。

吴永章：《明代鄂西土司制度》，《江汉论坛》1986 年第 1 期。

郗玉松：《国权与民俗：试论改土归流与土家族饮酒习俗的变迁》，《铜仁学院学报》2016 年第 1 期。

向轼、莫代山：《论明代土家族"土兵"在抗倭斗争中的军事贡献》，《长江师范学院学报》2016 年第 1 期。

向云驹：《论"文化空间"》，《中央民族大学学报》2008 年第 3 期。

邢淑芳：《对构建唐崖土司皇城民俗文化村的思考》，《中南民族大学学报》2004 年第 5 期。

游俊：《创建武陵山片区民族团结示范区的优势条件探析》，《中南民族大学学报》2013 年第 3 期。

岳小国、陈红：《王朝国家的模仿与隐喻——人类学视阈下的土司社会与国家关系研究》，《云南民族大学学报》2012 年第 4 期。

岳小国：《从历史事件的民间叙事看改土归流——以鄂西唐崖土司为例》，《西南民族大学学报》2015 年第 4 期。

岳小国：《对唐崖土司族源研究的一点看法》，《三峡论坛》2013 年第 6 期。

岳小国：《唐崖土司研究的价值》，《三峡论坛》2017 年第 1 期。

张文：《火器应用与明清时期西南地区的改土归流》，《民族研究》2008 年第 1 期。

张良皋：《干栏——平摆着的中国建筑史》，《重庆建筑大学学报》（社科版）2000 年第 4 期。

张旭、田敏：《土司文化遗产研究述评》，《中南民族大学学报》2016 年第 3 期。

张延庆:《从土司的军事制度看壮族武术的发展》,《中央民族大学学报》2005年第5期。

赵世瑜:《给民间文化遗产一个重生的空间》,《美术观察》2004年第3期。

赵世瑜:《祖先记忆、家园象征与民族历史——山西洪洞大槐树传说解析》,《历史研究》2006年第1期。

赵心宪:《基于文化遗产理念的土司文化定义内涵界定及其评论》,《民族学刊》2018年第6期。

周妮:《从现代地名看苗疆地区土司军事活动——兼论苗疆地区土司军事建制及防御系统》,《贵州文史丛刊》2016年第2期。

庄孔韶:《中国乡村人类学重要的学术遗产:研究路径与问题》,《思想战线》2016年第1期。

郑少雄:《康区的历史与可能性——基于阿来四部长篇小说的历史人类学分析》,《社会》2018年01期。

[美]萧凤霞等:《区域·结构·秩序——历史学与人类学的对话》,《文史哲》2007年第5期。

Wright J. Terrae Incognitae: The place of imagination in geography. Annals of the Association of American Geographers, 1947, 37 (1): 1 - 15.

Proshansky H. M., Fabian A. K., Karminoff R. Place identity: Physical world socialization of the self. Journal of Environ - mental Psychology, 1983, 3 (1): 57 - 83.

六 学位论文类

葛政委:《向心的边缘:容美土司国家认同研究》,博士学位论文,中南民族大学,2013年。

黄天一:《世界文化遗产地传统文化保护与地区社会发展》,硕士学位论文,中南民族大学,2016年。

李金花:《士人与土司——从清代游记〈容美纪游〉看人类学的他者观》,博士学位论文,中央民族大学,2011年。

刘健灵:《唐崖土司民间传说研究》,硕士学位论文,湖北民族学院,2017年。

毛茜:《唐崖土司时期土司社会生活研究》,硕士学位论文,湖北民族学院,2015年。

梅军:《濒危的家园——百福司土家族社区的处境与命运》,博士学位论文,中央民族大学,2011年。

蒋俊:《帝国边陲桂西土司社会的历史人类学研究》,博士学位论文,厦门大学,2008年。

沙彦奋:《空间生产与民族记忆——关于新疆伊犁河流域回族的历史人类学研究》,博士学位论文,兰州大学,2015年。

宋仕平:《土家族传统制度文化研究》,博士学位论文,兰州大学,2006年。

赵国威:《明清时期鄂西土家族与中央政府关系研究》,硕士学位论文,湖北民族学院,2017年。

后　　记

　　土司制度时期中央政权对少数民族地区秉承"齐政修教，因俗而治"的传统理念与政治智慧，具有世界范围的突出的普遍价值，对当下我国少数民族地区仍有着深刻的影响。2015年，湖北咸丰唐崖土司城址与湖南永顺老司城遗址、贵州播州海龙屯遗址联合打包，中国"土司遗址"成功列入"世界文化遗产"。唐崖土司城址迅速成为地方政府发展经济的契机，专家学者学术研究的热点，地方乡民文化自豪的关注点。笔者的家乡在咸丰，从小就听说过唐崖土司城址里发生的故事，读博士时的专业是南方民族历史与文化遗产，激发了我对家乡人类学的研究，希望自己通过学术研究对家乡做些贡献。这一想法得到了导师田敏教授的支持，决定博士论文做唐崖土司的历史与社会文化。2016年，笔者申报了国家社科基金项目"'世遗'视野下的唐崖土司历史与社会文化研究"，并有幸获得立项，本书即是在博士学位论文和国家社科基金课题最终结题成果的基础上修改而成的。

　　本书的写作受益于导师段超教授和田敏教授的悉心指导和多次"解疑释惑"。两位导师的谆谆教诲，"做学问如同挖井，才有深度。""先抓个案研究再旁及开来"是我一直坚持对文化遗产个案进行研究的动力。两位导师的为人、为学之道，也是学生需要用一生来学习和践行的。2018年，我有幸到中山大学社会学与人类学学院进行一年的访学，在中大图书馆查阅到重要的文献资料，导师周大鸣教授针对我课题研究中的缺陷，启发我从新视角去思考土司遗址的历史价值，给予我很多有价值的建议，让我在迷茫的处境中寻找到了明确的目标。此外，要感谢博士毕业论文预答辩和正式答辩会上给予我宝贵意见的苍铭教授、段超教授、黄柏权教授、张先清教授、李吉和教授、柏贵喜教授、崔榕教授、李然教授，以及在课题结题评审中五位匿名评审专家们给予的肯定和宝贵的建议，使得本书的修改得以不断完善。

感谢田野调查过程中提供无私帮助和接受访谈的每一位调研对象！根据唐崖土司在历史上的交往交流交融的范围作为调研圈，涉及重庆的石柱、酉阳、黔江和恩施州的八县市，主要是收集地方史料和族谱，访谈文史办、考古所的研究人员。多次打扰的访谈对象，尤以咸丰县唐崖土司遗址管理处的白斌主任（现任恩施州文旅局副局长）、何继明副主任，办公室的吴尚谦、徐瑶、李琼、杨竣方、廖芳杰、王明松等，还有唐崖镇的唐崖司、五龙坪、南河、鸡鸣坝、中塘、龙潭坝等村的68位村民。在整个调研中，遗址办的吴尚谦主任除了给我提供研究材料，还开车送我到遗址调研点，帮我打点在遗址景区内的食宿安排，方便我调研。还有遗址景区的工作人员张银成，对遗址的敬畏和文化的热爱在他的口述中充分体现出来。土司驸马张云松的后裔张继才，除了提供珍贵的族谱信息，还带我翻山越岭寻找驿道碑记。还有唐崖镇民中的覃方印校长和秦桃安老师，为了让我弄清唐崖河的水系，行走了一整天，一路讲解了许多唐崖人的故事。访谈材料的点点滴滴都离不开他们的帮助和大力支持。

在本书即将付梓之际，特别感谢单位领导，湖北民族大学民族学与社会学学院院长，谭志满教授的鼓励与支持，不仅给予我读博和做课题研究在时间上的保障，还有出差经费上的支持。感谢雷翔教授多次指导我在研究中遇到的困惑，还有莫代山教授、郭峰博士提供的学术信息。还要感谢中国社会科学出版社的大力支持，特别是孔继萍老师为本书的出版倾注了大量心血，从图片的严格选取到字斟句酌的规范，无一不体现出她精益求精的精神，为本书的完善增色不少，在此一并致谢！

因笔者的学识水平有限，唐崖土司史料的挖掘不够深入等原因，书中的不足以及疏漏之处，恳请学界同人批评指正！

冉红芳
2023年5月于湖北民族大学